探求制胜之道

如何成为卓有成效的管理者

张 彦◎著

中国财富出版社有限公司

图书在版编目（CIP）数据

探求制胜之道：如何成为卓有成效的管理者 / 张彦著. —北京：中国财富出版社有限公司，2022. 8

ISBN 978 - 7 - 5047 - 7750 - 8

Ⅰ. ①探…　Ⅱ. ①张…　Ⅲ. ①企业管理　Ⅳ. ①F272

中国版本图书馆 CIP 数据核字（2022）第 146863 号

策划编辑 贾紫轩　**责任编辑** 邢有涛　贾紫轩　**版权编辑** 李　洋
责任印制 梁　凡　**责任校对** 卓闪闪　**责任发行** 黄旭亮

出版发行 中国财富出版社有限公司
社　　址 北京市丰台区南四环西路 188 号 5 区 20 楼　**邮政编码** 100070
电　　话 010 - 52227588 转 2098（发行部）　010 - 52227588 转 321（总编室）
010 - 52227566（24 小时读者服务）　010 - 52227588 转 305（质检部）
网　　址 http：//www. cfpress. com. cn　**排　　版** 宝蕾元
经　　销 新华书店　**印　　刷** 宝蕾元仁浩（天津）印刷有限公司
书　　号 ISBN 978 - 7 - 5047 - 7750 - 8/F · 3478
开　　本 710mm × 1000mm　1/16　**版　　次** 2022 年 11 月第 1 版
印　　张 21　**印　　次** 2022 年 11 月第 1 次印刷
字　　数 355 千字　**定　　价** 68. 00 元

谨将此书

献给中国安能建设集团有限公司

曾经携手前行的战友们

代 序

前些年一直有人说，全世界最好的管理在美国，美国最好的管理在美军，美军最好的管理在西点军校。为此，一批批中国企业家不远万里，奔赴美国西点军校取经。每当听到此类消息，我都会想到一个问题：如果美军的管理是全世界最好的，那么，一支能够在战场上战胜美军的军队，其管理又该作何评价呢？

明眼人都能看出，我指的是中国共产党领导下的人民军队。60 多年前的朝鲜战场上，正是这支当时还是以不识字的农民为主的队伍，在武器装备严重落后于对手的情况下，硬是把以美军为主的“联合国军”，从鸭绿江边打回到“三八线”，一举终结了美军不可战胜的神话。以至多年后，美国军方还在赞叹这支军队不畏艰险、视死如归的“谜一样的东方精神”，还在研究这种精神是怎么培养出来的。

解放军的管理确实值得学习借鉴。当年，毛泽东就曾号召“全国学习人民解放军”，意在全国各条战线、各类组织中推广解放军的管理经验。改革开放后，以任正非、王健林为代表的一大批军旅企业家，在激烈的商战中异军突起，进一步证明了解放军管理思想的当代价值。由此不难理解，为什么从 20 世纪 90 年代起，中国企业会掀起一波又一波向解放军学习的热潮。

向解放军学管理是许多企业家的心愿。但学什么、怎么学、从何入手，始终是问题。要想把这些问题讲深讲透，起码要具备三个条件：一是要有军旅生活的亲身体验；二是要有企业管理方面的知识，知道经典管理学都讲些什么，了解企业家的实际困惑与需求；三是要有较强的理论思维能力，善于进行比较分析，并且能用通俗的语言加以表述。显然，同时具备这三个条件的人不会很多。

原武警水电部队（中国安能建设集团有限公司）领导张彦将军有幸同时

具备了这三个条件。他 1976 年入伍，从连队战士干起，经各级领导岗位历练，两次赴前线执行任务，最终成长为一名将军，在多项工作中取得显著成绩，积累了丰富的管理经验。他曾经担任过军工企业的主要领导，负责过产品策划、生产管理、市场营销、售后服务等多项业务，遍尝作为一名企业家的酸甜苦辣。其任职的原武警水电部队（中国安能建设集团有限公司），常年承担国家重点工程项目，管理着一大批各种类型的企业和组织。张彦将军还有领导机构的工作经历，有深厚的理论功底和较强的文字表达能力，善于将深刻思想用生动形象的语言、案例表达出来。

本书就是张彦将军多年来深入研究军事化管理及其企业应用的成果。本书既有体现人民军队管理本质和规律的“道”，又有大量可以操作执行的“术”；既“军味”十足，又不乏商业气息；既可当作管理学理论专著来研读，又有较强的实用价值。书中分析了许多企业案例，特别是以华为公司作为企业军事化管理的样板，集中揭示了华为的成功秘诀。从某种意义上来讲，本书可谓一位老兵对当前社会上，特别是管理界“华为热”的一种回应。

是为序。

中国管理科学学会副会长　李凯城

2021 年 12 月

自 序

“胜与败”是两军交战和商战时常出现的场景，也是军人与商人共同面临的课题。不怕失败，敢于胜利，是军人和商人都应保持的状态。只有这样的人，才能从失败走向胜利，从胜利走向胜利。“军人生来为战胜”，优秀的商人何尝不是如此呢？

面对“世界百年未有之大变局”，中国经济面临诸多新的挑战与机遇。中国企业应该如何适应这一重大变化？商界人士应该深入研究解决与此有关的一系列重大问题，方能始终立于不败之地，实现企业的可持续发展。

行进在从商之路上的人们，都应该思考以下几个问题：

为什么我军指战员能够“冒着敌人的炮火前进”，而企业的一些员工却常常患得患失、锱铢必较？

为什么我军指战员面临千难万险，也会勇往直前、以弱胜强，而不少企业却是顺境存、逆境衰？

为什么我军百余万人的庞大群体，能够令行禁止、高效运行，而一个几百人、几千人的企业却常常人心涣散、内耗不断？

其实，这些问题都可以在军队管理中得到回答。实践证明，管理是成功的保证，也是失败的根源，管理是企业发展的核心竞争力。据统计，我国500强企业中有四成左右的企业家是军人出身。回顾现代企业管理100余年的历史就会发现，军队管理对企业管理贡献良多。

大家知道，虽然各个行业、各种组织的管理各有特点，但最为高效的管理就是军队的管理。通过军事化的管理可以使一群乌合之众面貌一新，很快就能成为一支具有强大战斗力的队伍，以至于经历各种艰难困苦和流血牺牲，也能一往无前、奋勇杀敌，这应被看作人的管理所能达到的最高层次了。许许多多的企业家从中受到启示：为什么军队能，企业却不能？于是，众多中外企业家将目光转向军队，开始将军队管理的做法引入企业。这是非常合乎逻辑的。

20世纪90年代，笔者曾在一家军工厂担任了4年多主要领导。在那个年代，军工厂因军费不足，既要生产军品，为部队服务，又不得不面向市场，从事民品生产，努力增加产值和利润。在此期间，军工厂注重发挥军事化管理的优势，创造了较高的经济效益，有效地支持了军品的研发和生产。可见，企业界的军民融合，那个时候就已经开始了。在那个以计划经济为主导、大批国企倒闭的年代，笔者所在的军工厂能够取得突出业绩是十分难得的。从那个时候开始，笔者就从工作需要出发，通过不断学习，努力掌握经济学、管理学等方面的知识，并且“现学现卖”，通过会议和培训的机会，将有关知识传授给工厂管理人员，应用到实际工作中去。这一做法在笔者所在的军工厂中取得了显著的成效。

在后来的岁月中，笔者的个人经历发生了很大变化，但始终工作在军事经济管理部门和单位，因此，一直保持着对经济管理工作的兴趣，一直没有停止这方面知识的学习和研究。经过近年来的整理和充实，笔者终于完成了本书的创作。

本书是献给创业者和管理者的一部管理类的著作。凡是对军事化管理感兴趣的人，均可从中获取有益的知识。

军事化管理是当今学界研究热度较高的一个重要课题，也是在不少企事业单位和社会团体中得到较多应用的重要管理模式。我们可以看到许多这方面的研究文章和书籍。这些研究成果丰富了管理学的内容，也为商界人士提供了有益的知识。

本书直接从军史和战例中浓缩出军事管理的精髓与要义，从而避免了在军事管理研究中存在的概念化和随意性倾向。军事管理作为人类管理活动的一个有机组成部分，必然与商业等各个领域管理的实质和基本规律相一致。因此，本书的内容注重吸收中外成功企业的先进经验，实现了军事管理与企业管理的融通。书中讲述了许多中外成功企业管理的精华和著名企业家的故事。其中，侧重研究分析了具有军事化特点的华为公司的管理。华为人不仅有力地促进了中国高科技产业的发展，也为中国管理科学研究开辟了新的境界。这方面的内容会给予人们诸多新的启示。

俄国著名理论家普列汉诺夫说："学者之所以成为学者，在于旁征博引。"经典的力量是不可抗拒的。无论是历史的还是现实的经典皆为各路英杰智慧的结晶，当然会给予人们非同寻常的激励与启迪。经过笔者的精心努力，本书蕴含着诸多这样的经典内容。

在本书写作中，笔者始终做到以下三个坚持：

坚持道术合一。《孙子兵法》对道与术的关系做出过精要的论述，可以将"道"解释为思想、理念、规律、原则；将"术"解释为技术、办法、方法、方案。有道无术，魂不附体，只能坐而论道，空有行动方案，无法实际操作。有术无道，有体无魂，会失去方向和道路，无法恒久行事，只能头痛医头、脚痛医脚。因此，应该提倡有方法的道，能够承载道的术，实现道术合一。追求成功的人，既应着力探明和掌握企业管理之"道"，也应掌握企业经营之"术"，二者缺一不可。本书既注重阐明支撑军事化管理的基本思想理念，也注重讲清适合当今企业管理的方法和手段，以实现道术合一。

坚持军商合一。企业军事化管理必须涵盖军事与商业两个领域，必须形成军事管理与企业管理相融合的知识体系。只是单纯地阐述军队管理的做法或孤立地去讲企业管理的经验，会造成二者的脱节，削弱其认同度和应用性。本书在论述中，一方面注重阐明适合商业管理的军队管理之理念和方式，又注重引入与此相应的中外先进企业管理的精华，从而实现了军事管理与企业管理的融合。并非所有的军事管理的做法都适用于商业领域，本书注重从企业的需求及其管理规律出发，阐明适用于企业发展的军事化管理理念和做法，以求更加科学地阐明军事化管理的真谛。

坚持知行合一。这是本书内容的一个突出特点。学习与实践是人生的基本状态，只有坚持知行合一，才能不断开拓新的境界。这里所说的"合"，并不是一种简单的加法运算，而是一种理性创造，是一种智慧的升华。这种由"知"与"行"结合之后形成的东西，不仅源于原来的知识，而且高于原有的知识。因此，既不能止于知识，也不能因注重行动而轻视知识，应该自觉坚持二者的有机统一。"知行合一，止于至善"应该成为人们一直追求的目标。

虽然笔者围绕上述三个坚持付出了极大的努力，但因水平有限，本书未必能够完全达到预期的效果。如果亲爱的读者能够从本书中获取些许启示与帮助，笔者会深感宽慰与荣幸。

“夜阑卧听风吹雨，铁马冰河入梦来。”笔者在长期的军旅生涯中，经历了许多，学习了许多，也感悟了许多，将其中有益的东西诉诸笔端、献给读者是笔者最大的心愿。但愿本书的内容能够有助于创业者、管理者成就自己的事业。

张 彦

2021 年 12 月

前 言

经济与军事，军事与经济，能够完全分开吗？

人类文明史的回答是：从来没有。

也许只有马克思所言的消灭了阶级、国家和军队之后的共产主义社会到来时，才能够有与军事无关的经济。纵观人类社会的发展史可以看出，经济与军事始终相互联系、相互作用。这是由一个国家的根本利益决定的。

一个国家的形成与发展、繁荣与富强，必然是由其经济基础决定的。只有经济实力不断增强，才会迎来国家的兴旺发达和长治久安。然而，一个国家的发展，必然会面对邻国以及世界各国的竞争。当国家之间的经济矛盾达到不可调和的程度时常常会引发战争。这就需要各国必须具有足以抵御外敌侵犯的军队与国防，以此来为经济发展创造必要的安全环境。这样一来，与军事、国防相关的各项事业就会得到发展。这些事业自然离不开经济的支撑，没有发达的经济，不可能有强大的军队和国防。同时，军事、国防与经济的关系又不是一方必须服从于另一方的简单关系。军队和国防事业对于经济发展具有双重作用。一方面，军队和国防事业会占用许多经济资源，消耗大量国民财富，一旦打起仗来，这种消耗会成为无底洞，甚至会拖垮一国的经济；另一方面，军队和国防事业的发展也可以促进和拉动经济，军队和国防建设在人才、技术、装备等方面的需求，会成为推动经济发展的巨大力量。国际军火贸易市场巨大，军工产业会创造巨额经济效益。因此，经济建设不能排斥军队和国防事业的发展。

当今的世界依然通行“丛林法则”，赢者通吃的状况将长期存在。看看美国这个当今头号超级大国是怎样崛起的，就会明白中国的振兴之路面临怎样的严峻挑战。《华盛顿邮报》2015 年发表的一篇文章称，美国从 1776 年算起，239 年间，222 年都在打仗。凡是对美国经济做过研究的人都认为，美国国防部是美国最大的国有企业。军火工业是美国的重要支柱产业，军事力量成为支撑美元、服务美国经济的重要手段。显而易见，穷兵黩武是美国强盛与霸权的主要来源。其自我标榜的所谓“民主”“自由”“人权”不过是一块“遮羞布”而已。美国前总统艾森豪威尔曾经说得很直白：美国的实际统治者是军火工业集团。这也是美国频繁发动战争的根源所在。只有不断发动战争，才能使军火商获取滚滚财源。

美国克林顿政府时期的财政部长、哈佛大学前校长萨默斯在2008 年年初曾首次提出：如果美国在与中国的经济竞争中不能取胜，美国要准备发动战争。美国前总统奥巴马肯定了这一提议，他在获得诺贝尔和平奖后的演说中宣称：如果在经济竞争中，哪个国家要改变现有秩序，美国总统有义务动用武力。可以看出，美国的军事力量始终是为其经济发展保驾护航的。这些发自美国高层统治者的狂言，既“不打自招”地暴露了美国的霸权主义真面目，也为当今世界经济与军事的关系做了注解。放眼未来，中国经济超越美国只是时间问题。在此进程中，现有的世界经济秩序必然发生改变。这岂不是说，奥巴马所说的动武条件必然会出现，美国必将发动战争？很明显，人家打的是明牌，中国人千万别再犯糊涂了。

2019 年 9 月 9 日，美国金融大鳄索罗斯在《华尔街日报》发表的专栏文章中叫嚣：“我对打败当下中国的兴趣，超过了对美国的国家利益的关心。”这一说法体现了美国精英们的普遍心态。其意图十分明确，美国宁可自残，也要把中国打垮。正是出于这一险恶用心，美国在科技、贸易、金融、外交、意识形态等领域频频对中国发起攻击。有的中国学者一语中的：“人家要的不是钱，而是你的命。”对于这场国运之争，中国人要有自信。不管今后会遇到怎样的复杂局面，我们都要信念坚定，从容应对，继续沿着中国特色社会主义道路阔步前行。

突如其来的新冠肺炎疫情，将世界带入一场看不见硝烟的战争，各国经济也遭受严重冲击。在这场“抗疫”斗争中，许多西方发达国家阵脚大乱，甚至呈现失控的状态。一段时间以来，美国一直是感染和死亡人数最多的国家。在遭受疫情冲击的国家中，唯有中国成功控制住了疫情，并实现了国民经济的正增长。这是一个由亿万中国军民共同创造的重大成就！

应对这场因疫情引发的重大危机事件，最优化的选择只能是较高程度的军事化管理。实际上，湖北省武汉市及全国多个地区正是这样做的。在这样的非常时期，必须将全社会高度组织起来，努力优化资源配置，统一应对可能出现的各种严峻局面。如果中国的疫情也出现美国那样的状况，必然会使我国的经济陷入极大的困境之中。到那时候，不知会有多少中国企业倒下去。在应对疫情这样的危机事件中，那些一直坚持向军队学习管理的企业，必然会具有较强的化危为机的能力。想要做到这一点，只靠“临时抱佛脚”，效果肯定有限。只有长期坚持具有军事化特点的管理，才会带来企业发展的强大内功，才会焕发战胜危局的巨大力量。

作为社会经济活动基本单位的企业，始终是在世界经济与军事的交互影响中发展的。如果希望企业能够实现基业长青，就必须关注和研究这种影响。过去是这样，以后也会是这样。凡是抱有百年发展梦想的企业，必须做好遭遇数轮和平与战争环境转换的准备。必须使企业具有在因局势紧张多次遭遇严重困境的情况下仍能正常发展的能力。只有能够适应这种转换过程的企业才能长期发展下去。否则，企业就可能无法承受意想不到的打击，难以避免土崩瓦解的命运。有远见的企业家当然会积极做好这方面的布局，及早使企业具有抵抗这种风险的能力。为此，注重学习借鉴军事化管理的一些好的理念和方式是十分必要的。企业家只有完成了上述思考，才可能带领企业战胜任何意想不到的灾难，实现基业长青。

许多与军事、国防相联系的企业，必然会在管理上去积极适应军队和国防的要求，直接或间接地采用一些军事化管理办法。即使是与军事、国防关系不大的企业，适度采取一些军事化管理方式，也会大有益处。而当大规模战争发生时，所有企业都将转入战时管理体制。在近代中国的历史上，这种情况时有发生。近代历史上的欧美、日本等地区和国家也都多次发生这样的轮替。因此，在美国、日本等发达国家中，军民融合发展已经成为经济发展的常态。汽车、航空、通信等与国防高度相关的行业，始终将为军事服务作为自己的重要职能。有的汽车企业生产坦克的生产线，平时处于油封状态，一旦打起仗来，可以立刻转入武器生产。这些企业的管理必然会呈现诸多军事化管理的特征。

我国实行改革开放后，取得了巨大的经济成就，国人常常因此感到骄傲。但经济发展了就不会挨打了？历史与现实给出的都是否定的回答。没有强大国防的守护，没有综合国力的增强，仅靠发展经济仍然难以避免受人欺凌。善良的中国人绝不能太天真了！千万别再只盯着 GDP 了！

历史的回响不停地提醒我们，新中国是在战火中打出来的，是革命先烈用鲜血和生命换来的。今天，享受着和平与幸福的人们，一定不要忘记了这些英雄和烈士们。网上曾流行一句感人的话："哪有什么岁月静好，只不过是有人替你在负重前行。"笔者也写了一句相似的话：哪来的和平与幸福？全都源于先烈的牺牲和勇士的守护。习近平总书记在一次重要会议上，引用了毛泽东同志一段很著名的话："成千成万的先烈，为着人民的利益，在我们的前头英勇地牺牲了，让我们高举起他们的旗帜，踏着他们的血迹前进吧！"世世代代的中国人都应始终怀有这样的情感。

"忧劳可以兴国，逸豫可以亡身"，当今时代，一个国家的和平与安宁是最昂贵的奢侈品，它们来得太不容易了！军队是保卫国家的，也保卫着国民的财富。和平的岁月太久了，以至于不少人在质疑为什么花那么多钱养那么多军队，不如把这些钱用到社会福利上去。这个想法太短视了！人们经常说"养兵千日，用兵一时"，现实情况是"养兵千日，用兵千日"。和平时期，军队不是白养的，而是在发挥着遏止战争的作用，发挥着令敌人胆寒的威慑作用。我们希望原子弹永远也别用上，但也深知其形成的核威慑每天都在震慑敌人，保护人民。这是一种"无用之大用"。试想一下，在当今如此严峻的国际局势下，如果中国没有强大的军队和国防体系，中国驻南联盟大使馆被炸毁，三名中国记者以及多名中国外交人员被炸死、炸伤那样的事件有可能还会发生。

当今的中国已经进入新时代。中华民族从未像今天这样更加接近实现民族复兴的伟大梦想。同时也必须看到，今日中国也面临着前所未有的巨大挑战。纵观数千年的人类发展史，大国的崛起之路，充满了艰险与烽烟。哈佛大学教授格雷厄姆 · 艾利森在他的《注定一战：中美能避免修昔底德陷阱吗?》一书中，对世界最近 500 年来的强国之争做了统计分析。其结果是强国之间共发生过 16 次超越之争，其中 12 次引发战争，结局是 9 次实现成功超越。这组数据应当使中国人警醒起来。自古以来，中华民族一直是一个爱好和平的民族，和平共处始终是国人的处世原则。我们当然希望时代的主题仍然是和平与发展，并且会矢志不渝朝着这个方向去奋斗。然而，这并不完全取决于中国人善良的愿望，客观局势的发展很可能与此相悖，当今的国人必须为此做好充分准备。当敌国敢冒天下之大不韪，将战争强加在中国人头上时，我国必须有强大的军队来打败侵略者。当今世界有不少人认为，中国与美国这两个世界强国正在坠入“修昔底德陷阱”，今后的中美关系充满风险。在这样十分复杂的国际局势下，必须丢掉任何不切实际的幻想。千万不能把“外交语言”当成我们的真实认知。“马放南山、刀枪入库”那样高枕无忧的景象离我们很远。因此，绝不能淡化国防意识。“好战必亡，忘战必危”，能战方能止战。越是爱好和平，越是要有打败一切侵略者的国防实力。

征程万里，艰险莫测，中国人不能不为此做好充分的准备。在这种情况下，一手扶犁、一手持剑是我们的唯一选择。在发展经济的同时，必须建设强大的军队和国防。那些主张通过让步、媾和或投降来换取美国支持中国经济发展的人，要么是短视，要么是居心叵测。已经站起来的中国人绝不应有这样的幻想。那些至今不做“中国梦”、仍做“美国梦”的国人赶快醒醒吧！

当今中国，应该对那些炮制“泛和平主义”论调的人们保持警惕。在这些人的眼中，天下已经太平，“敌人”“威胁”“战争”等字眼不应存在了。有的甚至与西方反华势力完全是一个腔调，连中国发展正常的国防力量都要批评和指责。对此，善良的国人绝不能漠然视之，应该坚决予以抵制。和平与安全是当今世界最宝贵的东西，任何人都不会恩赐给我们。任何时候，人们都不应放弃对和平与正义的向往，同时任何时候都不能放下手中的猎枪。

中国企业界人士不仅应该弄清企业发展与军队、国防建设的相互关系，还要有强烈的国防意识，切实强化爱国家、爱英烈、爱军队的情感。只有这样，才能使企业汇入国家经济发展的长河之中，才能使企业步入健康发展的轨道。

增强国防意识是实行企业军事化管理的基础环节。只有形成了较浓的热爱祖国、关心国防、拥戴英烈、尊崇军队良好风尚的企业，才能更好地向我军学管理。实行军事化管理光解决认识问题、光有知识有能力还不够，还需要完成情感认同。否则，即使这样做也不会是发自内心的，其成效也会打折扣。因此，应该努力强化以爱国主义、革命英雄主义为主要内容的国防意识。

当今的学界、企业界对企业管理研究的热度较高，这是非常好的现象，但一般性的泛泛之谈较多。应该从不同角度对企业管理进行一些专业性的讨论和研究，以便更加深入地揭示其本质和规律，从而使人们能够从中获取更大的益处。搞好企业军事化管理的研究与应用，就是实现这一目的的做法之一。

既然是研究企业军事化管理，就不能只研究经济与管理，而应该首先研究军事，特别是应注重探明我军军事管理的真谛与要义。从目前业界研究的内容来看，要么重在研究军事管理，其内容并未与企业管理发生实质上的联系；要么重在研究企业管理，而与军事管理没有较深入的联系。只有真正源于军事管理，并对此与企业管理的内在联系进行深入研究而取得的成果，才会具有较强的可靠性与应用性，才是致力于企业军事化管理的管理者需要的东西。

当今不少社会组织的军事化管理缺少应有的思想性和文化底蕴，呈现概念化、随意性强的特征。它们仅仅局限于统一着装、队列训练、喊口号、唱军歌等较浅的层次上，而对军事化管理的深层次内容涉及较少，本书力求填补这一空缺。书中的核心思想都是直接从军队管理中抽象出来的。掌握本书的内容有助于比较全面深刻地把握企业军事化管理的理念和方式。

从总体上说，军事管理也属于管理学的研究领域。本书从军事管理入手，研究与回答企业军事化管理的实质性、规律性问题。军事管理与企业管理等各种管理的实质是相同的，规律是一致的，同时各自又呈现出一些不同的特点。当将二者同时纳入人类管理活动之中并作为研究对象的时候，就比较容易看清其内在本质和规律的一致性，进而更好地把企业军事化管理的研究与实践引向深入。

“一千个人的眼中就有一千个哈姆雷特”，对军事化管理的认识也存在类似的现象。但其实质性与规律性的东西应该是确定的。笔者为此进行了力所能及的探索。一个人无论是否军人出身，其眼中的军事化管理都不会是相同的。这就需要本着理论与实际相结合的原则进行正确的抽象和表述。军事化管理研究是一个大课题，无法简单、孤立地完成，应该以广阔的视野，实现学术上的兼容并包。因此，本书在理论方面，将其置于经济学、管理学、行为科学等诸多相关学科大背景下，运用其中的经典原理指导相关问题的研究，以期实现新的升华；在实践方面，注重吸收当今先进企业在管理上取得的成果，来增强研究内容的应用性。

本书的结构大概按照以下逻辑层次展开：

第一个层次是经济学、管理学、行为科学等学科的原理、规律是怎样的。马克思在《〈黑格尔法哲学批判〉导言》中指出："理论一经掌握群众，也会变成物质力量。理论只要能说服人，就能掌握群众；而理论只要彻底，就能说服人。所谓彻底，就是抓住事物的根本。"这就告诉人们，只有具备彻底性的理论才能够抓住事物本质。而能够揭示商业活动本质的显然是经济学、管理学、行为科学等相关学科的知识。其他间接的、经验的认识很难具有这种彻底性。这个部分的内容属于"形而上"的范围，应该被视为"管理之道"。列宁说："没有革命的理论，就不会有革命的运动。"同样的道理，没有正确理论的指导，从商者很难取得巨大的成功。实践虽能出"真知"，却不能不受到时间和空间的限制。个人的生命有限，个人行为的平台有限，所能从事的商业实践也会十分有限。因而，人们从直接经验中只能获取较少的"真知"。而正确的理论是反映事物本质及其规律的知识，可以大大提高人们的思维水平，能使人们少走许多弯路。

第二个层次是军队及我军管理的理念和实践是怎样的。这方面的内容是理论与实际交织而成的结果。它既有理论性，也有实践性，呈现"形而上"与"形而下"相互融通的特点，应该被视为"道""术"融合的内容。

第三个层次是中外先进企业是怎么做的，当今的从商者应该怎样做。其中涉及的主要是中外优秀企业及企业家的成功做法和成功经验，以及从商者应该学什么，怎么学。在这里，着重以实行具有军事化特点管理的华为公司为楷模，也把其他中外企业与军事化管理相一致的理念和做法吸收进来，从而进一步拓宽了军事化管理研究的领域，增加了相关研究的深度和广度。这部分属于"形而下"的范围，讲的是"管理之术"，具有较强的实践性和可操作性。

笔者希望通过这样三个不同层次的交互阐述，能够深入浅出地阐明企业军事化管理的有关问题，从而构建起一个有较宽跨度的思维语言系统。也许这样的内容才会是商界人士迫切需要的东西，才会是广大读者真正用得着的东西。

CONTENTS 目录

英国政治家、小说家本杰明·迪斯雷利说过："人生的成功秘诀就是时刻做好准备，等待机会到来。"最重要的应该是知识准备。一个人掌握的科学知识越丰富，其把握机会的能力就越强。

任何人想要成就一番事业，只有两个选项，要么成立一个组织，要么加入一个组织。列宁有句名言：给我们一个革命家组织，我们就能把俄国翻转过来。列宁和他的组织做到了。

孟德斯鸠考察了人类政治史以后，发现人们使用权力的一条普遍规律：凡是掌握权力的人，几乎无不滥用权力，他们对权力的使用也是无限制的，一直到遇到界限时才会停止，若是没有界限，他们会一直使用下去。他认为，权力有腐朽的趋势，绝对的权力绝对的腐朽，必须以权力制约权力。必须把权力关进制度的笼子里。

美国管理学家赫伯特·西蒙是举世公认的“决策理论大师”。他曾这样阐述决策之于管理的极端重要性：“决策是管理的心脏，管理是由一系列决策组成的，管理就是决策。”

经营西尔斯公司的伍德将军有这样的体会：“做生意的某些方面就像战争。如果企业在主要战略上是正确的，即使它在实施计划时可能会犯一些小错误，但它最终仍会成功。”如果出现战略误判、战略失误，则是“从还没有开始就已经失败了”。

“自我实现”是人的最高需要，是以最有效、最完美的方式来表现自己的潜力，只有达到这一境界的人们，才会产生被称为“高峰体验”的心理感受。这是一种最完美、最和谐的人生状态。在这样的时刻，人们会产生一种心潮澎湃、如醉如痴的心理享受。

秦始皇之所以能够实现“六王毕，四海一”，首要的是因其深知人才的价值，并将大批人才拢于其下。李斯、尉缭、蒙恬、王翦等人以其超凡的智慧和能力，辅佐秦始皇横扫天下，这才有了“千古一帝”的不朽功业。有了麒麟阁十一功臣、云台二十八将、凌烟阁二十四功臣这些盖世英才，才成就了汉唐伟业。“得人才者得天下”的道理是普遍适用的。

2019 年，华为继续加大对技术创新与研究的投入，研发费用达 1317 亿元，占全年销售收入的 15.3%。近十年华为投入的研发费用总计超过 6000 亿元。这真是一个天文数字！据有人计算，这一数目已达到中国北大、清华等数十所名牌高校研发经费的总和。

华为应该是中外企业界少有的倡导“一不怕苦、二不怕死”精神的企业。难能可贵的是，任正非一直在带头践行这种精神。任正非说：“其实我个人已把生死置之度外，并不觉得我的生命有那么重要。”他亲自到非洲那些受到战乱、传染病威胁的地区指导工作。在开战前两天的利比亚，在战乱频仍的阿富汗，在发生大爆炸后的巴基斯坦首都伊斯兰堡，都曾留下过任正非忙碌的身影。

第一章　引　论

管理是软实力，是企业发展的核心竞争力。软实力是硬实力之魂，管理的职能就是运用软实力来合理配置硬实力，以此来战胜竞争者。失去了软实力，企业就会“失魂落魄”。

近代以来的大企业管理不是其自身的创造，而是从军队学来的。国际著名实践派管理学家理查德·帕尔森说过：“世界上最优秀的管理在军队。”英国军事管理专家约翰·唐尼认为：“一部军事史就是一部管理史。”管理学大师彼得·德鲁克说：“一百多年前，当大型企业首次出现时，他们能够模仿的唯一组织就是军队，现代企业管理中面临的诸多问题，如制度建设、员工忠诚等都可以从军队管理中得到启发。”

第一章
引 论

一、管理是一个历史范畴

人是群居动物，具有社会属性，不可能以个体存在的方式实现繁衍生息。在社会生活中，必须尽力使个体与个体、个体与群体和谐相处，使个体行为与群体行为协调起来，避免发生不必要的矛盾和对抗，实现人与社会的有序发展。

古往今来，哪里有人群，哪里就存在如何管理的问题。人类的管理实践是与人类的文明史相伴而生的。早在5000多年前的时候，生活在幼发拉底河流域的古闪米特人就开始以最原始的方式记录自己的行为，这也是可以考证的人类历史上最早的管理性的活动。在3000多年前，中国商代的统治者已经能够指挥多达几十万的士兵作战，管理上百万奴隶进行分工不同的劳动。朝廷中的管理机构也已相当复杂，设有百官辅佐国王进行统治。[①] 可见，早期人类的社会管理已经达到了较高水平。也正因为这样，人类社会才能不断走向进步，人类的文明之火才能燃烧至今。

一般认为，现代经济学是18世纪中后期诞生的。与此相比，管理学的出现则晚了130多年。1911年，弗雷德里克·温斯洛·泰勒创作的《科学管理原理》，成为管理学的源头。泰勒认为，只有用科学的、标准化的管理代替传统的经验管理，才能提高工人的劳动效率。由于泰勒建立的知识体系全都来自一线企业家的管理行为，因而他的理论具有很强的实践性。也正因为这样，他的理论在世界上产生了广泛的影响。

100多年来，知识界将研究人类管理活动所形成的基本原理及有关系统性知识统称为管理学。作为一门综合性学科，管理学是由管理思想、管理原理、

---

① 周三多，陈传明，刘子馨，等．管理学——原理与方法［M］．7版．上海：复旦大学出版社，2018：4.

管理技能和方法融合而成的理论体系。随着社会管理实践的发展，管理学理论的相关内容得到不断充实，并逐步形成较为完善的学科体系，进而在人们的各种管理活动中发挥着重要的指导作用。

管理学的知识架构最终能够得以完成，应该归功于彼得·德鲁克。这位被称为"现代管理学之父""大师中的大师"的人，一生著述超过60部。时至今日，他的《管理的实践》《公司的概念》《卓有成效的管理者》《创新与企业家精神》《管理：任务、责任和实践》《21世纪的管理挑战》等书籍都是备受好评的经典著作。在这些著作中，德鲁克几乎回答了管理领域存在的各种重要问题，他的诸多思想观点都被奉为管理科学的不刊之论。每一个从商者都应在自己的书柜中为德鲁克的书留出一排空位，然后尽快将其摆满。

德鲁克认为："在人类历史上，还很少有什么事比管理学的出现和发展更为迅猛，对人类具有更为重大和更为激烈的影响。"管理无时不在，无处不在。实践证明，管理是每个企业获得成功的重要前提，而管理不善也是企业走向失败的主要根源。管理是软实力，是企业发展的核心竞争力。软实力是硬实力之魂，管理的职能就是运用软实力来合理配置硬实力，以此来战胜竞争者。失去了软实力，企业就会"失魂落魄"。能够进行高效管理的企业才可能实现可持续发展。否则，就无法在经营之路上走远。

华为创始人任正非认为："有效提高管理效率，是企业的唯一出路。""技术进步比较容易，而管理进步比较难，难就难在管理的变革触及的都是人的利益。因此企业间的竞争，说穿了就是管理竞争。如果对方持续不断地改进管理，而我们不改进的话，就必定衰亡了。我们要想在竞争中保持活力，就要在管理上改进。""所有公司都是管理第一，技术第二。没有一流管理，领先的技术就会退化；有一流的管理，即使技术二流也会进步。""规模是优势，规模优势的基础是管理。大规模不可能自动地带来低成本，低成本是管理产生的，盲目的规模化是不正确的，规模化以后没有良好的管理，同样也不能出现低成本。"

任正非从亲身的实践中，悟出了管理在企业发展中始终居于首要地位。技术与管理固然都很重要，但二者相比，应该将管理摆在前面，因为技术离不开管理，技术是管理出来的。不少企业管理者将二者的关系搞颠倒了，他们认为管理问题比技术问题容易解决，实际上并非如此。这种过度追求技术领先而忽视管理的企业领导者无疑应从任正非的见解中受到启示。

1961年，美国提出阿波罗登月计划后，总统肯尼迪感到很不踏实。他随即让科学顾问深入研究实施这一计划的可能性。经过一番详细的调查之后，这位顾问得出了一个令许多人颇感意外的结论：完成登月计划在技术上是无可置疑的，其主要风险在于项目的管理。阿波罗登月是一项史无前例的庞大计划——这项工程需要120所大学、两万多家企业、400多万人参加；完成这项工程需要生产300多万个零部件，耗资高达250亿美元；这项工程的每一个重要步骤都需要经过严密的计算。为了确保设计、制造、发射、回收任务的顺利完成，人力、财力、物力都需要进行周密的组织和精确的控制，如此超级复杂的工作需要由一个指挥机构进行强有力的领导。因此，管理工作的质量直接决定这项计划的成败。后来工程的进展充分证明了这一点。正是因为领导层对工程管理的高度重视，并通过扎扎实实的工作切实克服了诸多难题，最终使阿波罗登月计划得以顺利实施，全部发射活动取得了圆满成功。时至今日，人们在谈论阿波罗登月计划时，总是关注其在科技进步方面的突破与成就。其实，这项工程取得的成功也是组织管理上的重大创举。如果没有一流的管理，想要取得这样一项世界级工程的成功是不可想象的。

大家知道，各个行业、各种组织的管理方式虽然各有特点，但最为高效的管理方式就是军队的管理。通过军事管理的方式可以使一群乌合之众脱胎换骨、面貌一新，这些人很快就能成为一支具有强大战斗力的队伍，以至于经历各种艰难困苦和流血牺牲，也能一往无前、奋勇杀敌。这应被看作人的管理所能达到的最高层次了。许许多多的企业家从中受到启示：为什么军队能，企业却不能？于是，众多中外企业家将目光转向军队，开始将军队管理的理念和方式引入企业。这是非常合乎逻辑的明智之举。

同时也要看到，当今的军队也在注意向成功的大企业学习。不少部队开始将一些先进的企业管理经验引入军队管理之中。随着时代的进步，军队和企业的现代化有了更多的相通之处。在人力资源管理如激励机制、薪酬制度、职业生涯规划等方面，企业有很多值得军队学习借鉴之处。因此，研究军事化管理时应坚持与时俱进，同时关注企业管理对军事管理的作用。美国社会学家和政治学家莫里斯·简诺威茨认为，持续不断的技术变革，使军队倾向于越来越多的展现出那些大型企业才有的典型特征。军队和成功企业的相互学习，必然会有益于双方取长补短，有力地促进各自的现代化进程。

二、正确把握企业军事化管理的含义

深入研究企业军事化管理这一课题，首先应该对军事化管理这一概念加以分析。军事化管理包含着三个概念，即管理、军事管理和企业军事化管理，依次呈现属种关系。

什么是管理？管理是为了实现组织的共同目标，在特定的时空中，对组织成员在目标活动中的行为进行协调的过程。随着科技的不断进步，经济的快速发展，社会结构日趋复杂，人类的活动需要更强的组织性、协调性。为此，必须形成更高水平的管理，才能实现社会的发展目标。可以预期，在今后的社会生活中，管理的地位和作用会进一步得到强化。①

什么是军事管理？对此，国内外学界有多种定义。美国学者认为，军事管理是计划、组织、指挥和控制军事单位的一切活动，使之能迅速有效、经济地达成其既定目标的一整套原则和理论。我军管理学学者刘继贤认为，军事管理是国家或政治集团对一切与军事直接相关的事物所进行的管理活动。其根本任务就是通过各种管理活动，有效地配置和使用资源，提高军事效益，增强军事实力，进而达到遏止战争和打赢战争的目的。军事管理专家王安将军认为，军事管理就是在一定条件下，人们依据某些原理、原则、程序、手段和方法，对军事领域的管理对象，进行计划、指挥、监督和协调，来实现管理的目标。军事化管理则是非军事单位通过引入军队管理的一些主要理念和有效方式，来完善自身管理的一整套思想和做法。

那么，什么是企业军事化管理？学界对此的说法较多。笔者给它作出了一个简短的概括。所谓企业军事化管理，就是企业管理者通过汲取军事管理的理念和方式对企业的内部和外部资源进行协调，不断提高企业的管理效率和经济效益，实现可持续发展的过程。

---

① 周三多，陈传明，刘子馨，等．管理学——原理与方法［M］．7 版．上海：复旦大学出版社，2018：7.

这一界定明确了三个方面的含义。首先，明确了企业军事化管理的主体，即企业的管理者，其中包括企业的各级管理人员。企业的各种管理活动是由全体管理人员依据各自不同的职责分别实施的。其次，明确了企业军事化管理的主要客体，即企业的内部与外部资源。企业的内部资源主要包括有形与无形的资源，如知识与技术、人力、财务和物质资料等资源；企业的外部资源包括供应链、行业合作者和市场资源等。再次，明确了实行企业军事化管理的目标，即不断提高企业管理效率与经济效益、实现可持续发展。

在管理实践中，有人在军事化管理之前加了一个“准”字。其含义是准军事化管理与军事化管理相比在标准上、程度上略低一些，但二者的实质内容是一样的。其目的是扩大军事化管理的适用范围，能够使更多的企业接受这一管理模式。

应该注意的是，不应将企业军事化管理等同于军事管理。企业毕竟不是军队，只能学习借鉴适用于企业管理需要的理念和做法。军队管理中有些内容是不符合企业实际的。因而，企业不能完全照搬军队管理的所有做法。

在学界，对于不同的管理流派有过许多不同的概括，其中有“蓝色管理”“红色管理”“黄色管理”等说法。笔者认为，可将本书中所言的军事化管理称为“绿色管理”。它是以绿色为标志的军队所进行的管理为基准的。不管是什么颜色的管理，“绿色管理”都会成为其充满激情的精彩篇章。

本书着重探讨了华为管理的军事化特点，而并未将华为的管理简单地称为军事管理或军事化管理。对于企业来说，要实行军事管理、军事化管理是很不容易的，也是需要必要条件的。但华为的管理具有一定的军事化特点是不争的事实，也是华为人和华为研究者的共识。这为人们研究华为管理相关问题提供了一个坚实的逻辑起点。

三、坚持具有军事化特点的管理是企业发展的制胜之道

长期以来，向军队学管理是国内外不少企业采取的做法。特别是一些大型企业，通过学习军事管理的思想，借鉴军队的管理机制，有效地解决了企业在发展中出现的突出问题，取得了显著成效。

有的学者质疑军事理论对商业管理的实际作用。这种看法显然站不住脚。

军事管理既然属于人类全部管理活动的一部分，其体现管理客观规律的正确内容就会对企业管理具有指导意义。实际情况也是这样。

指导战争实践的军事典籍已经成为现代企业管理智慧的宝库。中国古代兵家学者留下众多兵书，如《孙子兵法》《孙膑兵法》《吴起兵法》《司马兵法》《尉缭子》《三略》《六韬》《百战奇略》等，所涉及的内容十分广泛。在这些著作中，包含着十分丰富的管理思想，受到学界的普遍推崇，也产生了许多相关研究成果。此外，国外的许多军事著作，比如德国军事理论家克劳塞维茨的《战争论》，日本剑圣宫本武藏的《五轮书》，英国军事理论家李德·哈特的《战略论：间接路线》等军事理论著作也为现代企业管理提供了滋养，引导企业家积极运用军事管理方面的理论与智慧开辟企业经营的新天地，许多现代企业皆因此举大获成功。

长期以来，《孙子兵法》中的军事思想引起国内外许多企业家的重视。他们深入研究孙子的军事谋略，并以此来指导企业的市场竞争，将企业的经营管理推向新的境界。商战中的决策与战场上的指挥有诸多相通之处，企业家们成功地将兵家的制胜之道运用到商战之中。在中国，许多人都知晓一位日本企业家松下幸之助的故事。他曾经是一个典型的“弱者”，没上过学，从小到大体弱多病，几乎没人看好他。然而，先天的不足无法扼杀他建功立业的梦想。他于 1918 年毅然作出了一个影响其一生命运的重大决定，他克服各种困难，创立了松下电器公司，开始在商界施展自己的抱负与才干。与其他企业家不同的是，松下幸之助善于运用兵法指导商业活动。他十分推崇《孙子兵法》，他说：“商场就是战场，买卖就是用兵。”他认为，《孙子兵法》是“天下第一神灵”，公司职员必须顶礼膜拜，认真背诵，灵活运用，公司才能兴旺发达。在松下幸之助的倡导下，《孙子兵法》中的军事谋略，转化为松下公司的经营战略，大大增强了企业的竞争力，公司的实力迅速得到增强。松下幸之助也获得了“经营之神”的美誉。时至今日，松下幸之助已去世 30 余年了，但松下公司依然屹立不倒。2018 年，松下公司顺利闯过了创立 100 周年这道高门槛，并以其出色的业绩进入世界 500 强，排位第 114 名，打破了“富不过三代”这一魔咒。

军事管理与企业管理确有异曲同工之妙。古代的军事家绝不会想到，他们那些本是用于毁灭财富的智慧会被后世应用于创造财富，他们的那些军事谋略会对社会的经济发展产生如此重大的影响。

纵观近代以来的企业发展史可以看出，大企业的管理最初是从军队学来的。当瓦特改进了蒸汽机之后，大机器生产很快成为工业发展的趋势，许多大型企业相继诞生。那个时候的人们忽然发现，他们能够解决技术问题，却不知道如何解决管理问题。聪明的管理者将目光投向军队，注重向军队学习管理经验，从而使企业管理逐渐步入正轨。此后，许多大企业纷纷通过向军队学习管理踏上了成功之路。正如德鲁克说的那样："一百多年前，当大型企业首次出现时，他们能够模仿的唯一组织就是军队，现代企业管理中面临的诸多问题，如制度建设、员工忠诚等都可以从军队管理中得到启发。军队所培养和发展的领导者比所有机构的总和还要多，并且失败率更低。"当有人提出"在培养领导者方面谁做得最好"这个问题时，德鲁克和通用电气公司前CEO 杰克·韦尔奇给出了同样的回答："美国陆军"。他们积极主张企业要向军队学习管理。

长期以来，企业向军队学习管理问题引起国际学界的普遍重视，许多学者致力于这方面的研究，并取得了诸多成果。这些成果在学界、企业界产生了很大的影响。国际著名管理学家理查德·帕尔森说过："世界上最优秀的管理在军队。"英国军事管理专家约翰·唐尼认为："一部军事史就是一部管理史。"这些观点显然都是符合历史事实的。可见，具有军事化特点的企业管理是与大企业同步诞生的，军事化管理在企业管理发展史上曾发挥过奠基性的作用。对于企业来说，向军队学习管理绝不是权宜之计。

"商场如战场"，已成商界最为流行的说法之一，且所言不虚。商战之激烈和残酷，除了听不到枪炮声，与战场相通的地方太多了。其实，资本主义的自由竞争、原始积累是通过血腥的掠夺完成的。英国从 15 世纪 70 年代至 18 世纪末的被称为"羊吃人"的"圈地运动"，英法等帝国主义国家发动的第一、第二次鸦片战争等，都是伴随着枪炮声的，从中可以看出资本开拓市场时的狰狞与残暴。正如马克思所言："资本来到世间，从头到脚，每个毛孔都滴着血和肮脏的东西。"

什么叫竞争？竞争就是打败对手，这和军队打仗没多大区别。从实际情况看，商业竞争分两种：一种是使自己发展得更快，甩掉对手；一种是搞垮对手，使其后退，相对强化自己的市场地位。前者固然好，后者也常见。虽然今天的商战不会像交战的军人那样时刻都有流血牺牲，但在陷入绝境时也会赔上身家性命。军事化管理这一课题能够在企业界长盛不衰是与这一状况有着密切关系的。

美国人有一个说法，最优秀的商学院，既不是哈佛，也不是斯坦福，而是西点军校。据美国商业年鉴统计，“二战”后，在世界500强企业里，从西点军校走出来的大公司的董事长达1000多人，副董事长2000多人，总经理、董事一级的5000多人。谁能想到，本是培养优秀军人的学校竟然成为优秀企业家的摇篮，竟然能够培养出如此众多的商业奇才。

《蓝血企业》一书对世界上伟大企业的缔造者做过划分，发现其中约三分之一的人出身军队，三分之一的人是虔诚的宗教信徒，三分之一的人是技术天才。可见，出身军人的著名企业家是一个较大的群体。他们的成功绝非偶然，他们在军队中形成的主观条件是其能够取得突出成就的重要因素。

军队为企业界造就了大批管理英才。“二战”期间，美国空军出现了军事后勤战线上的十位英雄。他们是：罗伯特·麦克纳玛拉、查尔斯·桑顿、法兰西斯·利斯、艾荷华·蓝迪、乔治·摩尔、班·米尔斯、阿杰·米勒、詹姆斯·莱特、查尔斯·包士华和威伯·安德森，这十个人被称为天才，被称为美国现代企业管理之父，也被称为“蓝血十杰”。

古代西班牙人认为，贵族身上流淌的血液不是红色的，而是蓝色的。因此，贵族们喜欢扬起胳膊，显示自己深蓝色的血管。后来，西方人用“蓝血”泛指那些出身高贵、智慧过人的精英才俊。其实，地球上确实有蓝血动物。鲎，就是世界上唯一的蓝血动物。如果西班牙人早知道蓝血动物的长相那么怪异，可能就不会将其贵族的血说成是蓝色的了。

“蓝血十杰”在第二次世界大战期间，将数字化管理模式用于战争，取得显著成效，为盟军节余了数十亿美元的军费。他们虽然不全都出身名校，却造就了一所闻名遐迩的学校——哈佛商学院。美国教育界有这么一个说法：如果将哈佛大学比作全美大学中的一顶王冠，那么，哈佛商学院就是王冠上的宝珠。这所商学院是美国培养企业人才最著名的高等学府，被美国人称为盛产企业高管和总经理的“工厂”，美国许多大企业家和政治家都曾在这里深造。在全美500家最大公司里担任最高职位的经理人中，有五分之一毕业于这所学院。这一切都离不开“蓝血十杰”创造的卓越业绩。

第二次世界大战结束后，“蓝血十杰”加盟福特汽车公司，把数字管理模式引入企业的管理，从而使已经步入衰退的福特公司重新走上振兴之路，开创了全球现代企业向军队学习管理的先河，为美国历史上的经济成长做出了贡献。

令人钦佩的是，“蓝血十杰”个个都是年轻有为之人。他们在30岁左右时均已出类拔萃，并在各自的领域取得了非凡成就。他们十个人中产生了国防部长、世界银行总裁、福特公司总裁、商学院院长和巨商。他们信仰数字、追求效率，成为美国现代企业管理的开拓者，也在国际企业界产生了很大的影响。

近年来，有一本名为《创业的国度》的畅销书。作者分别是美国政府外交政策顾问、中东问题资深研究员丹·塞诺和以色列《耶路撒冷邮报》编辑索尔·辛格。该书围绕以色列经济崛起的过程，采用大量的事实和案例，深入分析了以色列这样一个蕞尔小国成长为创业国度的根本原因。以色列的国土面积比我国海南岛还要小一圈，却是当今世界创业公司密度最高、人均科研投入最多、人均风险资本投资额最大的国家。也是除了美国以外，在美国纳斯达克上市公司最多的国家。几乎一半的世界顶级科技公司都收购过以色列人创立的研发公司。许多人都会问：这么多的世界一流科技公司是怎样创造出来的？

该书作者认为，其中一个重要原因就是以色列全民皆兵的独特兵役制度。以色列法律规定，全体年满18岁的男女公民都要服2—3年兵役，并在退役后全部转入预备役。在军营里，每个以色列人都会经历严格的军事训练或实战锻炼。这样非同寻常的军人生涯，使以色列人在年轻时就承担了巨大的压力，促使他们的心智快速走向成熟。以色列军队等级模糊的管理方式，造就了以色列人放开手脚、“肆无忌惮”的做事态度和创新精神，他们经常是在真枪实弹中学习，在解决问题中训练。这样的军营生活，培养了他们优良的品性和卓越的能力。比如，导弹技术很难与医疗结合，但一位名叫伊丹的导弹工程师运用导弹制导微型化技术研制出胶囊照相机，这种相机每秒可在患者的胃肠内拍摄18张照片。凭借这一技术，他创办了一家公司，8年时间出售了50多万台相机。以色列人全民服役的生活经历，还给创业者提供了强大的人脉网络。任何人开始创业，都会找到能够提供帮助的人。以色列军队就像一所大学校，不停地对全体国民进行普遍培训。这是世界上任何国家都难以做到的。国土小、人口少、军事投入大，本来是不利于一个国家经济与科技发展的因素，而以色列偏偏将其变成了优势。通过对全体国民的军事化训练与管理，使他们形成了强大的组织力和创造力，进而形成推动经济发展和科技进步的强大力量，不仅多次打赢了与阿拉伯国家的战争，而且使国力不断增强。如果没有国家层面的军事化管理，像以色列这样一个敌国环视的小国是难以生存下去的。

随便了解一下，就可以发现，国内外著名企业家队伍中，许多人都是从军营走出来的。沃尔玛、肯德基、麦当劳这些全球性企业的创始人，都是军人出身。曾任英特尔公司中国区总裁的简睿杰，国际电话电报公司总裁兰德·艾拉斯科，康帕斯集团的总裁约翰·克利斯劳，零售商西尔斯的总裁罗伯特·伍德，美国东方航空公司的前任总裁、做过太空人的法兰克·波曼等，全都是美国西点军校的校友。中国著名企业家中“当过兵的人”也很多。华为创始人任正非、联想原董事长柳传志、万达的王健林、海尔原董事局主席张瑞敏、曾任万科总裁的王石、中化集团原董事长宁高宁、杉杉品牌创始人郑永刚、苏泊尔创办人苏增福、新疆广汇创办人孙广信、慧聪网创始人郭凡生、双星集团原总裁汪海等杰出的企业家都是从军营走出来的。据统计，中国500强企业中，具有军人背景的总裁级的高管人员高达四成，有军人背景的企业家在中国企业家中达到30%的比例，在珠三角和长三角地区，这一比例更是超过60%。

他们曾经是一名名优秀的军人，熟悉军队的管理思想和机制，脱下戎装投入商战后，具有非军人背景企业经营者所没有的优势。只要对他们的经商经历细加推敲，就可看出明显的军人色彩，曾经的军营生活的历练使他们获得了比别人更多的优势。

为什么会这样？也许不少人会觉得有些不可思议。其实，出现这种情况并非难以理解。从商者的成功取决于诸多因素。就个人主观条件而言，主要取决于两个方面：第一方面是信念、意志、作风等个人品质方面的因素；第二方面是知识、智慧、能力等专业方面的因素。从军事院校和军队中走出来的军人，必然会在第一方面得到较全面的培养和淬炼。在此基础上，也会在第二方面得到特别的收获。在这方面，商学院显然很难与军事院校和军队相比。对于商人来说，第一方面的素养显然是第一位的。一个人只有具备了在商战中不可缺少的坚定的信念、顽强的意志、过硬的作风等优良品质，才可能将个人的知识、智慧、能力等专业素质发挥出来。如果个人品质方面的素养很低，很可能经受不住挫折与失败的考验，专业素质再强也难以得到发挥。虽然多年来不少商学院也注重加强对学员个人品质方面的培养，但终究难以取得军事院校和军队那样的效果。这也是许多经过专业学习的人，未能踏上成功之路的原因之一。打造一流企业绝不是一个技术性问题，而是一个以精神状态为首要内容的系统化作业。从根本上来说，个人品质上的优势是无法在课堂上培养出来的。只有通过实践的磨炼才能在这方面取得明显进步。

实施军事化管理的企业，不能简单照搬军队的做法，而是需要企业管理者紧密结合实际进行创造性发挥。对于军事化管理的有关问题，必须坚持理论与实践相结合的原则才能做出正确的回答。毛泽东认为，我们的事业需要许多理论家，也需要许多实践家，但更加需要很多理论与实践相结合的专家。这一观点是十分精辟的。今天的世界早就不缺少专家了，但能够真正实现理论与实践有机结合的专家并不是很多，实行军事化管理的企业所呼唤的正是这样的专家。

多年来，很多国内企业注重向我军学习，实施具有军事化特点的管理，有的取得了成功，有的效果有限。华为是实行具有军事化特点管理的成功范例，值得从商者认真研究学习。成功不能复制，成功者的精神却能照亮后人前行的道路。下面，请先了解一下华为取得的辉煌成就。

2019 年 5 月 15 日，美国总统特朗普突然宣布，美国进入“紧急状态”，这一消息令世人大吃一惊！世界头号强国进入“紧急状态”？美国发生内乱了吗？外敌入侵美国了吗？都没有。这次“紧急状态”竟然是由中国的华为公司引发的。这是当今世界闻所未闻的重大事件。一家中国公司竟然如此威武！

谁都没有想到，美国这样一个世界头号强国竟然动用国家力量，大肆打压华为。美国政府指使加拿大当局逮捕任正非之女孟晚舟，并以种种“莫须有”的罪名步步紧逼，不断升级对华为的制裁，先后采取了产品禁售、掐断供应链、技术封锁、市场限制、拉拢盟国打压等手段全方位围堵华为，必欲置之死地而后快。而在此之前，美国制裁中国的中兴通讯公司，还算找了个理由。但如今打压华为，却未见任何证据。

面对这一切，华为人并没有被吓倒，更没有举白旗。任正非霸气回应：“华为不是第二个中兴通讯，不会改变管理层，也不会接受任何监管！更不会到美国生产5G设备！”在这险峻的时刻，任正非显现出军人特有的气魄和血性。他斩钉截铁地表示：“除了胜利，华为已经无路可走！”华为不仅没有屈服，而且立即拿出“秘密武器”予以回击，宣布由15年前设立的海思公司研发的芯片“备胎转正”。任正非以他特有的从容、大度的笑容面对世界。日本等国家的媒体对此评价说：“这种情况，30年来第一次见到。美国人本以为华为会像中兴一样屈服。没想到的是，这一次，‘山姆大叔’的脚踢到了钢板上。”从中可以看出，一个企业搞得好不好，不仅仅涉及企业的得失，而且关系到国家的尊严。国人应该为华为点赞！

历经30余载的风风雨雨，华为公司已经成长为多业务、全球化的科技巨头（见图1）。华为已经为全球170多个国家提供了4G设备，在世界各地承建了280多个400G核心路由器商用网络，覆盖了全球170多个国家，为全世界三分之一人口提供服务，并超过诺基亚、爱立信等世界一流企业，成为世界第一大电信企业。

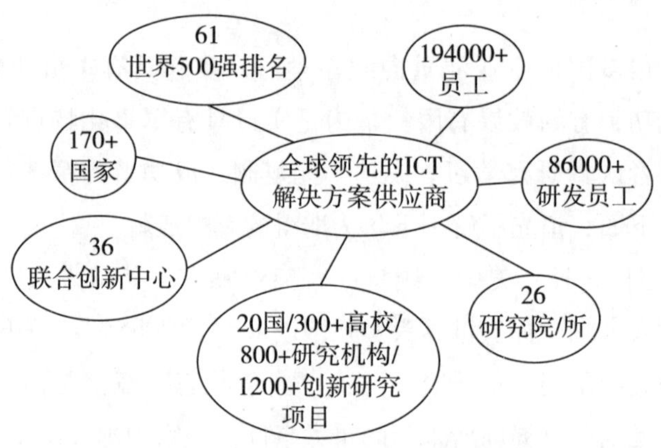

图1　华为多业务、全球化战略

据华为发布的2019年年报，华为全球年销售收入已达8588亿元，同比增长19.1%，净利润627亿元，经营活动现金流914亿元，同比增长22.4%。这份年报反映的是华为在美国严厉制裁之下取得的业绩。这份年报中的每一个数字都是华为人拼搏精神与创造力的结晶。

在《财富》杂志发布的2019年世界500强榜单中，阿里排名第182，联想排名第212，腾讯排名第237。让人欣喜的是华为再次挺进前100名，排名第61。无论是规模、体量还是纳税额，华为都位于中国民营企业第一名。这是我国唯一一个从不涉足金融、房地产，却能跨入世界百强的中国企业。也是唯一一个不上市，而把公司股权大都分给企业员工的中国企业。

据媒体报道，为了进一步应对美国的打压和封锁，华为悄然启动了“南泥湾计划”。华为人要发扬当年陕甘宁边区“自己动手，丰衣足食”的艰苦奋斗精神，克服对美国技术的依赖，加快实现供应链“去美国化”。华为这支“高科技部队”太有战斗力了！即使是世界头号强国这样的超级对手，也无法将其扼杀。

虽然不能把华为的成功，完全归功于其具有军事化特点的管理，但没有这样的管理，肯定不会有华为今天的成功。具有军事化特点的管理，已经成为华为公司的强大优势。一名美国退休将军直言不讳地说出了美国急不可待打压华为的原因。他说：“为什么西方公司畏惧华为？原因之一，西方公司过去20多年的高管大多是从商学院毕业的，而华为是向军队学习管理。”这话可谓一针见血。美国人不怕从商学院毕业的企业家。现代企业管理的套路大都是西方商学院搞出来的。100多年来，世界级的企业家大都是哈佛、斯坦福等著名商学院大学教授的徒子徒孙。学生要打败老师谈何容易？但华为就不同了。任正非自己没有上过商学院，也从来不鼓励公司高管们去读商学院的MBA（工商管理硕士）或EMBA（高级管理人员工商管理硕士）。任正非把商学院的教材扔在一边，着力引导华为人向军队学管理，居然经营得这么成功，这就使美国人更加心生戒惧了。

中国人民大学教授、华为常年管理顾问吴春波认为，华为向军队学习，是一个系统的过程，可以将其概括为三个构成部分：

第一，任正非系统地吸纳古今中外军队的管理思想，并加以分析、归纳与总结，依据公司经营发展的不同阶段与存在的问题，有针对性地通过讲话和写文章持续地在公司内部传播。

第二，公司有组织地学习这些军队的管理思想、理念和举措，形成统一的管理语言与集体认知，为企业的管理实践打下基础。

第三，依据公司的实际情况，将军队的有关管理理念与具体举措变为华为的经营管理行为。

这一概括为企业界如何借鉴华为向军队学习管理的经验理出了一个很好的思路。那些想要学习华为的公司，就应该从这里入手，去积极做好本企业的具有军事化特点的管理。如果一家企业能向华为这样，从老板做起，并从多方面做出不懈的努力，各项管理工作一定能够跨上一个新台阶。

有人认为，今天的华为不宜多讲军事化管理，以平息美国人关于华为有军方背景的指责。有这个必要吗？为什么要围着美国人的指挥棒转？美国的指责只是美方打压华为的一个托词而已。即使没有这一借口，也会找出其他的借口，甚至可以没有借口。华为无须看美国人的脸色，继续“我行我素”好了。在世界范围内，许多企业都采取了诸多军事化管理举措，难道它们都有军方背景？像华为这样的军事化管理色彩较浓的企业不可能改弦更张了。如果真的那样做，华为人很可能就“不会玩了”，公司管理不知道会是什么样子。

当然，也应该看到，并不是每个实行具有军事化特点管理的企业都取得了成功。也有的企业因此步入困境。在这方面，史玉柱的巨人集团就走了弯路。他在从事保健品行业时曾搞过军事化管理，亲自挂帅，成立了“三大战役指挥部”。下设华东、华中、华南、华北、东北、西南、西北和海外“八大方面军”，将其30多家独立分公司改编成“军”“师”建制，各级总经理都改为“某某方面军司令”或“军长”“师长”。显然，这种简单套用军队管理的做法，并不符合企业发展和市场竞争的需要。《史玉柱传奇》一书在谈及此事时称，“巨人集团军事化管理的最高峰也是企业崩溃的前夜”。

这种问题的发生并不奇怪。由于学界、企业界在向军队管理学什么、怎么学等方面认识上存在着诸多差异，在实际应用中各个行业的不同特性及市场形势的千变万化，使得企业军事化管理成为一个不是很容易把握的课题，需要人们脚踏实地进行深入探讨和研究。英国管理学家斯图尔特·克雷纳说过一句话：“管理上没有最终的答案，只有永恒的追问。”军事化管理的理论与实践也需要在人们的不断追问中向前发展。总体来说，只要着眼军事化管理的实质与规律同企业发展的实际相结合，就能够使具有军事化特点管理的企业取得良好的管理成效。任何一种管理模式都不可能尽善尽美，企业管理者应该取其长、避其短，更好地为我所用。只有这样，实行具有军事化特点管理的企业才能行稳致远。

四、中国企业实行具有军事化特点的管理应将我军管理作为学习的首选对象

中国企业实行具有军事化特点的管理，应该以我军的管理作为学习借鉴的主要对象。这里提到的“我军管理”指的是从1927年八一南昌起义开始，一直贯穿至今的我军全部管理实践。无论是中国工农红军、八路军、新四军、解放战争中的各大野战军，还是新中国成立后我军的管理都是一脉相承的。应该将部队管理的主要思想和行为作为一个整体，成为军事理论研究以及整个管理学研究的对象。只有坚持这样的历史逻辑，才能使有关研究得出能够正确反映我军管理规律的重要成果，由此得出的结论才会是正确的、可靠的。

也许有人会问，世界上有很多军队，为什么要以学习我军的管理为主呢?这个问题不难回答，事实胜于雄辩。近代以来，世界上很少有哪支军队经历过我军这样艰苦卓绝的战斗历程。在中国共产党的正确领导下，我军与全国人民一道打败了日军和国民党军队，建立了新中国。又在朝鲜战场上击退了以美国军队为主的“联合国军”。战胜如此强大的敌人取决于诸多因素，但一流的军队管理肯定是战胜敌人不可缺少的重要因素。同时，我军是在中国土地上成长起来的军队，我军的管理最符合中国国情。因此，中国企业理应在广泛汲取世界各国军队管理经验的基础上，将我军的管理作为学习借鉴的首选对象。

无论是战争年代还是和平时期，我军之所以无愧于威武之师、胜利之师的美誉，是与我军高效能的部队管理分不开的。这里提到的“部队管理”不是狭义的管理，而是一种广义上的管理。其中包括思想政治工作、军事训练、管理教育、后勤管理、装备管理等诸多内容。在本书的论述中，都是从这个广义的角度来谈我军管理的。正是因为我军实行了包括上述多方面内容的部队管理，才使我军的管理具有明显的中国特色，才产生了其他国家军队无可比拟的管理效能。通过这样的管理，我军实现了具有很高觉悟的人与武器装备的有机结合，由此产生了足以打败任何敌人的强大战斗力。也是通过这样的管理，使和平时期的我军，不仅能够完成日常的战备训练任务，而且组织实施了抢险救灾等非战争军事救援行动，有效地维护了人民群众的生命财产安全。我军在部队管理方面形成的高效机制以及成功做法，是值得包括企业

在内的各个行业认真研究和学习的。

笔者经过较深入的研究，从我军管理与企业管理的内在联系中，具体将我军的管理理念和方式概括为本书第二至第十二章。但愿这些内容能够给那些对企业军事化管理这一重大课题感兴趣的人们带来益处。

第二章　思想篇

布莱士·帕斯卡尔的著名论著《思想录》，对莱布尼茨和康德等人产生了深远的影响。他说："人类的全部的尊严，就在于思想。"拿破仑说："思想的力量往往战胜利剑的力量""战场上的胜负，有四分之三取决于精神因素"。拿破仑认为自己没有耶稣那样伟大，与耶稣相比，自己的差距很大。他认为，耶稣不靠武器和暴力就能让世人信任他、追随他，靠的就是自己的一套思想体系。似乎是在呼应拿破仑的话，30 岁时的巴尔扎克夸下海口："拿破仑用剑没有办到的，我要用笔来完成。"巴尔扎克兑现了他的这一诺言，他的鸿篇巨著《人间喜剧》蕴含的思想力量，的确征服了世界。

一、思想的力量终将征服世界

法国雕塑家罗丹有一个著名的雕塑作品《思想者》。仔细观看这位“思想者”的表情、肌肉和线条，可以感受到其体现出的深沉、痛苦和力量。这是一个使尽“洪荒之力”进行痛苦思考的强壮男人形象。这种灵与肉的完美结合是“思想者”的理想形象。人的思想似乎是虚无缥缈的，却引领着人们的一切行为。古往今来，凡是成就大事业者，无一不是这样的思想者。

纵观人类发展史可以看出，站在人类社会金字塔顶尖上的人，肯定是伟大的思想家。“思想是行为的先导，理念是实践的指南”，这个话讲得十分到位。布莱士·帕斯卡尔的著名论著《思想录》，对后来莱布尼茨和康德等人产生了深远的影响。他说：“人类的全部的尊严，就在于思想。”拿破仑说：“思想的力量往往战胜利剑的力量”“战场上的胜负，有四分之三取决于精神因素”。拿破仑认为自己无法与耶稣相比，自己没有耶稣那样伟大。他认为，耶稣不靠武器和暴力就能让世人信任他、追随他，靠的就是自己的一套思想体系。众所周知，拿破仑是著名的军事家，他 24 岁因机缘巧合，成为土伦战役炮兵指挥官，并以其卓越的指挥才能打败叛军，由上尉直接晋升为准将，由此开启了他的非凡人生。按理说，他这样的人应该崇尚实力、武力，应该信奉“真理在大炮的射程之内”。但他却更加看重思想的力量。似乎是在呼应拿破仑的话，30 岁时的巴尔扎克夸下海口：“拿破仑用剑没有办到的，我要用笔来完成。”巴尔扎克兑现了他的这一诺言，他的鸿篇巨著《人间喜剧》蕴含的思想力量，的确征服了世界。正如著名经济学家凯恩斯所说的那样，经济学家和政治哲学家们的思想，不论是在对的时候还是在错的时候，都比一般所设想的要更有力量。的确，世界就是由他们统治着。许多高度“自信”的人并未意识到这一点。那些被他们认为属于自己的思维成果，却产生自某位或某几位思想家的影响。“百姓日用而不知”，说的就是这种情况。

历史告诉人们，那些缔造了伟业的巨人，都是所处时代新思想的承接者。他们以此为基础，才能进行新的创造，仅此而已。当20世纪即将结束的时候，英国广播公司（BBC）举办了一次“千年思想家”网上评选。排在前两名的是两位犹太人——马克思和爱因斯坦。这两位天才以其伟大的思想，分别在社会与自然领域做出了划时代的贡献，改变了人类的历史和命运。然而，他们的成功同样是通过承接所处时代的先进思想取得的。马克思创立的马克思主义学说，是在继承了19世纪德国的古典哲学、英国的古典政治经济学和法国的空想社会主义的优秀成果之后创立的。黑格尔的辩证法和费尔巴哈的唯物主义，亚当·斯密和大卫·李嘉图的经济学理论，欧文、圣西门、傅立叶的空想社会主义，都成为其主要来源。以这些当时的先进思想为基础，马克思创作了《资本论》等重要著作。

爱因斯坦的“相对论”学说，也是在承接了19世纪末期的先进科学思想成果的基础上完成的。当时，西方科学界在电磁学、声学、光学、动力学等许多领域取得诸多重大成就。“光的电磁理论”“查理定律”等相继诞生。耶鲁大学学者约西亚·威拉德·吉布斯《论非均相物体的平衡》，创立了热力学原理；美国物理学家迈克尔逊在光学研究中取得了重要突破，否定了牛顿的有关结论；德国物理学家普朗克提出了“量子论”。正是以这些先进的科学理论为基础，爱因斯坦才在物理学上完成前无古人的伟大成就。可见，那些能够揭示自然与社会发展本质和规律的新思想、新理论，始终是照耀人类前行的智慧之光。有了它们，人类社会才不会停下前进的脚步。

当今世界，物质财富的“充分涌流”已经远远超出了人们的想象。同时，精神世界荒芜的程度同样超出了人们的想象。现如今，一切物质性的生产与享乐已经比较容易获得，但人们的思想却越来越贫乏了。人类文明的史册上，已经很久没有出现像老子、柏拉图、牛顿、马克思、爱因斯坦一样伟大的名字了，但财富榜单上的名字却在不断增加。太多的人已经坠入弥漫着“铜臭”的无底深渊，他们已经成为物欲的奴隶。思想家早已成为比大熊猫稀缺得多的“物种”。

我军之所以能够从小到大、从弱到强，首先是因为有了毛泽东这样一位作为思想家的伟大统帅。毛泽东同志在我军创建初期，就非常重视从思想上、政治上建设军队，他提出了“政治工作是革命军队的生命线”的重要思想。

这一思想一直成为我军建设的重要信条，一以贯之地得以坚持。我军上下有一个共识：军人的军事素质不过硬，一打就垮；思想政治素质不过硬，不打自垮。

作家高戈里所著《心路沧桑——从国民党六十军到共产党五十军》，对我军思想政治工作的威力进行了十分丰富的描述。从这本书的内容可以看出，对国民党60军的改造是一个庞大而复杂的系统工程。

高戈里感慨万千地写道："解放战争期间，国民党军队起义、投诚和接受和平改编共188万人，包括将领1500余名，涉及陆军240个师，海军大小舰艇97艘，空军飞机128架。188万来自敌对营垒的官兵，全被中国共产党领导的人民军队消化、改造了。在此过程中，解放军派去一名指导员，就能彻底改造百十人的一个连；派去几百人工作团，就能彻底改造几万人的一个军或一个兵团。在世界五千年的战争史上，谱写了空前绝后的辉煌篇章。"能够把曾经的敌人变成同志、变成战友，天底下还会有比这更大的力量吗？

中国共产党领导的军队，与任何旧军队有着极大的区别，这支军队不是一个利益集团，而是一个价值观集团；这支军队不是一个以人身依附关系结成的军阀武装，而是一个用体现历史前进方向的理想信念武装起来的人民军队。中国共产党领导下的人民武装力量，需要的是知道"我是谁""为谁而战"的有思想的战士，而不是没有独立思考能力、只知道盲从长官的"炮灰"和"奴才"。

虽然企业的特性与军队明显不同，但企业管理同样是一种思想意蕴极深的活动。企业的发展需要汇聚来自各个方面的力量，而思想的力量无疑是第一位的。每一位卓越的企业家必然是一位思想者。只有其思想的力量足够强大的时候，才可能扬起理想的风帆，才可能踏上通向成功的航程。否则，一切都无从谈起。

在日本经济领跑全球的20世纪下半叶，在日本商界诞生了"经营四圣"：索尼创始人盛田昭夫、松下创始人松下幸之助、本田创始人本田宗一郎，以及京瓷创始人稻盛和夫。这四个人不仅继承了当时盛行的西方管理理论，还注重吸收中国的古典智慧，形成了以对人的尊重与关心为核心内容的企业管理思想。他们不仅是所属企业的创始人和掌门人，而且都是具有卓越建树的商业思想家、经营哲学家。他们的企业管理学说在当时以及后世产生了巨大的影响。

稻盛和夫是至今唯一在世的日本“经营四圣”之一。在商界，他简直是“神一般的存在”。1959 年，27 岁的稻盛和夫创立了京瓷公司，又在 1984 年创立了第二电信电话公司。历经 42 年的奋斗，稻盛和夫成功地将这两家公司带入世界 500 强企业行列。他退休以后，将个人持有的公司股份全部赠予员工。令人十分意外的是，1997 年，65 岁的稻盛和夫皈依佛教，并在京都圆福寺剃度出家。稻盛和夫创造奇迹之路并未就此终止。2010 年 1 月 19 日，身负两万亿日元债务的日本航空公司宣告破产。时任日本首相的鸠山由纪夫亲赴圆福寺，恳请已经 78 岁的稻盛和夫再度出山，让他出任日航董事长，拯救这家日本最大的航空公司。令人难以置信的是，不拿一分钱工资的稻盛和夫，仅用 424 天就使日航起死回生，当年盈利总额高达 1884 亿日元，创造了日航 60 年历史的最高纪录，也是当年全球 727 家航空企业的最高利润，从而使日航进入世界 500 强企业行列。更加可贵的是，稻盛和夫长期坚持管理哲学的研究，取得了丰硕成果。由他撰写的《活法》《干法》《心：稻盛和夫的一生嘱托》《成功的真谛》等著作，道出了他在几十年管理实践中获得的真知灼见，阐明了他对人生、对事业的深刻思考和感悟。如此辉煌的成就为稻盛和夫赢得了极高的威望。

为了培养年轻企业家，稻盛和夫曾创立了一所社会大学——盛和塾。这座非同一般的大学在世界几十个国家建立了 100 多个分支机构，共有 14900 余名塾生。2019 年 7 月 18 日，来自世界各地的 4800 名盛和塾的塾生们，在日本横滨聆听了 87 岁高龄的稻盛和夫的告别演讲。令人意外的是，在这次演说中，稻盛和夫宣布解散盛和塾。他告诉大家，自己已经无法再亲自教导塾生了。在这种情况下，这个盛和塾就不应该有继续存在的理由了。稻盛和夫留给弟子们的最后一句话是：“作为灵魂之友的塾生们，你们在我心中永生。同样，我祈愿，在大家往后的企业经营中，我的哲学也能永生。”泪眼蒙眬的塾生们知道，这座给了他们诸多思想启迪的盛和塾，真的迎来了终结的时刻。他们充满依恋地向稻盛和夫表达着深深的敬意。

稻盛和夫在这次最后的演说中对自己的经营哲学做了这样的解读：“如果把人生比作在一望无际的大海上航行。那么，为了获得一个理想的美好人生，首先我们必须依靠自己的力量拼命划船。同时，也需要朋友伙伴们的支持和帮助。但是，仅仅依靠这些，还不能到达遥远的彼岸。只有接收到推动航船前进的、在世间劲吹的他力之风，才能把航船驶向前人未踏的远方大地。”“我认为，理解和实践哲学就是扬帆启航这一行为本身，目的是接收在世上流淌的他力之风。理解和实践哲学就是磨炼自己的心灵，让它变得美丽而纯粹。”稻盛和夫的话，塑造出一种诗的意境。他认为，从商者应该努力理解、实践人生哲学。企业家扬帆远行，无法离开哲学思想的指引。

稻盛和夫无愧于经营哲学家的称号。他的这些思想是对自己几十年企业管理实践的精辟总结，也是对年轻企业家的真诚教诲。稻盛和夫的企业管理理论与实践，昭示希望缔造商业王国的企业家们：商海无边，风狂浪高，人生之舟离不开哲学思想的指引。只有从这样的高度来思考经商之道，才可能抵达成功的彼岸。也许这个标准太高了，一般人无法做到。但这无疑为众多商界人士指明了方向，从商者不能沉湎于事务性的活动，而是应该多从人的思想、心灵、意识的角度来深入思考企业管理之道。

2019 年，美国《外交政策》杂志经过广泛筛选，评出过去十年对世界产生巨大影响的“十位思想者”，马云名列第三。这是一种非同寻常的至高荣誉。当今中国已经不缺少企业家，但能够被称为“思想者”的企业家却是凤毛麟角。当今的中国，需要更多的企业家成为这样的“思想者”。美国《时代周刊》评价任正非是“一个为了观念而战斗的硬汉”。看来美国舆论界的评价确实抓住了实质。卓越的企业家都是因为其思想观念上的超越才实现了所属企业的腾飞。阿里巴巴与华为的商业模式是一种跨越式的创新，没有思想家的头脑是无法完成的。马云的每一次演讲都会迸发出思想的火花，都闪耀着智慧的光彩。任正非写出的每篇文章，无不体现了他对企业发展的深刻思考，无不反映了他作为商界领袖的远见卓识。不难看出，企业家的成功是由其思想的成就决定的。

一个经济强国的企业界应该是文化的沃土，应该是盛产思考者、思想家的地方，应该是思想之花绽放的地方，而绝不应是文化的沙漠。马云、任正非、张瑞敏等优秀企业家的出现是中国企业界的幸事，因为他们的存在不仅使中国有了世界级的一流企业，更重要的是为中国企业家赢得了尊严。他们将中国的企业界提升到一个更高的层次，使更多的中国商人感受到了隐藏在金钱背后的思想的力量，文化的力量，价值观的力量。完全可以相信，在不久的将来，中国商界一定会出现稻盛和夫那样的经营哲学家。

一个企业最大的风险，莫过于有一个没思想、又不愿意接受先进思想的老板，这样的掌门人很难带领企业踏上正确的发展之路。与马云和任正非相比，不少经营者应该感到羞愧和悲哀，因为他们把赚取金钱当成了目的。他们只是一部赚钱的机器，只是金钱的奴婢，他们的思想太贫乏，太缺少文化了，他们穷得只剩下钱了。

企业管理是一种思想性很强的活动，优秀的管理者必须是理性思维水平较高的人。从某种程度上说，企业管理者也是思想工作者，也是灵魂工程师。只有头脑发达、思想丰富的人，才能成为一名优秀的企业家。

在这方面，任正非堪称一流。随着华为的快速成长，任正非强烈意识到，华为要成为世界一流公司，不能仅有会做实务的人，还要有能够“仰望星空”的人。离开了这样的人，华为无法创造光辉的未来。他深刻地指出：“为什么我们总是落后？就是因为我们没有仰望星空，没有全球视野。你看不见世界是什么样子，就把握不住世界的脉搏，容易被历史所抛弃。”

任正非的话是有典故的。古希腊哲学家泰勒斯就是那个被称作“仰望星空”的人。有一天，他晚上走路时，只顾仰望天上的星星，不慎落入枯井，有幸被人救起。泰勒斯因此遭人讥笑：连脚下的路都看不清，还想知道天上的事情。他却淡定地说：“唯其如此，我才是泰勒斯。”从此，“仰望星空”成了那些勇于求索的思想家的代名词。任正非就是这样的人。在长期的管理实践中，任正非进行了深入的探索和思考，取得了丰富的成果。以开放、妥协、灰度、熵减等作为基本概念，形成了任正非的管理思想体系。较大的知识量和较强的思想性一直是任正非的文章和讲话的主要特点。正是因为这样，才使其管理哲学在当今商界大行其道。

任正非曾形象地说：“戈壁滩上不可能种出郁金香，说明戈壁滩上没有东北黑土地的哲学。清末民初的大学者王国维曾针对洋务运动说过，开矿山、办工厂都不重要，中国必须普及哲学。只有全民族提高了素质，提高了对事物的逻辑之间的构想，头脑开放以后，才能构建创新。往高走一步，要改变僵化教条，那就是哲学。”

任正非在一次员工培训座谈会上说：“作为基层员工，学不学习哲学都不重要，只要踏踏实实努力工作，多产粮食，多拿奖金，也就安居乐业了。但是中高层以上的干部要学习一点哲学，因为哲学是人生的罗盘。”

他在公司的一次领导干部会议的讲话中说：“如果我们的队伍都只会英勇奋战，思想和方向错了，我们越厉害华为未来的发展就越有问题。所以，我们希望你们中间能产生思想家，不光是技术专家，要产生思想家，构筑未来的世界。将来华为的轮值董事长要做思想家，手脚都要砍掉，只剩下一个脑袋。”在任正非看来，拥有一批具有宏大视野的思想家和战略家的华为，才可能进入国际先进企业的行列。

在人们的心目中，任正非就是当今商界卓越的思想家。业内人士普遍认为，华为的快速崛起主要得益于任正非的管理思想。像华为这样一个跨国公司领导层所思考与决策的问题，已经很少是技术性的东西，大都是极具思想性、战略性的重大课题，都需要决策层不断进行深入、全面、具有前瞻性的运筹。如果企业领导者没有广阔的视野和超级思考力，是难以把握和解决这些关系到企业长远发展的全局性问题的。纵观近代以来的商业史可以看出，那些能够大展宏图的商业巨擘大都是一流的思想家。他们勇于挣脱旧世界的各种束缚，勇于冲破传统与世俗的诸多羁绊，善于接受新事物，投身新潮流，无所畏惧地去探求人间正道。否则，他们很难在茫茫商海上破浪前行。

任正非曾谦虚地说过：“我这个人啥都不懂，不懂技术，不懂管理，不懂财务，我手里只提着一桶‘糨糊’。前面30年我提着这桶‘糨糊’浇在大家脑袋上，把18万员工团结起来。”这桶“糨糊”够黏的！实际上，“浇糨糊”是任正非对企业思想工作的一个诙谐的说法。能把18万员工的心凝聚起来，这是多么巨大的黏合力啊！

华为十分重视对各级干部的思想领导。华为也像我党、我军领导层那样，定期召开领导干部民主生活会。华为也许是为数不多坚持这一做法的民营企业。有人认为，华为的领导层能够始终精神振奋、团结一心，与公司从诞生之初一直坚持民主生活会制度有很大关系。就像一栋房子，日子久了，必然会积累许多灰尘，必须及时打扫。否则，灰尘越积越多，就没法再住人了。企业的组织也是一样，时间长了，矛盾也会越积越多。如果大家总是你好我好，就无法及时化解，就会形成隐患。当问题全面爆发时，就只能用激进的手段去处理。到那时，就会付出很大的代价。为了避免出现这样的情况，华为一直定期召开各级干部的民主生活会，这已成为华为十分重要的组织自洁机制。

任正非反对把民主生活会开得有“辣味”，有“火药味”。他说：“我认为，批评别人应该是请客吃饭，应该是绘画绣花，要温良恭俭让，一定不要把内部的民主生活会变成了有火药味的会议。高级干部尖锐一些，是他们素质高，越到基层应越温和。事情不能指望一次说完，一年不行，两年也可以，三年进步也不迟。我希望各级干部在组织自我批判的民主生活会上，千万要把握尺度。我认为人是怕痛的，太痛了也不太好，像绘画绣花一样，细细致致地帮人家分析他的缺点，提出改进措施来，和风细雨式最好。”从上述讲话中，可以看出任正非对企业高管队伍思想管理的深刻思考和良苦用心。华为的民主生活会追求的是效果，而不是形式。通过这样的方式，促进了华为领导干部的思想纯洁与精神健康，及时将领导层存在的问题解决在萌芽状态，从而保证了华为各级组织内部的和谐关系，促使决策者始终保持昂扬的精神状态。那些领导层闹矛盾、搞内讧的企业，应该好好学学华为的做法。

华为在注重做好干部思想管理的同时，也十分重视基层员工的思想引导工作。华为借鉴我军在基层建立“思想骨干”队伍的做法，在公司内部实行“全员导师制”。每个员工都有自己的导师，导师不仅在技术与业务上对学生提供帮助，而且承担了思想导师的角色。这一思想导师队伍的建立，成为华为培养员工、凝聚人心的重要举措，也是做好一线员工思想工作的有效载体。这一做法在华为的员工管理中发挥了不可替代的作用。任正非在《华为的红旗到底能打多久》一文中说：“我们建立了一种思想导师的培养制度。这是从中研部党支部设立以党员为主的思想导师制度、对新员工进行指导开始的。公司正在立法，没有担任过思想导师的员工，不得提拔为行政干部，不能继续担任导师的，不能再晋升。”可见，华为的干部提升也很看重思想导师这一经历。在基层形成这样重视思想工作的导向，必然会产生无形而巨大的正能量。

按照华为治理架构的规定，任正非作为公司唯一创始人，对公司决策享有“一票否决权”，但对这一项被人视为至高无上的权力，任正非并未当回事。任正非说：“我在华为最大的权力是思想权。”这句话极具深意。什么是“思想权”？似可视之为对企业的思想领导权。思想领导是全部领导工作的基础，放弃了思想领导就等于放弃了领导权。任正非主要是通过思想领导实现对华为的管理，主要的实现方式就是他的文章和讲话。

任正非说，自己就喜欢写文件、改文件，开会两个小时都坐不住，但管理公司坐得住。从《我的父亲和母亲》《华为的冬天》到《一江春水向东流》，任正非写的文章具有很强的影响力，从而使公司管理层和员工的思想得到及时引导。在华为的微信公众号“心声社区”，经常可以看到任正非发表的文章。这些文章的影响早已超出了华为公司的范围，许多文章在企业界、社会上也产生较大反响，甚至连一些日本商界人士都在经常传阅任正非的文章。从这些文章中，足以看出任正非具有多么高的思想水平和写作水准！这些来自华为管理实践的文章，是企业管理者能够得到的极富价值的教材。好文章不是哪个老板都能写出来的。据说任正非每周都会写两三篇文章。这就是说，这位企业家手中的笔很少会停下来。这一能力又为任正非的形象增添了光彩。在企业家队伍中，能够自己动手写出好文章的人少之又少。不服气行吗？

任正非的所言所行，多么像我军部队的一名优秀的政治委员啊！他不仅是华为公司的核心领导者，更是全体华为人的灵魂人物。他抓的工作都是涉及企业发展的思想性、战略性的大事，其发挥的是一种把关定向、凝魂聚气的作用。关键的地方、彷徨的时刻，大家最想知道的就是任正非是怎么说的、怎么做的。只要知道了这些，大家就有了信心和力量。实际上，这样的“政委”每个企业都是十分需要的。

二、信念高于一切

信念在人的思想活动中居于最高层次，是人思想的轴心。崇高的信念是无神论者心中的“上帝”，是人的精神天地的北极星，是心灵的“总闸门”“总开关”。它可以让人绝对忠诚，可以使人战胜任何艰难困苦，直至流尽最后一滴血。如果人的信念不坚定，当暴风骤雨来临时，精神的家园会崩塌的。

我军是一支因信念而生、为信念而战的队伍。万里长征是我军以崇高信念谱写的壮丽乐章。1934 年 10 月，红一方面军为了摆脱国民党军队的围追堵截，被迫从中央根据地撤出，踏上了漫漫长征路。在此期间，中央红军共进行了 380 余次战斗，攻占县城 700 多座，共歼灭或击溃国民党军数百个团。红军牺牲的营级以上指挥员多达 430 人，平均年龄不到 30 岁。红军长征途经

14 个省（按长征时的行政区划），翻越 18 座高山，跨过 24 条大河，走过险象环生的草地、翻过寒冷刺骨的雪山，红一方面军于 1935 年 10 月到达陕北，与陕北的红军部队胜利会师。1936 年 10 月，红二方面军和红四方面军到达甘肃与红一方面军会师。至此，红军长征胜利结束。

在中央红军长征的一年时间里，共召开会议数百次，大到整风运动的开展，小到日常事务的处理，都要召开会议研究决定。比如：要爬山了，开会；要过河了，开会；要打仗了，开会；没粮食了，开会。频繁开会的目的就是为了统一官兵的思想，确保正确决策。全体指战员都有一个共同的信念，指挥员信，战斗员也信，大家都坚信自己的流血牺牲是“为普天下劳苦大众求解放”，于是，红军就成为一支拖不垮、打不败的队伍。万里长征展现了我军不可战胜的英雄气概，也焕发出人类精神本质的光芒。长征精神，是中国军人用鲜血和生命凝成的宝贵精神财富，也应成为企业军事化管理培训的生动教材。

伟大的抗美援朝战争至今已过去 70 余年了。1950 年 10 月 25 日，几十万中国志愿军勇士“雄赳赳，气昂昂，跨过鸭绿江”。去履行保家卫国的神圣使命。“风萧萧兮易水寒，壮士一去兮不复还！”这是他们内心情感的真实写照。在上甘岭战役攻击 537. 7 高地北山的战斗中，志愿军战士薛志高的两条腿全被炸断，战士王合良的双眼被炸失明，当时突击队只剩下他们两个人。面对敌人的疯狂攻击，二人做出了一个十分惊人的举动：双目失明的王合良背起无法行走的薛志高冲向敌人。随后，薛志高拉响了手榴弹，与敌人同归于尽。王合良身受重伤昏倒在地。后来被救援人员发现送到后方医院抢救。昏迷了一周后，他才苏醒过来。医护人员问他，你身负重伤为啥还继续战斗？他说：不打败侵略者，咱们的祖国也会像战火中的朝鲜那样。我的战友薛志高不怕死，我也不怕。要死也要死在阵地上！

决不能让侵略者的铁蹄踏过鸭绿江，已经成为英雄们的强大信念。为此，他们“皆可使赴火蹈刃，死不旋踵”。在硝烟弥漫的战场上，没人命令薛志高和王合良这样做，他们心甘情愿牺牲自己，来赢得战斗的胜利，来换取共和国的安宁。这就是英雄们至死不变的信念。

有信念的战士是教育出来的，也是管理出来的。先进的管理出战斗力，这是从我军管理实践中得出的结论。我军的管理教育是战斗力的重要源泉。

正是通过这样的管理，使得我军成为英雄辈出的队伍。入伍前，我军指战员大都是普通人，踏入军营后，他们接受了以先进管理为主要特征的全新的生活。在此期间，他们抛弃了落后的思想和行为，学会了像一名战士那样去生活、去战斗。这个时候，在他们身上已经看不到那些散漫、懦弱的个性，他们都变成了视死如归的勇士，由这样的人组成的队伍，必然无坚不摧、所向披靡。

“亦余心之所向兮，虽九死其犹未悔。”对于人来说，没有比死亡更恐怖的事情了，但那些被信念之光照耀的人，却能够前仆后继、慷慨赴死，这样的壮举是其藏于内心的崇高信念驱动的。直至今日，世界上依然找不出高于信念的力量。正是这些有着崇高信念的人，在不断推动着人类社会走向进步。李大钊的话为此作出了更加生动的注解：“人生的目的，在发展自己的生命，可是也有为发展生命必须牺牲生命的时候。因为平凡的发展，有时不如壮烈的牺牲，足以延长生命的音响和光华。……高尚的生活，常在壮烈的牺牲中。”正因为这样，成千成万的革命先烈义无反顾地选择了冲锋陷阵、视死如归。

美国著名管理学者托马斯·彼得菲说：“一个伟大的组织能够长期生存下来，最主要的条件并非结构、形式和管理技能，而是我们称之为信念的那种精神力量以及信念对组织全体成员所具有的感召力。”对于一个组织来说，根植于成员内心的信念是其精神力量的源头。有了它，才能将人们的思想和意志凝聚起来，才能形成共同奋斗的基础。

多年前，美国高等教育思想家克拉克·克尔教授做过一个统计分析，人类在公元1520年以前创立的组织，直至今天仍以同样的名称、干着同样的事情的仅有85个。其中，70个是大学，其余15个为宗教团体。为什么唯有大学和宗教组织能够历经几百年而不倒？这是因为推动这些组织运行的根本动力不是人们的物质利益，不是来自人们自私自利的目的，而是弘扬真理、济世利他的精神和信仰。这与当今某些中国商界人士的认知和做法是相反的。在这些人的眼中，地位、金钱等物质因素才是最重要的，精神、信仰似乎都是虚幻的，可有可无。他们不认为精神和信仰会有如此大的价值和作用。假如和他们去谈信仰、信念，而不去谈与钱有关的事情，他们不会感兴趣。其实，这种人也是有信仰、有信念的，只不过他们是“拜物教”的真诚信徒。

这样的人也许可以取得一时的成功，但很难获得持久的胜利。

稻盛和夫说：“执着而强烈的信念才是成功的基石。”“人生是思想所结的果实。根据我的人生经验，我坚定一个信念，那就是‘内心不渴望的东西，它不可能靠近自己’。”取得重大成就的企业家也都是一些有着坚定信念的人。因此，他们的心灵版图才会十分广阔，才会有源源不断的精神能源。既然人们都把商场看成战场，那么，行进在创业之路上的人们就要有战场上的军人那种义无反顾、奋勇拼搏的精神。

在这方面，一些企业家用实际行动作出了回答。来看看当年的乔布斯是怎样做的。1985 年，因理念不合等原因，苹果公司董事会将乔布斯赶出了由他创立的苹果公司。当时的乔布斯正好 30 岁，本应是三十而立的时候，他却沦为一个失败者。多年后，在谈起这段往事时，乔布斯仍然难以释怀。他回忆被苹果开除“是一种非常公开的出局，我作为一个成年人，我眼中的焦点在我眼前消失了，这对我真的是毁灭性的”“我的感觉就像被五花大绑，然后钉在墙上”。可见，被开除的经历给乔布斯带来了多么大的打击。然而，当时的乔布斯没有沉沦，而是选择了继续奋斗。他相继成立了 NeXT 软件公司和 Pixar 公司，仅仅用了 5 年时间就打造出世界一流的电脑制作公司。然而，苹果公司却因经营严重受挫不得不把乔布斯“请”了回来。面对如此戏剧化的反转，乔布斯感慨不已，他说：“被苹果公司炒鱿鱼是我这辈子发生的最棒的事情。”可见，今天这个价值连城的“苹果”，也是信念之树上结出的果实。

如今的马云风光无限，有关他的故事已经成了商业神话。其实他的成功之路上布满坎坷。马云大学毕业找工作时，被人拒绝了 20 多次。他与 23 个人一起去面试肯德基服务员，结果另外 23 个人被录用，只有他一人被拒。他又与其他 3 个人一起满怀希望地去考警察岗位，也只有他一人落榜。他与外甥一起去杭州一家五星级酒店求职，他的外甥被录用了，他又一次败下阵来。

既然无法找到工作，索性自己创业。从 1992 年起，马云踏上了创业之路，结果他所开设的公司连续三次倒闭。1999 年第四次创业，成立了阿里巴巴。然而，他先后找过 30 多个投资人，没有一个人看好他。阿里巴巴最困难的时候，银行账户上只剩下 200 元钱，公司一度到了挺不下去的程度。

尽管连遭打击，马云的信念却从未动摇。这种信念让他勇立潮头、永不言弃，绝不向逆境低头。现如今，许多人只注意到了马云头上那些耀眼的光环，却没有看到他曾经的疲惫和窘迫。如果马云曾经经受的那些困苦放到他的众多仰慕者身上，他们是否也能像马云那样承受得住呢？没有人能够舒舒服服地成长，没有人能够随随便便成功。一切都要从确立坚定的信念开始。今天的马云应该感谢命运所给予的接连不断的打击，不然就不会有他今天的成就。

再来看看华为的创始人任正非。1987 年，时年 43 岁的任正非从基建工程兵某部研究所副所长的位置上转业后，来到南油集团任职。在经营活动中，因供货商违约致使公司被骗 200 万元，任正非因此被辞退。他只好背负这笔巨债带着父母家人住进了深圳的棚屋，筹集了 21000 元创办了华为公司。创业初期，他屡次陷入困境之中。老婆带着两个孩子与他离婚，父母、子女、弟妹养育之责全都压在他的身上。此时的任正非面临背水一战。他全力投入新产品的研发，并发誓“如果研发不成功，就从楼上跳下去”。2000 年至 2002 年，他又经历了母亲遭遇车祸离世、心腹叛变、身患癌症、抑郁症等重重打击。他常常半夜哭醒，几次想到自杀。那个时候，很多人没有看好这个经常用军语指挥经营活动的人，他却始终像军人那样去冲锋、去战斗，直至将华为打造成世界科技巨头。任正非几乎经历了一个男人可能遭受的所有苦难：妻离子散、家破人亡、被骗、背叛、重病、自杀……

在常人看来，这些都是生命不可承受之重。然而，任正非并没有被压垮，反而更加勇敢地去拥抱理想。1992 年的一天，任正非站在一个箱子上，冲着面前的六七十名员工高喊：华为要超四通！当时员工的第一个反应：老板脑袋进水了！那时候的华为年收入还不到 1 亿元，四通公司的年收入高达 20 亿元。出人意料的是，这个梦却奇迹般地实现了！尔后，任正非又带领大家踏上了新的追梦之路。他提出：未来世界通信产业三分天下，华为必占其一。大家全晕了。然而，这一人间大梦又一次实现了！

成大事业者绝非平庸之辈。无论经受多么大的风雨，那种根植于他们心灵深处的信念始终如钢似铁，坚定不移，他们是为了创造奇迹而生的人。他们因相信而看见，而后者却是因看见而相信。

在 2001 年前后，IT 泡沫突然破裂，西方公司纷纷面临重大危机，华为同样陷入严重困境，公司已经濒临崩溃。在这个生死攸关的时刻，任正非并未去研究商学院的教材，而是注重从军事著作中寻求智慧和力量。任正非召开了由400余人参加的公司高级干部大会，学习德国作家克劳塞维茨的《战争论》。这样的场面在中外企业界肯定是不多见的。华为在长期的发展中始终注重接受优秀军事理论的指导，以此构筑了其他企业难以具备的强大竞争力。《战争论》一书中的一段话极大地激励了大家："战争打到一塌糊涂的时候，将领的作用是什么？就是要在茫茫黑暗中，用自己发出的微光，带领队伍前进。"学到这里，任正非充满激情地说道："让我们把心拿出来，照亮队伍前进，巩固队伍信心吧！就像古希腊神话中的丹柯那样，把心拿出来燃烧，照亮后人前进的道路。"

任正非提到的丹柯是一个神话人物。著名作家高尔基根据这一题材创作了一篇题为《丹柯》的小说。小说的主人公丹柯是一位伟大的悲剧英雄。他是古老部族中的一名有着坚定信念的强壮青年。丹柯和他的族人被敌人赶入茫茫的大森林，他的部族陷入灭种的绝境。丹柯坚决反对向敌人屈服，自告奋勇带领大家走出森林。族人的队伍进入黑暗的密林后迷失了方向，许多人开始埋怨丹柯。但他并不在意，因为他深深地爱着自己的族人。在这绝望的时刻，丹柯用手抓开自己的胸膛，掏出一颗燃烧的心，将其高高举起，指引着族人前进的方向。丹柯的心脏之火引导族人走出了森林，来到一片阳光明媚的大草原上。直到此时，丹柯才含笑死去。然而，只顾欢呼的族人并未发现已经死去的丹柯，有的族人的脚无意中还踩在丹柯落在地面的心上。不过，丹柯的那颗燃烧的心并未熄灭。他的心一直迸射着蓝色的火星。每当雷雨到来时，黑暗中就会有蓝色的火星闪闪发光，继续为行人照耀着前进的道路。克劳塞维茨的论述与丹柯的形象坚定了华为高管们的信念，他们与任正非一道，让自己的心燃烧起来，带领员工攻坚克难，齐心奋斗，终于"走出了黑暗的大森林"。

从上述超凡企业家的经历中可以看出，他们都是屡经挫败之后才突出重围的。他们有一个共同的特点：无论遇到多么巨大的挫折和痛苦，其思想的火焰从未熄灭，崇高的信念始终坚如磐石。因而，任何艰难险阻都无法毁掉他们心中的愿景，都无法阻挡他们前进的脚步。从他们的经历中，可以得出这样的论点：人世间有一种精彩叫作反败为胜。如果此胜又是最后的胜利，那应被视为无与伦比的精彩。可见，伟大真的都是熬出来的。反过来说，一个思想境界低、信念不坚定的人，很难成为有成就的企业家。

人们深藏内心的坚定信念是世界上任何力量都无法改变的。信念坚定者的天性就是去挑战不可能，其命中注定的就是要“把不可能变成可能”。拿破仑曾霸气十足地说：“在我的字典里，没有‘不可能’这个字眼!”稻盛和夫经营哲学中的一个重要内容是积极倡导“追求人类的无限可能性”。他说，在工作中能够实现新目标的人，是那些相信自己可能性的人。仅以自己目前的能力判断自己“行或不行”，是无法挑战新事物和克服困难的。通过持续努力，人的能力就能得到极大的扩展。看来这些成就大业的企业家都是一些不受“不可能”约束的人。

领导力哲学专家西蒙·斯涅克曾说，如果你雇佣某人，只是因为他能做这份工作，那他只会为你开的工资而工作。如果你雇佣跟你有共同信念的人，他们会为你付出热血、汗水和泪水。成就大事业者都是为了实现个人信念而奋斗的人，他们绝不会是为了赚取工资而干活的人。当有着共同信念的人在职场相遇时，他们绝不会甘于平庸，而是会选择挑战“不可能”。虽然这些人脚下的路会十分曲折，但他们会体验到常人无法尝到的人生况味，欣赏到常人难以领略的人世美景，他们会以全身心的付出写成一个大写的“人”字。

信念是一种多么神奇的力量啊！拥有它的人可以从无到有，可以由小变大，可以由弱变强。它能够使人逆势中突围，穷困中奋起。它不仅能够孵化梦想，还会一直支撑着梦想。谁都不能随意放弃拥有信念这一无上的权利。

因此，应该接受斯托克代尔悖论给予人们的启示：坚持你一定会成功的信念。同时，要面对现实中最残忍的事实，无论有多大困难，无论它们是什么。能够步入这一境界的人肯定很少。而一旦成为这样的人，定会谱写出具有辉煌旋律的人生乐章。

仔细想想，人生一世可以有多种多样的选择，但大的选择无非两种：一种是只求安逸，不求功业。只要学会“躺平”就够了，浑浑噩噩过一生。另一种就是追求卓越。有信念的人推崇的肯定是后者。

年轻的马克思在大学毕业典礼上说：“动物吃饭是为了活着，人吃饭是为了更好地活着。”吃饭与活着的关系看上去很简单，但做起来却极不简单。如果仅是吃饭，却不能更好地活着，岂不愧对“人”的称号。张闻天说：“生活的理想就是为了理想的生活。”只有更好地活着，才能实现理想的生活，追求理想应该成为人们共同的信念。每个人因为有了无法形容的幸运，才有机会能够到这个世界走一趟，当然应该为理想去奋斗一番。此外，还有一种可笑的选择：希望生活能够最舒服，又要最成功。这是真正的“梦想家”！

今天的国人都是幸运的。我们生在一个充满希望的国度，又赶上了一个前景广阔、充满机遇的时代。中国改革开放的40余年，大致走完了西方400年的发展历程。我们的国家创造了人类历史上快速走向富强的奇迹，亿万中国人过上了安稳、富裕的生活，许多人还创造出不同凡响的业绩。所以，任何人都没有虚度时光的理由。每个创业者都应成为有思想、有信念的人，坚定不移地朝着远大目标阔步前行。

三、尊重人、关心人是企业管理的核心思想

我军的思想政治工作，非常值得企业管理者进行专门的学习和研究。它可以教会领导者如何通过重视人、尊重人、关心人、帮助人、教育人，来实现对人的管理。这样的做法往往能起到发奖金、送股份无法起到的作用。这方面的工作做好了，员工的价值观就能得到端正和提升，大家的事业心、责任感和主人翁意识就能不断增强，企业的风气就能不断得到改善。

企业管理者虽然分工不同，但说到底都是管人的，都是做人的工作的。企业的大事小事都是人干的，管好了人就管好了事。管理者的眼睛不能只盯着事，不能只盯着钱和经济指标。管人就是要管心。为此，就要做到以心换心，心心相印。管理者要与员工贴心。当今的青年员工重交往、讲感情，管理者要平等相待，多与他们交朋友，主动为其排忧解难，积极营造纯正和谐的人际关系，不断增强员工的归属感和向心力。管理者要善于净心。当今的社会环境比较复杂，诱惑太多。不同时期的社会动态与风习都会影响员工的思想。应该注重掌握正确的思想导向，努力克服消极因素，及时消除负能量。同时，要善于强心，努力激发员工锐意进取的精神，增强大家的主动性和创造性。

美国麻省理工学院社会心理学家道格拉斯·麦格雷戈，首次提出了X理论—Y理论。X理论认为，人的本性是坏的，人们都会倾向于好逸恶劳，尽可能地去逃避劳动。因此，必须通过强制性的控制、监督、惩罚，人们才会愿意付出努力去完成工作。Y理论则与X理论相反。麦格雷戈认为，应该用

Y 理论来取代传统的 X 理论。Y 理论认为，人性不是坏的，一般人并不懒。一个人是否喜欢某项工作，取决于他能否从中得到满足感。在正常情况下，人们都愿意承担自己的责任，都希望个人的才能和创造力能够得到发挥。

19 世纪末 20 世纪初，在美国以及西欧国家盛行的“泰罗制”，是符合 X 理论的管理方式。“泰罗制”是美国工程师弗雷德里克·温斯洛·泰罗创造的一套管理方法。他通过科学分析工人在劳动中的操作动作，研究出最经济、生产效率最高的所谓“标准操作方法”。这一管理方法要求对工人进行严格的挑选和训练，按照不同产业的劳动特点制定生产规程和劳动定额；实行差别工资制，不同的劳动标准对应不同的工资率，达到标准者受奖，未达标者受罚；按照科学管理原理进行生产调控，实行职能工长制，采取“倒补原则”，赋予下层管理人员较大的权力，注重搞好管理者和工人的分工合作。泰罗提出这一“科学管理方法”，实际上是将每个劳动者固定在一个生产流程中，将每个工人变成了机器附属的一个“零件”，每个零件都要服从机器的运行逻辑。卓别林的电影《摩登时代》对此做过形象的表现，每个工人都变成了工厂流水线的附属物，这种管理方式在早期有效提高了生产效率，到后期则广受诟病。时代进步了，必然要求企业管理更有人文情怀，更加有利于促进员工的全面发展。当今社会，不能再用“泰罗制”那样苛刻的方法来管理员工了。

由美国得克萨斯大学的行为科学家罗伯特·布莱克和简·莫顿提出的“管理方格理论”（见图2），则是兼顾了 X 理论和 Y 理论的基本内容。这一理论所要解决的是企业的领导方式及其有效性问题。管理方格理论把企业领导者的基本风格分为 5 类。如图 2 所示，描述了关心员工和关心工作任务的交互作用。其中（9，9）为既关心任务、又关心员工的最理想的领导风格。

每块方格都表达着对人关心的不同程度。第一个方格表示所关心的程度最小，到了第九个方格，就说明关心程度达到最大值。在图 2 中，依次画出了 81 个方格，其表达的意思是“对生产的关心”和“对员工的关心”两个因素以不同的程度相互结合后形成的领导方式。

管理方格图中，（1，1）的位置指的是最为贫乏、最为劣质的管理，这样的管理对生产和员工的关心程度都是极低的；（9，1）的位置指的是只注重抓生产，不怎么注重人的因素；（1，9）的位置指的是所谓“俱乐部式管理”，

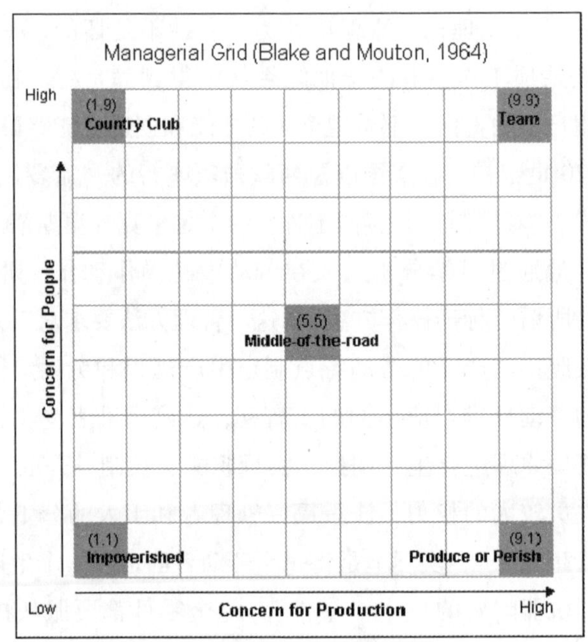

图2 管理方格理论

这种管理只注重关心员工，企业充满友善的气氛，而不大关心企业的生产；(5，5) 的位置指的是一种处于中间状态的管理，这种管理既不很重视关心生产，也不怎么关心员工，完成工作的情况还算过得去；(9，9) 的位置指的是理想型的管理状态，处于这一状态的企业管理者对生产、对员工都会十分关心，进而使组织的目标和个人的需求实现了最有效地结合。

通过综合分析可以看出，布莱克、莫顿二人对员工和生产的关系并不是等量齐观的。(9，1) 方格用了一个单词：Perish（毁灭）。他们认为，只关心生产、不关心员工会产生毁灭性的结果。很显然，其更多强调的是对员工的关心。现如今，凡是成功的公司都具有这样的特点。

每个管理者可以对照一下，自己的领导风格属于其中的哪一种。企业当然希望能够有更多的达到 (9，9) 位置的管理者，如果一个企业能够使对生产的关心和对员工的关心都达到最理想的程度，企业的发展肯定会活力满满。然而，既然是理性状态，就不会很容易做到。退而求其次的选择是，管理者必须处于 (5，5) 之上的位置，即做一个能够超过中等状态的管理者，并不断朝着右上角努力，越接近右上角的管理就会是越好的管理。

美国惠普公司在这方面做到了极致。该公司不仅创造了卓越的经营业绩，更以其尊重与信任员工的企业精神闻名于世。在惠普，存放电气和机械零件的实验室备品仓库是全面开放的，公司鼓励工程师在企业或自己的家中使用这些零件做任何事情。惠普的领导层认为，不管工程师们用这些零件做什么事情，只要他们使用这些零件就总能学到东西。公司没有作息时间表，也从不搞考勤，每个员工可以按个人的习惯灵活安排工作时间。惠普培训员工一向不惜血本，即便出现人才流失也在所不惜。惠普的创始人之一比尔·休利特说："惠普的成功主要得益于'重视人'的宗旨，就是从内心深处相信每个员工都想有所创造。我始终认为，只要给员工提供适当的环境，他们就一定能做得更好。"基于这样的理念，惠普十分关心和重视每一位员工的权益。许多人觉得，这样的做法确实好，但管理成本会很高，公司能够承担得起吗？客观事实告诉人们，惠普正是依靠这一套管理理念和方式，不断创造出优异的业绩。

独立内存制造商金士顿公司与惠普相比有过之而无不及。金士顿公司秉持忠诚、尊重、弹性和诚信的原则，构筑了一种充满人文关怀的企业文化。金士顿的领导层相信，公司录用的每位员工都是促进企业成功的重要因素，因而，应该在员工身上给予更多的投资。金士顿投入 8 亿美元给员工购买住房，员工去外地出差可以赠送旅游。4500 多名员工上下班从不打卡，从未搞过绩效考评，没人知道 KPI 是什么意思。新员工入职后，只要发生家人生病等较大的个人事项，可立刻享受 6 个月带薪休假，金士顿曾被全美科技工作者评为"最想去的公司"。有人认为这样的公司简直像慈善机构，肯定支撑不了多久。也有人预测，这家公司做不到 2 亿美元就会倒闭。两位创始人听了这话却很不服气，2020 年，金士顿的年营收已经达到 132 亿美元。凭着这种"懒散的管理"，金士顿顺利进入世界 500 强。从表面上看，金士顿的管理似乎不大合理，这样一个看上去几乎没什么管理可言的公司，怎么会实现盈利和成长呢？

其实，这正是老子所言的"太上，不知有之"的境界。让员工感觉不到的管理是最高明的管理。只是要真正做到这一点，绝不是一件轻而易举的事情。企业管理也是一种艺术，它的绝妙之处在于，优秀的企业管理者会尽力通过让员工感到自由与愉悦的方式，来最大限度地调动人的积极性，激发人的创造性，从而汇聚成一股推动企业发展的强大力量。如果达到了这样管理水准的企业，肯定会具有极为美好的发展前景。

在这方面，谷歌的做法更加独特而高明。谷歌公司不仅有丰厚的薪资、一流的食堂和健身房，谷歌还有一个广受好评的管理制度——20% 自由时间。谷歌允许员工拿出 20% 的工作时间，即每个星期一天，每个月四天，利用公司的资源，从事与分内工作无关的项目，由他们按照自己的想法去自由支配时间。这一管理制度提出时，遭到激烈反对。一位谷歌创始团队的成员在一次会议上对此提出严厉批评："这会毁掉我们的品牌，粉碎我们的公司。"但事实证明，这种顾虑是多余的。Google 新闻、Gmail 和 AdSense（谷歌广告），正是在这 20% 时间里开发出来的产品，约占谷歌收入的四分之一。真不知道谷歌的管理者是怎么想出来这样的好主意的。它既让员工感受到了信任和关心，又形成了自由和谐的气氛，还取得了良好的工作成果。当今的商界需要的就是这样能够跟上时代发展的、有创造力的管理者。

著名的管理学家安德鲁·卡内基所倡导的也是这样的企业文化：带走我的员工，把我的工厂留下，不久后工厂会长满杂草；拿走我的工厂，把我的员工留下，不久后我们还会有更好的工厂。他的观点很明确：员工的价值远高于工厂，员工决定着工厂的命运。这就告诉人们，在企业管理中，任何时候，人的因素都是第一位的。企业管理层有了这样的理念，就会更加积极的以人为中心来做文章，就会给予员工更多的关注和关心。就不会总是站在员工的对立面想问题，更不会去做以牺牲员工利益为代价来换取企业利益的事情。

再说一个华为的故事。1999 年 11 月 2 日，华为副总裁李玉琢提交辞呈，任正非再三挽留仍然没什么效果，李玉琢去意已决。任正非特意交代李玉琢的上司，等到 12 月 31 日后再批准他离职。按照公司规定，如果员工在当年 12 月 31 日以前离职，不能领取上一年的奖金。李玉琢辞职后拿到了 200 万元年终奖，这是他入职以来领取奖金最多的一次。对于炒了老板鱿鱼的员工，任正非也不另眼相看，依然给予足够的关心。这样的做法已超出了一般企业管理者的胸怀和水平。企业有了这样的老板，员工的心始终会暖暖的，干起工作来也会更起劲。

与任正非相比，许多企业管理者的差距太大了。他们不仅不关心员工的痛痒，而且天天算计着如何从员工身上“抠钱”来减少支出，从而严重挫伤员工的积极性。实际上，这是一种极端愚蠢的管理行为，如果作为价值创造者的员工工作热情丧失了，企业的生命也就停止了。这种现象的产生与管理者的能力强弱无关，而与其人格、胸怀、眼界有关。人格魅力是企业家不可或缺的领导素养。企业家不是个人奋斗者，而是率领众人追逐梦想的带头人，必须获得众人的追随。因此，就需具备超越常人的吸引力、感召力。未能完成这种人生修炼的人不具备进入企业家行列的资格。从当今众多知名企业的做法可以看出，尊重人、相信人、关心人，已经成为当今企业管理的大趋势。企业只能顺应这一趋势，努力开展更具人性化的管理工作。如果哪个企业与此背道而驰，肯定会碰壁的。

华为一直十分关心员工的身心健康。2008 年，在华为的组织架构中，首次成立了健康指导中心，并设立了“首席员工健康与安全官”这一新的领导职位，其职责是规范员工健康标准，做好疾病预防工作，为大家提供健康咨询。公司非常关心参与海外艰苦地区工程项目的员工，要求他们每半年必须体检一次。体检不过关的，会被调离艰苦地区。

华为南京研究所研发了一个专门用来检测员工身心健康状况的 SHIPS 系统。这一系统能够对员工的身体情况进行动态监测，及时对存在健康风险的员工发出预警，提示有关领导及时予以处置，以避免员工发生严重的健康问题。能够像华为这样关心员工健康的企业并不多见，这就是优秀公司的独特之处。企业关心员工是有成本的，但其收到的效果却是超预期的。

坚持以人为本的企业文化，并不是说可以放松对员工的管理。企业不是慈善团体，不能带领员工创造经济效益的企业无法生存和发展，关心员工亦无从谈起。在这方面，最有效的途径就是通过思想熏陶来实现对员工的管理。就是说，企业绝不能忽视对员工的思想领导，如果放弃了思想领导就等于放弃了领导权。只有通过管思想、管理念才能将企业的工作规范变成大家的自觉行动。

四、企业文化是企业的灵魂

成功的企业家都是企业思想园地辛勤的耕耘者。正是因为他们具有这种一般人不容易具备的能力，才能将人心凝聚起来，才能将大家的步调统一起来，朝着共同的目标奋力前行。而企业文化就是企业思想园地不可或缺的阳光雨露。有了它，这片园地才会生机勃勃，春光无限。

企业文化经常被定义为“企业成员广泛接受的价值观念以及由这种价值观念所决定的行为准则和行为方式”。美国哈佛大学教授特伦斯·迪尔和艾伦·肯尼迪在《企业文化：企业生存的习俗和礼仪》一书中，用丰富的例证阐明了一个事实：凡是成功的企业都有强有力的企业文化。正是企业文化这样一种非技术、非经济的因素，直接影响着企业战略、经营决策、人事任免乃至全体员工的行为。两个其他条件极为相近的公司，由于企业文化的强弱之别，二者的发展会出现完全不同的状况。迪尔和肯尼迪把企业文化的理论系统概括为5个要素，即企业环境、价值观、英雄人物、文化仪式和文化网络。应该说，这样的概括是可取的。企业应该从这5个方面入手，积极抓好企业文化建设这一灵魂工程。

《基业长青》作者吉姆·柯林斯说：“公司领导应该反复问自己：‘如果世界上没有我们这家公司，人们会觉得缺少什么？’追问的过程，就是寻找核心价值的过程。如果人们丝毫不觉得缺少了什么，就说明你的公司没有核心价值，你的公司存在的理由也许只对你和你周围的少数人才有一点意义。”这一论述直指企业管理的要害，企业家会从中受到深刻的启示。

“企业存在的价值是什么？”这是每个企业家都无法回避的问题。对于这一问题给出的不同答案，决定了企业的发展前程。“万类霜天”都有着自身存在的价值，“天造万物”都有其生存的理由。如果没有这样的价值和理由，那么就失去了其存在的合理性。这是天下万物和谐共生所遵循的法则。简言之，万物的存在都应该提供相应的利他价值，世界上很难找到专门利己、毫不利他的生存形态。

正因为这样，企业应该着力培养有“利他”之心的管理者和员工。只有做到这一点，企业人才会摆脱极端利己主义的羁绊，才会形成自觉为用户、为社会、为国家做贡献的浩然正气，进而确立强烈的使命感和崇高的价值观。

企业作为一个有生命的组织，其存在与发展也必然要遵循这样的逻辑。创造利他的价值是企业存在的理由，纯粹以利己为目的的企业很难长久生存。对于“企业存在的价值”这一问题的回答，如果管理者的答案仅仅是“赚钱”，那么，这种企业就容易失去底线，很可能会为了营利无所不用其极，甚至会把制造假冒伪劣、坑蒙拐骗列入备选行动方案，而一旦使用了这些手段，企业就会踏上一条不归路，更不用谈可持续发展了。而只有那些真心为社会创造价值、为大众谋福祉的企业，才能够获得长期的回报，实现长久的发展。那些能够持久经营企业的掌门人，都是这种能够领悟到企业利他价值的人。不仅如此，他们还能够将这种价值观传递给企业的全体员工，使每名员工都能怀有一颗利他之心，从而实现上下同欲，勠力同心，让企业获得源源不断的发展动能。正如诺贝尔经济学奖得主弥尔顿·弗里德曼所说：“读了《道德情操论》才知道，‘利他’才是问心无愧的‘利己’。”

老子在《道德经》中说过一句非常经典的话：“天地所以能长且久者，以其不自生，故能长生。是以圣人后其身而身先，外其身而身存。非以其无私邪？故能成其私。”可见，从我们的老祖宗开始，就已经搞懂了通过利他实现利己的道理。

“自来水哲学”是松下幸之助对企业使命的一个形象的说法。对这一使命的简洁表达就是消除贫困，使人类走向繁荣和富裕。这是一个多么崇高的使命啊！松下幸之助说：“经营的最终目的不是利益，而只是将寄托在我们肩上的大众的希望通过数字表现出来，完成我们对社会的义务。企业的责任是：把大众需要的东西，变得像自来水一样便宜。”经营的第一理想应该是贡献社会。企业经营就是以优良的产品和高品质的服务，以消费者买得起的价格，将商品像自来水一样源源不断地满足顾客的需要。能够使顾客受益，才能使企业获益。这一理念奠定了松下公司经营管理的基本方针：质量必须优先，价格必须低廉，服务必须周到。

如果一个企业能够像松下公司这样，真正确立了为全人类造福的理想，是很了不起的。这样的企业不仅会受到消费者的支持，还会使竞争者产生敬畏。它们绝不会因一己之私去干有损于大众的事情，也不会因一时受困而退却。它们会从中获得源源不断的强劲动力，始终奋进不止。许多企业也在坚持为客户服务，但他们的做法实际上是一种经营策略，是一种权宜之计，并非企业经营的目的所在。只有像松下公司这样将“贡献社会”变成企业经营的理想，才会使企业获得光明的前途，从而经得起时间和风雨的洗礼。企业的服务行为从来都不是单向的，接受服务者也从来都不是被动的。企业的利他价值越大，利己的作用也会越强，二者是无法割裂的。当企业的服务领域和服务对象不断扩大的时候，后者必然会对企业的发展产生很强的作用力，企业会成为消费者无法离开并给予好评和爱戴的对象，企业必然会从中获得巨大的回馈。其实，那些取得重大成就的企业都是遵循了这个逻辑。这就是说，优秀的企业家都是一些富有人文情怀的人。他们低头干的都是与钱有关的事情，但心中想的却是“诗和远方”。如果对当今的一些中国公司去讲松下的企业文化，很可能会招来“说空话”“说大话”“唱高调”甚至更加难听的指责。这些公司不认可这种企业文化。人家都这样干了上百年，并且取得了举世公认的重大成就，还有什么可质疑的理由？

在企业文化建设方面，阿里巴巴经历过艰辛的探索。2001 年年初的阿里巴巴，名气已经不小了。但公司的运营却陷入困境：多地团队的配合出现混乱，公司缺乏清晰的管理架构，银行账面所剩无几。如果效益不能快速增长，公司只能再撑五六个月。更加需要正视的是，入职人员不仅越来越多，而且成分愈加复杂。一时之间，各种各样的人纷纷汇集在阿里巴巴的大旗之下，公司管理面临许多新课题。此刻的马云，已经感觉到了阿里巴巴需要做出新的改变。

新年伊始，马云就开始了这方面的工作。他召集关明生、蔡崇信、吴炯、金建杭和彭蕾，按照关明生建议的“愿景、使命、价值观”三个方向，开始了热烈的讨论。

阿里巴巴的愿景和使命早就装在马云的脑子里，将其打造成百年老店就是阿里巴巴的愿景，公司的使命是“让天下没有难做的生意”。但当谈到价值观时，大家却卡壳了。马云随即从办公室里拿来一叠足有五六十页的手稿，这些是他构思价值观所写的草稿。

彭蕾和关明生将这叠手稿分开，各取一半，把其中的要点逐条抄在办公室的玻璃板上，竟然写满了一面墙。然后，6 个人开始增补、删减。7 个小时过去了，他们终于列出了公司价值观的基本内容，即激情、创新、教学相长、开放、简易、群策群力、专注、质量、服务与尊重，共有 9 个关键词和词组。马云称之为“独孤九剑”。

就这样，阿里巴巴的使命、愿景、价值观正式落地了，阿里人商业思想的核心内容由此诞生。此后，尽管其贯彻执行经历了曲折的过程，但最终还是得到大家的认同，并成为阿里人奋力前行的精神能源。随着公司的快速发展，这一价值观也在逐步升级。后来，其内容精练为“六脉神剑”。马云曾表示：“阿里历史上所有重大的决定，都跟钱无关，都跟价值观有关。”对于马云的这一说法，不少商界人士没能听懂，因为他们的感觉不是这样。他们觉得什么思想、什么价值观，能变现吗？商人想的做的事情怎么会离得开钱呢？也许这正是中国至今只出了一个马云的原因。实际情况正如马云所说，阿里在诸多时刻的取舍和抉择，其深层次的根源均是其价值观。马云认为，阿里巴巴之所以能够成为世界一流的互联网企业，不是因为公司多么会赚钱，而是坚定奉行企业价值观的结果。

马云退休后，阿里巴巴根据形势的变化，对企业价值观实行了升级。据悉，阿里巴巴的“新六脉神剑”历时 14 个月才得以完成。公司召集 467 名组织部成员共开展了 9 场讨论；对世界各事业群进行了广泛调研，听取了不同层级、岗位、年龄员工的意见，得到了近 2000 条建议反馈，然后由专门人员逐字逐句予以推敲，前后共修改了 20 多稿。可见，阿里巴巴新的领导者对这项工作有多么重视！

被称作“新六脉神剑”的价值观，由阿里人十分熟悉的六句话组成——客户第一，员工第二，股东第三；因为信任，所以简单；唯一不变的是变化；今天最好的表现是明天最低的要求；此时此刻，非我莫属；认真生活，快乐工作。这六句非同寻常的话语，已经成为激励阿里人继续履行使命、实现愿景的原动力。过去的 20 多年，依靠价值观的驱动，阿里巴巴创造了历史。面对未来的挑战，阿里巴巴应该、也必然会因为对这一价值观的坚守而创造新的辉煌。

对此，马云的接班人张勇表示：“我们花这么大的代价、这么大的投入去做这件事情，最重要的目的是寻找我们的同路人——走向未来、走向 102 年，走好未来 5 年、10 年、20 年的同路人。”由此看来，马云的接班人也是很有思想的。新官上任，首先着力思想领域，首先着手价值观的培育，确实抓住了企业发展的“命门”。业内人士从中看出了门道，关心阿里的人们从中看到了新的希望。在当今中国企业界，能够达到这一高度的企业家是不多见的。

应该强调的是，价值观就是一个企业的信仰。价值观端正了，才会形成优良的企业文化，才能真正将企业的精神力量发掘出来，凝聚起来。企业价值观的作用犹如摩天大楼的地基。打地基的费用不低，看上去没什么用处。但是，如果没有地基，地面建筑物建得越高就会越危险，最终会倒塌。正如万通创始人冯仑说的那样：“人生最重要的还是应当在价值观的培养上下功夫。在价值观上的投资，相当于给人生装上了一个 GPS，人生观就是人一生的卫星定位导航仪。有了它，在人生的任何时候都能找到方向。找到了方向，一个人就有了生存能力。”一个人是这样，一个企业也是这样。应该肯定的是，越来越多的企业家开始认识到了价值观培育的极端重要性，这是中国企业家队伍走向成熟的标志之一。从这些优秀企业家的表述中可以看出，他们不仅是商界的精英，也是思想界的翘楚。因此，他们的成功绝不是偶然的。

当今，华为已经成为企业文化建设的典范。学界、企业界对华为的企业文化做过许多概括，比如“狼性文化”“床垫文化”“加班文化”“军营加校园”的文化，等等。这些说法只是从一个侧面对华为企业文化做出的形象性的描述，并非科学的表述。

华为对企业文化的具体内容有过明确的表述，就是“以客户为中心，以奋斗者为本，长期艰苦奋斗，坚持自我批判”。

任正非曾经直接否认了“狼性文化”的说法。他说：“我从不承认狼性文化。”他对华为的企业文化有过多次论述。有一次，一名记者向正在参加移动通信大会的任正非发问：“马云说，他最佩服的人就是你，他和你差不多，主要管战略和文化问题。你心目中，华为的文化是什么样的文化?”任正非回答：“华为的文化，某种意义上讲就是共产党文化。以客户为中心就是为人民服务；为理想冲锋在前，享乐在后，就是奋斗者文化。共产党人长期艰苦奋斗，没有大起大落，豪华生活。”任正非始终认为，华为公司的价值体系是为人类服务，而不是为金钱服务。“其实，我们牺牲了个人、家庭，牺牲了陪伴父母的时间……这些都是为了一个理想——站到世界最高点。”这是对华为企业文化精神实质所做的最为精准的表述，也明确揭示了华为人的崇高使命与价值观。从中可以看出，华为人的使命就是实现“站到世界最高点”这一崇高理想。华为人的价值观就是为服务于中国人民以及全人类而奋斗。真诚信奉这样的使命与价值观，就会成为“特别能吃苦、特别能战斗、特别能奉献”的人，由这样的人组成的队伍必然会无往而不胜。任正非不愧是商业思想家，他看待问题的高度是一般人难以企及的。他对华为企业文化做出这一概括，道出了中国企业经营管理的至高境界。中国共产党人坚持自己创立的文化能够打天下、坐天下，坚持这一文化的企业成为胜利之师是顺理成章的事情。

2007 年的一天，任正非在看电视新闻节目时，看到一名珠穆朗玛峰的攀登者，在接近顶峰时因保障不足而丧命。他很受触动，觉得应该在珠峰建设一处基站，为这些勇敢的攀登者提供通信服务。任正非在董事会上提出了这一想法，没想到与会者都对此提出异议。大家认为，在那么偏远的地方建设基站后还要进行管理和维护。不仅不会产生经济效益，还会浪费不少钱，企业不该做赔本的生意。大家的看法不是没有道理的。但一向从善如流的任正非这次没有接受大家的意见，而是立即着手建设基站。在基站准备工作就绪后，任正非对自己的"固执行为"做出了解释。他说："正如大家所想的那样，在珠穆朗玛峰安装基站根本不可能赚到什么钱，却可能挽救登山者的性命！"与会者很是茫然：我们是企业，不是医院，建基站与救人性命有什么关系？任正非说："大家都知道，每年都会有很多人去攀登珠穆朗玛峰，而在高原上，信号是一个大问题。一旦这些攀登珠峰的人遇到紧急情况，华为的基站就能发挥大作用了！所以，我们建设基站的主要目的，不是为了赚钱，而是为了救人！再说，我们不是上市公司，没有必要追求财务报表的漂亮，所以，出现亏损并无妨碍。作为一个企业，不应该只以赚钱为目的，而是应该追求为人类服务，为理想奋斗。"不对啊，企业经营的目的不是实现利润最大化吗？这有违经济学的常识啊！然而，任正非这些"不合常识"的话却说服了大家。"侠之大者，为国为民"，任正非就是这样一位伟大的"侠者"。如果企业界能够多一些这样的"侠者"，我们的世界一定会更加美好。这样的企业行为看上去不符合商业法则，却符合华为的企业文化。

基站建设随即展开，位于海拔 6500 米处。该处的环境十分恶劣，施工难度超乎想象。这里的空气含氧量不足平原的一半，夜间气温会下降至零下 20 多摄氏度。施工者晚上睡觉醒来，发现头发上结满冰疙瘩。顽强的华为人最终战胜了重重困难，建成了世界上海拔最高的移动通信基站——珠峰通信基站。正如任正非期待的那样，基站建成后发挥了良好的社会效益。这一基站为 2008 年北京奥运圣火顺利跨越珠峰提供了通信服务，也为许多攀登珠峰的人们提供了通信保障。珠峰基站建设的完成和使用，意味着华为人实实在在地成为置身世界最高处的企业人。

显而易见，华为企业文化的实质就是我们党的文化、人民军队的文化。中国共产党人及其领导下的军队为人民服务、为民族奋斗的精神，已经转化为华为人强大的精神动力。值得称道的是，华为不是简单地复制这一文化，而是注重结合时代特点、企业管理规律、员工切身利益等，将这一政治文化进行了创造性地“加工”，使其转化成为一种企业管理体系和运行机制，从而使这种经过转化后形成的企业文化更加符合企业发展的需要。华为在企业管理过程中，既大力倡导奉献牺牲精神，又努力做到“不让雷锋吃亏”；既坚持“利益最大化激励”，又注重精神文明建设；既倡导艰苦奋斗，又积极改善工作生活条件；既讲公平，又反对平均主义；既坚持优良作风，又注重人文关怀……这些切合企业管理实际的做法，产生了良好的效果。

华为的企业文化已经成为激励华为员工的强大动力源和行为准则。公司形成了一系列与此配套的激励政策，对员工进行这方面的定期培训，并通过内刊宣传、口号、标语等多种方式，对员工进行先进思想文化熏陶。华为内刊《华为人》《华为文摘》《管理优化报》都是企业文化的有效载体。

回顾华为的发展历程，表面上看，华为的成就是由人才、科技、销售等实务带来的，但深入探讨起来就会发现，先进的企业文化发挥了不可替代的基础性作用。正是由于先进企业文化所产生的巨大凝聚力和创造力，华为人才能书写出令世人惊叹的美妙神话。

企业文化建设容易出现的最大问题，就是“说一套，做一套”，使之与企业实际工作脱节。一些企业虽然提出了企业文化，却不是坚信不疑，做不到真心坚持，而是只停留在嘴上、墙上、文件上，没能像华为那样，使企业文化体现在公司管理的战略策略上，体现在企业各项制度机制及日常工作的各个环节上，因而，不能化虚为实，落地生根，当然就不能转化为人们的自觉行动了。所以，企业管理者不仅要了解华为的企业文化是什么，还要知道华为是怎样把企业文化落实到实际工作中去的。只有这样，企业文化才能为企业发展提供精神能源，才不会成为一项装门面、走形式的工作。

第三章　意志篇

宋代文学家王安石在《游褒禅山记》中写下一段精彩的语句："夫夷以近，则游者众；险以远，则至者少。而世之奇伟、瑰怪、非常之观，常在于险远，而人之所罕至焉，故非有志者不能至也。"

德国哲学家马丁·海德格尔曾用"向死而生"来解释人生的意义。他认为，只有当人们向死亡无限接近的时候，才能知道生的意义。乔布斯在很早的时候就搞懂了这个道理。他在17岁那年，读到了这样一句箴言："如果你把每一天都当作你生命中的最后一天来过，那么，总有一天，你会走在正确的道路上，找到你人生想要的答案。"来自死亡的压力，成为日后乔布斯人生的强大动力。在必死的人生旅途上，人们应该鼓起勇气，独立前行，珍惜生命中的分分秒秒。只有这样，生命才能在有限的时间内展现出无限的可能性，才能"诗意地栖居在大地上"。

一、穷且益坚，不坠青云之志

从心理学的意义上说，意志是人们按照自己内心的强烈愿望，自觉地确定目的，并根据目的调控自身行为，克服各种阻力，去实现预定目标的心理倾向。它是人的自主意识能动性的集中表现，对人的行为有发动、坚持、制止和改变等调控作用。对于创业者来说，意志力是驱动商业行为的最重要的心理要素之一。只有当创业者的认知、情感达到意志层面的时候，才可能将所坚持的理念转化为实际行动，这样的行动才可能具有坚定性和持久性。“穷且益坚，不坠青云之志”，这是创业者应有的精神状态。

孔老夫子说得好：“三军可夺帅也，匹夫不可夺志也。”在孔子看来，人的意志，在人生历程中具有比三军统帅更高的地位，任何时候都不能失去。失去了统帅的军队会群龙无首，溃不成军；缺少优良意志品质的人，必然是一个软弱、怯懦的人，这样的人很难具有成就大事业者所需要的勇气和力量。一个人要想实现崇高的理想，达成远大的目标，必须具有比常人更加坚强的意志。否则，必然无法战胜前进道路上可能遇到的各种挫折和困境，一个意志薄弱的人终将一事无成。正如马克思在《政治经济学批判》一书的序言中所说的：“在科学的入口处，正像在地狱的入口处一样，必须提出这样的要求：这里必须根绝一切犹豫；这里任何怯懦都无济于事。”在创业的入口处，同样应提出这样的要求。

作为文学巨匠的莎士比亚，在讲到人的意志时，同样做出富有诗情画意的描述：“我们的身体就像一座园圃，我们的意志是这园圃里的园丁；不论我们插荨麻、种莴苣、栽下牛膝草、拔起百里香，或者单独培植一种草木，或者把全园种得万卉纷披，让它荒废不治也好，把它辛勤耕垦也好，那权力都在于我们的意志。”到底是莎翁，无论说什么，都是那么富有情调。实际上，意志是这位文学巨匠塑造典型人物的一个重要性格逻辑。在莎翁的文学园圃里，可以看到许多因意志力的强弱而导致的不同人物结局。从哈姆雷特、李尔王、奥赛罗、麦克白等悲剧主人公身上，都可看出意志是怎样主宰他们命运的。在莎翁的笔下，意志化作掌控人的全部行为的园丁，人们无论栽种、收割什么，都要听从园丁的决定。谁都希望自己能够拥有一座百花盛开、生意盎然的园圃，而绝不想使其成为一片荒芜之地，而这一切全都仰仗意志这个园丁的辛劳。有了她的坚忍与勤奋，人生的园圃才会呈现出姹紫嫣红的美妙景象。

军人的意志在战火中得到充分的展现。身经百战的老红军、老八路、老解放都是有着钢铁般意志的军人。当遭遇强敌的时候，当身陷绝境的时候，他们凭借强大的意志力，浴血奋战，英勇杀敌，创造出中国革命战争史上诸多可歌可泣的光辉战绩。金一南将军讲得十分精辟："战胜对手有两次，第一次在内心中。"只有内心强大的军人，才能有压倒一切敌人的英雄气概。在战场上，军人的意志是战斗力的首要因素，强大的意志力是一名军人最为突出的能力。敌我双方的搏斗，首要的是意志力的较量。"泰山崩于前而色不变，麋鹿兴于左而目不瞬"，这才是强者常有的精神状态。这样的军人必将所向披靡，而失去了战斗意志的军队必将不堪一击。

1950 年 12 月 31 日，我志愿军第 42 军 124 师 372 团 4 连奉命快速穿插至济宁里。副排长白文林带领由班长冷树国、战士郭银锁、王二旺、窦国斌 5 个人组成的战斗小组快速行进。当他们登上一个山头时，忽然发现山下河边的空地上挤满了敌人，还有许多汽车、火炮。事后得知，这是敌军联队的一个营。大家同时将目光投向副排长白文林，5 个人对一个营，打还是撤？只听白文林一声令下："包围他们！"是的，你没有看错，5 个人要包围敌人一个营。不可思议。在这几位勇士的心里，他们完全能够战胜百倍于己的敌人。从看到敌人的那一刻起，他们已经做到了心胜。5 个人如猛虎下山，冲向敌群，他们边冲锋边开枪，同时向四处叫喊，仿佛召唤同伴一样。溃逃至此的敌军本已是惊弓之鸟，遭到如此突如其来的打击，顿时慌作一团。有几个军官模样的敌军站在高地上喊叫着，好像是在进行指挥。5 勇士果断射击，把他们全击毙了。一个营的敌军立刻群龙无首，完全丧失了组织还击的能力。有的敌人竟跳入冰冷的河水逃向对岸。敌群中有一辆吉普车突然发动，企图夺路而逃，但公路上到处都是人，这辆吉普车根本走不了。战士冷树国随即猛扑上去，一把将车上的敌人拽了下来。等那人从地上爬起来冷树国才发现，原来是一个块头很大的美军军官。冷树国毫不畏惧，与其展开激烈格斗。冷树国一把掏出这名美军腰间的手枪，顶住了他的下巴，他只好乖乖举起了双手。事后得知，此人是美军派驻韩军的上校顾问，名叫埃莫森。

5个人竟敢包围一个营，并且能够取胜，太让人难以置信了！其实，在我军的战史上，与此相似的战例并不少见。在战争年代，我军曾涌现出许多以寡敌众的“孤胆英雄”。他们将一切强大的敌人视为“纸老虎”，勇于超越战场上的各种极限，一次又一次地挽回危局，创造出战争史上的诸多奇迹。军队的强大战力需要用胜利来证明，绝不是靠吹牛皮吹出来的。不可一世的美军，经过在朝鲜战场上与我志愿军的交手，终于领教了中国军队的厉害。

无数优秀的军人都是这样的有志者。然而，军人的牺牲岂止在战场。我军不仅凭借强大的意志力在战场上打败强敌，也能以此战胜来自大自然的严酷挑战。20世纪90年代初，西藏“电荒”严重，亟须发展水电事业。面对“生命禁区”的死亡威胁，国内外工程施工队伍纷纷望而却步，敢于应战的唯有武警水电部队（现中国安能建设集团有限公司）。水电官兵高举“水电铁军”的鲜红战旗挺进雪域高原，先后完成西藏地区7个地市、8条江河等26项水利水电工程和川藏、青藏联网工程建设，完成装机总容量50多万千瓦，占西藏地区水电装机总容量的75%，为西藏人民的生活增添了光明，也为新中国的水电事业书写了壮丽篇章。

历史不会忘记，武警水电部队官兵修建羊卓雍湖（简称羊湖）电站经历的峥嵘岁月。

修建羊湖电站是藏族同胞长期的梦想，但因电站所处的岗巴拉山（藏语意为“不可逾越的山”）地区的自然环境太恶劣，一直无法实现。法国、挪威、瑞士和意大利等国的水利专家多次搞过实地考察，都被这里举世罕见的自然和施工环境吓退了。早在20世纪70年代，5名法国水利“探险者”来西藏考察后，在其报告中写道：“在这里修筑水电站是上帝的旨意，人类将无法完成这一旨意。如果你想创造奇迹，那你建造的很可能不是电站，而是自己的坟墓。”然而，中国人迷信“洋人”的时代早已过去了。兴建羊湖电站被国家列入“八五”计划重点项目。武警水电官兵当仁不让地承担了这项历史性的工程建设任务。按照设计，羊湖电站装机5台2.25万千瓦机组，总装机容量约11万千瓦。这座电站是世界海拔最高、水头最高、隧洞最长、施工难度最大的混合式抽水蓄能电站，也是当时西藏规模最大的水电站。

1991年5月25日，电站主体工程开工建设。水电部队先后投入3500余名兵力，1300余套装备，日夜不停地进行施工。在电站建设过程中，官兵们不仅要攻克诸多世界性技术难题，还经受着极限生存的考验。修建长达5889米的引水隧洞，需要穿越海拔5000多米的冈巴拉山。在这样的“生命禁区”，严重的“高原反应”给人带来极大的痛苦。许多官兵出现胸闷、头昏、呕吐、流鼻血等症状，有的发生肺水肿，献出了年轻的生命。这一地区常年飞沙走石，冬季的最低气温达到零下40多摄氏度，空气含氧量不到平原的一半，连大马力的牵引车也只能达到一半功率。收工回来，施工人员脚上的水靴要用火烤才能脱下来。狂风卷着大雪，经常把前一天好不容易搭好的帐篷刮得东倒西歪。官兵全都睡在帐篷里的地铺上，大家晚上睡觉时要盖上三床被子，再加一件大衣。面对这一切，官兵们无所畏惧，一直保持着昂扬的斗志。大家手中的风钻一直不停地响着，打眼、装药、放炮、出渣，常年实行24小时两班倒作业。作业产生的大量粉尘、烟雾、一氧化碳、二氧化硫等有害物的浓度很高，致使洞内严重缺氧，不少施工人员因此晕倒。谁晕倒了，就抬到洞外透透气，醒过来又进洞接着干。时间久了，大家的手脚冻出一道道血口子，皴裂后流出的鲜血在手套和袜子上结成了痂……在长达6年的施工作业中，工程技术人员完成了40多套技术革新，成功处理20多处大规模塌方，施工合格率和优良率都达到百分之百。

1997年9月，羊湖电站全面竣工，5台机组全部投产发电。这座电站建成后，有力缓解了拉萨电网严重缺电的局面，许多藏胞结束了点酥油灯照明的生活。这座耸立在“世界屋脊”上的水电站，也是我国通过军事管理方式创造的又一工程奇迹。

毛泽东对人的意志力的关键性作用有过一段十分精彩的描述：“往往有这种情形，有利的情况和主动的恢复，产生于‘再坚持一下’的努力之中。”出现这种情形，常常是黑云压城的时候，常常是弹尽粮绝的时候，常常是挑战极限的时候，这样的坚持是极其艰难的，一般人是难以挺住的。只有意志力超常的人才能完成这种坚持。那些胆怯、懦弱、缺少定力的人会屈服、会倒下的。然而，只要完成了这样的坚持，就会冲破黎明前的黑暗，迎来满天的朝霞，胜利的希望就会展现在人们面前。坚持就是胜利！

二、有志者事竟成

企业家意志是企业家精神的核心因素，也是激发企业家行为的决定性力量。企业家意志主要显现为创造力、控制力、决断力，由此形成的合力对其企业管理的决策与行为产生重大影响。在企业家意志的驱动下，企业家的意愿得以贯彻，企业契约得以生成，企业的规模与边界得以扩展。

美国经济学家熊彼特，曾对企业家精神进行过专门研究，他将意志力列为企业家精神的重要内容。他认为，企业家是一个意志力极强的群体。“企业家在自己熟悉的循环流转中是顺着潮流游泳，如果他想要改变这种循环流转的渠道，他就要逆潮流游泳。从前的助力现在变成了阻力，过去熟悉的数据，现在变成了未知数”“需要有新的和另一种意志上的努力，去为设想和拟订出新的组合而搏斗，并设法使自己把它看作一种真正的可能性，而不只是一场白日梦”。对于商界人士来说，有了坚强的意志品质才会踏上成功之路的起跑线，才可能踏出征服商业王国的第一步。

硝烟弥漫的战场，将军人打造成意志坚强的人。残酷的市场竞争，也使得企业家的意志得以强化，因而才能使他们在商战中获胜，并不断将企业做大做强。苏轼有句名言：“古之立大事者，不惟有超世之才，亦必有坚忍不拔之志。”这句惊世之语，是这位大诗人非凡人生的真实写照，每个商界人士都应从中受到激励。在建功立业的道路上，“超世之才”十分可贵，但“坚忍不拔之志”更是不能缺少的。

由于市场竞争的残酷性，企业家已经成为当今世界上意志力最为坚强的群体之一。他们凭借在商战中练就的抗击打能力，积极克服企业经营中遇到的各种困难，不断赢得来自商业对手的挑战。对于企业家来说，超常的意志力所发挥的作用已经超过了专业性、技术性的因素。美国硅谷资深创业者，本·霍洛维茨在《创业维艰：如何完成比难更难的事》一书中语调沉重地写道：“对于一家企业来说，真正的难题并不是设置一个宏伟的难以实现的大胆的目标，而是你在没有实现宏伟目标之时，不得不忍痛裁员的过程。真正的难题不是聘请出色的人才，而是这些‘出色的人才’逐渐滋生一种优越感，并开始提出过分的要求。真正的难题不是绘制一张组织结构图表，而是让大家在你刚设计好的组织结构内相互交流。真正的难题不是拥有伟大的梦想，而是你在半夜一身冷汗的惊醒时发现，梦想变成了一场噩梦。”① 应对这些难题，所需要的不仅仅是人的智慧和能力，更加需要的是企业家十分顽强的意志品质。实际上，无论是成功与否的企业家，都无法逃避这些令人难以承受的考验。

刚满 15 岁的王健林，从四川绵阳来到东北长白山的林海雪原，成为一名兵娃娃。他经常背负 10 多公斤重的装备，在齐膝深的积雪中，徒步 40 公里执行任务。历经 18 年军旅生涯后，因遇上百万大裁军，已经成为团职军官的王健林脱下了心爱的军装。创业初期，他既缺经验，也没实力。为了得到一笔贷款，他先后 55 次登门十几家银行，最终未能拿到贷款。为了公司项目的正常运营，他只能去借高利贷渡过难关，最忙的时候曾经九天九夜没怎么合眼。经营商业地产的时候，困难重重，麻烦不断，三年时间共打了 222 场官司。对于一般人来说，如此艰难困苦的日子是很难挺过去的。或许只有像王健林这样年少时在军营中铸就了坚强意志的人，才能不屈不挠地走下去。这正是这些转业军人让人十分钦佩的地方。他们总是像一名攻山头、炸碉堡的勇士，前面的道路再艰险也要想办法闯过去，敌人的火力再强也要想办法把它压下去。他们的意志是永远无法被征服的。

现如今，华为的成就已为世人所公认。许多人更想知道的是华为是怎样取得成功的。其中的答案在媒体上已经有了林林总总的分析与概括。实际上，不管媒体人是从什么角度来回答这一问题的，从中都可以看出一个闪光点，这就是华为与其他企业最大的不同，在于它产生了一位具有“坚忍不拔之志”的掌门人。华为人是一个意志坚强的群体，这一点是华为能够纵横世界、创造历史的最重要因素之一。

1991 年 9 月，华为租下一栋居民楼，开始研制程控交换机。公司的生产车间、仓库、食堂和员工宿舍都安排在这栋楼里。50 多人的床位挨着墙排开，床铺不够就用泡沫板加上床垫来代替，公司所有人工作吃住都在这里。那个

---

① 霍洛维茨．创业维艰：如何完成比难更难的事［M］．杨晓红，钟莉婷，译．北京：中信出版社，2015.

时候，企业的经营已经难以为继。为了维持企业的现金流，交换机必须生产一台出售一台。企业招收了一批大学生，无力提供床铺，只能给每个人发一张卷席。从此，他们饿了吃一盒泡面，困了席地而卧，醒来继续加班。在随后的几年间，新产品的研发很不顺利，但任正非却坚定不移地搞下去，终于取得了成功。在这个过程中，资金技术等因素似乎已不是最重要的了，倒是坚强的意志力发挥了更大的支撑作用。

2004 年 6 月，华为承担了为西藏墨脱县建设基站这项艰巨任务。那时的墨脱是全国唯一一个不通公路的县，建设基站需要的全部物资都只能靠人工背运。华为人与 200 余名民工一起，背着经过拆解的基站设备部件，风餐露宿，蹒跚前行。他们翻过 4 座海拔高达 4000—5000 米的雪山，步行了 4 个昼夜才赶到墨脱县，将基站建了起来。从此，墨脱县结束了“信息孤岛”的历史。2017 年的一天，已是 73 岁的任正非翻越海拔 5200 米的雪山，来到墨脱县检查基站运行情况。任正非十分感慨地对员工们说，你们每个人都是英雄。在条件如此恶劣的地方，你们把一根一根的铁塔部件背上山，是有多么艰难！华为人凭着钢铁般的意志，践行着企业的价值观。哪里的用户需要他们，他们就会把服务延伸到哪里。高原雪山无法阻挡他们前进的脚步。

2019 年 7 月 31 日，华为隆重举行了“千疮百孔的烂伊尔 –2 飞机”战旗交接仪式。在此前的一次媒体见面会上，任正非展示了一张二战时“被打得像筛子一样的飞机”照片，并将当时正处于风口浪尖的华为海思比作这架飞机。华为官网为此配上了一段极富情感色彩的说明：“没有伤痕累累，哪来皮糙肉厚，英雄自古多磨难。一架二战中被打得像筛子一样、浑身弹孔累累的伊尔 –2 飞机，依然坚持飞行，终于安全返回！”在这个仪式上，任正非以“钢铁是怎样炼成的”为题讲了话。《钢铁是怎样炼成的》是苏联作家尼古拉·奥斯特洛夫斯基的自传体小说。少年时的他就成为一名战士，在战场上与敌人英勇拼杀，留下满身伤痕。战争结束后，他拼命工作，造成全身瘫痪、双目失明。他曾绝望地想过自杀，最终凭借顽强的意志，创造了非凡的人生。他克服了常人难以想象的困难，用 3 年时间创作了这部长篇小说，塑造了钢铁战士保尔·柯察金的光辉形象。任正非在这次讲话中，借用这一形象增强华为人的信心和勇气，激励大家以钢铁般的意志，去夺取最后的胜利。这一场景就像军队指挥员下达作战命令一样，具有很强的仪式感，令人心潮澎湃，力量倍增。

这样的做法已经成为华为的惯例。每逢关键时刻，华为都会采取举行宣誓仪式、授旗仪式、誓师大会等方式，来凝聚共识、激发斗志。开展这些活动时，都要授战旗、表决心、喊口号、宣读誓言、领导讲话……这样的做法大大增强了员工的凝聚力和战斗力。其实，华为的这些做法都是从我军学来的。无论是战争年代还是和平时期，我军在部队出征或执行重大任务前都会以这样的方式来鼓舞士气。这种理念是没有当过兵的管理者很难具备的。无论干什么事都少不了这股精气神，如果意志不坚强、精神萎靡不振，整天“像霜打的茄子”似的，再有才干的人也没才干了，再有能力的人也没能力了。

华为的这种做法符合心理学的原理。诺贝尔奖得主、心理学家丹尼尔·卡尼曼研究发现，人们对一段切身体验的评价由两个因素决定，一个是在这一过程中的最强体验，另一个是在此过程结束前的最终体验。在此过程中的其他体验对人们的记忆几乎没有什么影响，这个发现被称为“峰终定律”。华为通过上述活动营造出一种很强的仪式感。这种仪式感会在人们的内心引起强烈的情感共鸣。也必然会像“峰终定律”所揭示的那样，大大强化员工的决心和意志。人们的日常生活需要仪式感，企业管理也应积极营造仪式感，它能唤起员工内心隐性的自觉，将人们巨大的潜能激发出来。

为什么许多从商者无法跻身优秀企业家的行列？其主要原因之一就在于个人意志品质方面存在的差距。在研究企业成功之道时，许多人过分看重知识性、专业性、技术性的问题，而对人的意志品质等个性心理缺少足够的重视。实际上，人的学识，人的才干，一定是在形成了较强意志力的基础上才可能得以发挥。只有当人的认知、情感转化成意志力以后才可能转化为行动力。如果意志薄弱，再多的知识和才干也难以得到正常发挥。这正是当今社会许多创业者的软肋。创业者应该十分重视弥补这方面存在的不足。现今社会容易让人形成求安逸、图享乐的趋向，从而很容易使人的意志力被弱化。若想避免这种情况，就需要追求成功者必须拒绝平庸，大胆开拓，积极主动地去奋斗，以使自己成为一名志存高远的人，这应是成就任何事业必须具备的品行。正如巴尔扎克所说的那样：“没有伟大的意志力，就不可能有雄才大略。”

世界上一些商学院已经看清了这一点。它们早已开始向军队学习，十分重视对学员进行意志力方面的训练。美国沃顿商学院有一门很受欢迎的选修课。选修了这门课的学员，要参加两天一夜的海军特战队训练，课程的名称是“不确定性与复杂条件下的领导与决策”。学员们要在悬停空中的直升机上顺绳而下，匍匐穿过50米泥泞的深沟和带刺的铁丝网，完成这些科目后接受领导能力考试：如何通过团队协作解决问题？如何趁敌不备救回受伤人质？如何使用有限物资如木板、汽油桶和绳子抢渡大河？显而易见，如果不设置艰难的现场环境，直接在课堂上组织这种领导能力考试，取得的效果肯定无法与经过特训后组织的考试相比。这种贴近实战环境下的学员培训，能够培养出军人那样的胆识和气魄。在这样严酷条件下对学员进行能力考试，必然促使他们形成果敢决策的能力。这样的特殊培训定会使学员受益匪浅。

三、为者常成，行者常至

“为者常成，行者常至。”这是一句十分励志的古语。显而易见，这句话中所说的“为者”“行者”都是意志坚强的人，都是能够坚持到底的人。只有这样，他们才可能达至“常成”“常至”的境界。

这句话源自齐相晏婴与大夫梁丘据之间的一段对话。梁丘据谓晏子曰：“吾至死不及夫子矣！”晏子曰：“婴闻之，为者常成，行者常至。婴非有异于人也，常为而不置，常行而不休者，故难及也。”正是靠着“常为不置”“常行不休”，才使“长不满六尺”、貌不出众的晏子，成为战国时期与管仲齐肩的名臣。“为者”“行者”是追求成功者常常保持的姿态。“为者”未必都“成”，但不为者无一能成；“行者”未必全“至”，但不行者无一能至。行者不必然，不行必不然。无论面对鲜花还是身处逆境，有志者都会锲而不舍、永不停息地向前迈进。

宋代文学家王安石在《游褒禅山记》中写下一段精彩的语句：“夫夷以近，则游者众；险以远，则至者少。而世之奇伟、瑰怪、非常之观，常在于险远，而人之所罕至焉，故非有志者不能至也。”看上去，王安石讲的是登山，而实际上是在讲做人。其道出的是人生的哲理：“世之奇伟、瑰怪、非常之观，常在于险远”“非有志者不能至也”，这难道不是人们实际生活的真实写照吗？现如今，许多人已经难以获得这种“有志者”的资格了。特别是随着现代社会的发展，人们愈加习惯舒适的节奏，能够取得这一资格的人可能会越来越少。

古希腊人曾以神话的形式，对人的意志力的作用做出具象化的诠释。西西弗斯（Sisyphus）是古希腊神话中科林斯城邦的国王，也是人世间足智多谋的人。他因泄露了天神宙斯的秘密，冥王派死神去逮捕他。他装出好奇的样子，劝说死神演示锁链锁人的过程，欺骗死神用锁链将自己锁住。死神被锁住了，人间不再有人死去。这个消息惊动了宙斯，宙斯派战神找到了西西弗斯，解开了死神的锁链，并将其带入冥界。西西弗斯在临死之前嘱咐妻子，要保护好自己的尸体，不要下葬。到了冥界，西西弗斯见到冥后珀尔塞福涅，告诉她自己的尸体没有入土，因而没资格进入冥界，并请求她允许自己还阳三天处理后事。复活后的西西弗斯一看到美丽的人间，就不想再回冥界了。因而，他彻底激怒了诸神，死神再次出动抓捕他，并对死后的他专门设计了一种刑罚：西西弗斯必须将一块巨石沿着陡坡滚上山顶，临近山顶时，巨石就会滚向坡底，他不得不重新开始推石上山。西西弗斯只能毫无希望地永远地重复着这个毫无意义的动作。终于有一天，西西弗斯在荒诞、孤独、绝望中找到了自己的快乐。蓦然间，他感到巨石变成了一个美的对象，巨石的每个颗粒，大山上每一种矿物都散发着光芒，这一切都成了他个人世界不可或缺的部分，滚石登山的行为不再是一种惩罚，而是变成一种使他内心充实的过程。此时此刻，他的心中充满了幸福感，以至于原先产生的那种被奴役的感觉全都烟消云散。当巨石不再被他视为戕害自己的对象时，诸神也不再让巨石从山顶滚落下来。

古希腊神话总是以如此栩栩如生、启人心智的艺术形象打动读者。许多人从西西弗斯的经历中汲取了力量，他们从中看到了人的强大意志的神奇作用。诸神的世界与人的世界通行着相同的逻辑。人们在创业的进程中，有时也会遇到与西西弗斯推石上山相似的情境，看上去好像只有无尽的痛苦，没有什么希望可言，但只要意志不倒，奋斗不息，苦难的命运是可以被逆转的。强大的意志力可以改变人的主观状态，并由此带来外在环境的改变。在不可征服的意志面前，诸神也会屈服。因而，无论什么时候，人们都没有沉沦的理由。

如果说神话传说只是人们丰富想象力的产物，那么，军人的强大意志力可不是凭空想象出来的。对每名军人意志品质的培养，从其穿上军装的那一天就开始了。火热的军营就像一座大熔炉，将从四面八方走来的青年锻造成合格的战士。训练场上的摸爬滚打，演兵场上的实战模拟，一个重要目的就是练就军人钢铁般的意志，以消除人性中固有的懒散、恐惧和懦弱。野营拉练、野外生存、“魔鬼周”训练，等等，无一不是以强化意志为重要目的而设立的军事科目。时至今日，笼罩在中国土地上的烽烟早已散去，但战争的危险却从未消除。为了战胜可能来犯之敌，每一名中国军人必须磨炼出坚强的意志品质。只有这样，我军的战斗力才会不断得到增强。

培养一名具有坚强意志的军人绝非一日之功，这样的情况在舰载机飞行员的培养过程中体现得更加明显。舰载机飞行员被称为“刀尖上的舞者”。统计表明，其风险系数相当于航天员的5倍，是普通飞行员的20倍。美军在发展航母技术的初期，平均每两天坠一架飞机，总共损失了1000余名飞行员。我军航母舰载机飞行员至今只牺牲了2人。在茫茫大海上航行的航空母舰，在准备着陆的舰载机飞行员眼中，如同一片飘荡的树叶。想要驾驶战机安稳着舰，不仅需要高超的技能，更加需要的是胆量、勇气、自信等意志品质。能够在这样的岗位上履职的军人，必然是意志力过人的强者。

在这方面，非常值得一提的是俄罗斯飞行员普加乔夫创造“眼镜蛇机动”的过程。这一“名牌动作”是由俄罗斯王牌飞行员威克多尔·普加乔夫于1988年创造的。在一次苏-27战机飞行试验中，飞机在1.5万米高空发动机突然停止，飞机在失速状态下急速坠落，总设计师西蒙诺夫大惊失色，命令普加乔夫立即弃机跳伞，但这位天才飞行员却拒绝执行这一命令，他镇定自若地继续操控战机，在距离地面仅剩800米高度时奇迹般地启动了发动机，并且将战机改成平飞状态。在他的操控下，急速跃升的机头快速上扬，并达到了120°的大迎角，高高扬起的机头，就像一只正昂着头的眼镜蛇，从而诞生了惊世骇俗的“眼镜蛇机动动作”。生死关头，普加乔夫面无惧色，敢于以命相搏，这来源于平时所练就的绝技和极其强大的意志力。只有具备非凡意志的军人，才会有如此一飞冲天的壮举。

英国作家马尔科姆·格拉德威尔在《异类》一书中提出了“一万小时定律”。他指出，人们眼中的天才之所以有卓越之举，并非天赋异禀，而是由于他们付出了持续不断的巨大努力。作者认为，任何一项世界级的才能都需要完成至少 1 万小时的专业训练才能获得（每天练 3 小时，大约需要 10 年时间）。可见，“天才，无非是长久的忍耐”。有人质疑这个道理，喜欢强调运气、机遇和灵感的作用。其实，运气和机遇只青睐有准备的、持之以恒的人。灵感常常产生于“百思不得其解之后”，靠的是长期积累、偶然得之。在商界，确实有人靠运气获得了成功，但这是小概率事件。那些靠“瞎猫撞上死耗子”发家的土豪，如果不赶快“充电”，是很难掌握未来的。搞得不好，怎么来的就会怎么还回去。

任正非的奋斗历程也说明了这一点。他曾经这样说：自己就是阿甘，只知道傻傻地干。但阿甘的意志是很坚强的，聪明人做不成的事，阿甘能干成，因为他只是遵从了最简单朴实的规律。

任正非崇尚阿甘是可以理解的。他所说的阿甘是美国作家温斯顿·格卢姆小说《阿甘正传》中的主人公，这部小说后来被改编成同名电影。这位智商仅为 75 的人以超强的意志力顽强地生活着。他什么都不顾，只知凭着直觉不停地在路上奔跑，他跑过了孩童时歧视他的同学、跑过了大学的橄榄球场、跑过了硝烟弥漫的越南战场、跑过了乒乓外交的赛场，他以矫健的身姿跑遍了全美国，并最终跑到了其人生的辉煌时刻。这个形象确实比较贴近任正非的奋斗历程和性格逻辑。正是因为任正非具有与阿甘一样的坚强意志，才能够攀越人生征途上的一座座高峰。

今天的世界呈现在人们面前的常常是另一番景象：“聪明人”太多了！不少人已经“聪明”到十分可怕的程度。许多的简单变成了复杂，许多的美好变成了邪恶，许多的成功变成了失败，皆因人们太过“聪明”，以至于“聪明反被聪明误”已经成为当今社会并不少见的现象。在今天这个世界非常需要阿甘这样的人。

华为创业之初，共有 6 名股东，公司股份由 6 人平分。干了几年后，5 名股东就将股份变现后退出公司，华为创始人只剩下任正非一个人。这几名原始股东的退出带走了公司不少资源，给当时的华为造成不小的困难。任正非却初心不改，依然奋斗不止。现如今，任正非已经成为商界泰斗，那几位“聪明”的股东已没什么人还记得了。多年来，深圳房地产业一直很火，于是，“聪明人”觉得华为干得太苦太累，多次劝说任正非赶快拿地盖楼，轻轻松松赚大钱。对此，任正非一口回绝：谁再提，谁下岗，盖楼盖不出强大的国家。幸亏任正非不是这种“聪明人”，不然的话，还会有今天的华为吗？

马云曾经这样说：“阿里创办初期，也有很多聪明人，而这些人都没留下来，不是独自出去创业，就是跳槽到更大的公司。留下来的都是‘笨人’，如今都成了亿万富翁。”“在一个聪明人满街乱窜的年代，稀缺的恰恰不是聪明，而是一心一意，孤注一掷，一条心，一根筋。”

稻盛和夫也不喜欢“聪明人”。他说：“我不看好聪明人，因为他们自以为是，急功近利，事事都喜欢找捷径，缺少踏实肯干的精神。”“京瓷创办之初，公司招来很多聪明人，但他们因为看不到公司前景纷纷离职。留下来的都是没有更多选择，连跳槽也缺乏信心的平凡人。”

英雄所见略同，这些成就大事业者竟然不谋而合，他们的见解竟是如此惊人的一致。

其实，“聪明人”之所以不被企业家看好，并不是因为他们的“聪明”。所谓“聪明人”大抵都是有智慧的人，谁会贬低智慧的价值呢？“聪明人”遭到非议的原因常常是其缺少阿甘身上具有的那份坚定、执着和持之以恒、百折不挠的韧劲。因此，“聪明人”应该做出改变，应该在保留智慧的同时，更多地去修炼自己的意志品质，去强化自身的奋斗精神。只有这样，才可能成为一个受欢迎的真正的聪明人。

四、艰难困苦，玉汝于成

北宋思想家张载在《西铭》一文中说：“贫贱忧戚，庸玉汝于成”，意思是说贫穷、卑贱和令人忧愁的客观环境，可以磨炼人的意志，帮助人们达至成功的目标。这句话几经演化，成为今天所说的“艰难困苦，玉汝于成”，并成为很多立志成就大事业者的座右铭。许多人因坚持了这一信条，最终踏上了通向成功的道路。

孟子说得更加明确而深刻：“天将降大任于是人也，必先苦其心志，劳其筋骨，饿其体肤，空乏其身，行拂乱其所为，所以动心忍性，曾益其所不能。”这段话道出了成功者常常需要经历的过程。许多创业者不是败在才学上，意志薄弱才是其败下阵来的主因。挫折和挑战会始终伴随着创业者，必须勇敢地面对它们。应当将挫折和挑战视为磨刀石，把战胜它们的过程，变成磨炼意志的过程，从而使自己不断强大起来。

贝多芬26岁时患上耳疾，导致50岁时双耳失聪，这对于音乐家来说是一种毁灭性的打击。然而，这位音乐巨人却知难而上，毫不退缩。他以病残之躯创造出远远超过了无数健康人的成就。请听听他从内心深处发出的呐喊："我要扼住命运的咽喉。它妄想使我屈服，这绝对办不到。""生活是这样美好，活它一千辈子吧！"今天的奋斗者应该好好欣赏那首气势磅礴的《命运交响曲》，充分感受一下那种与命运抗争的强烈情感和力量。

极强的意志力一定是在实践中锻造出来的。丰富的现实生活是培养有志者的最好课堂。在管理学中有一个分支叫失败学，专门研究商战中失败的案例及其教训，从中找到成功的路径。经验告诉人们，创业者从成功中学到的较少，从失败中学到的较多。历经诸多挫折、磨难、痛苦、失败的人，才会在意志品质方面得到较大提升，特别是那些能够做到屡败屡战、愈挫愈奋的人，更有希望实现建功立业的崇高目标。

实际上，在创业过程中，错误和失败会如影随形，企业随时可能陷入困境，甚至走向死亡。既然"胜败乃兵家常事"，创业者就应以平常心来看待失败，就应有承受失败、藐视失败的勇气和力量。一方面要勇敢地去创造新业绩、开辟新天地；另一方面也要不怕失败，大不了从头再来。

对于企业家来说，失败是人生的必需品与必修课。李嘉诚说："我用90%的时间思考失败。"他认为，企业经营和军队打仗一样，都是九死一生的事情。比较起来，企业经营比军队打仗的胜算还会低10倍，因为军队打仗通常是两方交战，不是你胜就是我胜。而企业经营常常不知道对手是谁，搞不清自己在跟谁打，这种情况往往会带来十分复杂的结果。因此，李嘉诚做任何事情首先考虑失败。对于创业者来说，不能总是想着成功，而应更多地去为如何应对可能遭遇的失败做好充分准备。

许多企业家都对失败有着极为深刻的认识和体验。任正非说："我天天思考的都是失败，对成功视而不见，也没有什么荣誉感、自豪感，而是危机感。也许是这样才存活了十年。"正是因为任正非天天思考失败，华为才不会有大的失败，进而迎来巨大的成功。史玉柱说："人这种动物啊，每成功一次智商就降一截；每失败一次智商就长一截。"尽管今天的人们喜欢将人类称为"高级动物”，而实际上，人身上的动物属性依然十分明显。在诸多方面，人类不见得比“低级动物”高明多少。成功是件好事情，却容易冲昏人的头脑，使人忘乎所以，搞得不好会招致比此前更大的失败；失败是件坏事情，却会给人带来一份冷静和清醒，使人聪明起来，搞好了可能会迎来新的成功。马云说：“我花时间最多的事情是研究国内外企业是怎么失败的。我给阿里巴巴所有高管推荐的书都是讲别人怎么失败的。”“好好研究别人怎么失败的，比读MBA管用。”谁会想到，聪慧过人的马云却是一位一直在研究失败的专家，阿里巴巴高管们的许多本事是从别人的失败中学来的。从中可以看出，虽然失败会使创业者遭受打击，会使企业付出成本，但失败本身也是有价值的。它不仅能够使人获得更多的见识和智慧，而且通过失败的历练，人的意志力会变得更加坚强，从而促使人们以更加坚定的步伐奔向光明的未来。

了解一下林肯是怎样成为失败“专业户”的，会明显提高人们对失败接受度的下限。1832 年，林肯加入了失业大军。这对于一个立志成为政治家、想当州议员的人来说，是一件令人伤心的事情。他在接下来的竞选中失败也并非出乎意料。林肯不肯就此服输，他着手自己兴办企业，可不到一年时间，企业就倒闭了。在以后长达 17 年时间里，为了偿还企业倒闭欠下的债务，林肯历经磨难，奔波不停。随后，林肯再一次参加州议员竞选，这一次他如愿以偿了。1835 年，他订婚了。但离结婚的日子只差几个月，未婚妻不幸离世，这对他的打击实在太大了。他心力交瘁，几个月卧床不起。1836 年，他得了较严重的精神衰弱症。1838 年，林肯身体状况有些好转，他决定参加州议会议长竞选，又一次败下阵来。1843 年，他再一次参加竞选美国国会议员，仍然铩羽而归。1846 年，他又参加了国会议员的竞选，这一次他当选了。两年任期很快结束，他决定争取连任，结果他又落选了。随后，林肯申请当本州的土地官员，遭到州政府的拒绝。然而，林肯没有就此罢休。1854 年，他又一次竞选参议员，再次遭遇失败；两年以后，他竞选美国副总统提名，又被对手击败；又过了两年，他再一次竞选参议员，仍是失败的结局。直到 1860 年，他终于时来运转，成功当选美国总统。林肯的失败太多了，受到的打击太大了，已经达到了常人无法忍受的程度。然而，这些纷至沓来的失败，不仅没有将林肯击倒，反而将其锻造成一个具有非凡意志力的人。也许正是因为林肯遭受的失败太多了，上天才给予他登临美国权力顶峰的回报，并获得了美国“伟大的总统”的桂冠。显而易见，“失败乃成功之母”。对于智者来说，失败的成本不是白白付出的，失败是一本可以教人走向成功的教科书。像林肯这样能够承受众多失败而不认输的人，终将达到人生光辉的顶点。

有人拒认此理，他们辩称：既然痛苦、失败具有如此正面的意义，岂不是说不应为人们的工作和成长创造有利环境，而是应该为他们设置障碍、创造苦难？这种说法在逻辑上看似成立，而实则是经不起推敲的。人们之所以会强调奋斗者必须有不屈不挠的意志，是因为创业的道路上本来就充满了困难和挑战，根本不需要人为的设计。“人生不如意十有八九”，企业经营之路更加艰难，意志薄弱者是走不下去的。即使人们积极去为创业者创造有利条件，其实际作用也会十分有限。经营中的风风雨雨、商战中的跌跌撞撞都是无法避免的。应该积极为奋斗者创造有利条件，努力为他们提供更多的学习和锻炼的机会，以使他们在日后遇到挫折和失败时，能够有足够的意志力去加以应对。“人生如逆旅，我亦是行人”，人们本能地向往着一帆风顺、事事顺心，而企业经营之路却崎岖不平，满是泥泞。只有百折不挠的人，才有希望冲向胜利的终点线。

有人还愿意夸大个人出身和背景的作用。这些人喜欢这样的传言，比尔·盖茨的母亲是华盛顿大学的董事、父亲是律师，巴菲特的父亲是国会议员，马云的父亲是浙江省曲艺协会主席，马化腾的父亲是交通部海南八所港务局副局长，任正非曾经的岳父是副省长，等等。好像这些商业巨人都是“拼爹”“拼娘”拼出来的。那么问题来了，是不是只要具备这种背景的人，都能够成为他们？其实，许多具有这样的背景甚至更好背景的人，并未有什么大的作为。倒是有许多出身富贵者陷入平庸甚至堕落。其中的道理很简单，出身、背景之类的东西都是人们成长的外部条件，都是“外因”。个人的努力和奋斗才是决定性的“内因”。年轻的朋友千万不要被这些奇谈怪论误导了。

“曾经沧海难为水，除却巫山不是云”，英雄不问出处，失败并不丢人。正因为这样，企业家们的头脑中都充满了忧患意识。百度创始人李彦宏说：“如果失去了用户的支持，失去了对价值观的坚守，百度离破产真的只有 30 天。”百度这样的大企业尚且在为公司区区 30 天的寿命而焦虑。比尔·盖茨说：“微软离破产永远只有 18 个月。”谁会想到，那么光鲜的微软人也会有如此强烈的危机感。生于忧患，死于安乐，置之死地而后生是常有的事。显而易见，正是因为企业家们对随时可能遭遇的不测有着充分的准备，才不会被暂时的胜利冲昏头脑，才能有预见性地采取避免失败的对策，一步步走向成功。

也许有人经历了许多失败，一直没有成功。这是不是会让人很懊丧呢？听听德国哲学家尼采是怎么说的：“人生没有目的，只有过程。”“不要停在平原，不要登上高山。从半山上看，世界显得最美。”这些话的意思很明确，最低处和最高处都不是人生的最佳位置。只有身处半山坡，才有继续向上的空间。人生的至高境界就是一直向上，追求着、奋斗着。“过程也是目的”，万事万物的发展不过是一个过程。一切都会过去。只要体验过、经历过了就没有遗憾。

说到这里，有必要了解一下狐狸的感受。有一只狐狸，忽然发现一个果实累累的大葡萄园，让它垂涎欲滴。可是，葡萄园的周围被铁栏杆围住了，狐狸想从铁栏杆的空隙钻进去，却因身体太胖无法做到。于是，狐狸开始减肥。它在园外饿了三天后，果然身体变苗条了，终于钻进了葡萄园。狐狸尽兴地吃着葡萄，享受着从未有过的幸福感。不知吃了多久，它终于心满意足了。但当它想离开葡萄园时，却因自己吃胖了而无法钻出铁栏杆。于是，只好又在葡萄园内饿了三天，使自己瘦回原形后才钻了出去。狐狸空着肚子进去，又空着肚子出来，不是白忙乎吗？答案不应这样简单。直观看上去，好像是这样，然而，从葡萄园钻出来的狐狸与此前是不一样的。它增长了见识，尝到了美味，得到了饱食葡萄之后的感受，体验了减肥的痛苦……这些收获都很有意义，不经历这一过程是无法得到这些的。很显然，吃完葡萄后狐狸的心理版图比此前大多了。

德国哲学家马丁·海德格尔曾用“向死而生”来解释人生的意义。他认为，死是一个过程，人从一出生就在走向死亡。人们过的每一年、每一天、每一小时，甚至每一分钟，都在向死亡逼近。当面对死亡时，人们会陷入短暂的虚无状态。但此时此刻的人们，也不再是一个因畏惧死亡而沉沦的存在者，而是一个可以掌握自己生命意志、可进行自主选择的存在者。正是对死亡的畏惧，将人们逼向本真的状态。只有当人们向死亡无限接近的时候，才能知道生的意义。

乔布斯在很早的时候就搞懂了这个道理。他在 17 岁那年，读到了这样一句箴言："如果你把每一天都当作你生命中的最后一天来过，那么，总有一天，你会走在正确的道路上，找到你人生想要答案。"来自死亡的压力，成为日后乔布斯人生的强大动力。在必死的人生旅途上，人们应该鼓起勇气，独立前行，珍惜生命中的分分秒秒，焕发出生命中的积极进取意识和内在活力。只有这样，生命才能在有限的时间内展现出无限的可能性，才能"诗意地栖居在大地上"。

人生充满了悖论。人们本能的向往永恒与伟大，生命却十分短暂而渺小，唯有死亡是永远的归宿。但是，生并不是为了死。人性的光辉正在于能够以最终难免一死的生命去憧憬远大的理想。正因生命的短暂和渺小，才愈加需要追求更加辉煌的人生。只有树立雄心壮志，奋进的脚步才会永不停歇。绝不可朝三暮四、见异思迁。人与人之间在智力与精力上几乎没有多少差别，想要不白活一回，唯一的办法就是将其聚焦到一个"奇点"上。真正成大器的都是那些"一条道走到黑"的人，都是那些意志力坚强的人。

人们都应铭记清代作家蒲松龄录写的这副自勉联：有志者，事竟成，破釜沉舟，百二秦关终属楚；苦心人，天不负，卧薪尝胆，三千越甲可吞吴。

第四章　智慧篇

美国经济学家保罗·罗默在1986年《收益递增经济增长模型》中提出了自己的内生经济增长模型，他认为知识增长和技术研发是经济发展的源泉。罗默的模型系统分析了知识和技术对经济增长发挥的作用，他肯定了研究与开发对经济增长是有实际价值的。他认为，知识与创意是经济发展的内生性动力。新知识、新创意能够衍生出无穷的新产品、新技术和新市场，并形成创造财富的新机会。正如比尔·盖茨所说："创意具有裂变效应，一盎司创意能够带来无以数计的商业利益、商业奇迹。"

德鲁克曾有过一个关于未来的预言：在后资本主义时代，最宝贵的资源就是知识，主导这个时代的人群也将是"知识型员工"，这些"知识型员工"毫无疑问将成为创新的主体。因此，企业应该着眼培养更多的"知识型员工"，努力适应未来社会的发展需要。

一、人，要认识你自己

所谓智者，就是能够通过不断了解自我、否定自我、完善自我，继而改善主观世界、逐步适应和改造客观世界的人。显而易见，客观事物、客观规律是不以人们的意志为转移的。人们只能通过改善和提升自己的主观世界，才可能在与客观世界的实际交互中，达成预期的效果。一个人无论从事什么活动，其前提是全面深刻把握自己的长处、短处以及其他各方面的主观因素。只有这样，才可能正确地估计自己，从而避免在实践中做得不够，或者做得过了头。人们之所以会在实践中碰壁，首要的原因就是未能正确地认识自己，因而无法实现主观与客观的一致性。在实际生活中，许多人都因此吃了大亏。

我是谁？我为什么而来？我要去哪里？……人一生下来，这些与“我”有关的永恒的问题就立在面前，这些问题造成人们一生一世的困扰。

据说，雅典的德尔菲神庙前的石碑上镌刻着一句箴言：“人，要认识你自己。”这句箴言一直被奉为古希腊人的信条，也对世人产生了巨大的影响。

有一天，一个头顶光秃、长着大圆脸和宽阔的酒糟鼻子的人走进这座神庙。这个人就是名声显赫的苏格拉底。苏格拉底走近这块石碑，久久地凝视着这句箴言，顿生感慨：“这才是人生的至理名言，才是哲学的最高任务。”在哲学史上，是苏格拉底首次将哲学“从天上拉到了地上”，使一直只探讨自然界的本源及其规律的古希腊哲学开始转向对人类社会的探究。而注重认识自己，正是苏格拉底的重要主张。他提醒世人，只有“你自己”，才是必须面对和不断探询的问题。苏格拉底认为，一个人怯生生地来到这个世界上，无知是唯一的所有。他说：“我只知道一件事，那就是我什么都不知道。”

苏格拉底作为古希腊最有知识、最有智慧的人，为何会这样说呢？他之所以这样说，肯定不是出于谦虚，而是确实这样以为的。古希腊著名哲学家芝诺的说法可以对此做出解释。

有一次，一位学生问芝诺："老师，您的知识比我丰富许多，可是您为什么总是认为自己无知呢?"芝诺顺手在桌上画出一大一小两个圆圈，并指着这两个圆圈说："大圆圈的面积是我的知识，小圆圈的面积是你的知识。这两个圆圈的外面就是你和我无知的部分。大圆圈的周长比小圆圈长，因此，我接触的无知的范围也比你们多。这就是我常常感到自己无知的原因。"正是因为苏格拉底知识圆圈的周长太长了，故而他接触的无知的东西就会远远超过别人。这才应该是苏格拉底自称"无知"的真义。这也解释了为什么越是才学出众者会愈加谦虚。他们不是虚伪地在装样子，而是在浩瀚的知识海洋面前，他们真的骄傲不起来。自高自大是留给无知者的专属品。因此，人们必须从无知开始认识自己，认识这个世界。

中国的古代先贤也有许多类似的观点。老子认为："知人者智，自知者明。"看来认识自己确实是一件人生大事。正因为如此，人生的求"明"之路应从"认识自己"开始。人贵有自知之明。此乃聪慧者不可或缺的素养。

《孙子兵法》中有句名言："知己知彼，百战不殆。"在战场上，不仅要注重侦察敌情，还要准确掌握"我情"。只有对敌我双方的情况尽在掌握之中，才有可能确立制胜之策。然而，在实战中，因只重视"知彼"、而忽视"知己"铸成大错的情况并不少见。最为常见的就是高估己方的战力，低估了对手的实力，最终付出了血的代价。这样的教训太多了。

然而，认识自己并不那么简单，也并非那么容易做到。正因为这样，先哲们才会屡屡发出告诫。《圣经》中有个故事：有个女人因出轨被绑在广场上示众，并即将被众人用乱石砸死。就在这个时候，耶稣开口了："你们可以砸死她，但只有从未犯过错的人，才有权利砸。"众人听了耶稣的话，纷纷放下了手中的石头。人们在看到别人犯错时，第一反应往往是反感、指责甚至是谩骂，以使自己能够站在正确的制高点上。然而，此时的人们却忘记了，当你用食指指着别人的时候，其余三个指头是指向自己的。"见贤思齐焉，见不贤而内自省也"，这才是人们应取的态度，善于反思、自省才是智者所为。鲁迅先生常常向丑恶势力掷去"匕首"和"投枪"，但同时也是一个严以责己的人。他说："我的确时时解剖别人，然而更多的是更无情面地解剖我自己。"这是拥有大智慧者才会保持的姿态。

创业者也应该具有这样的优良品质。创业的过程，既是改造客观世界的过程，也是改造主观世界的过程。这两个过程是交互作用、相互促进的。企业管理者经常面临大量而复杂的实际问题需要处理和解决。在此过程中，不能只将眼睛盯着别人，而应注意认清自己，检讨自己。具有自知之明的人才会少犯错误。了解自己、反省自己、完善自己，是企业管理者必须完成的人生功课，是成为智者无法绕过的起点。只有在这方面下够功夫的人，才能冲破前进道路上的各种障碍。

在这方面，华为被视为企业界的榜样。华为的企业文化中有一个重要内容，就是“坚持自我批判”。如此独到的企业文化，也许在企业界是绝无仅有的。这种直面自我、刀口向内的精神，形成了华为坚持问题导向、永不满足的进取精神。任正非说：“西点军校校长戴维·亨通中将在最近的讲话中提出，21 世纪军官成功的核心是批判思维。”可以看出，美国西点军校倡导的“批判思维”是华为“坚持自我批判”企业文化的主要来源。任正非说：“自我批判是思想、品德、素质、技能创新的优良工具，我们一定要推行以自我批判为中心的组织改造和优化活动。自我批判，不是为批判而批判，也不是为全面否定而批判，而是为优化和建设而批判。总的目标是要提升公司整体核心竞争力。”从任正非的这些言语中，可以看出华为坚持自我批判的目的所在。企业界人士都应学会通过自我批判这一做法，来清醒地认识自己，不断强化优势，补齐短板，全面提高个人素养。

在这方面，任正非发挥了带头作用。任正非在华为内网上发表的《一江春水向东流》一文里，曾公开做过坦诚而深刻的自我剖析：

他说：“我人生中并没有合适的管理经历，从学校到军队，都没有做过有行政权力的‘官’，不可能有产生出有效文件的素质。左了改，右了又改过来，反复烙饼，把多少优秀人才烙糊了，烙跑了……这段时间的摸着石头过河，险些被水淹死。”实际上，企业界具有如此经历的人很多，但能够像任正非这样坦诚的人却不是很多。在部下面前承认自己不行是挺掉价的事情。看来能够做到无情“批判”自己是需要勇气的。任正非说：“业界老说我神秘、伟大，其实，我知道自己名实不符，人要感知自己的渺小，行为才开始伟大。我的知识底蕴不够，但容得了优秀员工与我一起工作，……他们出类拔萃，夹着我前进，我又没有退路，不得不被‘绑’着‘架’着往前走。这些年来，进步最大的是我，从一个‘土民’，被精英们抬成了一个体面的小老头。”

听得出来，这些都是任正非的肺腑之言。可见，他也是一个性情中人，他对自己的剖析和批判真诚而深刻，从不遮遮掩掩，体现了一位优秀企业家的博大胸襟和真实情感，具有一种打动人心的力量。自我管理是成就大事业者必然面临的课题。只有能够做到自知、自律的人，其自身的正能量才能得到聚焦和发挥，才可能成为卓越的领导者。这是一名优秀企业家的必备素质，也是其威信和权威的一个重要来源。“身教胜于言教”，从自己做起、从自身严起是追求成功者必须迈出的第一步。

下面是任正非多年来在华为内网上发表的关于自我批判的一些文章：《一个人要有自我批判能力》《为什么要自我批判》《反骄破满，在思想上艰苦奋斗》《再论反骄破满，在思想上艰苦奋斗》《在自我批判中进步》《自我批判和反幼稚是公司持之以恒的方针》《自我批判触及灵魂才能顺应潮流》《从泥坑里爬起来的人就是圣人》《在自我批判指导委员会座谈会上的讲话》《将军如果不知道自己错在哪里，就永远不会成为将军》《开放、合作、自我批判，做容千万家的天下英雄》《自我批判，不断超越》《“前进的路上不会铺满了鲜花”》《华为，可以炮轰，但勿捧杀》《要坚持真实，华为才能更充实》。仅仅从这些文章的标题就能看出，任正非在倡导“坚持自我批判”这一企业文化方面耗费了多少精力，下了多么大的功夫。通过这样坚持不懈的引导，“坚持自我批判”已经成为华为人的自觉行为，从而使公司不断获得进取与变革的力量。

任正非经常受到来自下级的“批判”。2018 年 10 月 9 日，任正非在内部邮件中看到了一篇批判“任正非十宗罪”的文章，他立即将此文粘贴到华为内网上。“这么好的文章不发到网上让大家欣赏太可惜了！”这是在事后记者的采访中，任正非说的话。这篇文章在华为内部引起很大反响。

在这篇文章中是这样“批判”老板的：“在人力资源具体政策的执行过程中，存在任总过于强势、指导过深过细过急的问题”“……考核也非常机械化，海思的一些科学家因为比例问题必须打 C，结果这些人离开公司，就被人家抢着聘为 CTO，而且还做得不错……”“……任总一直导向做管理者，管理者做不好才去做专家。但专家哪有那么好做。华为现在不缺管理者，缺的是专家”。可以看出，这篇文章中的“批判”是货真价实的，绝不是那种“太不注意身体”“太不善于团结女同志”之类的伪批判。

谁见过员工敢这么不留情面“批判”老板的企业？这不是“犯上作乱”吗？这不是“找死”的节奏吗？但在华为，这样的现象不仅十分正常，而且还会受到鼓励。华为的企业文化给予了员工很大的思想自由，大家都能享受到畅所欲言的快乐。一个企业有了这样的机制和风气，员工的热情和才智一定会被充分激发出来。企业管理不是老板个人演出的独角戏，而是一种必须有团队和员工参与的群众性活动。只有把大家的积极性调动起来，企业才能获得取之不尽的力量。任正非闻过则喜的态度展现了他的大度与豁达，也营造出正直和谐的人际关系，极大地强化了员工的主人翁意识，由此产生的积极作用是难以估量的。这样的做法营造出鼓励员工参与企业管理的良好氛围。正因为这样，华为人之间能够做到坦诚相见，心口如一。下级对上级也可以有话直说，无须顾忌什么。因此，华为的人际关系比较纯正，不容易发生内耗。大家埋头干事业就行了，无须动什么歪脑筋。在人们的印象中，不少企业老板口大气粗，刚愎自用，容不下反对自己的人。这样的企业无法培养出“忠诚的反对派”，无法形成弥补决策者不足、纠正管理者失误的机制和力量。

《道德经》中说：“信言不美，美言不信。”人们所讲的真话因为揭示了现实的矛盾，所以不会美妙动听；而美妙的言辞，往往都会与事实和真相相左，大都是不可信的。这个道理并不深奥，好像也不难做到，而在日常生活中，却有太多的人与此背道而驰。他们喜欢听有悖于事实的“美言”，愿意活在假话和谎言之中，不喜欢听符合客观情况的逆耳之言。因而，造就了许多擅长说假话、谎话、套话、废话的人。在企业界，能够像任正非这样大力倡导“自我批判”的企业家是十分稀少的。

认识自己，才能不断完善自己，才能扬长避短，使自己由弱变强，从而正确采取行动，对外在环境施加影响。腾讯创始人马化腾说：“发现自己的兴趣、渴望和理想，专注的发挥那个自己最擅长的部分，就是有梦想、有行动力的创业者，他们在哪儿都能创造和贡献自己的价值。”每个人都不会无所不能，都会既有长处也有短处，世界上根本没有什么“全才”。因此，人们就应通过全面认识自己，努力发现自己最大的长处，并将其发挥到极致。如果能够做到这一点，就可能成为一个出类拔萃的人，就可能打造出具有强大竞争力的企业。

在伦敦威斯敏斯特大教堂地下室的墓碑林中，有一块名扬世界的无名氏墓碑。在这块墓碑上刻着这样一段话："当我年轻的时候，我的想象力从来没有受到过限制。我梦想改变这个世界。当我发现我不能改变这个世界后，我将目光缩短了些，决定只改变我的国家。但是，我的国家似乎也是我无法改变的。当我进入暮年后，我发现我不能改变我的国家。我的最后愿望仅仅是改变一下我的家庭，但这也不可能。当我躺在床上行将就木时，我突然意识到，如果一开始我仅仅去改变我自己，然后作为一个榜样，我可能改变我的家庭。在家人的帮助和鼓励下，我可能为国家做一些事情。然后谁知道呢？我甚至可能改变这个世界。"据说许多世界政要和名人看到这块墓碑时都感慨不已。有人说这是一篇难得的人生教义，是对人的灵魂的一种深刻自省。年轻的曼德拉看到这一碑文时，顿生醍醐灌顶之感。声称自己从中找到了打开南非之锁的金钥匙。回到南非后，这位原本赞同以暴制暴消除种族歧视的黑人青年，采取了与此前完全不同的做法。他从改变自己、改变自己的家庭和亲朋好友着手，持续奋斗了几十年，终于改变了他的国家。

在这方面，著名演员黄渤也有着切身的感受。他在接受记者采访时说：当我穷困潦倒的时候，身边都是钩心斗角的坏人；当我事业成名以后，身边都是关怀备至的好人。人还是那些人，你变了他们也跟着变了。可见，为强者捧场是人们的本能。你越强，围着你的好人就会越多。即使是不好的人也会藏起恶的一面，展现善的一面。也许这正是人们必须自强不息的理由吧。显而易见，追求成功的人首先应立足于改善自己，然后才能改变周围的人，才能改造国家和世界。

二、知识是智慧的基石

我国东汉思想家、教育家王充在《论衡·效力篇》中提出了"知为力"的观点，用现代名言说，即"知识就是力量"。王充在文中进一步阐述"人有知学则有力矣"。并以刘邦、萧何等人的非凡经历来证明"知识就是力量"是一个颠扑不破的真理。1500 年后，英国学者弗朗西斯·培根重复了这句话。也许是近代西方主导了话语权的缘故，这句话的"版权"似乎已被培根享有。

偏偏有些喜欢标新立异的人，非要曲解这句话的本义。他们或者把这里的知识仅仅局限于凝固在书本上的"死知识"，或者将其解释为无用的甚至是有害的知识，因而否定知识就是力量，以此来抬高自己，误导众人。这就需要按照王充和培根的本意来理解这句话的含义。知识的存在形式有两种。一种是存在于书本上的知识。当然，写在书本上的不全是有益的知识，而且仅仅停留在书本上的知识不能成为人的力量。还有一种是已被人们掌握、已经存在于人们头脑中的科学知识。只有这样的知识才可能成为人的力量。无论是王充还是培根，其本意肯定指的是这种对人有益的知识，他们绝不会糊涂到把错误的有害的东西，也作为可以转化为力量的知识来加以肯定。在通常情况下，那些掌握了较多科学知识者的智慧和力量，必然高于掌握知识较少的人。如果不是这样，人们还有必要去上学、去受教育吗？不能因“刘项原来不读书”就否定了知识的价值，也不能因极少数读书人仍然没有多少力量而否定知识的作用。在“知识爆炸”的当今时代，人们除了通过获取科学知识来强化个人的力量以外，还没有更加有效的途径。

不少学者将当今时代的经济称为知识经济，知识因素对于经济领域各个行业产生的实际作用越来越大。随着科学技术的不断进步，员工知识的质与量所能达到的水平，已经成为企业发展最具活力的因素。企业管理者所学知识的先进程度，决定着一个企业的未来。在美国经济学家、诺贝尔奖获得者保罗·罗默创立的经济模型中，知识已经作为新的独立要素进入生产函数。罗默将知识区分为一般知识和专业知识，认为二者的结合不仅使知识本身产生不断递增的收益，而且也使非知识要素的收益出现递增。同时，总产出会出现规模收益的递增，能够保证长期稳定的经济增长，从而表明知识进步是经济增长的主要源泉。罗默在 1986 年《收益递增经济增长模型》中构建了一个内生经济增长模型，他认为知识积累和技术研发是经济增长的源泉。罗默的模型比较系统地解析了知识与技术因素对经济增长产生的作用，他强调了研究与开发对经济增长的贡献具有实际价值。他认为，知识包括创意是经济增长的内生性动力。新知识、新创意会衍生出无穷的新产品、新技术、新市场，并形成创造财富的新机会。正如比尔·盖茨所说的那样：“创意具有裂变效应，一盎司创意能够带来无以数计的商业利益、商业奇迹。”

德鲁克曾有过一个关于未来的预言：我们正处在从资本主义与民族国家的社会，向知识社会与组织化社会转变的时代。在后资本主义社会里，最宝贵的资源就是知识，主导这个社会的人群也将是“知识型员工”，这些“知识型员工”毫无疑问将成为这个社会创新的主体。因此，企业应该着眼培养更多的“知识型员工”，努力适应未来社会的发展需要。

在这方面，犹太人走在世界的前列。他们认为，读书是世界上最赚钱的生意。犹太人已经成为最会做这门生意的人。据权威人士测算，以色列人年均读书数量连续多年名列世界第一，平均每人每年读书超过 60 本。以色列在教育方面的经费投入也连续多年高于美国等发达国家。书是不会白读的。犹太人因此成为最能赚钱、最富裕的民族之一，而且在科学技术等领域也做出诸多重大建树。著名学者统计的数据表明，当今世界科技史上有 4000—6000 条定理、定律，占世界人口不到 1% 的犹太人贡献了 15%，占世界人口 20% 左右的中国人贡献了不到 1%。这种差别与国民书籍阅读量有着直接的关系。每一个中国人都应为缩短这种差距做出实际的努力。当今的中国社会，具有阅读习惯的人似乎正在减少，现有的阅读者也常常停留在浏览、猎奇、上网等“浅阅读”的状态，能够进行深度阅读的人已是不多，至于读名著、看长篇的人就更少了，也许这正是当今社会一些不良风气产生的一个直接原因。“腹有诗书气自华”，看一本好书，读一篇美文，如同身处寒风中的人正在烤着一堆篝火，会使人感到温暖和愉悦。长此以往，“腹有诗书”就会在潜移默化中发生“化学反应”，人的精神世界便会随之升华。

英国政治家、小说家本杰明·迪斯累利说过：“人生的成功秘诀是时刻做好准备，等待机会到来。”最重要的应该是知识准备。一个人掌握的科学知识越丰富，其把握机会的能力就越强。这样的人会有超越他人的敏感性和辨别力。一旦机会降临就能够及时加以认识和把握，而不会错失良机。人们在遇到一些问题时，经常会拿不定主意，这是由于人们的知识量、信息量不够造成的。恩格斯说：“犹豫不决是以不知为基础的。”如果人们掌握了足够的相关知识，就不难做出相应的决断了。

读书学习能够改变命运的道理，许多人都是肯定并接受的。但为什么不愿意付出行动呢？出现这种情况的原因可能很多，其中最重要的是，读书学习是一个漫长的寂寞的过程，不少人有点受不了。他们在生活的忙碌和各种诱惑面前，无法长期坚持这一做法，因而只好被动的默认了对自己不利的人生结局。难道就不能逆转这样的结局吗？李嘉诚用其一生的经历对此做出了肯定的回答。

李嘉诚在1999年被福布斯评为全球华人首富后，蝉联这一位置15年。在2018年福布斯全球富人排行榜上，李嘉诚以349亿美元资产成为香港第一，在全世界排名第23。令人意外的是，李嘉诚的个人奋斗史所演绎的竟然是一个“寒门出贵子”的故事。李嘉诚早年的家境极为贫寒，12岁的他就开始当学徒，15岁时，他的父亲去世。从此，他担起了全家的生计。当学徒时，虽然每天工作长达10多个小时，但他从未忘记读书。李嘉诚后来回忆说，当时的自己非常清楚，只有勤奋工作和多学知识才是唯一出路。他只要攒下一点钱就去书店买书，买了书就抓紧阅读。如今已经年过九旬的李嘉诚仍然保持着看书的习惯。他说：“我晚上一定会看书。即使是睡不够、迟睡，我一样会看书。”长达几十年的读书学习，让他拥有了纵观世界的学识、视野和超越常人的经营智慧。正因为这样，他才会成为当今商界的“常青树”，举世公认的“李超人”。

不仅如此，李嘉诚还要把读书学习的基因传给他的后代。他亲自担任老师，每周为李家的孙辈们授课，乐此不疲。每次授课他都自己动手准备课程和案例。有人称赞这些授课的“含金量”是无人能敌的。3年来，他给孙辈们上的课，既有经济常识，也有道德、文化等方面的内容。为了告诉这些孙辈学生们风险是怎么回事，李嘉诚花费不菲代价买到AIG（美国国际集团）的纸质股票。他将这张股票装裱起来，写上这个全球最大保险公司在金融危机中濒临破产的故事，并且注上“以此为鉴，可惕未来”8个字。很显然，他不仅想让子孙们成为拥有财富的人，还要使他们成为拥有知识和智慧的人。

许多人会纠结“知”与“行”的关系问题。到底是“知难行易”还是“知易行难”？实际上，“知”与“行”都不易。非要将二者加以比较，肯定是“知难行易”。其中的道理很简单。若要做到不断掌握新知识绝非易事，只有做到先“知”，才能“行”得好，这种“知”是“行”的前提；如果“行”前不“知”，这种“行”与“知”就没有什么关系，也很难会有正确的“行”。因此，读书学习务必坚持知行合一、坚持理论与实际相结合。这是最根本、最有效的学习方法。这里所说的“合”，并不是一种简单的加法运算，而是一种理性的创造，是一种智慧的升华。这种由“知”与“行”结合之后形成的东西，不仅源于原来的知识，而且高于原有的知识。想要做到知行合一、理论与实际相结合，必须要掌握较多的知识，这是一个不可缺少的前提。只有获取了较多知识之后，才能谈得上如何行动，如何结合实际。如果头脑空空，拿什么去结合？生活中会见到这样的人，他们还没怎么学，就开始强调如何做到理论与实际结合了。这种要求显然还不到时候。当人们有了一定的知识积累之后，就应该深入实际、积极行动，有针对性地去研究和解决各种现实问题，与此同时，还应有目的的去进行更加深入的求知活动。这个过程循环往复，就会在攀登人生高峰的道路上不断到达新的高度。实践证明，只有坚持知行合一、坚持理论与实际相结合，才能做到知得多、用得好，才能不断提高“知”与“行”的质量，取得更好的成效。

从古至今，《劝学》之类的文章多如牛毛，倡导读书学习之论浩如烟海。读书无用、读书有害的论调肯定是非主流的，站不住脚的。对于读书人来说，应该着重解决的是读什么、怎么读和怎么用的问题。在当今这个被称为“信息泛滥”“知识爆炸”的时代，一味强调多读书是远远不够的。庄子说：“吾生也有涯，而知也无涯。以有涯随无涯，殆已！”因此，读书必须是有选择的，应该以人生的有限精力，多读精读好书，不读劣书坏书，特别是应多读那些由岁月筛选出来的经典著作。书是永远读不完的，不能读死书，死读书，要有科学的读书方法。读书的过程就是提高思维能力的过程，正如孔子所说：“学而不思则罔，思而不学则殆。”从商者要多读承载着“道”与“术”两个方面知识的书，既要通过读文史哲经方面的书来拓宽知识面，又要读专业性的书来增强业务本领，特别是对于企业管理指导性较强的经济与管理等方面的书，更要深专细研，融会贯通，从而使自己不仅能够成为思想者，还能具有很强的行动力。

查理·芒格的格栅理论很好地印证了这一点。芒格是“股神”巴菲特的黄金搭档和幕后智囊。芒格与巴菲特曾创造了有史以来最佳投资纪录。这个“神人”也是军人出身，他曾在美国空军服役，军人生涯成为其日后从事投资行业的一大优势。他对投资管理做过十分深入的研究，他的投资行为总是那么智慧而果断。他说：“在事情对自己不利时，一定要学会放弃。而一旦运气落在自己头上，就必须孤注一掷。”这样的想法几乎是常人无法做到的。人们很难有预见性地判断出什么时候应该放弃，什么时候应该孤注一掷，搞得不好还会做反了。这样的问题对于芒格来说却不是问题。芒格曾当众做过股票操作表演，买卖股票 100 次，其中 92 次实现正收益，令在场的人惊叹不已。他的伯克希尔·哈撒韦公司股票，20 年间翻了 2000 多倍。这个人怎么会这么“神”？芒格曾对自己的投资“秘诀”做过专门阐述。他认为，他的成功主要是通过长期的研究，掌握了丰富的多学科知识，能在投资时想到许多普通人一般不会想到的因素。芒格用“格栅模型”这个形象的比喻，来解释不同学科、不同思维方式是如何交互作用的。“你的头脑中已经有了许多思维方式，你得按自己直接和间接的经验将其安置在格栅模型中。”芒格告诉人们，将不同学科的思维模式联系起来构成融会贯通的格栅，是投资管理的最佳决策模式。用不同学科的思维模式思考同一个投资方面的问题，若能得出同一结论，这样的投资决策就会有更强的正确性。懂的越多、理解越深的投资者会更加精准。芒格说：“你必须知道重要学科的重要理论，并经常使用它们——要全部都用上，而不是只用几种。大多数人都只使用学过的一个学科的思维模型，比如说经济学，试图用一种方法去解决所有问题。你知道谚语是怎么说的：‘在手里拿着铁锤的人看来，世界就像一颗钉子。’这是处理问题的一种笨方法。”①

芒格的观点很明确，要通过深入的学习和研究，尽力掌握更多学科的知识，并且不要将这些知识孤立起来，而要把它们看成人类知识宝库的有机组成部分。以这样宽广的视角看待知识时就会发现，各个学科之间不是彼此割裂的，而是能够相互交叉、互为印证，并因此各自得以加强。一个思考能力很强的人，能够从每个学科中总结出其独特的思维模式，并将其联系起来，从而实现融会贯通。

这样的方法确实好，但要做得到就不那么容易了。只有那些孜孜不倦的求学者，才能获得这样的能力。一些创业者从来不读书、不动笔，实在无法知道他们如何掌握芒格所说的“重要学科的重要理论”。如果没有这些知识积累，怎么在头脑中构建自己的“思维格栅”呢？那就只能做一个“手拿铁锤”，到处找钉子的人。

芒格就像一部高速运转的学习机器，已经 90 多岁的他，每周还是要阅读

---

① 考夫曼. 穷查理宝典：查理·芒格智慧箴言录［M］. 李继宏，译. 北京：中信出版社，2019：79.

20本书籍。他对自己的要求是，希望每天结束时，自己比早上起床时更加睿智一点。正是因为这样，芒格才会在头脑中建成由众多学科知识融合而成的“思维格栅”。正是有了这样的智力资本，才会使他在投资领域如鱼得水。

拥有广博的知识需要丰富的积累，不能急功近利。博学才可能多才，才能在头脑中形成由多学科知识融合而成的“格栅模型”。日本投资家、软件银行创始人孙正义在23岁那年，患上了较严重的肝病，整整住了两年医院。在这两年期间，他不仅战胜了病痛，而且还看了3000多本书籍，平均一天看5本。孙正义在读完了3000多本书后完成了人生的蜕变，底气大增。他根据自己的读书心得写出从事40种行业的实施计划。他终于认清了自己多年来备受困惑的未来之路——要创造世界一流的企业，必须从事最具发展潜力的新兴行业。这就是他通过多学科知识交叉互认得出的结论。比如，他参与马云的“风投”肯定也是通过这样的过程才做出的决定。记者采访时，他说自己之所以投资阿里巴巴，是因为马云的眼神打动了他。这种说法似乎有点玄。为什么此前的马云找到许多中国的投资家都吃了闭门羹，因为这些人的头脑中都没有建立起孙正义那样的“格栅模型”，因而无法把握送上门来的巨大机遇。当然，到了现在，有的人眼红了，纷纷后悔不已。

三、直觉与灵感闪烁着智慧的光芒

从古希腊时期开始，西方哲学崇尚理性之风盛行。从柏拉图到笛卡儿等哲学家都认为，理性是人之所以为人的根源所在，人的理性是知识的源泉，理性高于并独立于人的感官与感知。理性能够通过符合逻辑的推理而非依靠表象来得出结论，得到知识，并使人获得行动的自由。

而在科学史上却流传着许多与理性“相悖”的故事：瓦特从水壶中开水的水蒸气推动壶盖的现象中获得启示，改进了蒸汽机；阿基米德在洗澡时，因看到浴缸有水溢出，从而发现了浮力定律；因一只从树上落下的苹果砸中了头，牛顿发现了万有引力。可见，诸多科学发现及科技发明均与人的直觉和灵感有关，而与人的理性没有多大关系。直觉思维的这种作用引起了许多人的极大兴趣。

讲到直觉，不能不提到亨利·柏格森、贝奈戴托·克罗齐等倡导直觉主义思想的哲学家。直觉主义者十分重视直觉或直观在认识中的作用。他们认为，作为一种认识世界的方式，人的直觉比抽象的理性更为基本和可靠。这一理论通常带有强烈的反理性主义、反实证主义倾向。在 1927 年的诺贝尔奖颁奖仪式上，柏格森的宣扬直觉主义方法论著作《创造的进化》得到了这样的赞辞：“一篇震撼人心的雄伟诗篇，一个蕴含不竭之力与驰骋天际之灵感的宇宙论……他亲身穿过理性主义的华盖，开辟了一条通路。由此通路，柏格森打开了大门，解放了具有无比效力的创造推进力……向理想主义敞开了广阔无边的空间领域。”很显然，这些话充满了溢美之词。可见，当时的直觉主义哲学多么盛行。

直觉主义哲学认为，人的认识都必须依靠直觉，完全可以不要抽象、概括和论证。经验和理性无法让人得到真实的知识，只有通过人们内心体验到的直觉，才能使人认识事物的本质。没有直觉的作用，就无法直接认清现实。在一般人看来，这些观点完全否定了理性的作用，不大容易被完全接受，但其中的许多内容是有其合理性的，对直觉的作用适度加以肯定是站得住脚的。

有一次，有人向爱因斯坦提出了这样的问题：“请问，您是如何发现相对论的?”爱因斯坦做出了令人十分意外的回答：“依靠直觉和想象!”他接着说：“人们之所以领悟不到宇宙的秘密，是因为他们习惯于将自己桎梏在眼见为实的牢笼里，不允许自己尽情想象、大胆假设，从而掩盖了直觉的光芒。”谁能想到，连相对论都是爱因斯坦凭借直觉创造出来的，这的确超出了许多人的认知。

从心理学上说，直觉和灵感似乎有一种神秘的特性。它们好像并不依赖于人的理性，经常是突如其来的，来无影、去无踪，使人难以捉摸。灵感一词最早出现在古希腊文献中，指的是“神的气息”。柏拉图对人的灵感做出了一个超自然力的解释：“灵感是灵魂在迷狂状态中对于天国或上界事物难得的回忆和观照。没有这种诗神的迷狂，无论是谁，都将永远站在诗歌的门外。”这里着重说的是诗人的灵感。但不管怎样，柏拉图所说的灵感源自人的“迷狂”是有些道理的。没有这样一种物我两忘的状态，很难产生什么灵感。

实际上，直觉和灵感并不是无源之水，不应将其完全与理性分开，它们不可能与人的学识、经历、能力等理性素质毫无关联。看上去它们好像是头脑中的闪电、思维中的火花，而实际上却常常产生于长期学习研究之后。“踏破铁鞋无觅处，得来全不费工夫”，并不是难以解释的现象，没有“踏破铁鞋”的功夫，就不会有什么“得来”。如果一个人没有在自己的专业领域经过长期学习和研究，是不会有正确的直觉和灵感的。其实，理性与直觉是人脑的两种思维特性，二者都有其自身的合理性，各有各的产生条件和实际作用，不应该相互排斥理性与直觉的作用。人们的许多反应和决定，并非出于理性，也未源于思考，而是一种下意识的举动。人们常常通过直觉的反应认识事物，判断是非，采取行动。而这种直觉思维产生的效果是否正确，就全靠个人的修为和运气了。可以肯定的是，直觉并非完全不可靠、无意义，在理性的边界之外，直觉是不应被放弃的思维方式。

直觉和灵感常常是财富的源泉。长期以来，商界也是被理性统治的领域。不少企业管理者是十足的理性主义者。他们认为，商业行为必须是理性的，符合逻辑的，而绝不能凭直觉行事。这种想法在许多情况下是有道理的，却并非管理的全部。在一些条件下，人们应该相信直觉，相信灵感，由此产生的想法、创意，往往能够解决许多依靠理性无法解决或来不及解决的问题。

年轻时的稻盛和夫曾是日本松风公司一名科研人员。有一次，研制电视机显像管中U形绝缘体的任务落在了稻盛和夫的肩上。这项任务最大的难点在于如何保证陶瓷纯净度。烧制绝缘陶瓷使用的矿物质材料全是干燥的粉末，以往的工艺是用化学黏合剂将这些矿物质粉末聚合成型。在烧制过程中，这些黏合剂不能挥发干净，降低了绝缘材料的纯度，致使产品质量不可靠，企业订单也随之减少。稻盛和夫决定换一种容易挥发的化学黏合剂烧制陶瓷。可经过多次调换，还是因化学黏合剂残留，导致所有成品无法满足客户要求。连续几次受挫，让稻盛和夫两天两夜没合眼。一天早晨，稻盛和夫实在太困了，正准备离开工作台去休息一会儿，他的脚突然被一个硬东西绊了一下，险些摔倒。稻盛和夫大吼了一声：“以后不许在地上乱丢东西!”这时，他发现地面上绊他的东西竟是一块松香，他顿时觉得大脑中划过了一道闪电。松香是一种天然黏合剂，完全可以代替那些化学黏合剂。他立即将助手们都喊过来，讨论自己的这一想法，获得了大家的肯定。这么好的创意，必须试一试。不出所料，松香在烧制的过程中，挥发得十分彻底，经过此法烧结的U形绝缘体的产品质量绝对不亚于荷兰的大公司生产的。因稻盛和夫的技术创新，松风公司的产品实现了质优价廉，订单像雪片一样飞来。“有心栽花花不开，无心插柳柳成荫”，瞬间爆发的直觉与灵感，使稻盛和夫的思维发生了跳跃式的改变，原有的思维障碍即刻被突破了，展现在他脑海中的是新的思路、新的答案，苦苦探寻却一时找不到答案的难题就这样解决了。

当今的世界是复杂的，任何一种思维模式都不能“包打天下”，我们无法用一种方法去解决一切问题。许多时候，可以采取反理性的行为来探索商业之道。这种依靠直觉思维产生的灵感有时会产生出人意料的效果。在市场竞争中，人们常常提倡差异化战略。直觉思维模式的运用，常常会有助于差异化战略的制定。

日本有一家名叫唐吉诃德的杂货店，这家店的创始人名叫安田隆夫。他29岁那年在自家一间60平方米的屋子里开了个杂货铺，仅仅过了一个月，就见不到一个顾客了。安田隆夫只好把帮工全辞退了，又因为没有储藏库，全部商品只能堆在店铺门口，由他一个人慢慢整理剩余的商品。有一天，他一个人开着店门忙到深夜，有人误以为杂货铺依然在营业，就走进来买东西。这时的安田隆夫忽然来了灵感：别人店铺的货品都既干净又整齐，虽然这样的做法会使顾客购物方便，但千店一面的观感，无法带给顾客新鲜的体验，让货品杂乱无章有什么不好吗？为何不可以来个以乱取胜？他决定尝试一下。要想给顾客商品杂乱的印象，货品必须多一些才好，可安田隆夫没多少资金。怎么办？安田隆夫又想出一个好主意，干脆到批发店厂商那里收购样货、退货以及积压品，这些商品的价格低得跟“白捡”一样。他把这些商品大批买进来，杂乱无章地堆在屋子里，这样一来，就使顾客产生了这家店的商品既便宜又实用的印象。这一做法很快见效，店铺开始盈利，即便到了夜深人静的时候，这些店铺仍然门庭若市。安田隆夫的经营模式取得巨大的成功。

在创业的道路上，当然应该讲理性、重逻辑，但这不应成为排斥直觉思维的理由。最要紧的是应坚持因时而动，因事制宜，一切从实际出发。只有这样，才能做到“潜谋于无形，常胜于不争不费”。

四、站在巨人的肩膀上

人类文明的史册上，有许多伟大的名字。这些人的历史性的发现、发明和创造，推动着人类文明的脚步不断向前迈进，他们应该是受尊崇的人。然而，无论是巨人还是普通人，并不存在根本性的差异，巨人也是人，不是神。只有当人们以平常心来看待巨人时，才可能将他们作为研究和学习的对象。对于商界人士来说，应该把注意力集中到巨人是如何创造奇迹的，而不应像狂热的“追星族”那样仅仅会盲目崇拜。如果那样的话，巨人就不会是学习的榜样，也会失去了应有的价值。马云对此很有感触，他说：“以前看到比尔·盖茨觉得怎么那么厉害，巴菲特真是不得了，其实在跟他们熟悉以后，我发现人都是差不多的。”马云的话告诉人们，巨人的光环实际上是外力强加给他们的，他们并不是超人，他们是靠艰辛的努力取得成功的。重要的是应该从这些巨人的精神和行为中获取对我们有启示的东西。

牛顿说过一句很著名的话：“我所以有这样的成就，是因为我站在巨人们的肩膀上的缘故。”只要听过这句话的人，都会有顿开茅塞之感。由于伽利略、开普勒等前人的努力，牛顿才可能找到所需要的材料建起一座宏伟的经典力学大厦。牛顿的话为奋斗者指出了一条通向成功的道路。人们可以通过学习研究巨人的奋斗历程及其成功的经验，从中得到正确的指引和启示，从而减少犯错、少走弯路。

古今中外的巨人很多，人们很难一一了解。可以细心找出适合自己的一两个对象的肩膀用一用，从而使自己达到所希望的高度。后文着重窥探商业巨人获得人生第一桶金的智慧。因为那个时候的他们还是一个普通人，他们能够做到的其他人也有可能做到。

李嘉诚的第一桶金：以诚信换订单。

曾连续 15 年蝉联华人首富的李嘉诚，始终坚持以诚信为本。1958 年，一名欧洲的批发商对长江公司的塑胶花产生了兴趣，准备与李嘉诚签一个大单，条件是必须有实力雄厚的公司或个人为其担保。为此，李嘉诚四处奔波，也没有找到这样的担保人。李嘉诚坦率地将自己的难处告诉了这位批发商，并且表明了自己希望与其合作的强烈愿望。这名批发商被李嘉诚的诚恳打动了，双方最终签订了购销合同。这笔生意做成以后，长江公司既扩大了生产规模，也拓宽了产品的销路，李嘉诚由此成为香港“塑胶花大王”。这一年，长江公司取得的纯利润达到 100 多万港元，李嘉诚由此赢得了人生的“第一桶金”。后来的李嘉诚一直秉持诚信第一的商业道德，其兴业之路越走越宽广。曾有记者问李嘉诚做生意最大的收获是什么，李嘉诚回答说："诚信是我最大的收获，有时不妨把自己看得笨拙一些，而不是去投机取巧。一个人一旦失信于人一次，别人下次就再也不愿意和你交往或进行贸易往来了。"

李嘉诚赢得第一桶金靠的是：诚实守信。李嘉诚的第一桶金是用个人的诚信换来的。讲诚信是李嘉诚商业人生始终坚持的信条。诚实守信是无价的，是商人的第二生命，任何时候都不应因眼前之利放弃真诚与信用。做不到这一条，会在商界寸步难行。正如法国作家大仲马所言："一两重的真诚，等于一吨重的聪明。"诚信是最大的智慧，诚信的价值远远超过智慧。

孙正义的第一桶金：求学不忘创业。

1974 年初，孙正义在日本退学，一个人背起行囊，前往美国留学。他的人生迎来了第一个转折点。来到美国后，孙正义开启了争分夺秒的求学生涯，最终越级考入加州大学伯克利分校。大学期间的孙正义不仅是一个"学习狂"，还在寻求创业的机会。大三那年，孙正义与莫泽尔教授合作研发了"电子翻译机"，并将这一专利卖给了夏普公司，由此赚得人生的第一个 100 万美元。

孙正义第一桶金靠的是：用知识换财富。孙正义是"狂人"，他不仅学习"狂"，经商也"狂"。作为商人的孙正义似乎有些早熟，他在上大学期间就开始谋划自己的财富人生。他深知知识的价值，并善于从追求知识的过程中寻找商机，努力将学习的过程变成创造财富的过程。他将所学知识运用到专利研究之中，完成了将知识商品化的过程，并能够为其找到商业需求点，顺利完成了知识向财富的转化，显现出优秀商人特有的天赋。只有掌握知识又能找到商机的人，才能完成用知识创造财富的过程。

柳传志的第一桶金：为进口电脑装汉卡。

柳传志在介绍自己的创业经历时说："我 40 岁的时候是因为前面没有路可走，所以选择了创业。"创业初期的柳传志当过"倒爷""板爷"，他曾经在中关村拉着平板车到处销售运动服、旱冰鞋、电子表、电冰箱。后来，计算机产业兴起，当时中国市场的电脑大部分依靠进口。这些电脑装的全是英文系统，必须加装汉卡才能正常使用。每台电脑经过改装后利润高达一两万元。联想仅用 6 个月就销售了 100 套产品，实现了约 40 万元的毛利润。回想当年的这一情景，柳传志表示，"我们第一桶金就是靠出卖技术劳力赚的。"

柳传志的第一桶金靠的是：出卖有技术含量的服务。任何商品和服务都会有一定的专业技术含量，这方面的含量越高、越稀缺，所创造的产品和服务的附加值就会越高。柳传志在创业初期就看到了这一点，并抓住了当时市场需求较大的电脑换汉卡项目，从而使公司获得了较大的发展机会。能够快人一步掌握有市场前景的新技术，先行创造出令用户满意的商品和服务，就容易在市场竞争中抢得先机，赢得主动。

史玉柱的第一桶金：版权抵押做广告。

1989 年，史玉柱辞职下海来到深圳创业，整天想着怎样打开巨人汉卡这一桌面文字处理系统的销路。为此，史玉柱想到了打广告。他以软件版权做抵押，在《计算机世界》杂志上先打广告后付款。这一做法具有很大风险，如果不能成功，将会葬送他的商业前途。十分幸运的是，在广告登出的第 13 天，史玉柱收到了第一张购买巨人汉卡的汇款单。随后，产品销售额很快达到 10 万元。4 个月后，巨人汉卡的销售额突破了 100 万元。史玉柱因此获得了他的第一桶金。

史玉柱的第一桶金靠的是：敢于与风险博弈。在创业初期如何掌控风险，是让每个从商者感到头痛的问题。胆子太小，什么事都做不了，还会错过许多商机；胆子太大，一旦搞砸了又承担不起。很显然，史玉柱在创业时，是属于胆子较大的人。在创业之初，对于已经做了充分准备、又有较高成功率的机会，可以像史玉柱那样，胆子适度大一点，勇于在实践中承担风险、战胜风险。一般来说，对于刚刚踏上创业之路的从商者来说，不能过度害怕失败。实际上，在创业初期，也没有什么好怕的。即使失败了，也不会有很多可失去的东西，倒是可以从失败中获取反面经验，为以后的成功奠定基础。

张勇的第一桶金：从街边摆 4 张桌子卖麻辣烫起家。

海底捞创始人张勇是从在街边摆 4 张桌子卖麻辣烫开始创业的。1994 年 3 月，海底捞第一家火锅店在四川简阳开业，他与太太及一名同学和同学的太太 4 个人，组成海底捞的创业团队。那时的张勇什么都不会，为了学会炒料，他去书店买了一本介绍这方面技艺的书，一边看一边炒。这样做出来的火锅味道当然不会很好。为了弥补这一缺陷，只能在提高服务质量上多下功夫，客人有什么要求，服务人员的腿脚要跑得快一点，客人不满意了要多赔笑脸。服务人员还会帮客人带孩子、拎包、擦鞋……海底捞的服务质量提高了，愿意光顾的客人就多起来了。一流的服务是由一流的员工创造出来的。只有当员工对企业产生了较强的认同感和归属感时，才会极为用心的对待工作，才会去实践海底捞的价值理念。为此，海底捞创立了独具特色的企业情感文化。公司在工资待遇、员工宿舍、选人用人等方面都努力做到使员工满意。经过几年艰苦的创业，海底捞在简阳声名鹊起。张勇也获取了人生的第一桶金。

张勇的第一桶金靠的是：企业的情感文化。情感文化管理是海底捞的特色，也是其制胜的王牌。正是因为这一企业文化的实施，才使 4 张桌子神奇的变成了几百张、几千张桌子，这么多的桌子是由情感纽带连接起来的。情感二字的含义谁都明白，关键是要做得真、做得深、做得实。众人同心，其利断金。在海底捞，员工有属于自己的舞台，有温暖的归宿，有心灵的依托，有彼此信任的安全感，特别是还能找到一种叫作梦想的稀罕物。这些都是人们终其一生在追寻的东西。正因为这样，才会让员工死心塌地跟着公司，尽心竭力地去实现梦想。

马云的第一桶金：从推销“黄页”起步。

20 世纪 90 年代，中国互联网事业正处于大发展的前夜，马云以其特有的敏感，快速抓住了机会。1995 年，马云创建了“海博网络”，这是中国最早的互联网公司之一。随后，马云启动了中国黄页项目。那时候的马云到处推销，常被当成“黄页骗子”。而他还是不灰心、不放弃，不厌其烦地向潜在用户热心地做着介绍。到了 1997 年年底，项目的营业额不可思议地达到了 700 万元。马云也因此赚得第一桶金。

马云的第一桶金靠的是：锲而不舍的行动力。万事开头难，创业者迈出的第一步有千钧之重，而要达到预期的目的又会难上加难，即使是马云这样的“神人”，也无法躲过这一过程。马云偏偏是一个特别能忍受误解、蔑视、拒绝、碰壁的人，他具备一般人没有的自信、耐心和韧性，具备一般人没有的不达目的不罢休的行动力。真金不怕火炼，一切的打击和失败最终都化作马云走向成功的巨大助力。到头来，马云以自己举世瞩目的成功，让那些看走眼的人们陷入深深的反思之中。

从上面这些商业巨人“第一桶金”的掘取过程可以看出，尽管他们个人的专业不同，选定的行业不同，面临的机遇不同，但无可否认的是，他们都是凭借着卓越的商业头脑一路斩关夺隘的。“下棋找高手，弄斧到班门”，赶快站上巨人的肩膀，去摘取属于自己的创业成果吧。

五、抓住主要矛盾，实施重点突破

任何企业都是一个矛盾集合体，常常会产生这样或那样的矛盾。企业管理就是一个不断认识矛盾、解决矛盾的过程。然而，由于各种各样的矛盾性质不同，其对企业发展全局的影响和作用也会不同。因此，企业管理者应善于从中找出对企业发展全局起关键作用的矛盾，并抓住不放，不彻底解决不撒手。人们经常看到一些企业决策者整天忙得焦头烂额，其主要原因就是缺少解决主要矛盾的意识和能力，“眉毛胡子一把抓”，遇到什么抓什么，却没有牵住“牛鼻子”，未能做到突破重点、带动全局，管了许多自己不该管、管不了、管不好的事情。对此，毛泽东在《矛盾论》中有过深刻的论述：“任何过程如果有多数矛盾存在的话，其中必定有一种是主要的，起着领导的、决定的作用，其他则处于次要和服从的地位。因此，研究任何过程，如果是存在着两个以上矛盾的复杂过程的话，就要用全力找出它的主要矛盾。捉住了这个主要矛盾，一切问题就迎刃而解了。”这些话让人们明白了，在面对诸多矛盾的时候，未必需要全部去处理，而是要“捉住”那个主要矛盾来解决。从此着手，就可以使所有的问题“迎刃而解”。这是一个十分科学而高效的工作方法。

《矛盾论》进一步向我们传授机宜：“矛盾着的两方面中，必有一方面是主要的，其他方面是次要的。其主要的方面，即所谓矛盾起主导作用的方面。事物的性质，主要地是由取得支配地位的矛盾的主要方面所规定的。”“然而这种情形不是固定的，矛盾的主要和非主要的方面互相转化着，事物的性质也就随着起变化。”这就是说，要保持或改变事物的性质，就要从主要矛盾的主要方面下手。因此，我们应该抓住不同时期主要矛盾的主要方面，有针对性地制定对策，努力促进矛盾的解决。这一方法论所体现的是一种抓住本质、举重若轻的大智慧。

在这方面，企业管理者应该有两个本事。一个是能够在相互纠缠的诸多矛盾中，判断出哪一个是关乎企业成败的主要矛盾，同时找出这一矛盾的主要方面。这里需要的是人的敏锐而深刻的认知能力。每个企业领导者整天都会被那些大大小小的事情包围着、苦恼着，要想将其一个一个全都解决，既不可能，也无必要。这个时候，就要想方设法找出那个“起着领导的、决定的作用”的主要矛盾，并确定其哪一方面是主要的，哪一方面是非主要的。只要做到了这一点，我们就不会被假象所迷惑，就不会被无关紧要的东西缠住手脚，就能够抓住关键性的因素。一些不谙此道的管理者经常忙得“脚打后脑勺”，仍然无法厘清工作的头绪。

另一个本事就是要具备围绕主要矛盾及其主要方面来解决问题的能力。这种能力非同一般，它关系到现实中的重大问题能否得到解决，现有的局面能否得以改善。具备了这样的能力，才会成为能够驾驭全局的人。这一能力也是造成企业领导者水平高低差别的主要因素。一个人能够具备第一个本事已经十分难得，若能同时具备第二个本事就更加了不起。只有同时具备这两种本事的人，才能够成为优秀的管理者，而这种本事的获得离不开实践的磨炼。企业管理者要努力学习，善于试错，不断积累经验，积极掌握管理工作的规律。只有这样，才能不断增强自己的领导力，不断提高工作效率。

马云曾经问李嘉诚：“你为什么做了那么多生意都很成功，我们中国很多多元化的企业都失败了。你到底有什么秘密?”李嘉诚的回答十分到位：“我的秘密就是永远有一个生意，天塌下来也能赚钱。”能够享有这样“秘密”的人，就像一位位身怀绝技的将军，即使黑云压城，他们依然能够从容面对，即使天真塌下来了，也无法伤到他们。他们已经进入“从心所欲，不逾矩”的境界。世界上大多数“百年老店”都多次经历了“天塌了”的情况，但每次都能逢凶化吉、转危为安。只有当“天塌了”时仍然能够有力量将其顶起来的企业，才会保持长久的生命力。

任正非在企业管理中善于抓主要矛盾，始终坚持重点突破的战略，他称之为“压强原则”。任正非曾经引用德国军事家埃里希·冯·曼斯坦因在《失去的胜利》一书中说过的一句话：“不要在非战略机会点上消耗掉战略竞争力量。”这句话是这个败军之将对“二战”中德军失败教训做出的总结。用失败换来的东西往往更有价值，这句话给予任正非很大的启示。任正非认为，华为在投资、技术等许多方面条件有限，四面出击是不可能成功的。因此，华为采取的战略是瞄准某一个关键点，然后集中力量予以攻克。华为每年耗费的研发经费高达150亿至200亿美元。有了这样大的积累，华为攻克的目标才会越来越多，最终积小胜为大胜，直至成为行业中的龙头企业。

2016 年，人民日报记者向任正非提问：成功的密码是什么？任正非的回答是："坚持只做一件事"，不炒股、不做房地产、不上市，28 年坚定不移只对准通信领域这个"城墙口"不断发起冲锋。任正非说：华为只有几十人的时候，就对着一个城墙口进攻。几百人、几万人的时候也是对着这个城墙口进攻。现在十几万人还是对着这个城墙口冲锋——信息传送领域。公司始终以密集炮火实施饱和攻击，最终在大数据传送等方面领先了世界。

这样的管理智慧似乎并不玄妙，却有许多人想不清楚、做不明白。他们常常喜欢见异思迁，跟风操作，全面攻击，结果把抓到手的机遇放弃了，而最后砸在手里的东西完全不符合自己的预期。

运用奥卡姆剃刀定律为管理做减法，有利于突出主要矛盾及其主要方面，进而达到以点带面、重点突破的效果。奥卡姆剃刀定律是在 14 世纪时，由英格兰逻辑学家奥卡姆提出来的。这一原理主张"如无必要，勿增实体"，即"简单有效原理"。在奥卡姆看来，"切勿浪费较多东西去做用较少的东西同样可以做好的事情"。与其他行业相比，企业管理应该更加积极地用好这把"剃刀"。企业的管理活动本来就比较复杂，必须想出简化它的办法，而不是让它变得更加复杂。每个企业都应以较小的代价，做好更多的事情，用较少的资源，创造更多的价值。

著名的崔西定律具体阐明了这个道理：任何工作的困难程度与其执行步骤的数目平方成正比。如果某项工作有 3 个执行步骤，其困难度是 9；而另一项工作有 5 个执行步骤，对应的困难度则升至 25。所以，简化流程、为企业管理做减法非常必要。这一定律体现的是人类"思维的经济性"，人的思维应以最经济的方式来认识和改造客观世界。企业应该在贯彻崔西定律方面多下一些功夫，只有将多余的工作流程减下来，将不必要的管理环节减下来，才会有效降低管理成本，减少各种资源的消耗。

做好减法是华为在管理工作中始终坚持的做法。任正非在一次讲话中说："美国总统提出'通过一个新法律，必须关掉两个旧法律'，给了我们启发。"按照任正非的要求，2016 年 11 月 30 日，华为 EMT（执行管理团队）正式通过了《关于"1130 日落法"暂行规定》。按照这一规定的内容，公司在若干成熟流程领域，每增加一个流程节点，必须减少两个流程节点；每增加一个评审点，必须减少两个评审点。

2017 年年底，华为继续加大力度，促进这项工作的落实。公司采取下发文件、召开动员大会、成立“落实日落法及清理机关说 NO 工作组”和“合同场景师推动小组”等做法，有效地推动了“日落法”的落实。

任正非说：“这样用三至五年时间，让我们内部管理逐步减（简）化，我们不能把管理越搞越复杂。不是增加审批点就一定会有好的结果。增加审批点，可能会越搞越复杂，最后的结果是漏洞越多，越容易钻。”在任正非的大力推动下，落实“日落法”的各项工作取得了良好的成效。

实行这一“日落法”的意义不仅在于健全了制度，而在于它倡导了一种新的理念，这就是一项管理规则在启动时就应设置明确的终止期限，规则的执行要与人的责任联系起来。规则的启动和结束及其优化的过程要像日出日落一样有始有终。采取这样的做法，不仅能够减少矛盾、简化矛盾，而且能够有利于认清主要矛盾及其主要方面，能够更加高效地解决主要矛盾。

意大利经济学家帕累托提出的“二八法则”，进一步深化了这个道理。他认为，在一个企业创造价值的过程中，存在着一个“80/20”规律，即 20% 的优秀员工创造企业 80% 的价值，其余 80% 的员工创造了企业 20% 的价值；对于每一位员工来说，“二八法则”同样适用，即 80% 的任务是由个人 20% 的关键行为完成的。因此，在企业管理中，必须抓住 20% 关键员工及其 20% 关键行为，以此来达到事半功倍的效果。正因为这样，对于企业管理的 80% 的部分，“奥卡姆剃刀”大有用场。提高企业管理效率的诀窍就是通过加强 20% 来带动其余的 80%。这就告诉人们，在企业管理中绝不能搞烦琐哲学。应该着眼根本、抓住重点、直奔主题，尽量把与目的无关的东西加以剔除，尽量把那些从外部强加于企业的、对企业发展没什么益处的东西剔除，使企业管理能够接地气、实打实，更加便于操作、便于落实。然而，做到这一点并不容易，其需要的是一双能够“透过现象看本质”的慧眼和很强的行动力。这是一种由管理实践赋予人们的真功夫。

“大道至简”是企业决策者应该追求的境界。“大道至简”是中国古人的智慧，也应成为当今企业管理者的思维方式。真理往往是简单的，是大多数人能够明白和运用的。不少企业管理者事情多、任务重，与其抓不住重点，过分强调管理工作程序化、精细化有关。有的单位仅一个绩效考核就要运用包括 360

度评估、KPI 等在内的十几种管理工具，一项简单的任务要细分为八九个流程。如此一来，难免会造成“为管理而管理”的现象，在消耗大量管理资源的同时，渐渐偏离了管理的初衷，给企业造成空转，降低了企业运营效率。

美国通用电气董事长兼 CEO 杰克·韦尔奇曾对自己的管理经验做出这样的概括：“管理就是把复杂的问题简单化，把混乱的事情规范化，把组织结构扁平化。管得少，就是管得好。”这些话似乎说得有些过头，却道出了企业管理工作的要害。抓住关键，化繁为简，是企业家不可缺少的能力。有所为，有所不为，才能将个人有限的精力和才干用到最该用的地方。有所取，也有所弃，才可能将企业资源的效用实现最大化。

第五章　组织篇

彼得原理和帕金森定律有着密切的关联。可以这样认为，彼得原理和帕金森定律，从互为因果的两个方面分析了大公司产生的病症。彼得原理主要说的是，由于员工的职位不断提升，从而导致最终每一个职位都是由无法胜任工作的员工所担任。而帕金森定律继续对此予以扩展，当某个管理者觉得自己确实无法胜任时，会招聘几位能力比自己低的人当助手。长此以往，组织和机构就会越来越膨胀，其工作效率就会越来越低，员工的积极性也会不断受到压抑。

阿里巴巴要求“政委”在“懂业务、促人才、推文化、提效能”方面发挥更大的作用。“政委制”已经成为阿里巴巴核心竞争力的一个重要来源，我军的这一组织方式已经完全融入阿里巴巴的管理体系。

一、为什么四亿人打不过两万人

人类社会的发展史告诉人们，有史以来，社会群体的管理，都是通过组织系统来进行的。管理是一种组织行为，不是个人行为。纯粹的个人行为，无法对社会群体实施管理。一个人的本事再大，仅靠自己单打独斗，不过是匹夫之勇。这样的个人再多，也无法形成强大的社会力量。社会的发展进程是由组织起来的人们不断推动的。

任何个人想要成就一番事业，只有两个选项，要么成立一个组织，要么加入一个组织。系统论告诉我们，整体大于部分之和。这不是同义反复。比如，电视机的零件很多，随便将其堆放在一起，不会产生一台电视机的效果。只有将这些零件按照电路图组合起来，才能形成一个发挥整体功能的系统。

人类社会也是一样。组织起来的个体的能量，不是每个个体力量的简单相加，而是会发生超乎想象的放大效应。有了强大的组织，才能成就惊天伟业。列宁有句名言：给我们一个革命家组织，我们就能把俄国翻转过来。后来的历史证明，列宁和他的组织实现了这样的目标。而后来的“苏共”变得组织涣散，导致了政党的解散，又成为列宁这句名言的反证。

当年，拿破仑率领法国军队远征埃及，在著名的金字塔战役中，法国骑兵部队将埃及的马木留克兵打得丢盔卸甲。战役结束后，拿破仑对两军战力进行了一番比较，并留下一段很有名的分析：“两个马木留克兵绝对能打赢三个法国兵，一百个法国兵能抗衡一百个马木留克兵，三百个法国兵大都能战胜三百个马木留克兵，一千个法国兵总能打败一千五百个马木留克兵。”拿破仑的这段话非常形象地揭示了系统性组织能力对于军队战力的重大影响。战争是对军队组织能力最好的验证，有了系统性的组织，才能使一支军队战力倍增。战争的胜利，永远属于那些具有强大组织力量的军队。

在灾难深重的旧中国，多少仁人志士不懈寻求救国救民之道，“科学救国”“实业救国”“洋务运动”等统统以失败告终，中华民族曾经面临“亡国灭种”的危险。第一次、第二次鸦片战争，英国军队和英法联军仅仅靠一万至两万人的军队打败了大清王朝，迫使清政府割地赔款。1900 年，八国联军攻打北京。不可思议的是，侵略军从天津大沽口上岸后，突然发现在清军的军械仓库里，存放着崭新的德国克虏伯大炮和毛瑟枪，这是当时许多国家军队都无力装备的先进武器，喜出望外的侵略者立即更换装备，一路杀向北京，其战力立刻得到明显增强。这些侵略者们用中国人发明的指南针越过大洋，又用中国人发明的火药制成枪炮，向中国发动了疯狂攻击。北京被八国联军攻陷。就在北京这片土地上，这群野蛮的侵略军烧杀淫掠，无恶不作！一个失去国防力量的国家，它的百姓只能被强敌肆意蹂躏。可见，当时的大清国之所以被打得一败涂地，不是因武器落后，而是因人的思想落后，制度落后，特别是当时的统治者们太堕落。慈禧太后竟恬不知耻地讨好洋人说：“量中华之物力，结与国之欢心。”这一次战败的代价十分惨痛，按照 4.5 亿中国人每人一两白银的标准，赔偿侵略者的款项数额达到空前的 4.5 亿两白银。

英国人李欧尔卡克发表过这样的看法：“这里有一个愿意付款却不愿意战争的富有的帝国。”这个洋人的话，戳中了中国人的痛处。当时的大清国仍是世界上经济总量名列前茅的国家，但这个“富有的帝国”不思变革，日益堕落，综合国力快速下降。面对内忧外患，当时的清政府依然不致力于团结组织民众，不致力于建设强大的军队，致使国家丧失了抵御外侮的力量。在那个虎豹横行的时代，有国无防的大清王朝就像一只“大肥羊”，只能接受任人宰割的命运。

今天的许多中国人，去了欧美发达国家后，都会对其建筑的宏伟、社会的发达给予诸多赞美，但善良的国人是否想到，这一切的背后藏着多少中国先人的血泪史、我们绝不能忘记的惨痛的历史？

今天的许多年轻人可能会觉得奇怪，日本人挑起“九一八事变”“七七事变”，两次发动侵华战争，怎么都没发生在国境线上，而是发生在中国内陆的沈阳和北京西南郊的宛平城，这是多么匪夷所思的事情。他们哪里知道，从日俄战争算起，到 1931 年“九一八事变”，日军已经侵略中国超过 25 年了。“九一八事变”时，日本关东军只有 1 万多人，而当时的东北军 20 多万人，并且飞机大炮都有，武器装备并不落后。因为张学良的误判，东北军未做任何抵抗，立即放弃了整个东北。20 多万人对 1 万多人，有人评估过，假如当时的张学良奋起迎战，完全能够赢得胜利，从而阻止日军的侵略野心。假如张学良这样做了，后来的中国历史可能会被改写。理由很简单，日本关东军远离本土，增援困难，又无法保证后勤供给，而这些事情对东北军来说都不是问题。然而，历史从来没有“假如”。

美国学者亚历山大·温特说：“一个国家在生存、独立、经济财富这三者利益之上，还有第四种国家利益，那就是集体自尊。”从鸦片战争结束至抗日战争胜利，中国的“集体自尊”这种国家利益受到严重损害，5000 多年文明史给予国人的“集体自尊”渐渐远去。一次又一次战败，一次又一次割地赔款，已使国民无法找回曾经的自信与自尊，他们已经无力反抗列强的疯狂侵略，直至发生中国人被集体屠杀的历史惨剧。在那个暗无天日的岁月中，中国人的眼泪和鲜血流成了河……泱泱华夏的先人做梦也想不到，他们的后人会遭受列强如此惨绝人寰的蹂躏。

为什么四亿多人打不过一两万人？孙中山先生一语中的：四万万中国人，一盘散沙而已。毛泽东说得更透彻：“日本敢于欺负我们，主要的原因在于中国民众的无组织状态。”失去了组织的军民，人数再多也是砧板上的肉，只能任人宰割。“以史为镜，可以知兴替”。国人应该永远铭记：人民需要组织，军队需要组织。有了严密的组织，强大的组织，才可能挫败外敌的侵略，才能维护国家的主权和人民的安全。

二、组织铸就伟业

自 1921 年 7 月成立后，中国共产党一直致力于唤醒民众、组织民众。组织起来的中国人民有了强大的凝聚力和自信心，曾经的“东亚病夫”爆发出摧枯拉朽的无穷力量。民族的独立，人民的解放，是通过人民军队的浴血奋战实现的。1927 年 8 月 1 日南昌起义后，保留下来的部队就是中国工农红军初创时期的全部班底。朱德带领这支部队到达井冈山，与毛泽东领导的不足千人的秋收起义部队会合。此后，这支工农武装经历了数不尽的艰难困苦和流血牺牲，一次又一次战胜了敌人。之所以能够做到这一点，根本原因就是坚持了“党指挥枪”的原则。我军是在中国共产党的领导下创立的，也始终是在党的领导下战斗成长的。军队的各级指挥员和基层战斗骨干，大都是共产党员，在部队的各个层级都成立了党的组织，并使之成为部队的领导核心。我军之所以能够经受住暴风骤雨的考验，始终拖不垮、打不烂，其根本原因就在这里。

在战场上，党组织的作用如定海神针一样，常常“挽狂澜于既倒，扶大厦之将倾”。火线上的党委会、党支部会经常成为战役、战斗的转折点。毛泽东在《井冈山的斗争》一文中指出：“红军所以艰难奋战而不溃散，‘支部建在连上’是一个重要原因。”中国共产党对我军的绝对领导是通过严密的组织系统实施的，而基层的党组织就是连队党支部，它就像一个坚不可摧的战斗堡垒，直接团结指挥一线官兵去同敌人作战。随着我军力量的不断壮大，我军的组织体系和机制也在不断完善，经过几十年的战火洗礼和检验，我军各级的组织建设不断加强，进而走出了一条有中国特色的军队组织建设之路。

组织的作用是由组织成员的素质决定的，由最优秀的人构成的组织才会有最强大的领导力量。我军各级组织领导成员的选拔任用，始终坚持战斗力这一根本标准，一切为了打赢，一切为了胜利。能够达到这一标准的优秀指挥人才，就会得到提拔重用。战争年代，各级指挥员都是在战火中成长起来的，都是在与敌人的浴血奋战中拼出来的。谁能率领部队打胜仗，谁就会成为部队的领导者。正因为这样，我军战争年代的高级指挥员都很年轻，他们作为中华民族的优秀代表，以满腔的热血，承担起神圣职责，形成中国近现代史上最强大的组织体系；他们投身于为人民打天下、求解放的伟大进程，最终完成了开天辟地的神圣使命，建立了新中国。

在和平时期，我军的组织建设丝毫没有放松，一直保持着战争年代形成的选人用人的优良传统。在此基础上，根据和平时期的特点，进一步加强和完善各级领导干部的选拔任用工作，进一步健全我军各级组织的构成及其领导机制，始终坚持“德才兼备、任人唯贤”这一政策，特别是在干部考核任用中引入民主机制，促进了优胜劣汰良好风气的形成，较好地防止了选人用人上的不正之风。

与其他国家军队相比，我军的内部组织既有相同点，又有不同点。相同的是，各国的军队都是按序列编成的军事组织。这种组织是金字塔型的层级结构，由高至低，一级指挥一级，由此构成人们常见的“军师旅团营连”那样的组织架构。这样的组织方式将军队的局部与个体有机地结合成一个高效能的体系，强化了军人群体的组织性、协调性，能够很好地发挥各级指挥机构的领导职能。

与其他国家军队不同的是，我军在这样一个由各国军队普遍采用的组织体系基础上，叠加了一个中国共产党的组织系统，通常也被称为政治工作系统。这一系统与各级军事组织体系相融合，成为军队组织体系的核心领导力量。虽然看上去这样两套体制是相互独立的，实际上却是高度融合的。每一级军队指挥员都是同级党组织成员。我军是中国共产党绝对领导下的人民军队，因此，各级的最高领导权均由各级党组织掌握，并按照民主集中制原则行使领导部队各项工作的权力。在团级以上单位都建立了由各级党代会选举产生的党的委员会及其常务委员会，在营、连成立党的基层委员会和党支部。为了搞好军政两个系统的协调与配合，逐步形成了军事、政治双首长制和与此相适应的党委常委会及行政办公会等组织运行机制，在坚持党的绝对领导这一根本原则下，实现军政系统的协调一致。正是由于我军在组织上具有这一鲜明特性，才使其始终坚持人民军队的性质和宗旨，使中国共产党的路线方针政策始终能够在我军内部得到贯彻执行，从而使我军始终保持了强大的凝聚力和战斗力。

应该特别强调的是，中国共产党的组织管理是十分高效的，各级党组织在实际工作中都发挥了较强的组织功能，因此，有力地促进了各级指挥员领导作用的发挥。从总体上说，我军各级党组织都是由先进分子组成的，这些人是各级的表率，是部队的脊梁，他们优良的品行和领导才能也成为确保组织权威和威信的重要条件。共产党员的先锋模范作用，已经成为我军克敌制胜的法宝。

请看下面这个发生在战场上的瞬间。1949 年 8 月，我军在攻打兰州营盘岭战斗中，国民党守军“马家军”事先构筑的碉堡沟壑阻断了我军冲锋的脚步。我军第 6 军 17 师第 50 团 3 营 7 连指导员曹德荣，命令几名冲在前面的战士撤下来，自己抱起捆在一起的两个炸药包冲了上去。他冲到崖壁下面时，必须把炸药包垫在高处，其爆炸时才能把断崖炸开一道口子，但周围又找不到合适的支撑物。此刻的每分每秒，从断崖上碉堡里射出的子弹都在造成我军冲锋部队的伤亡。曹德荣毅然将炸药包高高举起，拉燃了导火索……一声巨响后，断崖被炸开了一道大口子，胜利的通道就这样打开了。曹德荣献出了自己的生命。战友们高声喊着指导员的名字，他们踏着指导员的血迹，攻克敌人的阵地，赢得了战斗的胜利。这位英雄指导员以自己粉身碎骨的壮举，迎来共和国的诞生。

指导员是连队党支部书记，他的崇高形象就像一面鲜艳的战旗，召唤着战友们前赴后继，奋勇向前。在那战火纷飞的年代，凡是最紧急、最危险的时候，共产党员总是冲在前面，党组织成员的先锋模范作用成为激发部队斗志的强大力量。我军的队伍有了这样的顶梁柱，就能够形成强大的组织力。

“火车跑得快，全靠车头带”，我军的各级党组织都是部队的火车头。这是任何国家的军队都无法具备的优势。这是那些所谓“非党化”“国家化”的军队无法做到的。中国的企业管理者应该深入研究我军在几十年战火中实践形成的组织管理体系和机制，从中找出适合企业管理的理念和做法。既然我军组织管理的做法能够在战场上打败强敌，必然包含着适合企业打赢商战的内容，如果一个企业不仅吸收了现代企业组织管理的做法，还能引入适用于企业的我军的组织管理经验，必然会如虎添翼，更加势不可当。

许多人只看到了阿里巴巴取得的辉煌成就，却不知道这家公司能够迅速崛起，与其积极借鉴我军组织管理的体系与机制有着直接的关系。这一做法使阿里巴巴的组织效能得到明显增强，从而形成其他企业无可比拟的重要优势。

阿里巴巴经过最初几年的奋斗，逐步完成了产品定位和商业模式的探索。在2003—2005年，阿里巴巴的发展速度超出了许多人的预料，不仅公司的B2B（企业对企业的电子商务）业务增长迅猛，获利丰厚，更加难得的是淘宝网在与eBay的C2C（个人与个人之间的电子商务）的竞争中全面胜出，一个巨型电商企业的雏形已经形成。

随着公司业务的快速扩张，员工队伍规模迅速扩大，不同背景、不同经历、不同价值观的人纷纷加入公司，员工成分变得复杂起来。了解军史的人们会很自然地将这一时期公司人员构成的复杂性，与“三湾改编”前的红军队伍联系起来。

在这种情况下，公司团队的凝聚力开始下降，原有粗放式的管理越来越难以适应公司发展的需要。这时的马云苦苦思索着在公司层级增多、跨区域经营压力增大的情况下，如何继续保证公司价值观的发扬和企业文化的传承。这已成为确保公司可持续发展的当务之急。马云虽然没当过兵，但对军事化管理一直十分关注。有意无意之中，马云了解到我军的政治委员（简称政委）体系及其作用，并受到很大的启示。

马云当然知道，创立任何事业都必须首先将志同道合的人凝聚起来，必须解决所属人员的思想引领和组织管理问题。实践证明，我军实行的“政委制”以及与之配套的相关制度，是达此目的的高效能管理模式。通过这一组织架构和机制的作用，中国共产党实现了对我军的绝对领导，保证了党的路线、方针、政策顺畅传导至组织末端，确保了部队各级党组织的领导核心作用。在企业组织内部，为了贯彻企业的愿景、使命和价值观，增强企业的凝聚力、战斗力，十分需要这样的组织体制与机制。

在企业组织中，各级业务主管相当于我军的“军事主官”，他们大都有较高的专业水准。但同时要求一个专业技术尖子成为管理专家，似乎有点强人所难，人员管理、组织建设方面的工作往往成为这些人的弱项。而对于企业来说，最重要的事情莫过于搞好以人为中心的资源整合，这就有赖于一名称职的“政委”来发挥作用。企业实行“政委”体制，不仅强化了团队效能，而且将分权与制衡机制引入企业组织，从而避免了各个层级出现权力过分集中的问题。正是由于实行了这套“政委”体制，快速扩张的阿里巴巴少走了许多弯路，这一做法在企业发展中发挥了不可替代的作用。

企业毕竟不是军队，企业在借鉴我军一些军事化管理举措时，应该体现学习与创造相结合的原则。阿里巴巴在引进“政委”制度时，并未完全照搬军队的做法，而是结合自身特点，形成了具有阿里巴巴特色的“政委”体系架构和配套机制。

阿里巴巴的各级“政委”原则上均由具有一线实战经验、懂得业务运作的人来担任。“政委”是各个单元业务主管的合作伙伴，是企业派驻各单位、各部门的重要管理者。“政委”们由总部垂直指挥，不隶属各级业务主管。“政委”与负责业务的主管人员相互配合开展工作。“政委”的职责主要是把关定向、带好团队、传承企业价值观、管好员工队伍。同时，对于业务主管的重要决策发挥制衡作用。对于组织、用人、企业文化等有关问题，“政委”享有一票否决权。

阿里巴巴的“政委”体系在2005年年底至2006年年初初步完成，2015年又对相关架构和机制做了一次升级。公司针对新的形势，对政委的职责和权力等都做出了更加明确的规定。公司要求“政委”在“懂业务、促人才、推文化、提效能”方面发挥更大的作用。

阿里巴巴“政委”岗位的设立具有一定的灵活性。通常情况下，每个基层的独立单位配一名“小政委”，业务量不大的几个相邻小城市可配一个“政委”，“小政委”与一线业务经理形成一对搭档；大区一级全配“大政委”，与大区经理成为一对搭档。在事业部这一层次也设立“小政委”。多个较小部门可设立一名“政委”，这与我军领导机关设立的政治协理员有些相似。在总监以上层次配一名“大政委”，其职责覆盖总监的管辖范围。

按照阿里巴巴前副总裁邓康明的说法，依据阿里巴巴“政委”体系的管理规则，“政委”与业务主管的关系不能一团和气，“政委”应站在“反对派”的立场上思考问题。业务负责人较多地关注短期目标、业绩导向；“政委”则较多地关注长期目标、文化传承和干部培养等工作，两者之间既相互补台，又相互监督。“政委制”已经成为阿里巴巴核心竞争力的一个重要来源，我军的这一组织方式已经完全融入阿里巴巴的管理体系。

当今社会上不少企事业单位都采取了与我军“政委制”相类似的做法。在对此予以肯定的基础上，还应注意不断完善有关举措。无论是企业还是事业单位，在实行“政委制”的过程中，绝不能全盘照搬军队的做法。应紧密结合行业特点和单位实际，形成一套严密的与本单位管理相适应的体系与机制。特别要注重协调“政委”与业务主管的关系，划清二者各自权力与责任的边界，尽力避免出现“角色冲突”。只有这样，才能更好地发挥“政委制”在组织管理中的作用。

三、防治“大企业病”，必须转变经营管理模式

任何企业做大了，做久了，就容易形成一些难以克服的积弊，由此导致企业运营成本的上升和管理效率的下降。其中最常见的就是“大企业病”，这种病症的出现是许多企业陷入困境甚至走向崩溃的主要原因。

“大企业病”也被称为“组织麻痹病”“官场病”，是由英国著名历史学

家诺斯古德·帕金森提出来的。他根据自己多年的研究，总结出了帕金森定律。

帕金森对这一定律是这样阐述的：一个无法胜任工作的官员可能面临三个选择：第一个是申请退职，把自己的位子让给比自己更能干的人；第二个是选一位比自己能力强的人来协助自己工作；第三个是任用两个或更多水平低于自己的人当助手。第一个选择是万万不可的，因为那样做了，就会丧失自己现有的地位和权利；第二个选择也不行，因为那个比自己能干的人会成为自己的竞争对手，甚至会取代自己；看来只有第三个选择最合适。于是，两个或更多平庸的助手分担了这份本来应该由一个人完成的工作，同时，这个官员的地位和权利又不会受到威胁。这样的做法会引发上行下效的效果，于是，助手们也为自己找几个更加无能的人当助手。这就出现了中国人常说的“武大郎开店，高者不用”的状况。如此下去，就会发生“逆淘汰”现象，就会由此形成一个机构臃肿、效率极低的领导体系。这一现象所产生的阻力是企业组织管理需要经常面对的问题，如果不能得到解决，就难以形成人才辈出、百舸争流的生动局面。企业的各级组织一旦被平庸者占据，必然导致企业管理效能步入下降轨道。

与帕金森定律相联系的是彼得原理。彼得原理是由美国管理学家劳伦斯·彼得研究出来的。彼得认为，在一个形成了较多等级的制度中，每个员工都会有上升到他无法胜任职位的趋向。彼得指出，每个员工由于在原有职位上表现出色，就会被提升到更高一级的位置。如果继续胜任，将会继续得到提升，直至达到他不能胜任的职位。彼得由此得出推论，每个职位最终都将被不称职的员工所占据。每个员工最终都将被提升到“彼得高地”，在此高地上，他得到提升的可能性为零。加速提升至这个高地有两种办法：一个是来自上方的拉动，即依靠熟人和裙带关系等从上面拉，从而获得上升的动力；另一个是自我推动，即通过自己的努力和进步来实现。前者是得到普遍采用的方式。置身于政治、军事、宗教、教育、商业等各界的每个人，都与层级组织密切相关，都无法摆脱彼得原理的控制。

彼得原理的假设条件有两个，一个是时间足够长，另一个是组织中有足够多的阶层。如果是一个较小的、层级很少的组织，在短时间内，彼得原理的影响不会很明显。这也是帕金森定律和彼得原理所研究的现象被称作“大企业病”的原因。

需要指出的是，不可片面理解彼得原理。这一原理揭示出，一个企业的每个职位最终都将被无法胜任的员工占据，这里的关键词是“最终”。既然这样，只要管理层用人得法，就不会使所有人同时到达“彼得高地”，同时出现所有人都不称职这样的情况。这也是企业应该避免同时大面积调整人员的一个重要的理论原因。

彼得原理和帕金森定律有着较为密切的联系。可以这样认为，彼得原理和帕金森定律，从互为因果的两个方面分别阐述了大公司容易产生的一种病症。彼得原理主要说的是，由于员工不断得到提升，最终导致每一个职位都由不称职员工担任。在此基础上，帕金森定律继续予以扩展，当某个管理者觉得力不从心时，会倾向于招聘几位不如自己的人当助手。长此以往，组织机构就会越来越膨胀，工作效率也会越来越低，员工的积极性也会受到压抑。因此，一个人面临升职时，不能只知道高兴，而是要评估一下自己能否胜任新的职位，在此之前不应贸然上任；作为领导，在提升他人的时候，需要考虑这种提升会否造成被提升者的不称职，从而因过多不称职者的产生导致管理层整体遭遇风险。这两大定律指出的现象长期受到学界、企业界的重视，许多人都在积极研究消除这一病症的对策。尤其是大公司都应对此进行深入研究，努力避免其带来消极影响。

任正非在接受记者的采访时表示，华为现在的“大企业病”很严重，要通过改进人力资源管理来达到“精简组织，提高效率”的目的。为此，华为投入了很大的力量，也取得了很好的成效。正如任正非所说：华为公司30年来从小公司变成大公司，走的是中央集权管理的道路。这样的做法会使总部机关越来越庞大、越来越官僚主义。这样下去，公司迟早会由于不堪重负而垮掉。任正非表示，“我们的阿根廷会议叫‘合同在代表处审结的试点会议’，改革的要点就是把决策权力交到最前方，逐渐让前方的人员职级、能力都得到很大幅度的提升。如果前端确实有很多能担负起责任的高级干部，那么往公司后端的流程就可以大幅度缩短，机关就不需要这么多干部。”“把头顶上重重的帽子卸下来，华为公司的管理倒转180度，就会获得新生。”这是向美军学来的。美国军队就是这样，到五角大楼的人可能没有前途了，到前线的人升官很快。华为也要走这条道路，否则谁愿意到艰苦地区去奋斗？

可见，任正非是科学管理理论的实践者。他不仅掌握了企业组织管理的相关知识，而且能够结合实际正确地加以运用。有了科学理论指导的实践者就会如虎添翼，就能做到方向明确，思路清晰，果敢前行。任正非在华为高奏凯歌的时候，却看到了“大企业病”给公司带来的风险，并勇于实行变革，采取行动，及早消除隐患。这是一位优秀企业家必须具有的头脑和本事。

从实践结果看，日本京瓷公司的“阿米巴”经营模式，对于医治“大企业病”起到了很好的作用。“阿米巴”在拉丁语中的意思是单个原生体，阿米巴原虫是极为少见的能够实现永生的生物体。这种虫体赤裸而柔软，其身体能向不同方向伸出伪足，其形体会不断发生变化，因而也被称为“变形虫”。阿米巴原虫是一种生命力极强的生物，只要其所处环境不是过于严苛，或其自身没有受到暴力伤害，它的生命就会一直延续下去。可见，京瓷公司借用这个名字来形容其创立的经营模式是很传神的。

在“阿米巴”经营模式下，企业组织也会随着外部环境的变化而不断“变形”，及时将其调整到最佳状态，使之成为能够适应市场变动的灵活组织。“阿米巴”经营模式是一种经过量化的赋权管理机制。这种经营模式与“经营哲学”“经营会计”相互间形成支撑，是一种完整高效的经营管理模式。实行这一模式能够显著增强企业系统竞争力。

经历过 4 次全球性经济危机的京瓷公司不仅屹立不倒，还实现了可持续的快速发展。特别是 20 世纪 90 年代末期发生的亚洲金融风暴，致使日本很多大公司陷入困境，而原本并不出众的京瓷公司却一跃成为东京证券交易所市值最大的企业。这种非同寻常的变化引起许多专家学者的关注，他们纷纷开始研究京瓷公司，他们得出的结论是京瓷采用了“阿米巴”经营方式，才使其焕发出抵御经济危机的力量。

这种经营方式通过将组织划分为小核算单位的方法，使一线员工变成了工作的主角，通过“全员参与经营”，调动了全体员工的积极性，每个人都在为完成经营目标做出努力。通过这一过程，各个部门确立了与市场直接相关的核算制度，从而实现了“追求销售额最大化和经费最小化”。想要达到这样的目的，就应在全公司把组织划分为较小的单元，采用能够及时应对市场变动的部门核算机制。

同时，必须注重培养具有经营意识的基层管理人才。经营权下放以后，会使每个小单元组织的牵头人感到，自己的职位虽低，但也是一名经营者，进而产生作为经营者应有的事业心和责任感。管理权的下移会使大家感受到经营的压力，促使他们从普通员工被动行事的态度转变为作为领导者的主动工作的态度，尽心尽力地去提升业绩。这种转变正是树立经营者意识的过程。于是，这些领导者中会不断涌现出愿意与稻盛和夫共同承担企业管理责任的经营伙伴。

这一经营模式实现了真正意义上的民主管理，有效地激发了员工内在的工作潜力。在此经营过程中，“阿米巴”负责人及其成员都是工作目标的制定者。通过这样的做法，每个员工都会尽其所能地为自己所属的“阿米巴”乃至整个公司的发展做出贡献，并在实现这一目标的过程中感受到工作的意义，进而使全体员工都能从中体验到工作的价值和乐趣，有效避免“大企业病”的发生。

海尔公司的“人单合一”经营模式，也在克服“大企业病”方面发挥了有效作用。“人单合一”是海尔顺应互联网时代“去中心化”“去中介化”和“零距离”的趋势，从企业、员工和用户三个角度进行的系统性的企业变革行为。海尔掌门人张瑞敏说：“海尔在全球有 122 所工厂，8 万多名员工，我们之所以要做‘小微’，是要杜绝‘大企业病’。我在全世界走访过许多大企业，他们都有‘大企业病’——企业越大，离市场却越远，内部的官僚主义越来越厉害，层级也越来越多。员工在企业没有可以发挥自己的作用的地方，完全听命于上层。”海尔实行了“人单合一”模式以后，这种状况发生了根本改变。

海尔在推进“人单合一”模式的过程中，实现了组织的扁平化，将其变成动态化的网状组织，拥有 8 万多名员工的海尔公司，变成了 2000 多个“自主经营体”。这是一种具有相对独立性的组织，它承接企业的战略目标，具有明确的客户价值主张，可以实现“端到端”全流程满足客户需求，并实行独立核算，较好地实现了共赢共享。对于海尔来说，这是一次脱胎换骨的变革。海尔实行“人单合一”模式后，取消了中层管理部门，减掉了企业内部约 12000 名中层管理人员，真正实现了去中心化。被精减下来的约 12000 名中层管理者既可以选择内部创业，也可以选择离职。经过改革以后的海尔变成一个创业平台，员工可以依托这个平台，组成一个个创业小微团队，每个小微团队一般在8人左右。公司将原本属于CEO的三项权力——决策权、薪酬权、用人权全部下放至小微团队。每个员工的薪酬完全取决于其创造的市场价值，在这个小微团队中，没有上级，只有用户，每个员工只需要认真研究怎样去满足用户的需求。小微团队在工作中可以自发地相互组成与用户有关的体系，形成小微团队群构成的“链群”。这些经过自由结合形成的小微团队相互协作，共同满足客户的需求。这一做法产生了很好的效果。在此之前，是由市场部向总部反馈客户所需要的产品，总部再下达指令给生产线，生产线完成生产后再通过物流将产品发回市场。但现在的情况就不同了。公司将面向市场的小微团队与面向生产的小微团队结成了“链群”，从原来的总部管理变成由各小微团队自行协商。两种方式对比结果是，总部管理时产品销量的增长速度仅为8%，组成链群后的增长速度达到30%。这样的结果出乎许多人的意料。

为什么“阿米巴”和“人单合一”经营模式能够有效克服“大企业病”?企业层级较多是导致这一病症的主要原因之一，由此造成人浮于事，尾大不掉，致使企业组织出现“异化”和官僚化的趋势。而“阿米巴”和“人单合一”经营模式，实现了企业组织的扁平化，明显减少了企业管理的层次，使得企业更多资源与市场直接对接，大大增强了组织的效能和活力。这样的经营模式都是知名企业在实践中创造出来的高效能管理方式，各个企业都应紧密结合自身实际，认真加以学习借鉴。只要企业在这方面不断做出探索和努力，就能够有效避免“大企业病”的发生，从而使企业的长久发展目标得以实现。

军队打仗讲的是“打什么仗就布什么阵”。排兵布阵搞错了，非打败仗不可。打商战同样需要好的阵势。为此，就要跟上市场的脚步，适时搞好组织变革。直至今日，绝大部分中国企业依然采用的是建立在马克斯·韦伯组织社会学基础上的科层制组织结构，它已经不能适应互联网时代的经济环境了。不少企业的组织系统与党政机关没多大差别，这怎么能够适应市场千变万化的需要呢?从总体上说，京瓷的“阿米巴”模式和海尔的“人单合一”模式所体现的基本原则，对于当今的大部分企业都是适用的。然而，采取这一做法的企业却不是很多。其中的原因是多方面的：有的人有一种天生的盲目的自信，总觉得自己的管理模式好，不愿意吸收别人的新东西；有的企业被既得利益者绑架，即使想变革也变不了；有的是不敢变、不会变，怕搞不好还不如现在。这些决策者想得很多，就是不愿意多想企业的未来。与此相比，各种顾虑都应该抛弃。管企业就应该有任正非那样的勇气，看准了的事情就要毅然决然地去干，不管遇到多大阻力，都要使公司的“合同在代表处审结”，把更多的决策权力交给在前方打仗的人。只有采取这样釜底抽薪的办法，才可能避免“大企业病”的发生。

四、现代企业应该成为学习型组织

多年来，学习型组织相关理论在包括中国商界在内的世界商界产生了很大影响。不少企业通过学习实践这一理论，在组织变革方面取得了重大进步。随着知识经济时代的到来，将企业变成学习型组织已经成为一种必然的趋势。

美国麻省理工学院教授彼得·圣吉是学习型组织理论的奠基人。他长期将主要精力用于研究以系统动力学为基础的更加理想的组织。他用了长达近十年的时间，深入研究了数千家企业和相关案例，并于1990年出版了引起巨大反响的《第五项修炼：学习型组织的艺术与实践》（以下简称《第五项修炼》）一书。这本书中的内容，会给当今的企业界打开一扇新的知识之窗，会在组织管理方面引发人们诸多新的思考。

许多人望文生义，以为这是一本阐述学习意义和学习方法的书，实际上它是一本研究企业组织管理的著作。在这本书中，彼得·圣吉首先对以前的管理体系与方式提出了批评。他认为，流行的管理体系，以组织、计划、控制为主要特征，企业被定义为赚钱机器，致使其缺乏应有的活力。他直截了当地主张，流行的管理体系这座殿堂应该“推倒重建”。他认为，只要按照他所提出的思路去做，就能“再造组织的无限生机”，让员工“在工作中活出生命的意义”“为人类找出一条新路”。这样的雄心不能不说是一种崇高精神的体现。

彼得·圣吉将组织比作与人体相似的有机体，认为组织具有获取和加工信息、作出判断决策，以及改变行为的学习能力，而组织学习的目的不只是获得更多的知识以优化决策和改善执行力。学习型组织的根本目的是将个人理想与组织愿景结合起来，通过系统思考和团队学习，改善心智模式，最终实现组织对社会福利贡献最大化和组织成员个人幸福最大化。

这一根本目的就将学习型组织与传统的企业组织区别开来，一个能够使个人理想与组织愿景相结合，并能实现社会福利与个人幸福最大化的组织，肯定是一个非凡的组织。这样的组织，必然具有极大的吸引力，必然使个人的潜能得到充分释放，从而产生很强的凝聚力和战斗力。如果一个企业的组织管理达到了这样的高度，必然会获得强劲的发展动力。

彼得·圣吉认为，深层的学习过程构成了学习型组织的本质。这个深层的学习过程由五项基本修炼激发和推动。这五项修炼的内容是自我超越、心智模式、共同愿景、团队学习和系统思考。这五项修炼形成一个完整的有机的整体。

管理者应该阅读这本书，并开始进行这五项修炼，逐步实现自我境界的提升，在逐一做好每项修炼的基础上，着力加强第五项修炼，即系统思考的训练。这是全部五项修炼中最为关键的内容。彼得·圣吉认为，现代企业所缺少的就是系统思考的能力。他在书中回答了为什么将系统思考作为最重要的第五项修炼这一问题。他说："我把系统思考称为第五项修炼，因为它是本书所描述的全部五项修炼理念的基石。""它是整合其他修炼的修炼，它把其他修炼融入一个条理清晰一致的理论和实践体系。它防止了其他修炼变成分散独立的花招，或最新流行的组织变革时尚。没有系统的观点，就不会想去了解各项修炼之间的关联。"① 可见，好企业是学出来的，是修炼出来的，管理者一定要相信这种力量。如果当今的企业失去了知识更新的能力，就很难避免被淘汰的命运。管理者只有持续坚持五项修炼，才能成就一个不一样的自己，进而成就一个不一样的企业。

彼得·圣吉关于五项修炼的论述和分析是能够帮到管理者的，它使人们能够从中获得一种超越自我、解决问题的方法。它不仅能够教会人们进行自我超越、心智模式、共同愿景和团队学习每个方面的修炼，而且教会人们如何通过系统思考，在实践中将每个方面的修炼整合起来，从而实现整体性的

---

① 圣吉. 第五项修炼：学习型组织的艺术与实践［M］. 北京：中信出版集团，2018：13.

改善，实现“心灵转变”。

系统思考的实质就是统合人们获得的各类知识和各种能力。一个团队通过深度学习获得的知识，通过五项修炼获得的能力，最终要通过系统思维来加以整合，实现升华。这种整合是一种“化学反应”，会产生出超预期的创造力。

《第五项修炼》提供了一套使传统企业转变成为学习型企业的方法，使企业通过学习提升“群体智力”和持续的创新能力，成为不断创造未来的组织，从而实现可持续发展。书中阐述的理论在企业界已经得到广泛应用，并取得诸多成效。

微软公司是构建学习型组织的成功范例。微软通过深入贯彻学习型组织的理论，有效地增强了企业持续创造的能力，完成了将知识资源向知识资本的转换。

微软注重强化“深度学习”这一理念，努力将员工的学习活动变成自我批评、信息反馈、交流共享的过程。在此基础上，微软提出四项措施来保证这种理念的落实，即系统地从以往开展的研究项目中学习，通过数量化的信息反馈学习，以客户信息为依据进行学习，在促进各产品小组之间的联系中学习。通过这样的系统化学习的开展，企业促进了学习成果的共享。

微软为了搞好团队学习方面的修炼，开展了多项与此有关的活动。比如项目完结时的事后分析活动、促进交流的休假会活动、小组间资源共享活动、首用自己开发产品的“自食其果”活动等。这些活动，使追求新知识成为一条纽带，将团队全体人员联系起来。团队人员共同参与学习活动，其产生的效果肯定会远远好于单个人学习的效果。这种学习活动产生了一种放大效应，有效地促进了群体智慧的发挥。

上述做法让人觉得微软就像一所大学，员工工作的过程也是学习的过程。在学习中工作、在工作中学习，成为员工的日常状态，员工在完成任务的同时也在不断增长才干。长此以往，不仅会使员工获取更多的知识和更强的能力，而且其心智结构也会得到改善，由此必然使企业的创造力持续增强。微软的这些做法做起来没有多少难度，关键是能否做到不走过场，长期坚持。对此感兴趣的企业完全可以直接采用这些做法。

如果说哪个中国公司最符合学习型组织的要求，应该非华为莫属。华为能够做到这一点，首先是因为有任正非这样一位学习型领导者。在企业家队伍中，任正非的学习精神堪称一流。他善于通过博览群书来武装头脑，使自己能够跟上知识经济的发展脚步。

作家余胜海在《任正非给华为人讲的100个故事》一书中，大致做出如下介绍，使笔者深以为然：任正非自称自己是“宅男”，也没有什么特别的业余爱好，他说：“我的唯一爱好就是读书。”几十年来，任正非养成了坚持阅读的习惯，只要不是太忙，他每个星期都要阅读一两本书，还会阅览多本杂志。任正非看的书很丰富，政治、军事、经济、社会、人文等方面的书籍，他都喜欢看，但很少读小说和管理之类的书。他认为，小说太假，不真实。很多管理类书籍都是教授们闭门造车，读多了限制思想，真正的管理哪是几条原理那么简单。任正非办公室中的陈设没什么讲究，但书柜里的书籍却很丰富。他看书时喜欢在书上做批注，还喜欢写读书心得。任正非说：“我读过很多书，我喜欢稻盛和夫的书，但不知哪本书影响了我，思想是怎么生成的。我脑袋里产生的想法我也找不到源头在哪里。”

每当看到好书、好文章，任正非都会积极推荐给公司高管。他曾向华为高管们推荐了20多本书。其中包括《五角大楼之脑》《CEO的海军陆战队》《失去的胜利》《国际商法》《超限战》《闪击英雄》《新教伦理与资本主义精神》《蓝血十杰》《落难英雄丁盛将军回忆录》等，并亲自写推荐语。此外，任正非还向华为员工推荐了《价值为纲》《黄沙百战穿金甲》《以奋斗者为本》《以客户为中心》《枪林弹雨中成长》《迈向新赛道》《厚积薄发》《华为没有秘密》《下一个倒下的会不会是华为》等十多本书籍。

任正非一直倡导华为高管们要有“宽文化背景”。他说：“未来公司需要什么样的干部？我认为未来公司需要的管理干部是对市场有深刻体验和宽文化背景的人，宽文化背景怎么理解，‘大杂烩’，什么都懂一点。要成为高级干部都要有宽文化背景，干部要进行必要的循环，这是宽文化学习的好机会。”在任正非看来，“未来的文盲不是不识字的人，而是不勤于学习和思考的人。”笔者认为任正非对待学习的态度是值得人们学习的。

再回到上文讲的“五项修炼”。从公司成立之初，华为人就在任正非的带领下，开始了构建学习型组织所必需的“五项修炼”，不断培养适应时代发展需要的“知识型员工”。任正非在公司不同的发展阶段，都提出十分明晰的美好愿景，并善于将员工个人理想与组织愿景融合起来，以此来凝聚人心，激发斗志，从而使员工坚定信心，敢于挑战，乐于奉献和牺牲，勇于为实现“站上世界最高点”这一光荣使命而努力奋斗。

同时，任正非通过引导管理团队深度学习，不断获得更多的智慧和更强的能力。他善于团结人，激励人，注重发挥集体领导作用，不搞个人英雄主义。他带领管理层和技术骨干不停地追踪世界最前沿的新知识和新技术，以此来促进管理层和科研人员不断提升创造能力。

华为人一直积极适应企业外在环境的快速变化。努力突破旧的思维定式，积极建立新的心智模式，勇于进行“自我批判”，努力完成自我超越。华为以其辉煌的业绩，精彩地诠释了学习型组织的理论。

了解了这些，就会明白华为能够成为世界头号强国难以打败的企业，并非出于偶然因素，而是有其内在的必然逻辑。正如俄国著名作家高尔基所言：“用知识武装起来的人是不可战胜的。”

五、有了一流的组织管理，才会有一流的企业

组织是指人们因同一宗旨，以实现共同目标为目的而协同工作的社会实体单位。它设立由不同人员组成的机构，通过分工合作而协调配合人们的群体活动。企业组织一词是在 19 世纪末 20 世纪初西方大企业管理中出现的。企业组织是企业经营活动过程中形成的一种管理结构，也会表现为一个动态性的组合活动过程。

企业的各级组织应该坚持生产力标准，将那些能够胜任企业管理工作的人，选入各级组织之中，让他们承担更重的责任。企业选人用人也应坚持德才兼备、任人唯贤，如果做不到这一点，那些最优秀、最能干的人就无法晋升到企业的重要岗位，也就无法实现“能者上、庸者下”的管理目标。优秀的企业家也许会在普通岗位人员的使用上有所妥协，但绝不会让庸人进入企业决策层和高管队伍。道理很简单，各级组织是企业的指挥部，也是企业各级资源调配的总调度，如果其中出现低能者，必然会降低企业的管理效率。长此以往，可能会导致企业这条船在惊涛骇浪中触礁甚至沉没的严重后果。一些家族公司和一些喜欢搞任人唯亲的企业，在这方面存在较大的风险。企

业家应该在商言商，不可过多地让非商业因素干扰企业经营。也许亲友圈子里的人忠诚度会高一些，但通过建立现代企业管理制度，圈子外面那些更有才干的人也可以做到这一点。何况在当今社会亲友反目、同室操戈的事情并不少见。因此，企业的人力资源管理是一篇大文章，拥有较高组织才能的企业家才能写出精彩的篇章。

对于企业管理者来说，必须明确加强企业组织建设的极端重要性。在实行具有军事化特点的管理过程中，应该更加注重汲取我军组织建设的经验，努力打造一流的企业组织。在这方面，不应简单模仿我军的组织架构，而应注重借鉴我军的组织管理理念和机制，认真研究我军的组织为何能够那样严密和高效，从而进一步增强企业组织的功能和效力。

华为在这方面进行了十分有益的探索。在任正非的带领下，华为走出了一条企业组织管理的成功之路。正因为这样，华为才能够闯过一道道难关，从一个当初无人看好的民营企业跃居世界科技巨头的行列，并将长期形成的国际信息领域西强东弱的局面翻转过来。这是华为通过成功的组织管理创造出来的一个历史性成就。

华为按照“以客户为中心”的企业文化，积极进行企业组织管理方面的探索。注重根据客户的实际需求设置公司各个方面的组织，并适时予以优化调整。为此，华为探索出一套紧紧贴近客户需求的设置和调整公司内部组织的管理系统。

华为在组织管理上，采取了一种被称作“拧麻花”式的混合结构，将事业部组织的某些机制与职能平台及区域销售层加以整合，组织架构不因特定的产品进行设置，而是建立了三个综合性的业务集团，即运营商业务集团、企业集团和消费者集团（见图3）。每个集团针对各自的竞争对手开展市场业务。三大业务集团在运营中，又会得到三个服务集团提供的支持。这样做的目的就是进一步增强应变能力，不断提高组织的敏捷性和灵活性。

华为及时因应客户需求的变化，对组织架构予以快捷的调整。2002 年以前，华为的组织结构具有集中控制、功能驱动、基于产品线运作的特点，而且层级比较分明。从 2003 年起，随着各项业务的迅速扩展，越来越多的国家和地区的市场被开发出来，公司随即实行了更加全球化的组织架构。总部负责管理公司设在各个国家的“代表处”，“代表处”再控制各个销售办事处。

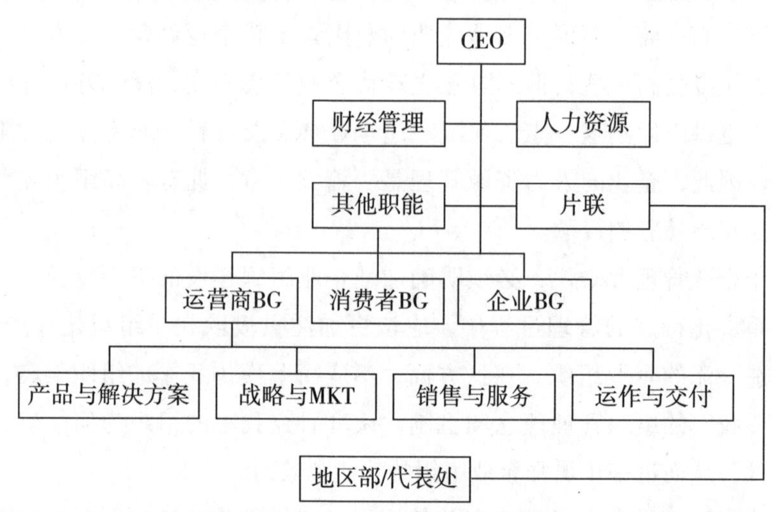

图 3　华为组织架构示意图

后来，华为决策层发现，市场覆盖面过大会降低办事处的工作效能，于是，又对相关机构予以整合。为了支持组织的定期重组，华为还会在必要时设立一些子公司，使客户不断变化的需求都能及时得到满足。

华为在公司层面建立了一个以高级人才为对象的虚拟人力资源库，使得这些人才与各个职能部门脱钩。这样做有利于公司在世界范围统一调配各类人才，促使高素质的人才完全自由流动，从而打破了条块分割的界限，大大提高了人才使用效能。

自 2004 年开始，华为将重要领域的专家团队聚合起来，从业务开始时就与客户展开合作，共同开发新项目，这一做法收效明显。如今，公司启动每个新项目时，都由项目负责人组建"铁三角"团队，项目负责人有权从人才库中挑选优秀专业人员。在这种机制下，决策权下放到一线"战斗"部门，一线"指挥员"可以根据不断变化的市场状况，及时做出重要决策，必要时可以直接"呼叫"总部，充分发挥整个组织系统的"火力"优势。这就是任正非所说的"让听得见炮声的人呼唤炮火"。

通过采用以上各项组织创新举措，华为已成为一个完全围绕客户项目而构建的企业。华为定期对各级组织进行必要的重组，每一次这样的"创造性破坏"，华为的组织管理都会跨上一个新台阶。华为的这些做法是极具开拓性的。华为的组织管理一直以市场为着眼点，始终围着客户转，从而使资源配置实现最优化。这是华为取得成功的一条重要经验。传统的科层制已经不能适应当今这个复杂多变的时代，不宜将行政机关那样的结构和机制引入企业。

为了不断强化企业组织的效能，华为建立健全了一套颇具军事化色彩的干部培养与选拔机制。华为制定了干部选拔的九大原则：

1. 坚持从有成功实践经验的人中选拔干部；
2. 大仗、恶仗、苦仗出干部；
3. 在关键事件中选拔核心员工；
4. 机关干部必须到海外去锻炼；
5. 注重实绩，竞争择优；
6. 优先从成功团队中选拔后备干部；
7. 培养敢于抢滩登陆的勇士；
8. 以全球化的视野选拔干部；
9. 从内部挖掘人才。

这九条原则是华为在工作实践中总结出来的，有力地促进了干部队伍建设。这些做法体现了德才兼备的用人导向，形成了“能者上、庸者下”的良好机制。任正非在《不要忘记英雄》一文中写道：“我们要提拔重用那些认同我们的价值观，又能创造效益的干部。我们要劝退那些不认同我们的价值观，又不能创造效益的人，除非他们迅速转变。”经过这样的过程筛选出来的管理者，才会是志同道合的人，这样的人进入同一个组织才会风雨同舟、携手同行。

华为制定了后备干部制度以保证各级管理层能够有序交替。华为大学在这方面担负起重要责任，该校以其独特的师资优势和教学方法，不断将一批批管理人才输送到各级岗位上，被公司视为“培养‘将军’的摇篮”。任正非要求华为大学把培养“带兵的人”作为重要目标。他在华为大学的一次讲话中说：“我们执行830计划，最大的困难是缺少带兵的人。缺少优秀的拥有成功实践经验的干部。这些人在学习与实践中，会逐步成长为各级管理干部，我们称之为‘将军’。华为大学在这个历史时期应负有很大的使命。要研究一下黄埔军校、抗日军政大学、西点军校为什么出了那么多将军。”可以看出，任正非确实与一般企业家不同，他经常出手不凡。在这里，他没有要求华为管理层去研究著名商学院所传授的企业组织管理和管理干部培养模式，而是将目光转向军队院校，这一做法是极富远见的。如果能够把军队如何培养将军的“真经”学到手，企业的组织建设还会有什么难以解决的问题吗?

华为更加注重在实践中锻炼考察干部。公司借鉴了军队轮岗、换岗、交流任职的做法，对干部进行全面培养。公司对中高层主管实行职务轮换政策，没有相关工作经验的人不能担任部门主管，没有基层工作经验的人不能担任中层以上干部。通过这样的方式选拔出来的干部，都是经历过“实战”检验的人，他们更容易胜任各级领导工作。这种轮岗制后来演变为 EMT（经营管理团队）轮值主席和轮值 CEO 制度。华为还实行企业轮值董事长制，自上而下地促进了公司的组织变革，这一制度受到许多业内人士的肯定。阿里巴巴、京东、德邦等公司均已仿效这一做法。对于这些企业来说，轮值 CEO 并非简单的“皇帝轮流做”，而是企业遴选人才、强化管理层效能的一种方式。

任正非在《一江春水向东流》一文中写道:“这也是这种无意中的轮值制度，平衡了公司各方面的矛盾，使公司得以均衡成长。轮值的好处是，每个轮值者，在一段时间里，担负了公司 COO 的职责，不仅要处理日常事务，而且要为高层会议准备起草文件，大大地锻炼了他们。同时，他不得不削小他的屁股，否则就达不到别人对他决议的拥护。这样就将他管辖的部门带入了全局利益的平衡，公司的山头无意中在这几年削平了。”从任正非的表述中可以看出，新的组织架构与机制的实行，对公司管理产生的积极作用是超乎预期的。它不仅增强了企业高层的责任心和领导力，而且开阔了他们的胸怀和格局，从而使公司决策层的领导作用得到进一步提升。

2018 年 3 月，华为持股员工代表会和股东会进行董事会换届选举，产生了新一届董事会的 17 名成员，包括董事长、4 位副董事长、12 位常务董事和董事。华为还设立了董事会常务委员会，华为董事会及董事会常务委员会由 3 名轮值董事长主持，轮值董事长在当值期间是公司最高领导。轮值董事长的轮值期为 6 个月。

华为设立的董事会常务委员会和轮值董事长这一组织架构具有独创性。这一做法既借鉴了我军组织管理体制机制上的优势，也兼顾了高科技企业的特点，非常有利于增强董事会领导工作的质量和效率。一个民营企业不仅在不断创造科技成果和经济效益，而且还在为中国企业的管理不断贡献新的智慧和经验。从某种意义上说，后者具有更高的价值，这些成功的管理理念与方式，会使众多企业受益无穷。

许多关心华为的人，都在关注着华为这个商业帝国的接班人问题。无论是古代帝王还是现代巨商，“人亡政息”的现象屡见不鲜，其中的教训值得深入研究和吸取。一位伟大的成功者不仅会追求生前的辉煌，更重要的还要使其基业在自己的身后仍能兴旺不衰。对此，任正非已经有所考虑。他表示，一直有继任计划。权力不是交给个人，而是交给一个群体，群体下面还有群体，像链式反应一样，是一个庞大的继任计划，不是一个人的。不然，万一这个人生病了怎么办？何况华为是一架“烂飞机”。尽管如此，华为决策层还是应该进行更加深入的谋划。此事非同小可，它不仅关系到任正非个人的历史定位，关系到华为能否保持基业长青，而且会给中国高科技行业造成较大影响。阿里巴巴已经先走了一步，华为有必要认真借鉴一下。即使是集体接班，也需要一个领头人，这个人的作用将会是举足轻重的，他必须是一个既能继承任正非管理思想，又能迎接未来重大挑战的德才兼备者。

任正非在最近接受记者采访时表示，华为的交班已完成很多年，他只是一个“傀儡”。人们对此的理解是，华为公司领导人交替的制度性安排已经完成，但最高领导层的人员交接还未画上句号。在大家的心目中，任正非至今仍是华为真正的掌舵人，其手中仍然握着“一票否决权”，仍然享有极大的影响力，并不是一个“傀儡”。只有到了任正非正式退休的那一天，人们看到了那个华为领导集体牵头人的时候，才会认为华为最终完成了最高权力的交接。人们当然希望任正非能够长期为华为这艘巨轮掌舵，然而，他毕竟年事已高，自然规律无法违抗。人们都在期待着华为能够产生第二个“任正非”，但受制于时代与个人的条件，这几乎是不可能的。

六、激发组织活力，实行优胜劣汰

任何组织都应按照实现既定目标的需要进行高效运行，组织的成员必须在其位，谋其政，时时处处尽职尽责。只有这样，组织的功能才会得到充分发挥。为此，组织自身就应具有无限的生机与活力。然而，这种生机和活力是不会自然而然产生的。只有实行高效的组织管理，才能使其得以生成和延续。企业内部应该形成奖优罚劣、优胜劣汰的机制，以避免出现“干好干坏一个样”的情况。

在任正非的讲话和所写的文章中，多次提到了“熵”这个物理学的概念。所谓熵，是热力学中的一个体系混乱程度的度量。这一概念是由德国科学家鲁道夫·克劳修斯最早提出来的。他通过长期研究，发现了这样一种现象：在一个封闭的系统中，热量总是从温度高的物体传递至温度低的物体，从有序状态变成无序状态，最终导致温差消失，不再做功。一个孤立系统总是趋向于熵增，最终达到熵值最大状态，即熵死。但一个开放的系统就不是这样，它可将因内部能量交换生成的熵增，通过向环境释放热量的方式进行转移。所以，开放的系统因存在趋向熵减的可能而达到有序状态。

熵增是一种不可逆的力量，它会将世间的一切陷入极度混乱而终结。难道没有任何办法对抗熵增吗？奥地利物理学家欧文·薛定谔对此做出这样的回答：“万物都趋向从有序到无序，即熵值增加。而生命需要通过不断抵消其生活中产生的正熵，使自己维持在一个稳定而低的熵水平。生命以负熵为生。”看来任何生命体抵消正熵只有一个办法，那就是保持负熵。为此，必须维持生命系统的开放与活力。

任正非发现，企业发展也是一个熵值不断增加的过程，即熵值由低到高，混乱程度不断增加，直到最终活力尽失。正是由于看清了这一点，任正非始终怀有十分强烈的危机感。他一直在思考怎样使华为保持“负熵”，避免出现“熵死”，使企业能够长期活下去。

华为公司内部有这样一个共识：熵和生命活力，就像两支时间之矢，一头拖拽着人们进入无穷的黑暗，一头拉扯着人们走向永恒的光明。任正非在《一江春水向东流》一文中深刻地写道：“历史规律就是死亡，而我们责任是要延长生命。不管是个人还是企业，最终都是要死的。我们的努力就是让死晚一点到来，不要过早地夭折。”为此，任正非提出明确要求：我们要不断激活我们的队伍，防止“熵死”。我们决不允许出现组织“黑洞”，不能让它吞噬了我们的光和热，吞噬了活力。

华为决策层清楚地看到了熵增定律是多么无情，任何组织都无法逃避其自然地趋于封闭、保守、涣散、低效等沉沦状态，员工会自然地趋向懒惰、安逸和享乐等消极状态。与此相对抗的办法就是努力进行熵减。为此，就要不断学习新知识、开发新技术，积极实行改革创新；不断优胜劣汰，保持管理层和员工合理流动；打造蓝军，坚持自我批判；发扬优良作风，长期艰苦奋斗……这些做法都在不断为华为的发展创造出必不可少的负熵。

熵增本是一个与管理无关的生僻概念，但经过任正非的一番阐发后却产生了极具启发性的新意，使得华为的管理者受益匪浅。任正非就是有这个本事。他从来不用那些空洞的说教去阐释自己的思想，而是喜欢另辟蹊径，注重运用自己长期构建的多学科知识模型和思维成果去解决重要问题。他的文章和讲话不落窠臼，不拾人牙慧，因而产生了非同寻常的深度和新意。这些原创“作品”的影响力早已超出了企业界和国界的范围。

不管是否懂得熵增定律，企业家实际上都在为避免企业的熵增和熵死不停地做出努力。为了达到这样的目的，许多企业都在设法输入“激活程序”。“末位淘汰法”是不少企业采取的办法之一。长期以来，这一做法一直饱受争议。有人认为，“末位淘汰法”会制造恐慌，影响公司的凝聚力。有人还拿出了数据，证明微软的前 CEO 史蒂夫·鲍尔默曾大力推行过淘汰业绩垫底员工的政策，却削弱了微软的竞争力。然而，不少企业家依然坚持这样做。他们认为，淘汰不称职的员工体现了企业用人的公平性，这一做法是对优秀员工的肯定，也有利于激发员工保持积极向上的工作态度。这样做能激励更多员工不断进步和成长，能够促进公司的长期发展。当然，大多数员工、特别是被淘汰的员工不同意这样的看法，他们对这种残酷的淘汰制度十分反感。这种状况并不令人感到意外。

从总体上说，采取类似“末位淘汰法”这样的做法是有其合理性的。尽管笔者在前面的论述中肯定了“Y 理论”，但这并不意味着可以将这一理论极端化，以至于不需要对员工实施必要的奖惩。如果那样的话，就可能发生“劣币驱逐良币”的“逆淘汰”现象。托马斯·格雷欣是 16 世纪英国的财政专家。他在当时的经济领域发现这样一个规律：两种实际价值不同而名义价值相同的货币同时在市场上流通时，实际价值较高的货币，即所谓的“良币”总是被收藏、熔化或输出，因而退出市场。而实际价值较低的货币，即所谓“劣币”却充斥市场。这种“劣币驱逐良币”的现象，也被称为格雷欣法则。如今，“劣币驱逐良币”现象在金融领域已经看不到了。但在社会生活中，与此相类似的现象却依然存在。

任何组织都需要保持足够的活力，否则，组织的作用就会下降。组织的活力需要通过不断激发与整合来实现。激发的目的是将大家内在的潜力发挥出来，消除人们天生的惰性与散漫。整合的目的是针对个人不同的优势与劣势，将其进行科学组合，形成“1 +1 >2”的效果。

在当今社会条件下，一个没有严谨考核和奖惩制度的组织，其凝聚力和战斗力不会很强。失去了应有的鞭策，人的不良性情便会滋生，负面的情绪和行为也较容易出现。有“全球第一 CEO”美称的通用电气公司总裁杰克·韦尔奇始终坚持这样的理念，他推崇企业管理的“活力曲线”即“2 –7 –1 法则”。这一法则的含义很清楚，即将 20% 的绩优员工定义为 A 类员工，把 70% 的业绩中等的员工定义为 B 类员工，把余下 10% 的业绩较差的员工定义为 C 类员工。他主张“C 类员工必须走人”。虽然企业定期开除这么多的员工，肯定会在管理上引起许多麻烦，但不这样做，将会使企业产生更大的麻烦。正是因为采取了这样的淘汰机制，通用电气公司才一直活力不衰。“问渠那得清如许？为有源头活水来。”企业的员工队伍应该保持基本稳定，但绝不能死水一潭。企业需要通过适当的考核和奖惩，实现员工队伍的正常流动。

了解华为的人们都知道，华为公司的各级组织始终生机勃勃，这让许多企业羡慕不已。与此同时，人们也会积极探寻其中的奥秘。如果说华为在这方面有什么奥秘的话，那么，激活与淘汰机制应该是其主要内容。早在 1996 年，华为就提出末位淘汰制，公司把员工的绩效分为 A、B、C、D、E、F 六个等级，后来简化为 A、B、C、D 四个等级。A 为“优秀”，占比 10%；B 为“良好”，占比 40%；C 为“正常”，占比 45%；D 为“须改进”，占比 5%。考核成绩连续为 D，就意味着将有可能被末位淘汰，考核成绩连续 3 个 C，就意味着不能涨工资。1999 年后，华为开始实行“下岗培训”制度，即不合格的员工下岗后经过培训可以重新上岗，这给了落后员工新的就业机会，也避免了人力资源的浪费。

华为的绩效管理有两个目的：一是对工作责任结果和价值贡献做出评价，二是对未来目标形成牵引。既然要做出评价，就应有明确的标准，并需以此为依据进行考核。华为前些年，对 14 级以下员工或 23 级以上管理层采用绝对指标考核，只有对 15—22 级的员工，才有主管考评和 360 度评估两项相对指标考核。

绝对指标考核都是第三方可以独立验证的客观指标，没有主观的可发挥的内容。诸如劳动态度、积极性、责任心等这些无法量化的要求一概不用，这些内容具有很强的主观色彩，很难形成客观的结果。

为什么对基层员工要实行绝对考核呢？任正非认为，对于一般岗位上的员工来说，资历、经验、生产技能很重要。用不着通过 A、B、C 这样的等级评定来挤压，这样做会造成基层员工不团结，而且会耗费大量的人力资源，对他们实行绝对考核比较合适。这些员工不用写考核日记，更不用频繁参加考试，以使他们能把精力用在生产上。在这种情况下，绝大多数员工可以快乐地享受平凡的生活。他们不想当“将军”，不想跳“芭蕾”，就不必受那个磨难。只要贡献大于成本就可以了。

为什么对 15—22 级的中间层员工采用相对考核呢？任正非说：“我们认为 A、B、C 的考核制度，是我们理解西点军校的末位淘汰制设计出来的，是为了选拔将军。它的原理是不管整个队伍如何优秀，都要将排在后面的分子末位淘汰掉，形成挤压，逼先进更先进，从而产生更多的将军。……我们要坚定不移地实行末位淘汰制。不淘汰，你就可以得到更多的利益，我们不能让你坐享其成。责任和权力、贡献和利益是对等的，不可能只有利益没有贡献。”就是说，在考核干部时，没有最优秀，只有更优秀，只有不断进步的人才能通过这样的考核。可见，华为在员工绩效考核方面下足了功夫。正是因为有了这样一整套行之有效的考核体系，华为才使员工队伍始终保持充沛的活力。

在华为，各级组织的新陈代谢、优胜劣汰机制一直坚定执行。任正非主张：“要把危机意识和压力传递到每一个员工。通过无依赖的市场压力传递，使内部机制永远处于激活状态。”1996 年，华为市场部利用一个月时间，实行了“主动辞职、重新竞聘上岗”的内部整训。全体人员首先全部就地下岗，公司根据实际需要重新进行择优录用，未被录用人员自动离职。当时，华为市场部每一名正职干部都提交了两份报告，一份为辞职报告，一份是述职报告。随后，人力资源部门采取竞聘方式组织答辩。最后，公司根据每个人的工作表现、发展潜力和实际需要，批准其中的一份报告。在这次竞聘考核中，包括市场部代总裁在内的 30% 干部被替换下来。这次被称作“再创业”的整训运动，确立了华为“能上能下”的干部管理机制。这一做法既体现了华为领导勇于变革的魄力，也体现了华为干部队伍较高的素质，不是任何企业都能够这样做的。任正非曾在一次讲话中这样评价这次整训活动：“市场部集体大辞职，对构建公司今天和未来的影响是极其深刻和远大的。如果没有大辞职所带来的对华为公司文化的影响，任何先进的管理体系在华为都无法生根。”

每年年初，华为总部都要考评各国、各地区分部上一年“军令状”完成情况，并立下新年度的“军令状”。公司根据每个干部业绩完成情况兑现考核承诺。未能完成指标的人会被调离岗位或者被降职、撤职。各级管理者也会让其下属人员立下各自的“军令状”，甚至有“三个月不掌握某项技术就下岗”之类的内容，其严厉程度可见一斑。

“流水不腐，户枢不蠹”，正是由于这一淘汰机制的存在，华为各级组织始终处于激活状态。有人指责这样的做法“太无情”“太残酷”，而华为决策层认为，这是面对市场竞争必须做出的选择，是鞭策员工不断进步的必要手段，也是华为“以奋斗者为本”企业文化的直接体现。企业不是慈善机构，企业管理者不能做“老好人”。无法做到优胜劣汰的人，不会成为称职的管理者。

虽然华为在管理和技术上已经居于中国公司前列，但任正非仍不满足。他表示，虽然我们在管理上已经很好了，但和爱立信这样的国际一流公司相比，多了2万名管理人员，每年多花40亿美元管理费。所以，华为还要不断优化组织和流程，努力提升工作效率。可见，华为始终以国际一流标准管理企业，由此产生的强大动力，不断推动华为去攀登更高的山峰。

2018年，任正非提出华为要进行人力资源机制改革：“我们公司大多数员工都受过高等教育，谁不能当‘将军’？我们不允许有庸官，兵熊熊一个，将熊熊一窝。”他提出华为的末位淘汰应集中在主官、主管上。中层、基层的员工可以通过内部人才市场流转。任正非在一次讲话中强调，主官、主管必须实行每年10%的末位淘汰。要用3—5年时间实行“换血”，下决心把一批平庸或怠惰的干部更替掉。任正非在讲话中提出明确要求，要大胆在火线上、在战壕中提拔干部、专家和专业人员，要让一些优秀人员直接穿越上来，以激活干部群体和组织。这样的做法，必将进一步激活华为的各级组织，必将进一步增强华为管理层的工作质量和效率。

华为每年坚持淘汰各部门一少部分人员，从未有过动摇。但被淘汰员工的权益能够得到应有的保障，离职员工都能得到人性化的对待。他们对华为做出的贡献会在个人档案中得到积极评价，离职的赔偿金也比较多。如果离职员工以后能够达到考核标准还可以再回公司工作。所以，华为员工一般在打分靠后的时候会主动提出辞职。来日方长，好聚好散，他们并没有多少负面情绪。

实现组织管理中的优胜劣汰，必须改“伯乐相马”为“赛场选马”，坚持以实际业绩为标准，一视同仁选拔管理骨干。在企业管理中，一项经常性的工作就是要搞好绩效管理。没有绩效控制，企业管理不仅无法严密实施，而且无法做到选贤任能。一切管理活动都是为了产出更好的绩效，但一定要选择符合企业实际、能够有效落地的绩效管理模式和方法。目前，企业管理常用的绩效管理方法比较多。图4是在企业管理中常见的工具。

区分点	BSC	KPI	OKR	KSF
定义	平衡计分卡 Balanced Score Card	关键业绩效指标 Key Performance Indicator	目标与关键成果 Objectives and Key Results	关键成功因子 Key Successful Factors
主要优点	1.强调四个维度的动态平衡 2.目标之间的相互关联	1.奉行“二八原理”，聚焦关键目标和指标 2.与战略和预算形成闭环系统	1.将目标层层分解，并形成执行计划 2.对重要过程进行管控和评估，以确保关键结果的达成	1.开启员工源动力，激发员工创造力 2.薪酬与绩效融合，充分挖掘员工潜能 3.让管理层参与经营，实现利益趋同
主要缺点	不能独立使用，必须与KPI、KSF组合应用	指标界定难，落地难，员工容易抵触	焦点在过程和关键动作，但缺少考核激励，员工动力可能不足	受老板的格局、管理层的心态影响
主要运用	BSC主要适用于管理层岗位	KPI适用于以目标为导向的岗位，在强势企业比较有价值	应用于IT、风险投资、游戏、创意等以项目为主要经营单位的大小企业	KSF适用于管理层岗位，中小微企业均适用

图4　绩效管理工具

这些都是从不同角度、针对不同对象、出于不同目的设计的管理工具，企业在运用时应该结合自身实际加以选择。当前绩效考核最常用的工具是KPI（Key Performance Indicator），即关键绩效指标法，它是通过对组织内部流程的输入端、输出端的关键参数进行设置、取样、计算、分析，衡量流程绩效的一种目标式量化管理指标，是把企业的战略目标分解为可操作的工作目标的工具，是企业绩效管理的基础。KPI 可以使部门主管明确部门的主要责任，并以此为基础，明确部门人员的业绩衡量指标。建立明确的切实可行的 KPI 体系，是做好绩效管理的关键，是绩效计划的重要组成部分。

国内外的一些大企业采取了这一做法，取得了较好的成效。但近些年来越来越多的企业意识到 KPI 考核存在许多局限性。新东方在运用这一工具时就对企业发展起到了较大的负面作用。任正非也说过："我多年来其实不是都赞成 KPI 的。KPI 是用于大兵团作战的流程化管理，但过于僵化，反而是不好的。我曾讲过，我们的组织与流程，应像眼镜蛇一样，蛇头不断地追随目标摆动，拖动整个蛇身随之而动，相互的关节并不因摆动而不协调，这就是科学的 KPI。"科学的 KPI 一定是市场导向和客户导向。而很多公司的 KPI 都是目标导向和结果导向，甚至有的公司 KPI 是考核导向和罚款导向，这样的目标绩效管理只能逼着员工弄虚作假，不但影响士气，而且有损效率。

当前比较受欢迎的是 KSF（关键成功因子法）。小米公司通过引进这一工具，取得了较好的管理成效。KSF 是在 1970 年由哈佛大学教授威廉·泽尼提出来的。其内容是这样的：在现行系统中，总存在着多个变量影响系统目标的实现，其中若干个因素是关键的和主要的变量，即成功变量。关键成功因子法就是通过分析找出使企业成功的关键因素，然后再围绕这些关键因素来确定系统的需求并进行规划。KSF 一般采用 5—9 个因子就能完成考核，就能促进企业生成较强的竞争力。如果企业想要获得持续成长的动力，就必须对这些少数关键领域实行高效管理，否则将无法达到预期的目标。企业在选择管理方法、管理工具时，应该坚持实践是检验真理的唯一标准。最适合本企业的就是最好的，就应该积极采用，其他的东西都不重要。

第六章　制度篇

企业制度通常是指以企业产权制度为基础，包括组织制度和管理制度在内的企业制度体系。企业制度是维系企业作为独立组织存在的各种社会关系的总和。

叔本华说过一句很冷峻的话：“只要条件许可，机会成熟，人人都是想作恶的。”有人认为，这一说法太极端了。但对于管理者来说，应该接受这样的告诫。人性是复杂的、可变的，并会受到客观环境的直接影响。在企业管理中，应该用制度来规范所有人的一切行为，无人可以例外。

《华为基本法》从 1995 年萌芽，到 1996 年被定为“管理大纲”，再到 1998 年 3 月 23 日，历时三年、八易其稿才正式颁布。《华为基本法》总结提升了华为公司成功的管理经验，确定了华为二次创业的理念、战略、方针和政策，为公司的健康发展提供了制度保证。

一、在战火中锻造的制度是我军战胜敌人的法宝

军事制度简称“军制”，其含义有广义狭义之分。广义的军事制度是指国家或政治集团组织管理军事力量的制度，主要包括军事领导体制、武装力量体制、政治制度、后勤制度、兵役制度、军事法规等诸多方面的制度。狭义的军事制度仅指军队内部实行的制度。军事制度一般由国家或政治集团及其军队制定，以法律、法令、条令、条例、规则、章程等规范性文件的形式颁布执行。军事制度的制定和发展，受社会政治制度、经济条件、科技水平和战争局势、战略方针、武器装备、军事理论、战争实践等多种因素的制约和影响。军事制度的基本功能在于通过运行，保障国家或政治集团能够掌握并发展军队和国防实力，有效地慑止战争、赢得战争。在本书中所说的军事制度主要指的是狭义上的军事制度。

军事制度的产生已有几千年之久。它随着阶级、国家及军队的出现而产生，并随之发展而不断完善。历史进入 20 世纪 20 年代以后，中国共产党创建和发展了具有中国特色的新型军事制度。这一制度，是我军在长期的战争环境中形成的，依靠这一制度体系，中国共产党组织起一支强大的人民军队，最终战胜了国内外的敌人，打出了一个新中国。新中国成立后，依据和平时期的环境和任务需要，我军制度建设得到进一步加强，从而有力地促进了我军的管理，现代化革命军队建设取得了重大成就。

古今中外的军队，都是依靠一套制度体系来实施管理的。无论是战争时期还是和平年代，军队时刻都离不开制度。一切军事行动都需要依据相关制度予以规范。只有大力加强制度建设，军队管理才可能达到一流水平，这样的队伍才能无往而不胜。

在长期的革命斗争中，我军走出了一条具有中国特色的制度建设之路。我军的制度建设是世界军事史上的一大创造，非常值得企业界认真研究学习。

我军的辉煌历史也是一部军事制度建设发展史。我军制度建设的最大特色和优势，就是在军队中建立了中国共产党的组织制度。这一制度既是一项创造性的发明，也是我军开辟胜利前程的一大法宝，这是其他任何国家的军队都无法做到的。

从南昌起义开始，我军就在硝烟弥漫的战争环境中开始了制度建设的探索。1927 年秋，秋收起义失败，部队损失严重。当时，部队的组织不健全，士气很低落，加之作战失利，部队减员严重。为了躲避敌人的围追堵截，毛泽东率领部队从文家市向罗霄山脉中段的井冈山转移。9 月 29 日，起义军翻越大山，来到没有地方反动武装的永新县三湾村。毛泽东召开了前委扩大会议，对部队进行整顿和改编：允许不愿留下的官兵离队，自愿留下者缩编为一个团；在各级建立共产党组织，“支部建在连上”，实行新的党代表制度；实行官兵平等的民主制度。

通过“三湾改编”，红军内部初步建立了中国共产党的组织制度，特别是“支部建在连上”这一制度，使红军基层党组织得以建立。1929 年 12 月 28 日至 29 日召开的古田会议，进一步完善了关于加强党对军队领导的组织制度。此后，我军历经长期革命战争岁月的洗礼，逐步形成了一整套确保中国共产党对我军实行绝对领导的制度，形成了我军完整高效的组织领导体制和机制。这个制度就是体现了民主集中制原则的“党委统一的集体领导下的首长分工负责制”。这一组织制度的确立和执行，使军队中的各级党组织成为部队的领导核心，成为部队的脊梁。

在抗美援朝战争中，第二次战役是将朝鲜南北分界线稳定在“三八线”的一次决定性战役。在此次战役中，志愿军指挥员通过精心谋划，给敌人布设了一个巨大的“口袋阵”，整个战役能否取得全面胜利的一个关键之处，就是能不能把“口袋阵”最后那个口子牢牢扎住。这个艰巨的任务落在第 38 军 113 师身上。战役打响后，美军发现自己陷入志愿军的包围圈，立即利用其机械化装备拼命地向南逃窜。113 师必须靠两条腿跑过美军的汽车轮子。113 师从德川以南沿安山里、船街里、龙召里开进，在跨越崇山峻岭的长途奔袭中，部队遇到了极大的困难。师党委及时召开党委会，党委成员站在山坡上开了 20 分钟会议，果断作出决议：想尽一切办法，克服一切困难，不惜一切代价堵住南逃之敌。党组织的号令以及共产党员的表率作用，立即使部队士气大振，官兵的脚步变得更加有力。

副师长刘海清亲率338团向三所里奔袭。刘海清是我军一员虎将，他参加过红军长征，参加过腊子口战斗、平型关战斗、四战四平、攻打天津等著名战役，多次负伤，屡建奇功，战斗经验十分丰富。天亮了，距离目的地还有30里路。敌机飞来了，刘副师长果断下令，去掉伪装，拉开距离，快速前进。这是一个多么大胆而机智的决定！敌机果然上当，美军飞行员误将我军当成韩军，敌机在空中盘旋了一圈后飞走了。就这样，中国勇士们以14小时急进70多公里的高速度，抢先于撤退之敌占领三所里。终于在南逃敌人赶到之前，把“口袋”牢牢扎住，成功地将敌人堵住了，歼灭了，从而为第二次战役的胜利发挥了关键性的作用。从这一战例可以看出，危急时刻，我军优越的组织制度发挥了扭转乾坤的作用。这一制度能够极大地凝聚指战员的意志和智慧，将一切障碍踩在脚下。

为了形成高效能的组织领导机制，我军先后颁布了关于政治工作、党委工作、党支部工作等方面的法规。各级党委还结合自身实际制定了具体的议事规则，使得各级党的组织制度具有更强的可操作性。我军就是通过由此形成的组织体系和机制实施领导和指挥的，从而保证了我军的高度集中统一，保证了政令军令的畅通。

我军的管理制度也是在长期的革命斗争实践中形成的。无论是在战争年代还是和平时期，我军始终按照这样一整套制度对部队实施管理，有效促进了我军的革命化、现代化、正规化建设。内务条令、队列条令、纪律条令是我军各单位日常管理的总依据，也是全军官兵一切日常活动的行为规范。全军各部队通过严格贯彻“三大条令”，保持了良好的精神面貌和作风纪律。在此基础上，针对不同时期、不同类型的单位和群体又制定并施行了不同的管理制度。因此，尽管我军的人员众多、分布广泛、构成复杂、任务多样，却始终能够做到张弛有序，协调一致。

二、企业制度是企业有序化运行的体制基础

近代以来，中国企业制度的产生与发展，经历了一个曲折的历程。1872年创办的轮船招商局是中国近代史上第一家轮船运输企业。这家以官僚资本

为主导的公司，始终由李鸿章、盛宣怀等人控制，一直未能建立起西方那样的公司制度，从而使中国的企业从起步阶段开始就处于先天不良的状态。1895 年，清朝在甲午战争中惨败，宣告了洋务运动彻底失败，近代民族工商业的发展也受到严重打击。在后来的民国时期、抗日战争、解放战争期间，军阀混战，社会动荡，民族产业发展步履维艰。尽管如此，民族工商业还是有了一定程度的发展。企业界逐步摆脱官僚的直接控制，东南沿海等较发达地区的企业，逐步开始实行西方那样的公司制，从而产生了一批实力比较雄厚的民族企业。不难看出，中国近现代企业发展史，实际上是新的企业制度从建立到完善的历史。只有企业制度能够适应社会发展要求时，企业的健康发展才会成为可能。

新中国成立后，中国的企业发展史翻开了新的一页，经过没收官僚资本、公私合营等方式，形成了以公有制为主导形态的企业制度。这些做法与当时国家的计划经济体制相适应，也为中国的工业化奠定了一定的基础。

从 20 世纪 70 年代末开始，中国进入了改革开放新的历史时期。从这个时候起，中国企业发展进入了快车道，旧的企业制度较快地退出历史舞台，新的企业制度迅速得到发展。特别是在党的十四届三中全会提出建立现代企业制度后，无论是国有企业还是民营企业在制度建设上都迈出较大的步伐。随着《中华人民共和国公司法》等法律的施行，中国企业的制度建设水平已基本与国际接轨，中国企业界已普遍建立了以市场经济为基础，以企业法人制度为主体，以公司制度为核心，以产权明晰、权责明确、政企分开、管理科学为条件的新型企业制度。这样的企业制度的建立是中国企业健康成长的关键因素之一。有了这样的制度保证，各种类型的企业才能适应市场经济规律，抵御各种风险，形成可持续发展的机制，从而跟上时代的步伐。当今中国经济高速发展的事实很好地证明了这一点。

企业制度通常是指以企业产权制度为基础，包括组织制度和管理制度在内的企业制度体系。企业制度是维系企业作为独立组织存在的各种社会关系的总和。企业制度的基本构成有以下三个方面：

一是企业产权制度。企业产权制度是以产权为依托，对企业财产关系进行有效配置、优化整合的规范。它对与企业资产在占有、使用、收益、处分过程中相关的各类产权人的地位、权责及相互关系，以法规的形式予以规范。

对企业来说，合理的产权制度能够清晰地界定不同产权主体及其权责，从而建立有效的激励和约束机制，保障企业资产的合理使用和流动。

二是企业组织制度。企业组织制度是企业组织形式的基本规范，规定着企业内部的组织结构、权责关系和协调机制，如企业的治理结构、领导体制等。组织制度是企业组织建设的法规，是企业各个组织设计与运行的基本依据。

三是企业管理制度。企业管理制度是企业各项管理活动的规矩。它由一整套企业管理活动的理念、原则、标准和方式等构成，如企业的劳动人事制度、分配制度和会计制度等。管理制度是调控企业日常活动的基本规范。

上述三个方面的内容，产权制度是企业制度的基础和核心，它对企业制度的其他方面具有支配作用，组织制度和管理制度在一定程度上体现着企业的产权关系，三者共同构成了企业的制度体系。三者相比，产权制度的相对稳定性高一些。如果企业的产权关系变动过快，会使企业各相关方频繁受到冲击，必然给企业经营造成较大影响。因此，应该保持企业产权的相对稳定。

应该强调的是，必须充分认识产权制度的基础性作用。诺贝尔经济学奖得主、美国经济学家罗纳德·哈里·科斯被西方经济学界认为是产权理论的创始人。科斯认为，一切经济交往活动的前提是制度安排，这种制度实质上是一种人们之间采取一定行为的权利。因此，经济分析的首要任务是界定产权，明确规定当事人可以做什么，然后通过权利的交易达到社会总产品的最大化。因此完善产权制度，对人口、资源、环境与经济发展具有极其重要的意义。

科斯提出了著名的科斯定理：只要财产权是明确的，并且交易成本为零或者更小，那么，无论在开始时将财产权赋予谁，市场均衡的最终结果都是有效率的，进而实现资源配置的帕累托最优。科斯认为，没有产权的社会是一个效率绝对低下、资源配置绝对无效的社会。私有企业的产权人享有剩余利润占有权，产权人有较强的动机去不断提高企业的效益。所以在利润激励上，私有企业比传统的国有企业强。

科斯认为，在某些条件下，经济的外部性，即经济主体（包括厂商或个人）的经济活动对他人和社会造成的非市场化的影响，可以通过合理界定产权来解决。这为人们解决当今环境污染等难题提供了合理的对策。消除空气、土地和水污染的办法，不应是随意令企业停产或关闭，而是应从界定产权入手寻求化解之法，从而达到经济与社会效益最大化。科斯曾经这样说："有人会认为无线电业管制的目标应该是把干扰减少到最小，但这种认识是错误的，目标应该是使产出最大化。所有的财产权都有干扰人们利用资源的能力，必须保证的是从干扰中获得的收益应大于所产生的危害。没有理由认为最佳的状况就是无干扰权。"科斯说，"如果禁止排放烟雾，伦敦到今天仍然是一个小山村"。科斯的看法是颇有见地的。它提示人们，当遇到经济方面的问题时，应该更多地使用"看不见的手"来解决，尽量少用"看得见的手"。也许"看不见的手"用起来会麻烦一些，但会更加符合市场规律，更能收到长远的成效。"看得见的手"固然好用，但不可多用。因为其不合规律，难以持续，并且代价高昂。那些不尊重经济规律的乱作为者，应该认真研究一下科斯定理，好好补上这一课。如果要享受没有交通拥堵、没有任何污染的生活，人类只能退回到穴居野人的原始社会。会有多少人愿意如此"返璞归真"？人类已经进步到今天这样一个高度发达的时代，只能用今天的办法来解决今天的问题，经济规律要求人们对社会进步必须付出的代价怀有一定的容忍度。

那么，产权明晰为什么会产生效率呢？因为其解决了两个关键问题：一是实现了财产使用权、责、利的统一。财产的所有者有权决定财产如何使用，并从中获得使用财产取得的收益，同时承担财产使用不当的责任和损失，当这三者集于所有者一身后，其利益就会与财产的使用紧密相关，这就会激励所有者将财产用于最有效的用途，并努力实现财产使用带来的利益，避免其使用失误造成的损失。正是人的利己心，引导人们把财产用到最有效的程度。二是保证了财产能够转让给最有效使用财产的人。财产只有在使用和流动中才能不断增值，财产的转让权及个人使用财产的效率差异会引起财产的流动，其结果是流向最有效使用财产的人。

产权明晰是市场化的中心问题，是有效激励和交易的前提。对于一个社会或企业来说，产权明晰是效率的基础。判断一种产权，不应从伦理的角度来评判其好与不好，而是应从效率的角度来评判其是否有效率。

认识和解决我国国有企业改革、管理创新、外部性等问题，都可以从科斯定理中获得有益的启示。界定产权是解决许多经济问题的钥匙。中国的资源管理者与企业家应加深与产权制度相关问题的认识和研究，以此来解决经济发展中出现的各种矛盾。坚持这样的思路会有利于经济与企业的发展。计划经济条件下的国有企业效率低，主要是因产权不够明晰造成的。国有企业名义上为全民所有，实际上并不存在一个明确的所有者。其真正的所有者与使用者只能说是政府，是各级政府在决定资产如何使用，财产使用者的利益与使用的效率并不直接挂钩。国有企业属于同一个所有者，全民和国家也不存在以提高效率为目的的产权交易。产权不明晰的问题，同样存在于一些民营企业。许多采用家族制的民营企业，也存在产权界定不清的问题。民营企业在发展初期采用家族制是有效率的。企业有了较大发展后，家族制就会成为企业不断壮大的阻碍。

当然，并不是说只要做到产权明晰就万事大吉了。做到这一点只是企业解决各种问题并提高效率的基本条件。无论是国有企业还是民营企业都应向科斯定理揭示的那样，着力把产权制度方面的短板补齐，这是我国经济领域至今仍然应该着力消除的一个深层次的弊端。如果这方面的事情做不好，经济资源的优化配置和高效使用是很难做到的。

产权明晰是市场经济制度的基础环节。因此，凡是实行市场经济制度的国家，都会通过立法，将产权保护作为一项基本的法律原则。只有通过产权界定，才能有效地保护和利用各种资源，市场交易行为才能得以正常延续。产权是市场交易得以合法进行的第一前提，如果不能保护个人的产权，市场交易秩序将无法维持，现代法律无不强调个人的产权保护。

1866 年，刚刚在对奥地利战争中取胜的普鲁士国王威廉一世，踌躇满志地来到他在波茨坦的一座行宫。当他登高远眺时，前方的一座破旧磨坊让他大为扫兴。这位国王立即让侍从与磨坊主交涉，尽快有偿拆除磨坊。但磨坊主称这是祖业，死活不肯。威廉一世一气之下，命人对磨坊进行强拆。磨坊主随即一纸诉状将威廉一世告上法庭。法庭最终判决，威廉一世擅自动用王权，侵犯原告受宪法保护的财产权，责成国王在原址立即重建磨坊，并赔偿磨坊主的一切损失，威廉一世只好派人将磨坊在原地重建起来。这座磨坊至今仍然保留着，已经成为波茨坦一处著名的游览景点。它一直在昭示人们，个人财产权享有法律的保护，即使是国王也不能剥夺他人的财产权，威廉一世的权力再大也不能超越法律。一百多年来，这一事例产生了很大的影响力。它非常直观地展现了国王与国法的关系，展现了公民财产权的不可侵犯性。

中国的创业者一定要注重强化产权意识。对于初出茅庐的创业者来说，认真掌握关于产权方面的法律和知识是十分必要的。应该在形成了明确的产权观念之后再开始从事商业活动。否则，很容易导致诸多纠纷或损失。因此，无论什么时候，绝不办产权关系不清的公司，也绝不做产权关系不清的生意。由于中国经商环境的特殊性，会遇到较多与公有资源管理人或产权身份不清者打交道的机会。一些创业者创业时因产权意识淡薄，最终陷入难以自拔的泥潭，一夜之间就使辛辛苦苦积攒的家业化为乌有，有的甚至成为“亿万负翁”。本来开办的是一家有限责任公司，但因缺失明晰的产权界定，结果老板却糊里糊涂地成为连带责任人。当风险降临时，有限责任公司常常具有一定的回旋余地，但无限责任公司的老板难以幸免。这样的教训实在让人唏嘘不已。

三、企业应努力打造制度优势

企业制度是每个企业最重要的“软件”之一。企业制度建设是一种能够体现管理者功夫的软实力。有了严密而高效的管理制度，就能将与企业有关的内外资源整合起来，各类人员、各项事业就能朝着企业发展的目标呈现有序运行的状态。企业的管理制度就是游戏规则，大家都按此行事，企业的各个要素就能协调一致地发挥作用，没有规则的游戏是无法完成的。

制度主要是以人为对象所做的规范设计，应该着力解决与人有关的问题。只要各种人的行为规范好了，各种事的规范就不难了。企业员工都是有头脑的个体，任何时候大家的想法都不会完全一致，如果各行其是，必然无法形成良好的工作秩序。因此，管理者只能用严密的制度体系来规范大家的行为，从而克服可能产生的各种内耗和阻力，让每个员工知道能做什么、不能做什么，一旦违反了相关规定，会受到怎样的处理。

叔本华说过一句很冷峻的话：“只要条件许可，机会成熟，人人都是想作恶的。”有人认为，这一说法太极端了。但对于管理者来说，应该接受这样的告诫。人性是复杂的、可变的，并会受到客观环境的直接影响。在企业管理中，绝不能空谈道德、良知等，而应该将一切纳入制度建设之中，要用制度来规范所有人的一切行为，努力实现在制度面前人人平等，无人可以例外。

这样做与对人的信任并不矛盾，执行制度与信任人是两个不同范畴的问题，不应彼此混淆。检查、约束、监督不仅是必要的管理手段，而且是对员工的一种保护机制，这样的做法能够避免员工因违纪、违法而受惩处。保证员工不犯严重错误是企业应该承担的责任。

必须把人的贪欲关进制度的笼子里。企业是一个从事经济活动的组织，许多员工每天与钱物打交道，容易产生非分之想。对此，只能通过健全相关制度来堵塞各种漏洞。好的制度能够使人不敢贪、不能贪、不想贪。这样的制度不仅保护了企业的公共财产，而且消除了使员工变坏受罚的隐患。应该看到，企业的制度与国家的有关法律是相互衔接的。如果某人违反制度的行为达到了违反国法的严重程度，就应移交国家司法机关查处。无论本事多大的管理者都必须强化法治思维。如果搞人治不搞法治，企业是没有前途的。法治的保障是企业人最可靠、最持久的后盾。

在这方面，一些优秀企业做出了很好的示范。马云在企业“执法”方面从不手软。这也正是阿里巴巴这样一个巨型公司，始终能够合法有序经营的一个重要原因。公司在 2012 年就创立了廉政合规部，马云将其归类为公司的一级部门。这个部门成立不久，就从“聚划算”下手，查出了 6 名高管的腐败行为，而且腐败问题很严重，最后他们全部被移交国家司法机关追究刑责。判刑最重的是人力资源部的一名副总裁，被判处有期徒刑 8 年 6 个月。此后又有上百名员工被查处。马云曾经在一年的除夕夜解雇了一名高管，还曾经让跟随自己多年的企业元老“轮岗学习”。2011 年，阿里巴巴 B2B 业务公司的 100 多名员工和 4 名高管内外勾结，违规经营。马云立即决定关闭其相关业务，对该公司进行彻底整治。看得出来，马云十分看重法治这一“利器”的作用。如果企业家面对违法犯罪行为不肯下手，违法不究，企业的规矩必然遭到严重破坏，企业的发展可能会毁于一旦。

万达公司在依法管理方面也是从不含糊的。仅 2017 年，万达就查处了 263 起违规事件，共开除了 129 人。2018 年，王健林又严肃查处了企业内部一件重大贪腐事件，涉事者达 20 余人。2021 年，王健林又将 4 名试图向客户索贿的员工移交国家司法机关追究刑责。

这些著名企业的做法告诉人们，每个企业的正常运营都是靠各项制度来维系的，企业制度的权威性关系到企业的兴衰成败。如果在这方面有丝毫的含糊，就会导致企业管理出现漏洞，长此以往，必然溃不成军。军队管理中有句话叫“慈不掌兵”。只要对此做出正面理解，其对当今的企业管理也是适用的。

孔子说：“乡愿，德之贼也。”不讲是非的好好先生是乱德之贼，也是坏企业法治管理之贼。企业家无法成为大慈大悲之人，他们必须坚持原则，公正“执法”。他们既会有微笑的面孔，也会有愤怒的时刻，员工执行制度的状况是导致他们情感变化的重要因素。

管理制度是对一定的管理机制、管理原则、管理方法以及管理机构设置的规范，是实施一定的管理行为的依据，是企业能够完成再生产过程的保证。管理制度作为重要的管理手段，其自身具有不可替代性。慎重严密地制定制度是企业制度建设的首要环节。每个企业都会将建立健全企业制度当成一件大事来做。在此过程中，企业高层都会投入很大的精力，去调动所需要的各个方面的智慧和力量，慎重严密地推进这项工作。制度一经颁发执行，在一定时期内不能轻易变更，否则，无法保证其应有的权威性，朝令夕改是企业制度建设的大忌。当然，这种稳定性是相对的，当现行制度确实不符合已经发生变化的实际情况，则需要由制定相关制度的部门及时予以修订。

企业制度应该成为企业文化的载体。企业的愿景、使命、价值观等文化内涵应是企业管理制度的底蕴。企业文化应该在企业制度中得到充分体现，只有这样，企业文化才不至于仅仅成为几句空洞的口号，企业文化才能具有可操作性。注入了企业文化的企业制度，才不会成为机械的僵硬的条条框框，才能有生命、有活力、有精神内涵，只有这样的制度才可能持久高效地得到执行，企业管理才不会偏离正确的方向。企业制度应该成为企业文化的“配套产品”，二者衔接得越紧，所取得的成效就会越好。只有做到了这一点，企业文化才会产生更大的力量，也会使企业制度发挥更好的作用。

一个好企业必然会有一个好的制度体系。其各方面的制度都应以企业战略、企业文化为指导予以制定，做到主旨一致，相互契合，而绝不能相互矛盾，各行其道。制度好不好，不能用其自身的内容来判断，只能通过管理实践的检验才能得出结论。好的制度必须能够激发员工的创造力，必须能够直接或间接地为客户创造价值，进而为企业创造效益，否则就是需要完善或废止的制度。制度是人制定的，难免会带有一定的主观性。但只要能够深入进行调查研究，注重汲取群众智慧，注重搞好战略思考，就能把规矩立到点子上，就能避免出现明显漏洞。

制定和修订企业管理制度时，应该注重吸收我军制度建设的先进理念和方式，也应注重学习成功企业的先进经验，从中汲取精华，为我所用。绝不能仅仅局限于企业领导个人的想法和本企业过往的经验。倘若如此，很可能形成“低层次循环”的状态，无法站上体现时代潮流的企业管理的制高点。在制定或修订制度时，最重要的是必须符合本企业的现实发展状况。应该看到，虽然企业界在制度建设上存在一些相似的原则和规律，但不会有两个完全相同的企业制度。企业制度可以相互借鉴，却绝不能照搬，成功企业的制度再好，也不能拿过来就用。每个企业都应根据其所面临的内部因素和外部条件，来具体制定符合自身情况的各项制度。在这方面，绝不能图省事，走捷径，只有实行最能体现本公司个性特点的制度，才能取得更好的成效。

研究一下阿里巴巴企业制度建设的历程，会使企业管理者大受裨益。这个中国互联网企业巨头，经过20余年的发展，已经完成由雇佣制向合伙人制度的转变，这是企业制度建设的一个质的飞跃。这一制度的实行，使得公司治理结构发生了根本性改变。

阿里巴巴合伙人制度起步于2009年，2010年开始运行，并逐步趋于成熟，直到2013年公司临近上市时才对外公布。阿里巴巴合伙人的选取标准是很高的，享受这一资格的人必须具备以下几个条件：首先，必须在阿里巴巴工作5年以上，具备卓越的管理能力，高度认同阿里巴巴的公司文化和价值观。其次，候选的合伙人必须由现任合伙人一人一票选举产生，每年选拔一次，不设名额上限，候选人必须获得75%以上的人同意方能当选。当选后的阿里巴巴合伙人无任期限制，可以在阿里巴巴工作至退休。在实行所有重大决策时，阿里巴巴合伙人都按照一人一票的平等原则进行决策。

2018年9月，阿里巴巴执行副主席蔡崇信曾向投资人阐释阿里巴巴合伙人制度的三点考虑：树立道德标准；解决接班人问题；避免关键人风险。蔡崇信认为，阿里巴巴合伙人首先应为全体员工树立道德上的高标准。坚持职业操守是合伙人群体最重要的素养之一。因此，对于新入选的合伙人，一般都要经过长达3年的考察期，还需获得75%现任合伙人的认可。正是因为有了这样的高门槛，才使公司合伙人队伍的个人素质得到了保证。实行这一合伙人制度还解决了公司选拔接班人和培养人才的难题，并以集体决策的机制克服了因少数关键人员变动给公司造成的管理风险。从制度设计入手来解决公司治理中可能遇到的困局是一种治本之策。只要能够针对企业的内部管理和市场变化的风险因素及时做出制度化的反应，企业就能够避免意外的被动局面的出现。

如果说制定制度是企业制度建设的上篇文章，那么，执行制度就是企业制度建设的下篇文章。从某种意义上说，做好下篇文章的意义更加重大。当今中国的规模企业都已建立了现代企业制度。从组织形式上看，这些企业与一些国际化的公司似乎没什么不同，而实际上不少企业却欠账很多，亟需补课。一些家族企业只具其形，不得要领，它们只是采用了现代企业制度的空壳，并未使其应有的机制发挥实际作用。虽然企业有股东大会、董事会、监事会、管理层，但这些组织形同虚设，实际指挥企业运转的只有董事长或实际控制人一个人，其个人意志凌驾于企业各个组织之上，各个组织中的成员都成为无足轻重的服从者。有的企业的董事长和实际控制人一手遮天，常常越俎代庖，直接管理企业的具体经营活动，成为企业实际上的经理人。还有一些民营企业虽然不是家族企业，也存在着这种情况。这样的做法被员工们戏称为“新瓶装旧酒”“穿新鞋走老路”。

这样的做法，危害是显而易见的。一方面，这样的行为无法使现代企业制度应有的效力得以发挥，使得企业无法具备先进的现代企业应有的机制和特征。另一方面，这样的行为侵犯了其他组织成员的合法权利，使他们无法正常履行职权，也使他们无法承担法律赋予的责任。另外，这样的做法也违反了现代企业制度关于“权责明确”的原则，无法激发股东大会、董事会、监事会、经营层成员的积极性和创造性，使他们无法充分发挥聪明才智。应该看到，无论这样做的董事长和实际控制人的本事有多大，只要不能使自己融入组织和制度的联系之中，其最终的结局都会像离开大海的一滴水那样，难以避免被蒸发的命运。仅靠一己之力打天下的时代早就过去了，依靠组织制度管理企业才可能迎来光明的前景。

优秀的企业一定不会轻易制定或修订制度，而一旦完成了这项工作，就一定会坚定不移、不折不扣地贯彻执行。只有使先进高效的制度在企业运行中得到严格执行，才会使企业的管理工作更上一层楼。如果企业制度在执行环节走了样，打了折扣，这种制度制定得再完备也没有意义，最终损失的肯定是企业的利益。必须防止出现“上宽下严”的倾向，在制度面前应该做到人人平等，一视同仁，不能给予任何人不守规矩的特权，特别是企业的决策层、管理层必须自觉做到率先垂范，以身作则。企业的各级管理者应该成为制度约束的首要对象，只有这样，企业的各项制度才会真正得到落实。

英国著名学者培根说：“有制度不执行，比没有制度危害还要大。”这一观点击中了不少企业制度建设的痛点。人们发现，如果一扇窗户的玻璃被打破无人理会，很快其他窗户的玻璃也会被打破，这就是心理学上揭示的“破窗效应”。破碎的窗户发出一种暗示：打破了这些窗户上的玻璃不会受到追究。一个单位乃至一个社会，都会受到“破窗效应”的影响。当一个企业出现了违反制度无人追究的情况，制度就会沦为一纸空文。因此，当窗户的第一块玻璃被打破了，必须立即补上。

为什么制度会无法执行？其原因是多方面的。有时候是制度本身存在缺陷：要么针对性不强，过于笼统，过于宽泛，务虚的内容过多，务实的内容过少，如同“牛栏关猫”，难以操作。要么缺少应有的刚性，无论是激励还是惩戒，弹性范围过宽，“自由裁量权”太大，使本该具有的刚性约束力变成过于随意的东西了。对制度的“选择性执行”也是一种比较常见的现象。有利的就执行，不利的就变通，无法使制度的整体效应得到真正的发挥。一个企业只要发生这些情况，制度建设就无法达到较高的水平。因此，企业应着眼健全全面执行制度的体系和机制，切实形成促使制度落实的力量，努力实现以“法治”取代“人治”的目标。

来看下面这个事例。18 世纪 60 年代初的一天深夜，一场大火烧毁了哈佛大学的图书馆珍藏馆。在这些馆藏图书中，有当年哈佛牧师遗赠的 250 本书，全都是稀世珍品。就在大火发生前一天，一名叫杰克的学生违规将一册名为《基督教针对魔鬼、俗世与肉欲的战争》一书带出图书馆，以便在宿舍阅读。当得知发生大火后，他内心十分纠结：这本书是 250 本书中唯一存世的了。如果留下来，一定可以卖个大价钱，可是不交出的话又觉得良心不安。经过一番思想斗争后，他去面见了当时的校长霍里厄克，把书还给了校长。校长接过书说道：“太感谢你啦，你真是一个诚实的学生。可是我还要告诉你，你被开除了。”杰克愕然。原来学校有规定，珍藏馆里的书，学生只能馆内阅读，携出馆外者开除。杰克用近乎乞求的目光望着校长，低声说："可以给我一次改正错误的机会吗？保证下不为例。"校长回答说："将书归还学校，说明你有良好的道德品质，但违反校规是不可宽恕的，规则面前没有下不为例。因为让校规看守哈佛比让道德看守哈佛更加安全有效。"杰克低头无语，终因这本书遗憾地离开了哈佛校园。企业管理者都应反思一下，如果这件事发生在自己的企业会怎么处理？很可能绝大部分的企业不会像哈佛校长这样来处理，说不定还会将杰克当成"道德模范"予以奖励呢！

四、华为，企业制度建设的典范

近代以来的中国，从来找不到世界级的高科技公司，因而，也找不到可供借鉴的高科技企业制度。这是华为创业初期面临的一个很大的难题。针对这一情况，华为踏上了一条艰难的探索之路。企业制度就像一座建筑的框架，没有它，是无法建成高楼大厦的。为此，华为付出了极大的努力。

任正非说："华为是一群从青纱帐里出来的土八路，习惯于埋个地雷，端个炮楼的工作方法，还不习惯于职业化、表格化、模板化、规范化的管理。重复劳动、重叠的管理还十分多，这就是效率不高的根源。"为了改变这种状况，必须摒弃旧的概念、旧的制度、旧的流程，必须依靠创新使企业形成现代公司应有的管理体制与机制。在看清华为面临的困境之后，任正非放弃了中国企业惯常采用的渐进式改良的方法，他决定直接对体制动刀，让华为彻底成为一家具有先进企业制度的国际化公司。

为此，任正非采取了"师夷长技以制夷"的对策。他将目光转向国际一流公司和研究机构。1997 年，任正非带领公司数名高管到美国访问。他们来到贝尔实验室时，着实吃了一惊。任正非后来回忆说："我在贝尔实验室挪不开脚步，不愿意离开。"一名华为原高管回忆道："大家不看不知道，一看吓一跳，原来对人类当代生活产生巨大影响的诸多原始发明——晶体管、激光器、太阳能电池、发光二极管、数字交换机、通信卫星、电子数字计算机、蜂窝移动通信设备、长途电视传送等，几乎都出自这家研究机构。"任正非从中不仅看到了华为存在的巨大差距，更看到了公司未来的发展方向。任正非一行又来到 IBM 公司。该公司 CEO 郭士纳率公司高层相迎。在听到该公司人员介绍的IPD（集成产品开发）的研发管理制度后，任正非被深深地吸引住了。他强烈感到，这就是华为最需要的东西。任正非当即拍板，邀请IBM公司当华为的咨询顾问。IBM公司狮子大开口，服务5年，要价20亿元，每位咨询顾问的时薪300—600美元。任正非连价都没还就同意了。

从美国回国后，任正非又去了印度，参观了该国的软件研发公司。这次外访，大大开阔了华为人的眼界。随后，华为决策层形成了公司向国际一流企业学习的宏大计划：创新要向美国学习，质量要向德国学习，软件要向印度学习，管理要向日本学习。

按照任正非的指令，公司将半层写字楼腾了出来，装上咖啡机和坐式马桶，努力为IBM公司的顾问们创造舒适的工作环境。任正非认为："我们只有认真向这些大公司学习，才会使自己少走弯路，少交学费。"在150名IBM顾问的指导下，华为一步一步地进行流程管理的改造。与此同时，华为还引进了合益（Hay Group）、美世咨询（Mercer）、普华永道（PWC）、埃森哲（Accenture）等机构的咨询服务，进一步改进公司的流程变革、人力资源管理、员工股权计划、财务管理和质量控制。华为为了完成这些管理项目的引进，共花费了40多亿元。肯下如此大的"血本"来改进管理，在中外企业界极为罕见。

但这种引进遭到了很多员工的抵制和反对："西药真的管用吗?""土鳖就是土鳖，再怎么改造也变不成海龟。""穿上美国鞋的狼群，会不会走火入魔?"员工的消极态度导致公司上下人心不稳。不少人担心，重金引进这么多洋货会不会造成"水土不服"?

这时的任正非却毫不动摇，他再次展现了无畏军人的气概和"铁腕"。1999年11月16日，在公司阶段工作总结汇报会上，任正非斩钉截铁地表明态度："在管理改进和学习西方先进管理方面，我们的方针是'削足适履'，先僵化，后优化，再固化。必须全面、充分、真实地理解西方公司的管理思想，要坚决打击一知半解的标新立异者，清除不思进取的怠惰者。现在任职的所有干部，理解这套系统的人就上岗，不理解的人就下岗，不讲资格、资历。""流程改造关系到公司未来的生存与发展，各级组织、各级部门都要充分认识到它的重要性。我们是要先买一双美国鞋，不合脚，就削足适履。"对一些人的抵触与排斥，任正非旗帜鲜明，"推行流程的态度要坚决：不适应的人下岗，抵触的人撤职。IPD 要一层层往下面落实，搞不起来我就要拿你们开刀，这是毫不含糊的!”正是因为有了任正非这种异乎寻常的果决和刚毅，才使得这次脱胎换骨的改革最终获得成功。回头看一看，任正非在此过程中承受了多么巨大的压力！然而，“沧海横流，方显英雄本色”。任正非就像一名踏上战场的军人，没有退路可走，只能奋勇前进。任正非率领华为这支用高科技武装起来的“军队”鏖战不休，终于迎来胜利旗帜迎风飘扬的时刻。

通过这样的“拜师学艺”，华为迅速与旧的体制机制告别，快速实现了企业管理与技术的升级。新的研发管理制度见效很快，华为研发效率提高了50%。从此，华为的产品研发一骑绝尘，一跃成为国内科技行业的领跑者。

华为真正走上现代企业管理之路是从《华为基本法》的制定与实施开始的。许多人都认为，华为因有了《华为基本法》才步入充满希望的新天地，这种看法是非常有道理的。任正非在《华为基本法》提纲上曾做出这样的批示：“要在动力基础上健全约束机制。否则，企业内部会形成布朗运动。”布朗运动是一种物理现象，指的是被分子撞击的悬浮微粒做无规则运动的现象。任正非借用这一概念，阐明企业制度建设应该有正确指向。有规则而无动力，企业就会死水一潭，毫无生机；有动力而无规则，企业就会失去良好的秩序，难以形成一条心，无法拧成一股绳。这样两种情况都是应该努力避免的。基本法起草人员很好地贯彻了任正非的批示，将《华为基本法》编写成一部动力与约束力兼具的“良法”。

从中可以看出，任正非是一位深得经济学要义的企业家。在编写《华为基本法》之初，他就强调了动力的首要地位，想到了要在动力基础上健全约束机制。正是因为很好地贯彻了这一原则，才使《华为基本法》施行后有力地推动了企业的发展。建立企业制度必须考虑如何使员工产生创造业绩的动力。为此，就应使其与员工利益相契合。一个有效的制度，不是要阻止人们自利，而是要利用人们难以改变的利己之心，去促使他们做有利于集体、有利于社会的事情。因此，制度从开始制定的时候起，就要顺应人们自利的本性，尽量不要与此相悖。只有这样，才能形成一种因势利导的有效激励制度，这涉及制度经济学中“激励相融”约束原理。

这一原理是美国诺贝尔奖得主里奥尼德·哈维茨在其创立的机制设计理论中提出的，它的意思是在市场经济中，每个理性人都有自利的一面，其个人行为会按自利的规则采取行动，如果能有一种制度安排，正好使其追求个人利益的行为与企业实现集体价值最大化的目标相一致，这一制度安排就实现了“激励相融”。现代经济学理论与实践表明，贯彻“激励相融”原则，能够有效地解决个人利益与集体利益之间的冲突，使行为人的行为方式、结果符合集体价值最大化的目标，让每个员工在为企业创造绩效的过程中实现自身的价值，即个人价值与集体价值的两个目标达成一致。这一理论为企业制度的建立和完善指出了一条理想的路径。华为在制订基本法的过程中，充分体现了这一原理的要求。

《华为基本法》从1995年萌芽，到1996年被定为“管理大纲”，再到1998年3月23日，历时三年、八易其稿才正式颁布。《华为基本法》总结提升了华为公司成功的管理经验，确定了华为二次创业的理念、战略、方针和基本政策，形成了公司未来发展的宏伟架构。《华为基本法》是“华为公司在宏观上引导企业中长期发展的纲领性文件”，成为“华为公司全体员工的心理契约”。《华为基本法》实际上是根据任正非的思维成果用统一的语言所作的一次概括和梳理，是完整系统地对企业价值观所做的提炼，对中国的企业文化建设具有广泛的示范意义。以《华为基本法》为里程碑，华为继续吸收世界领先企业的管理工具，实现了公司的全面飞跃，使公司由原来的“人治”走向了法治，进而成为中国最优秀的国际化企业之一。

对照《华为基本法》，不少企业的制度是激励不足、约束有余，更多地体现了制度的惩戒作用。虽然这种惩戒作用是必要的，但如果不能使其建立在激励机制的基础上，这样的制度就会缺少应有的正能量。如果搞得太过了，甚至会被员工称为“恶法”。这样的制度必然会产生预期以外的副作用，必须努力避免这种情况的发生。

华为在过去30多年的发展中，不断完善公司的领导制度。华为一直坚持“立法权高于行政权”的原则，始终将最高权力置于“集体领导、规则遵循、行为约束”的笼子里。参照英国“王在法下，王在议会”的政治设计原则，华为的轮值董事长必须接受常务董事会的集体领导，常务董事会的决策须经董事会的授权。董事会的决策需按董事会议事规则表决确定。轮值董事长、常务董事会及董事会的权力都要受持股员工代表会批准的规则约束，他们的履职行为也要受到监事会的监督。这种权力运行约束机制体现了集体领导的精髓，既能够有效避免个人权力的滥用，又能确保公司最高领导权力科学高效运用。

了解了这些情况的人，不能不钦佩任正非的无私与远见。他这样做，考虑的已经不是个人的权力与得失，而是完全着眼华为这个“商业帝国”的长远发展。一个企业要做大、做强、做久，必须形成科学高效而又能避免权力滥用的权力结构及其运行机制，这是每一个企业都会面临的一个极难解决的重大课题，也是决定一个企业能否基业长青的最关键的因素之一。在企业界，权力的滥用是非常普遍的，许多企业因此造成了严重后果，甚至走向死亡。

政治学的一些原理，对于大企业的管理具有很强的启示作用。很显然，任正非有关公司权力设计的想法，是受到了欧洲“启蒙运动”思想家的影响。为了制约封建王权，英国哲学家约翰·洛克提出了著名的分权理论。法国思想家孟德斯鸠进一步发展了这一理论。孟德斯鸠考察了人类政治史以后，发现人们使用权力的一条普遍规律：凡是掌握权力的人，几乎无不滥用权力，他们对权力的使用也是无限制的，一直到遇到界限时才会停止，若是没有界限，他们会一直使用下去。他认为，权力有腐朽的趋势，绝对的权力绝对的腐朽，必须以权力制约权力。任正非将这样的思想运用到华为的权力结构设计之中。他这样做，实际上是在约束包括他自己在内的华为决策层的个人权力，是在为确保华为最高权力的正确运用创造可靠的运行机制。这是保证华为长盛不衰的根本之策。任正非以他的实际行为告诉企业管理者，一个企业中的任何人都不能享有不受约束的权力，任何人都不应追求这种权力。

任正非在2019年3月30日的讲话中说：“公司的命运不能系于个人。集体领导是公司过去30年在不断的失败中，从胜利走向胜利的坚强保障；面向未来不确定的生存与发展环境，我们唯有坚持集体领导，才能发挥集体智慧，不断战胜困难，取得持续的胜利。”任正非的这些话掷地有声，令人清醒。在当今的企业界，有多少决策者在强调集体领导？许多公司做不到这一点，有两个原因：一个是，有的老板和实际控制人总是觉得自己最高明、最可靠，不相信别人，不善于与人合作，看不到集体的力量；另一个是，不少企业领导者将公司看作自己的“私人领地”，权力欲太强，爱权力胜过公司的前途。无论大权小权，全都攥住不放，总是怕大权旁落。由此使企业无法形成合理的权力结构，也使各项领导制度的科学性和应有的作用无法得到发挥。这样的企业管理者不仅不够聪明，而且没有出息。创业者追求的是成功，其他的一切都是方法和手段。

不妨来见识一下任正非的大智慧。他说："我的知识底蕴不够，也不够聪明，但我容得了优秀员工与我一起工作，与他们在一起，我也被熏陶得优秀了。出类拔萃的他们，夹着我前进，我又没有什么退路，不得不被'绑'着、'架'着往前走，不小心就让他们抬到了峨眉山顶。我从中体会到团结合作的力量。这些年来进步最大的是我，从一个'土民'，被精英们抬成了一个体面的小老头。"听得出来，这是任正非的肺腑之言。这些话告诉人们，任正非是怎样由平凡走向伟大的。

华为的组织架构和领导体制机制是企业管理实践经验的结晶，是一种创造性的设计，非常值得企业界进行深入的研究和借鉴。像华为这样先进的领导制度设计是一个巨大的系统工程，绝非一日之功。它不仅需要主要决策者为此付出巨大的精力，而且还必须通过企业管理实践证明其可行性。这是任正非带领他的团队为企业界奉献的一部"杰作"。

任正非在接受记者采访时说："我们不是靠人来领导这个公司，我们用规则的确定性来对付结果的不确定性。人家问我'你怎么一天到晚游手好闲?'我说，我是管长江堤坝的，长江不发洪水就没有我的事，长江发洪水不太大也没有我的事啊。我们都不愿意有大洪水，但即使发了大洪水，我们早就有预防大洪水的方案，也没有我的事。"任正非的自信来自对华为领导制度可靠性的把握。企业有了可靠的制度，就能够避免由于决策者性情或客观情势的变化造成的管理上的随意性，就能够使企业在遭遇风险的时候仍可有序运行。正因为这样，任正非才可以做到"任凭风浪起，稳坐钓鱼船"。

第七章　决策篇

《孙子兵法》中有这样的论断："夫未战而庙算胜者，得算多也；未战而庙算不胜者，得算少也。多算胜，少算不胜，而况于无算乎！"

任正非说："在当兵时，我就是毛泽东的铁杆粉丝。我当时是学习毛泽东思想的积极分子。我很喜欢读《毛泽东选集》，一有闲工夫，我就开始琢磨怎么把毛泽东的兵法变成华为的战略。"

一、实战、商战的背后都是双方决策层的较量

决策是军队领导者的核心职能。高超的决策能力是军队领导者最重要的素质。在战场上，只有当军队领导者能够做出正确决策时，军队才会有打败敌人、夺取战役胜利的可能。战争中的重大决策关系到军队的存亡，关系到国家的命运。

在两千多年前，《孙子兵法》中就有这样的论断："夫未战而庙算胜者，得算多也；未战而庙算不胜者，得算少也。多算胜，少算不胜，而况于无算乎！"孙子的观点很明确，两军交战前，将帅应在庙堂之上进行策划谋算。谋算得多，在战争中取胜的机会就多；谋算得少，取胜的可能性也就很小，更不用说那些根本不进行谋算的了。因此，他的结论是"上兵伐谋，其次伐交，其次伐兵，其下攻城"。"伐谋"，靠的就是将帅的运筹和谋略。这里强调的是开战前搞好军事决策的关键性作用。孙子不仅是军事理论家，而且是卓越的军队领导者。他曾多次指挥军队作战，所向披靡，战绩卓著。孙子曾协助吴王，用3万兵力打败了楚国20万军队，并攻入楚国国都，险些灭了楚国。

穿行我军近百年战斗岁月的历史烽烟，具有极高战略战术素养的优秀指挥员并不少见。以毛泽东为代表的老一辈无产阶级革命家大都是战功显赫的军事家。他们以其卓越的军事才能，驰骋疆场，叱咤风云，指挥我军战胜了国内外强大的敌人。中国革命战争最伟大的战略，就是毛泽东提出的人民战争战略，在"依靠人民、发动人民、为人民利益而战"的战略思想指导下，我军获得了全国人民的广泛支持。尽管革命经历了千辛万苦、千难万险，但人民群众的无穷力量是任何敌人都无法对抗的。例如，在作战实践中，井冈山斗争时期的第一至第四次反"围剿"作战，我军均粉碎了敌军的"围剿"。又如著名的淮海战役，粟裕等人指挥60万我军打败了80万蒋军，堪称世界战争史上的"不朽之作"。不难看出，战争不仅是硬实力的比拼，也是软实力

的较量，更是双方指挥员战略智慧的博弈。能否以少胜多、以弱胜强，直接考验的是决策层是否具备驾驭战争全局的能力。我军老一辈军事家非凡的战略决断能力，是我军打败国内外强敌、从胜利走向胜利的决定性因素。

两军交战，指挥员的每一项决策都会直接影响战争的结局。如果关键性决策发生错误，就会造成难以挽回的败局。200 多年前，澳洲还是西方列强眼中的“无主领地”。英国和法国作为两大殖民主义强国，几乎同时派出海军舰队抢占这片资源丰富的新大陆。英法两支舰队实力相当，两国舰船的航速成为决定胜败的重要因素。英国派出弗林斯达船长作为舰队总指挥，法国舰队则由航海家亚兰梅为主帅，相比之下，亚兰梅不但懂技术，而且航海知识丰富，擅长统领三桅帆船队，是当时最有名望的海军高级将领之一。果然，亚兰梅不负众望，他带领的法国军队率先驶入今天的澳大利亚维多利亚港，而英国的船队还在远处的海上颠簸。亚兰梅登陆之后，立即将海港命名为“拿破仑港”。当军队正要安营扎寨之际，亚兰梅被一只翩翩飞来的蝴蝶吸引住了。他对自然生态素有研究，认定这是极其罕见的珍贵品种。就在那时，亚兰梅忘记了自己正身处战场，忘记了海面上正在赶来的敌人，不合时宜地完成了由军队指挥员向生态学家的身份转换。于是，他做出了一个使自己“名垂青史”的决定，他下令舰队全体官兵解除战备状态，跟他一起进山，去追踪美丽的蝴蝶，希望找到更多的珍贵品种。正当法军官兵走入远处的山谷追逐蝴蝶的时候，英国海军登陆了。弗林斯达原本因来迟了一步而自责，可是呈现在眼前的一切让他难以置信：停泊在海边的法国军舰上空无一人，未见法国人在海岸上留下任何占领标记，甚至没有一兵一卒驻守。弗林斯达大喜过望，立即下令占领整个海港。当亚兰梅心满意足地带着无数珍贵蝴蝶返回海港时，惊讶地看到海港插满了英国旗帜。这时的亚兰梅已无力回天。法国人至今仍耿耿于怀，仅因伟大的航海家兼自然生态学家亚兰梅一个荒唐的决策，使法国永远失去了澳洲，“煮熟的鸭子”莫名其妙地飞走了。

在商战中，决策者的作用与战场上将帅的作用是极为相似的。商业竞争的过程首先是企业家决策能力的较量。正确的决策是取得竞争优势的首要因素，如果关键性决策发生错误，必然导致商战失败。因此，成功的企业家都是高素质的决策者。

长期以来，经济学、管理学的话语体系一直是由西方建构并主导的，那些受人推崇的大都是哈佛、斯坦福商学院教材中的内容，中国大学课堂上讲的也大都是这些东西。任正非对这些东西没多少兴趣，他知道，许多教授都没有亲身管过企业，因而，他们虽然讲起课来头头是道，但大都是纸上谈兵，脱离实际的。

任正非热衷于将毛泽东军事思想用于企业决策。华为的各项重大决策，几乎都是在毛泽东军事思想指导下形成的。任正非说："在当兵时，我就是毛泽东的铁杆粉丝。我当时是学习毛泽东思想的积极分子。我很喜欢读《毛泽东选集》，一有闲工夫，我就开始琢磨怎么把毛泽东的兵法变成华为的战略。"华为运用毛泽东军事战略，采取了"农村包围城市""游击队战术""集中优势兵力各个击破"等战略战术，取得了"摧城拔寨"的卓著战绩。具有军事化特点的管理，不仅是华为最高决策层的自觉行为，而且是从企业经营的战略层面展开的。其所达到的强度和深度超出了人们的想象。这会使那些忽视向军队学管理的企业经营者从中得到启示。正确运用军事管理方面的智慧，确实能够使企业管理大受裨益。

任正非曾运用"二战"中苏军与德军交战的实例来启发大家如何开拓市场，他讲道："朱可夫指挥斯大林格勒保卫战的时候，他让几千门大炮纵向排列，对准一个点上来破德军，而不是到处乱炸口子。城墙只倒了半截，士兵要爬着冲上去，要死多少人啊！还不如只炸开一个口子，坦克直接开进去。所以我们一定要有战略集中度，要找到突破口，而不是说竞争对手怎么做我们就怎么做。我们还是要有所为有所不为，不要全面展开。如果我们在某一个行业具有优势，我们就集中力量在这个行业突破。"在实战中，采取像朱可夫这样的"攻其一点，不及其余"的战法是一种取胜的良策。谁能想到，华为的市场营销策略竟然用上了朱可夫打击德军的战术。在商战中，尽可能地将有限的资源集中起来与对手竞争，才能创造出局部优势，最终战胜对手。攥紧了拳头，然后打出去，肯定比张开手指出击更有力量。一些企业却做不到这一点，有的是因为企业的内功练得不好，指头不硬，因而即使攥紧了拳头还是没有力量，还有的是因为企业指头比较硬，掌握了一些优势资源，但人心不齐、内讧不断，因而拳头攥不紧，出现了一种"指头硬、拳头软"的现象。这样的企业应该好好像华为学一学。

美军在阿富汗战争中采取的一些新的战略战术引起了任正非的注意。尽管他反对美国的对外侵略政策，但他觉得美军在这次战争中采用的一些新的作战方式值得企业学习。他准备运用近距离掌握的第一手材料，深刻反思企业管理应该做出的改变。为此，任正非亲赴阿富汗驻留了一个多月。

华为将美军在阿富汗战争中的作战模式作为模板，开始构建面向市场一线的业务流程，并与此前引进的若干流程实行对接，形成覆盖公司全部业务的运作流程。在这一过程中，华为大量引进了美军军事变革的新成果，如“片区联席会议”“班长的战争”“铁三角”“少将连长”“把指挥部建在听得见炮声的地方”“持续赋能”“重装旅”“海军陆战队”“联合勤务”“后备干部队”“战略预备队”“一切为了前线、一切为了胜利”等。基于这一业务流程的构建，公司进行了职位设置、组织架构、责权利划分及管控方式的变革。

任正非借鉴在阿富汗战争中美军特种部队的做法，提出了“让一线呼唤炮火”的“蜂群战术”。这种小型化、轻型化的战术，能够快速满足客户需求，及时抢占市场竞争的有利位置，这种战术取得了超乎想象的成效。在著名的“让听得见炮声的人呼唤炮火”论断中，任正非对这一战术做了具体描述：“以前前线的连长指挥不了炮兵，要报告师部请求支援，师部下命令炮兵才能开炸。现在（作战）系统的支持力量超强，前端功能全面，授权明确，特种战士一个通讯呼叫，飞机就开炸，炮兵就开打。……我们公司将以毛利、现金流，对基层作战单元授权，在授权范围内，甚至不需要代表处批准就可以执行。军队是消灭敌人，我们就是获取利润。”军队的战法给了任正非无尽的启示，并使之转化成为华为的战略和策略，这样的招法是那些按照一般管理套路行事的企业难以应对的。

二、决策质量决定企业兴衰

加拿大著名管理学家亨利·明茨伯格对管理学进行了独创性的研究。在他还是一名博士生的时候，就曾带着秒表去记录了5位经理人每天在做些什么。他利用一周时间，对5位经理人的日常活动做了细致的观察和研究。这5位管理者分别来自学校、医院、大型咨询公司、高科技公司和日用消费品制造厂。明茨伯格发现，这些经理人在管理活动中，很少花费较多精力做长远考虑，他们总是被眼前的诸多人和事所左右，而无暇顾及长远的目标或决策，他们用于考虑所遇到的每个问题的时间，平均起来仅有 9 分钟。因为不断有人来打断他们正在进行的工作，所以他们想专心去做一件事，注定很难。明茨伯格认为，那种从管理职能的角度，认为管理是计划、组织、指挥、协调、控制的说法，未免过于学究气了。正是基于上述考虑，明茨伯格主张不应从管理的各种职能的角度来分析管理，而应将管理者视为各种角色的结合体。

根据与别人的合作研究，明茨伯格得出了这样的结论：经理们并没有按照人们通常认为的那样的职能去开展工作，而是做了很多别的工作。明茨伯格将经理们的工作划分为 10 种角色。每个管理者都应一一对照这些角色，反思自己是否具有与此相适应的能力。这 10 种角色可归为三大类：人际关系角色、信息传递角色和决策制定角色。要扮演好这些角色，管理者应与同事建立和谐关系，积极解决工作中遇到的各种矛盾，形成高效的信息渠道，及时运用所掌握的有限信息，果断做出正确决策。决策者是管理人员应该扮演的最重要的角色。

明茨伯格认为，以上三类 10 种角色构成一个整体，每种角色都不能孤立存在。“人们不能随意地取消一种角色而期望其余的角色完整无损。例如，一个不担任联络者角色的经理就得不到外部信息，因而就不能传播良好的信息或做出有效的战略决策。”① 决策是各行各业领导者从事的经常性活动，正确决策是领导者的基本职责。如何提高决策质量是现代企业管理的重大课题。尽管企业管理活动纷繁复杂，但其成效大小与决策质量的高低有着直接关系。一名高素质的领导者，必定是一个具有较高决策能力的人。一个决策层很强的企业，必定是一个大有前途的企业。

美国管理学家赫伯特·A. 西蒙是举世公认的“决策理论大师”。他曾这样阐述决策之于管理的极端重要性：“决策是管理的心脏，管理是由一系列决策组成的，管理就是决策。”虽然有人认为这一观点失之绝对和片面，但这一观点阐明了管理的实质是毫无疑义的。在西方经济学看来，企业家的才能，是与劳动力、土地、资本并列的第四种生产要素。而决策能力又是企业家最重要的才能。西蒙认为，企业组织的重要职能就是决策。管理是由一系列决

---

① 明茨伯格．经理工作的性质［M］．北京：中国社会科学出版社，1986：78.

策构成并通过决策的制定、执行和反馈，最终实现管理目的的全过程。西蒙将决策过程分为信息活动、设计活动、选择活动、审验活动四个阶段。决策是为了实现某一目的而从若干个可行方案中，选择一个满意方案的综合判断过程。世界上没有什么“有百利而无一害”的万全之策。决策者所能做到的只能是两利相权取其重，两害相权取其轻。从中可以看出，决策是管理者识别并解决问题以及利用机会的过程。①

企业高层管理者应该尽其所能去提高决策质量，这是管好企业必须具备的基本功。为此，管理者要努力提高各项决策正确的概率，避免出现比较严重的决策失误，特别是在一些重大事项的决策上绝不能发生颠覆性重大失误。企业一旦发生了这样的情况，就很可能会面临灭顶之灾。因此，企业的关键性重大决策是不允许发生错误的。如果这种状况真的发生了，很难有改正的机会。在提高决策质量方面，企业管理者无论下多大的功夫都不过分。

我国改革开放40多年来，人们曾经听到过许多著名的企业家的名字，但许多人没能风光多久就折戟沉沙了，有的甚至身陷囹圄。为什么会发生这样的悲剧？马云对于这些人失败的教训做过深入的研究。他认为，这些企业家“失败的原因都差不多，都是因为那四五个很愚蠢的决定”。可见，企业家的关键性决策决定着个人和企业的命运。如何不断提高决策能力是企业领导者必须面对的永恒的课题。实践已无数次的证明，只有那些具有极强决策功力的企业家才会抓住机遇，化危为机，始终立于不败之地。

许多有名望的人也会在决策过程中出现重大失误，这种现象并不少见。

苹果公司成立之初，联合创始人韦恩把他的10%的股份以800美元的价格卖给了乔布斯。今天这部分股权价值超过了1000亿美元。有人说，成功的乔布斯已经离世了，而韦恩至今还活着，以此来掩饰韦恩的失误。然而，人的健康不能抵消所犯的错误。决策与健康是两个逻辑层面上的问题，不应混为一谈。错了就是错了。

微软作为一家美国跨国科技公司，也是世界电脑软件开发的先导，目前仍是全球最大的电脑软件提供商。比尔·盖茨曾表示，以这样的技术实力，

① 周三多，陈传明，刘子馨，等．管理学——原理与方法［M］．7版．上海：复旦大学出版社，2018：142.

参与手机系统和平台方面竞争，微软的获胜原本是很自然的事情，但因决策上的失误，导致如今能和苹果系统比肩竞技的变成了谷歌的安卓系统。对此，比尔·盖茨很是后悔，他认为他犯过的最大的错误是，由于他的管理不善，微软没有成为安卓。”这一失误造成的损失达4000亿美元之多。显而易见，只有世界顶级的企业家才有资格犯这样大的错误，盖茨的决策行为永久地改变了国际软件行业的发展格局。如果他不犯这样的错误，今天软件业的国际市场不知会是怎样的局面。盖茨这样的“神人”都会铸成大错，何况平凡的人们？因此，绝不能因为做对了几件事，就飘飘然了。在商业领域，无人能够做到“一贯正确”。一位能够做到决策失误比较少、没有发生过关键性重大决策失误的人就是一个比较优秀的管理者。

搜狐创始人张朝阳，当年去深圳做演讲的现场，其热度绝不亚于当红明星的演唱会。当时，马化腾只是台下一名普通听众。“他听了我的故事超激动，回去做了QQ。”马化腾需要资金，急于将QQ变现。他第一个就找到了张朝阳，想让他以300万元的价格收购QQ，张朝阳却认为找几个大学生，不超过3个月会做得比马化腾还好，他的QQ根本就不值50万，断然予以拒绝。让张朝阳没想到的是，QQ很快在社交领域异军突起。2017年，张朝阳在接受媒体采访时曾坦白：“对于错过网络社交这件事，特别后悔！”被错过的机会是找不回来的。即使是曾在“江湖”上呼风唤雨的“大咖”，也有“马失前蹄”的时候。

曾几何时，多位著名企业家和投资大佬“跌倒”在马云面前。

巴菲特回忆，他与马云吃过饭，却没有买阿里巴巴的股票，现在想起来很后悔。虽然巴菲特富可敌国，仍然买不到后悔药。

马化腾在一次采访中坦言：“淘宝网刚创办的时候，马云和我谈过，我可以投资阿里巴巴15%的股份，最终我放弃了。一是我并不看好，二是我觉得占比太少，要投就占50%，现在后悔死了。”

在一档电视节目中，柳传志也曾提到，在2004年的时候，马云曾请他加盟阿里巴巴，并说淘宝会做到几百亿流量。当时，他觉得马云是在吹牛，这样的目标不可能实现，因而拒绝了他。但是，没过几年，淘宝就达到了几千亿流量。曾经沧海的柳传志也看走了眼。

马云曾经找到雷军，请他投资2000万元，雷军当即拒绝，他也没有看好马云。马云的成功让雷军的肠子都悔青了。他后来对此的反思倒是很深刻："有机会一定要试一试，其实试错的成本并不高，而错过的成本非常高！也许你是给朋友一个面子，其实是给自己一个机会！心门关得太紧，看起来是自己赢了，其实错过了尝试新事物的机会！口袋捂得太紧，看起来是钱没有花出去，其实错过了钱进来的机会……"这段话可以看出雷军的非凡之处。

细想起来，出现上述情况实属情理之中。江湖多变，世事无常，谁都无法做到"把把赢"。一个人即使有天才的头脑，能够装下多少东西？未卜先知，神机妙算，只能是上帝的专利，而非常人之所为。

一个名叫孙正义的日本投资人只听了马云 6 分钟的介绍，就给阿里巴巴注资 2000 万美元。多年后，他收获数百亿美元，投资回报率达到数千倍。有人认为，孙正义这一"神来之笔"是出于偶然。也许有这样的因素，他肯定不会每一次投资决策都这么成功，但这不应成为关注的重点。任何偶然都蕴含着必然，孙正义的决策绝不是凭空作出的。管理者应该关注的是，为什么那么多著名投资人都不看好马云，唯有孙正义抓住了机会？深入剖析这种案例，对于提高人们的决策能力十分有益。

世上固然买不到后悔药，却可以找到弥补失误的机会。人们会不断犯错，机会也会层出不穷。在商界，并不缺少商机，缺少的是把握商机的头脑。"悟已往之不谏，知来者之可追"。错过的就错过了，人们应该注重吸取教训，着眼未来，新的更大的机会正在前方等待着。

企业家的决策失误大都是错过了有利时机造成的。可见，高质量的决策不仅要正确无误，还必须及时高效。在决策过程中，必须将时机作为一个维度加入其中，决策的质量常常与时机联系在一起。要保证决策质量，必须在正确的时间去做正确的事情。即使做的是正确的事情，但错过了正确的时间点，同样会造成不利的结果。正如美国斯坦福大学教授凯瑟琳·艾森哈特所说的那样："抓住时机并快速决策是现代企业成功的关键。"

许多难得一见的机遇都是稍纵即逝的，一旦错过就永远失去了。因此，决策者必须具有把握机遇的能力，特别是一些重要决策必须及时做出，否则，必将错失良机，无法挽回。鸿门宴上的项羽犹豫了一下，丢掉了唾手可得的天下；面对诸葛亮的空城，司马懿迟疑了一回，本可一统的天下却仍三分；滑铁卢之战，拿破仑多等了一天，称霸天下的梦想随即破碎。纵观古今中外，凡想成就大业者，都不可首鼠两端，必须当机立断。

牛顿是举世公认的天才，但他炒股却赔得一塌糊涂。当时的南海公司股票大涨，大家纷纷购买，牛顿也买了，但他觉得南海公司股价有泡沫，很早就卖掉了，只赚了7000英镑。不久，南海公司股价下跌，牛顿很是得意，但故事到此还没有结束。后来南海公司的股价以更快的速度上涨，牛顿周边的朋友都大赚了一把，牛顿在最后时刻没有抵抗住诱惑，在一个更高的点位重新买入南海公司股票。没过多久，南海公司股票泡沫破灭，牛顿为此亏损了2万英镑。由于这次痛苦经历，他讲出那句经典的话：“我可以计算天体运行的轨道，却无法预料到人性的疯狂。”实际上，牛顿炒股失败的直接原因并非“人性的疯狂”，而是选错了买卖的时机。择时比择股重要，把握不好这一点，就会像牛顿一样输得很惨。

作为伯克希尔·哈撒韦公司主要决策者之一的芒格以其独到的见解，对好企业和坏企业做了一个划分。他说：“一家好企业与一家坏企业的区别在于，好企业总会产生一个又一个很容易作出的决策，而坏企业却总要作出痛苦的决策。”人们当然都希望自己的企业能够成为容易作出决策的好企业，但企业决策是极其不易的事情，有些决策是很难做出的，这个时候确实会让人十分痛苦。作重大决策的时候，也是企业命运攸关的时刻，一步走对满盘皆活，一步走错全盘皆输。所以，在茫茫商海中航行，把好舵、定好向是首要之举。企业家无须企求“万事如意”，只要能做到胜多败少就有成功的希望。

商战不会有常胜将军，华为同样出现过严重的决策失误。笔者解读华为的目的不是赞颂华为、赞颂任正非，而是要把华为成功的经验和失败的教训都总结出来，将华为的营商之道揭示出来。这一切都是华为人用血汗换来的十分宝贵的财富，商界人士应该以此为鉴，从而使自己能够少走弯路。

20世纪90年代，国内外通信市场竞争更加激烈。一种叫小灵通的新式移动电话在中国电信市场出现了，其采用的是日本发明的PHS（个人手持电话系统）技术。当时，中兴和UT斯达康是中国电信业仅有的两家小灵通供应商，都是通过“贴牌”完成生产的。当日本公司提出用同样的办法与华为合作时，任正非拒绝了。任正非认为，小灵通采用的技术已经落后了，这种短暂的赚钱机会应该放弃，华为是一家“为未来投资”的企业，怎么会采用过时的技术呢？但客观现实却不支持这一结论，技术落后的小灵通凭借资费便宜、号码短、单向收费等特点，很快大行其道，让中兴和 UT 斯达康大赚了一把。

2002 年，在一次华为管理层召开的会议上，有人提出建议，华为应尽快立项生产 3G 手机，否则，会失去巨大的商业机会。任正非听了这些话，很是生气，他态度严厉地予以反驳："华为公司不做手机这件事，已早有定论，谁又在胡说八道！谁再胡说谁下岗！"此后，做手机就成为公司内禁忌的话题，不再有人提及。

很显然，华为在小灵通业务上出现了误判。与此同时，投入巨大的 GSM（全球移动通信系统）以及后续的 WCDMA（宽带码分多址）业务进展缓慢，使得多年来一直高歌猛进的华为在 2002 年出现了首次负增长。在事实面前，华为决策层决心对任正非的误判做出纠正。任正非知道自己犯错，最终同意公司开展小灵通手机业务。华为有着极强的运营商优势，又有很强的销售力量，华为小灵通手机很快在市场占有率上达到四成之多。看到这么优异的业绩，任正非终于允许打开终端业务之门，华为于 2003 年正式成立了手机业务部。

任正非在十年后的一篇文章中，回忆了这一时期因决策失误导致的严重后果。他回忆道，2002 年是华为险些崩溃的一年，公司内外矛盾交织，他自己却无力有效控制公司。因此，在半年左右的时间里，晚上睡觉经常做噩梦，梦醒后时常痛哭不已。企业家最大的痛苦就是重大决策失误造成的痛苦。由此产生的后悔、自责、茫然、无助、绝望等负面情绪会让人难以承受。怎么避免出现这样的情况？最好的办法只有一个，那就是把最多的功夫下在决策之前。

2003 年，鉴于当时公司经营面临的困难局面，华为开始与摩托罗拉展开谈判，协商出售公司有关事宜。经过几轮谈判，任正非与时任摩托罗拉首席运营官的迈克·扎菲罗夫斯基达成一致意向，摩托罗拉同意以 75 亿美元价格收购华为。当时，与此有关的各种手续全部办完，只待摩托罗拉董事会批准，但就在这个时候，摩托罗拉领导层发生了变动，新上任的决策者推翻了这桩收购案。在今天看来，幸亏这次谈判告吹，不然的话，就没有华为今天的故事了。

既然收购案终止了，华为人又重新扬起风帆，踏上新的航程。2003 年 9

月 16 日，是华为历史上一个具有重要意义的日子。这一天，德国英飞凌公司和华为共同宣布，双方将合作开发 WCDMA 手机平台。华为人要让 3G 手机从高高的神坛上走下来，走向更多的普通人。这一目标很快就实现了。现如今，华为手机消费者已经成为世界手机市场上的主力军之一，华为已经成为国际市场数一数二的手机生产商。

如今回头来看华为走过的这段曲折历程，让人感慨万千。企业经营也会有充满戏剧性的时候，有时成败就在一瞬间。每个成功的企业，不仅会有激动人心的辉煌，也会有让人心惊肉跳的时刻。那些关系全局的重大决策决定着企业的生死存亡，必须慎之又慎，绝不允许出现误判。只有依靠集体和群众的智慧，依靠科学的决策机制，才可能少犯错误、不犯重大错误、及时纠正错误。虽然现在谈这些都是“事后诸葛亮”，却具有很高的价值，有些时候，失败的教训可以使人得到比成功的经验更多的收获。既然拥有大智慧的任正非都会犯错，平凡的人们更应该慎重抉择。因此，当你头脑发热时、当你情绪冲动时、当你手足无措时，都不要去碰企业指挥系统的“回车键”。值得庆幸的是，华为虽然错过小机会，但从未错过大趋势，从未偏离大方向，因而才会一直朝着理想的目标行进。

三、企业决策应该寻求正和博弈

诺贝尔奖获得者萧伯纳说：“经济学是一门使人幸福的科学。”也就是说，经济学是回答如何选择才能使人幸福的学问。它启发人们在不同时期的经济活动中，该干什么，不该干什么，干到什么程度。经济学的初衷是这样的，但在实际生活中似乎没有达到这样的效果。

社会经济活动太复杂了，个人和企业的选择太难了。随着市场经济的发展，商业竞争的广度与深度明显加大。许多企业由于因应不当而付出了惨重代价。针对这种情况，企业的管理者应该努力优化决策方式，不断提高决策水平。为此，有必要认真学习研究博弈理论。

在社会生活中，凡是有人的地方就会有竞争，有竞争的地方就会有博弈，人生的历程充满大大小小的博弈。人们要想成为现实社会中的强者，就必须掌握博弈的智慧，努力在各种各样的竞争中，为自己赢得最大的胜算。

博弈论又称对策论，是使用严谨的数学模型研究相互对抗条件下实现决策最优化的理论。按照诺贝尔奖获得者罗伯特·奥曼的说法，博弈论是研究互动决策的理论。在经济生活中，各行动方的决策会相互影响。每个人在进行决策时，必须将他人的决策纳入自己的决策思考之中，当然也需要把别人对自己的考虑纳入思考之中。在这样一种交互思考的情形下作出决策，从而选择对自己最为有利的对策。

通俗地说，博弈行为就是一些个人、团体或其他组织，面对特定的环境、条件，在一定的规则约束下，依靠所掌握的信息，同时或先后，一次或多次对各自允许选择的行为或策略做出选择并加以实施，从中取得相应结果或收益的过程。

在通常情况下，这种博弈行为总归要达到一种均衡状态，这种状态被称为纳什均衡。纳什均衡理论奠定了现代主流博弈理论和经济理论的根本基础，改变了经济学的语言和表达方法，商界人士不可不知。纳什均衡指的是由所有参与人最优策略组成的策略组合。博弈的精髓在于参与者的策略相互影响、相互依存。在给定别人策略的情况下，没有人有足够理由打破这种均衡。从实质上说，纳什均衡是一种非合作博弈状态。一般而言，人们在经过多次博弈后就会达到一个均衡点——纳什均衡。在纳什均衡状态下，每个参与者的策略都是最优选择。此时，无人愿意主动改变自己的策略。这种相对稳定的结构会一直持续下去，直至博弈的终点。

纳什均衡呈现的是一种均势状态，或是一种皆大欢喜的状态，相关者都乐于接受它，或是一种作茧自缚的状态，相关者都被迫选择它。但不管人们喜欢与否，这是人们在一定条件下所能做出的最优选择。由此可见，纳什均衡是由各方参与者在理性预期的指导下综合博弈的结果，假如人们理解了其中的奥妙，就会比较从容地做出自己的选择，减少许多无谓的烦恼。

人们普遍赞美理性，追求理性，但如果人人完全理性，又会导致对个人、对集体不利的博弈结果。天鹅、梭鱼和大虾共同拉一辆小车去搬运货物，它们同时套上绳子，用足力气，拼命拉车，可是小车却在原地丝毫未动。本来凭它们几个的力量来拉这辆小车是不成问题的，为什么拉不动呢？原因是天鹅拼命往上飞，梭鱼要往有水的地方游，大虾当然要乱爬了。

在这个故事中，天鹅、梭鱼和大虾的行为都是它们理性地做出的，却全都成为无效劳动，小车始终无法移动。这就是经济学所说的一个概念——理性合成谬误。就每个个体来说，其行为看上去都是合理的，但合成的结果却是对它们都不利的。

在生活中，这种情况并不少见。比如，在观看演出的过程中，前排的人因想看得更清楚一点站了起来，后排的人也不得不站起来，当所有的人都站起来后，大家都无法看得更清楚，每个人的体验反而会大大下降。再比如，如果只有一个家庭购买轿车肯定会大大方便出行，而当所有家庭都有了轿车，马路上就会车满为患，造成严重的交通堵塞。

可见，如果一个团体内的每个人在解决一个矛盾时都很理性，往往会陷入“理性合成谬误”的思维怪圈，危害是很大的。因为这种状况会损害团体总体利益，最终必然会反作用于每一个个体，使得每个个体的利益受损。日常生活这样，企业的决策也是这样。

斯坦福大学客座教授、数学家图克，曾用两个犯罪嫌疑人的故事，形象地构造了一个囚徒困境模型。警方在一宗盗窃杀人案的侦破过程中，抓住了两名犯罪嫌疑人。两名犯罪嫌疑人都面对坦白和拒不认罪两种选择。应该选择哪一种才会刑期最短？由于他们受到隔离监禁，信息不通，无法知道对方如何选择，二人经过理性思考后做出了相同的选择——背叛对方。结果二人被判的刑期均高于“相互包庇”的刑期。这种困境反映了个人理性与集体理性以及两者之间的矛盾。从中可以看出，个人的最佳选择并非团体的最佳选择，两个囚徒做出的都是理性选择，却并非最有利于自己，这是一种典型的“理性合成谬误”，却是这场博弈中唯一可能达成的纳什均衡。

在企业管理中，为了避免“理性合成谬误”的发生，任何一个集体都应加强内部协调，努力实现个人理性与集体理性的一致。比如，应该在天鹅、梭鱼和大虾拉车前搞好行为引导，促使它们不要过度理性，引导它们改变原有的理性逻辑，让它们尽力按照集体理性的趋向进行博弈。只有这样，才能有利于个人，也有利于众人。

在实际生活中，存在着多种多样的博弈。正和博弈、零和博弈和负和博弈是人们常见的博弈形态。在市场竞争中，应该更多地寻求正和博弈，尽力避免零和博弈和负和博弈。只有更多地采取正和博弈，才可能形成良性竞争的局面，才会更加有利于企业的稳步发展和社会的和谐进步。

正和博弈，也称合作博弈，是指在博弈过程中，双方的利益都有所增加，或者至少是一方的利益增加，另一方的利益不会受损，因而社会的整体利益有所增加。正和博弈研究人们达成合作时，如何分配合作取得的收益。正和博弈是通过合作的方式，或者说是妥协的方式来实现的。妥协之所以能够增进相关方的利益以及整个社会的利益，是因为正和博弈能够产生一种合作剩余，这种合作剩余是零和博弈与负和博弈不会产生的。在这里，合作剩余的分配既是妥协的结果，又是达成妥协的条件。至于合作剩余在博弈各方之间如何分配，取决于博弈各方的力量对比与协商技巧的运用，因此，妥协必须经过博弈各方的讨价还价，形成共识，继而展开合作。正和博弈，需要长远的眼光，更多的包容，更丰富的智慧，是真正的强者才能掌握的艺术。正和博弈强调的是集体主义、团体理性，是效率、公平、公正的体现。

从商者应尽力避免我得你失的零和博弈以及两败俱伤的负和博弈。这种非合作性的对抗博弈，都是人们因过分追逐一己之利所做出的选择。尽管这样，人们出于眼前或局部利益的考虑，零和博弈与负和博弈仍会在生活中大量存在。

人们应该相信，共赢才是最佳的博弈效果，合作是保证个人利益最大化的有力武器。许多时候，对手不仅仅是有害方，只要具备必要的条件，对手就可以变为朋友和伙伴。微软公司与苹果公司显然是竞争对手，但在苹果遇到困难时，微软却对其解囊相助，而不是趁机搞垮对手。华为与中兴是长期的竞争对手。美国制裁中兴后，任正非却下令：严禁对中兴落井下石，不许挖中兴的设备，也不许挖中兴的人，不管多优秀都不考虑。华为反而采取了一些有利于中兴的策略。在国际关系中，国家之间没有永恒的敌人；在商业竞争中，也不存在永久的对手。

正和博弈是一种你赢我也赢的博弈，正和博弈的思维不仅是商业竞争中的一种智慧，而且可以运用到生活中的各个方面，化解很多看似无法调和的矛盾和势不两立的僵局。那些看似只能通过零和博弈或负和博弈才能解决的问题，如果转换一下角度，常常会找到对各方都有利的解决办法，并不一定非要搞到你死我活的地步。

不少商家囿于眼前利益，在一个时期内出于抢占市场、打垮对手的目的，选择零和博弈与负和博弈，往往事与愿违，不仅未能达到目的，反而蒙受更大的损失。在当今社会，零和博弈或负和博弈虽然并不违法，但绝不应被视为上策，并且难以长久，只有正和博弈才是应予提倡的商业之道。

大家都知道龟兔赛跑的故事：兔子在与乌龟赛跑时骄傲了，在比赛中途睡大觉，因而输掉了比赛。厉以宁教授还讲过一个“新龟兔赛跑”的故事。既然是比赛，不能只比一次，兔子提出进行第二次赛跑。这一次兔子变聪明了，不会再睡觉了，结果是兔子赢了。比赛继续进行。乌龟说，比赛路线不能都由你来制定，这一次比赛路线由我安排。在比赛中，遥遥领先的兔子突然被一条大河挡住了去路，最终结局是乌龟又赢了。比赛还要继续……双方都看到如此比下去，对谁都没有好处，不如彼此合作。于是，二者达成默契，在陆地上，兔子驮着乌龟跑，在水面上，乌龟驮着兔子游，双方都顺利到达目的地。这样就实现了双赢。这个故事的寓意是很深刻的。在比赛开始时，双方采取的是零和博弈，结果难分胜负，并且看不到博弈的尽头。后来双方采取正和博弈，便实现了皆大欢喜的双赢结局。在现实生活中，人们应该更多地坚持这样的理念，以此来搞好人力资源的整合，解决相互间的冲突，努力通过相互合作实现利益共享，只有这样才能达到互利共赢的目的，这是当今市场竞争应该加以倡导的博弈方式。

麦当劳和肯德基是世界餐饮行业中的两大巨头。经常光顾麦当劳和肯德基的人们会发现，这两家公司总是在同一条街上比邻选址开店。常言说，同行是冤家。这两家公司就近开店，难道是为了短兵相接、贴身厮杀吗？显然不是这样。这两家店的市场定位和顾客群体基本重合，两家门店比邻经营，能够增强规模效应，商家扎堆，能够形成商业圈，增加客户流动量，扩大经营规模。事实证明，麦当劳和肯德基采取的经营策略取得了成功，这就是正和博弈取得的共赢效果。

仅仅为了一己之利，而让对手受损，可能短期内自己能够获利。但下一次博弈，也许吃亏的就是自己，长远来讲，自己受损的概率和获胜的概率几乎等同，甚至受损更多。人们逐渐意识到，与其这样争来争去，不如携手合作，将对手变成伙伴，一起去和其他对手竞争，取胜的概率会明显增大。实际上，这样合作共赢的案例在商界并不少见，许多商家都是通过正和博弈获得成功的。

四、掌控风险是企业决策面临的重大课题

英国经济学家阿尔弗雷德·马歇尔通过对企业家活动的分析，提出企业家的一个重要职能，即风险承担。马歇尔强调企业家要积极主动地承担风险。他把利润看作对企业家承担风险的补偿。理查德·坎蒂隆和弗兰克·奈特两位西方经济学家，也将企业家精神与风险或不确定性联系在一起。他们认为，没有甘冒风险和承担风险的魄力，就不可能成为企业家。企业创新风险是二进制的，要么成功，要么失败，只能对冲不能交易，企业家没有别的第三条道路。要么想方设法化险为夷，要么被风险吞没。怀有创业雄心的人都应对此做好充分准备。

美国社会心理学家利昂·费斯汀格根据自己的研究提出如下法则：生活中的10%是由发生在你身上的事情组成，而另外的90%则由你对所发生的事情如何反应所组成。前者的10%是人们无法掌控的，后者的90%则是人们可以决定的。正确理解这一法则对于人们如何防控风险是十分有益的。在企业发展中，必然会面临各种风险，这是人们无法改变的客观事实，但人们对可能遭遇的风险如何做出反应才是最为关键的。人们通常说，一些失败的企业是被风险吞噬的。其实，准确的说法应该是由于这些企业对风险应对不当导致失败。

费斯汀格在他的著作中举了这样一个例子：卡斯丁早上洗漱时，随手将自己的高档手表放在洗漱台边，妻子怕被水淋湿了，就随手拿过去放在餐桌上。儿子起床后到餐桌上拿面包时，一不小心将手表碰到地上摔坏了。卡斯丁心疼手表，气得照儿子的屁股狠狠揍了一顿，然后黑着脸骂了妻子一通。妻子不服气，称自己是一番好意，怕手表进水。卡斯丁说他的手表是防水的。于是，二人猛烈地争吵起来。一气之下卡斯丁早餐也没吃，直接开车去了公司，快到公司时，突然想起忘了拿公文包，又立刻返回家中。可是家中没人，妻子上班去了，儿子上学去了，卡斯丁钥匙留在公文包里，他进不了门，只好打电话向妻子要钥匙。妻子慌慌张张地往家赶时，一不留神撞翻了路边水果摊，摊主拉住她不让走，她不得不付了赔款才摆脱窘境。等拿到公文包后，卡斯丁已迟到了15分钟，挨了上司一顿批评，卡斯丁的心情坏到了极点，下

班前又因一件小事跟同事吵了一架。妻子也因迟到被扣除当月全勤奖，儿子这天参加棒球赛，原本夺冠有望，却因心情不好发挥失常，第一局就被淘汰了。在这个案例中，手表摔坏是其中的10%，后面一系列事件就是另外的90%。本来，10%的事件造成的损害并不大，但因人们对此做出一系列错误的反应，导致了意想不到的严重后果。

企业管理也是这样，大大小小的困难与艰险会伴随企业发展的全过程。在一般情况下，这些仅仅是10%而已，最重要的是企业能否针对这些不利因素，做出恰当的反应，采取正确的对策，这才是企业管理的90%。只要能够及时采取正确的战略与策略，即使是处于困境中的企业也可以化险为夷，否则，就会陷入被动，甚至溃不成军。为什么面临同样的风险或灾难，有的企业能够继续生存和发展，而有的企业却败下阵来？其根源皆在于此。因此，不应将企业经营的好坏过分地归结为外在的客观因素，而应多从企业的管理上找找原因。显而易见，企业能否及时防范各种风险的袭击，有赖于企业管理层是否具有相应的决策能力。每个企业都应针对不同条件下出现的10%的风险因素，切实把应对它的另外90%的文章做好。具有这种能力的企业家才可能始终走在正确的道路上。

应该强调的是，那种简单地认为企业家都是一些甘冒风险者的看法是不全面的。企业家并不是天生就喜欢与风险为伍，优秀企业家的冒险是有理智、讲理性的，不是无条件的，他们绝不会轻易地去冒险，绝不会去担当自己无法承受的风险。如果不是这样，企业家与冒险家、赌徒还有什么区别？企业家承担的风险越大，所做的“功课”就会越足，所做的准备就会更加充分。只有当自己背好降落伞后才会从飞机的舱门跳出。成熟的企业家绝不能轻易使企业的未来陷入完全未知的状态，绝不能把个人和企业的前程全都交给运气，靠抛硬币、掷骰子做决策是不负责任的行为，其成功率也会很低。从这个意义上说，企业家又是极其厌恶风险的人。

德鲁克在《创新与企业家精神》一书中指出：“我所知道的许多成功的创新者和企业家，没有一个有冒险倾向。事实上，他们是保守的。”德鲁克认为，成功的企业家都会事先设法确定必须承受的风险，尽量将风险化解到最低限度。

稻盛和夫在他的著作《活法》中讲了这样一个故事：

日本冒险家大场满郎是世界上首位徒步横穿南北极的人。稻盛和夫对大场满郎羡慕不已。两人见面之后，稻盛和夫就深深地鞠躬，说道：大场先生，你太厉害了！

大场满郎：不不不，我一点也不厉害。

稻盛和夫：你徒步穿越南北极，是最勇敢的人。

大场满郎：不不不，我一点也不勇敢。

稻盛和夫：你太谦虚了！

大场满郎：不不不，我不是谦虚，我是真的不勇敢。

稻盛和夫：你不勇敢？那谁勇敢？

大场满郎：勇敢的人，在穿越南北极时，都死在半路上了。

稻盛和夫：什么意思？

大场满郎：要想穿越南北极，或是做成其他的事业，只靠勇敢是不行的，靠的是小心。我正因为不勇敢，所以才能够完成穿越南北极的冒险。

稻盛和夫：是这样子啊，我明白了。

对于有志者来说，勇敢很重要，理性严谨更加重要。缺少勇气，必然裹足不前，无法迈出第一步。然而，仅有勇敢还远远不够，还要有冷静的头脑、丰富的智慧和周密的计划。勇敢不是一时的冲动，不是鲁莽的行动，而是在理性主导下做出的决断，只有这样的勇敢，才是值得倡导的，只有这样的勇敢，才有可能实现成功的目标。

防患于未然，是企业防控重大风险的根本之策，它需要企业家具有较强的战略决断能力。应对各种重大风险的方案，应该制定在事发之前，如果等到风险降临后再加以应付，往往会付出过多的代价。企业决策者应该具有明察秋毫的眼光，及时发现需要回避的风险。不过，如此先见之明绝非一日之功能够获得的。“一叶落而知天下秋”是先知先觉，树叶全落光了才知秋季来临则是后知后觉。能够成为前者也许比较难，但至少不能甘于成为后者。如果企业家缺少应有的预见力，必然无法在市场竞争中抢得先机，甚至会陷入十分被动的境地。

一个企业若想实现长久经营，成为“百年老店”，必须有严格的风险管控机制。企业就像一艘在汪洋中航行的巨轮，没有抵抗狂风巨浪的能力是不能远航的。日本的长青企业很忌讳把过多的利润分配给股东，它们十分注重持续积累，以备不时之需。据说稻盛和夫的京瓷公司，现金结余曾经高到人们难以想象的程度：即便企业毫无收入，也能支付28年全体员工的工资。这样的企业即使遭遇了较大风险的袭击，也是不容易倒下的。从概率上说，每过25年时间，企业注定会遭遇至少一次生存危机。要成就百年基业，没有渡过灾难所需的充裕资金怎么行？防患于未然的措施是企业防控风险最可靠的保险。

华为正是通过这样的做法，顶住了美国一波又一波的打压，使其欲置华为于死地的阴谋无法得逞。

长期以来，美国打着反海外腐败、违反制裁令等幌子，利用其非法搜集的各种线索，采取起诉各国高科技公司高管、给涉事公司开出高额罚单等严厉手段，打击对美国高科技企业形成竞争威胁的大型跨国公司，受到打击的国外高科技公司因此蒙受巨亏甚至倒闭。2013年4月，被称为法国“工业明珠”的阿尔斯通公司副总裁皮耶鲁齐在纽约机场转机时，被美国联邦调查局逮捕，其理由是“涉嫌违反美国法律，在印尼贿赂当地官员”。该案经过数度审讯，皮耶鲁齐最终“认罪”并入狱。随后，阿尔斯通以130亿美元的超低价格出售其70%具有竞争优势的能源电力业务，买家竟是其全球业务的主要竞争对手——美国通用电气公司。美国通用电气公司被指与美国司法部门形成密切的合作关系，21世纪初的十几年间，通用电气收购的受腐败案牵连的公司就有4家，而法国的阿尔斯通公司成为通用电气的第5个“猎物”。

如今，美国故伎重演，又将矛头对准了中国的华为公司。然而，这一次与往常不同，美国人失算了，他们选错了对手，他们首次遭遇了“意外”。

对于美国人的阴谋手法，华为早有防备。任正非从2002年起就决心减少对美国芯片的依赖。任正非告诉大家：“迟早我们是要与美国相遇的，我们要准备和美国在‘山顶’上交锋，做好一切准备。”华为旗下专门研发芯片的海思公司就这样应运而生。这家公司成立于2004年，2013年首次实现盈利。同年，海思成为世界市场份额最大的高端路由器芯片厂商。2017年，华为手机全球总出货量达1.5亿部，其中有7000万部使用了海思麒麟芯片。美国宣布封锁华为后，海思立即霸气宣布多年前打造的“备胎”正式转正。这一消息令国人振奋不已。

现在来看，今天的华为能够渡过此劫，靠的是任正非当年做出的极富远见的战略决策。2009 年，一部风靡全球的灾难大片《2012》引发了任正非对防范企业发展风险的思考，“世界末日”的预言提醒了任正非，他将有关概念引入华为的研发机制中。他认为，未来信息爆炸会像数字洪水一样，华为想拥抱未来就得构造自己的“诺亚方舟”。他在《华为的冬天》一文中要求：“今年我们要广泛开展对危机的讨论，讨论华为有什么危机，你的部门有什么危机，你的科室有什么危机，你的流程的那一点有什么危机。还能改进吗？还能提高人均效益吗？如果讨论清楚了，那我们可能就不死，就延续了我们的生命。”基于这样的风险意识，任正非将华为原有的研发体系加以整合，设立了“2012 实验室”。“ 2012 实验室”下面划分了若干二级机构，在这些二级机构下面，又包含了诺亚方舟实验室、材料实验室、多媒体实验室、香农实验室等总共 26 个重要分支实验室，遍布全球各地。“2012 实验室”作为华为最重要的研究机构，其招聘的都是世界级科学家和行业顶尖的专家。

在与这些专家的一次座谈中，有人向任正非发问：当前在终端操作系统领域，安卓、苹果和微软三足鼎立，我们还有必要做自己的系统吗？任正非表示：如果这三个操作系统都给华为一个平等权利，那我们的操作系统是不需要的。如果他们突然不让我们用了，我们是不是就傻了？我们做操作系统和做高端芯片是一样的道理，主要是让别人允许我们用，否则，备份系统要能用得上。“（芯片）暂时没有用，也还是要继续做下去。一旦公司出现战略性的漏洞，我们不是几百亿美元的损失，而是几千亿美元的损失。我们公司积累了这么多的财富，这些财富可能就是因为那一个点，让别人卡住，最后死掉……这是公司的战略旗帜，不能动摇的。”也正因任正非的这一“神预测”，才使华为有了对抗美国的实力。重温任正非的这些看法和做法，不能不使人们的内心充满了对他的敬佩。

想想当年法国阿尔斯通公司的遭遇和中兴公司蒙受的屈辱，亿万中国人无不以拥有强大的华为而感到骄傲不已。令人欣慰的是，华为人已经认识到，这种来自美国的打压会长期存在，也许还会升级和加码，华为人已为此做好充分准备。当今的商战已经没有国界的限制，高端科技与重大商业竞争会涉及国家利益，因此，这样的商战常常与国家力量交织在一起，会显得更加复杂、更加残酷。在这种情况下，企业决策必须从经济、政治、军事、外交等各方面因素着眼，努力避免可能遭遇的重大风险，确保决策的科学高效。对于商界人士来说，仅仅知道“在商言商”显然是不够的，只有具备政治家、军事家那样头脑的人，才可能进入优秀的企业家的行列。

五、经得起检验的重大决策常常是在反对声中做出的

企业的重大决策常常面临复杂的局面，决策者会因此陷入难以抉择的境地。企业的经营环境处于不断变化之中，新情况、新问题层出不穷。决策的议题会涉及多方利益，平衡起来并不容易。决策的近期与远期指向不同，一时不好兼顾。许多问题专业性很强，决策者很难全搞明白。决策者个人素养不同，对许多事情的看法会存在天然的差异。因此，企业决策绝不能搞“独裁”，决策的过程必须是民主的过程，尤其应注重倾听反对意见，积极营造“知无不言，言无不尽”的氛围，绝不能只有一个声音，更不能随意搞鼓掌通过。只有这样，才可能保证决策的质量。

企业家想要成就大事业，就要有十分宽阔的胸怀和逆向思维的习惯，必须听得进逆耳之言。“我不同意你的观点，但我誓死捍卫你说话的权利”，让别人说话，说反对自己的话，是企业家应有的胸怀。如果企业有一个不让人说话的“霸道总裁”是不会有好结果的。

“千人之诺诺，不如一士之谔谔”。美国通用公司原总裁斯隆在主持一次董事会会议，表决一项重要事项时，表决结果出现了少有的与会人员一致通过的情况。斯隆立即宣布休会。他说：“我们暂缓做出决议，待到什么时候能听到反对意见时我们再做决定。”斯隆的做法似乎有违常理，全票通过说明大家毫无反对意见，这不正好说明议案的质量高吗？然而，斯隆却不这样认为。不可能有百分之百正确的方案，如果产生了这样的看法，只能说明大家的认识尚有局限性。企业决策应该避免出现“随大流”“一边倒”的现象。只有听到了不同意见，才会促使参与决策的人从新的角度看待问题，促使大家的认识得以深化，从而得出正确性更高的结论。

企业决策者不能搞唯我独尊，不能太好面子。任正非说：“我要的是成功，面子是虚的，不能当饭吃。”有的管理者事业做得不大，脾气却很大。他们时常忘记了成功的目标，而把个人的面子、虚荣看得高于一切，真把面子当饭吃了。企业人应该像任正非那样虚怀若谷、不耻下问，始终坚持民主作

风，只有这样，才能“兼听则明”，不断提高决策质量。

一项重大决策的做出不仅要进行可行性研究，还要进行不可行性研究。三峡大坝是世界性的宏伟工程，论证了40年，争论了30年。三峡工程竣工后，有人问：“三峡建设贡献最大的人是谁?”著名水利工程学家潘家铮回答：“那些反对建三峡的人贡献最大”。所以，干大事、成大业需要“忠诚的反对派”。谁都没有三头六臂，谁都不会无所不能，片面与缺失是难免的。高明的管理者应该知道自己的弱项和短板，也应该知道怎样对此加以弥补。

华为向我军学习，确实学到了精髓。在十多年以前，华为公司模仿我军红蓝军对抗的方式成立了一个特殊部门，被称为蓝军。蓝军是华为战略部下属的一个部门，是公司的核心职能平台之一。本来意义上的蓝军是我军演习场上红军的“敌人”。华为的红军代表着现行的战略发展模式，蓝军则模拟主要竞争对手。蓝军的主要任务是与红军“唱反调”，虚拟各种可能发生的反向信号，甚至提出一些危言耸听的警告。蓝军通过这样的“自我否定”，为公司领导层提供多角度的决策建议，从而避免公司决策出现严重失误。

任正非提出了一个非同寻常的想法，在研发系统中，可以分别组成一个红军和一个蓝军，红军和蓝军两支队伍同时干，蓝军要想尽办法打倒红军，千方百计“钻空子”“挑毛病”。过段时间可以把蓝军中的优秀干部调到红军中当团长。华为的这一举措在企业界是十分少见的。许多人只看到了这样做增加的管理成本，却未看到它所产生的颠覆性的管理效益。在管理体系内组成反对的力量，迫使组织高效运转，不敢懈怠，使其一直跑在“敌人”的前面，始终在竞争对手行动之前采取对策，这样的做法常常会取得“降维打击”的效果。

“蓝军参谋部”有着明确的职责：坚持逆向思维，从不同的视角观察公司战略与技术发展，查找论证“红军”解决方案的漏洞或问题；模拟竞争对手的策略，建立“红蓝军”的对抗体制和运作平台，在公司高层团队的组织下，采用辩论、模拟实践、战术推演等方式，对公司战略进行反向分析和批判性辩论，在技术层面寻求差异化的颠覆性技术和产品。在通常情况下，蓝军和红军之间的对抗要用几个月时间进行辩论，在这段时间里，蓝军会在分析论证的基础上尽量否定红军。等到红蓝双方的招数用完后，由公司决策层做出最终决定。

2008 年，华为计划将子公司华为终端出售给贝恩资本，正是蓝军发现了终端的重要性，并提出了云计算结合终端的“云管端”战略，从而避免了华为出售终端业务。经过十几年的发展，华为终端已经跨入全球一流厂商的行列。

蓝军在与华为手机部门对抗时，每天都会从用户的角度考虑问题，拿着“放大镜”查找华为每款手机存在的瑕疵。当他们发现严重问题时，会动用手中握有的“一票否决权”。不过，一旦通过了蓝军部门的审核，这款手机就可以正式走向全球市场了。例如，2015 年有一款手机在高温环境测试时，出现了胶水溢出的问题，尽管其发生的概率仅为千分之几，但在蓝军审核后，当即撤销这批手机发货许可。这一决定使公司遭受 9000 余万元的经济损失，却为公司消除了一个重大隐患。

按照华为的规定，红军指挥员要从蓝军的优秀干部中选拔。任正非在一次会议上说：“要想升官，先到蓝军去，不把红军打败就不要升司令。红军的司令如果没有蓝军经历，也不要再提拔了。你都不知道如何打败华为，说明你已到天花板了。”“我们在华为内部要创造一种保护机制，一定要让蓝军有地位。蓝军可能胡说八道，有一些疯子，敢想敢说敢干，博弈之后要给他们一些宽容，你怎么知道他们不能走出一条路来呢?”任正非曾用“二战”时马其诺防线的失守来形容市场竞争中攻与防的关系：防不胜防，一定要以攻为主。攻就要重视蓝军的作用。如果说华为的红军在不断打胜仗，那么其中也有蓝军的一份功劳，蓝军的特殊贡献是不应被埋没的。

任正非对蓝军的价值有过充分的阐述：蓝军是存在于任何领域、任何流程的，任何时间空间都有红蓝对决。要团结一切可以团结的人共同打天下，包括不同意见的人。百花齐放、百家争鸣，让人的聪明才智真正发挥出来。

一个人小有成功之后就容易高估自己，甚至会刚愎自用，听不进不同的声音，更容不下反对自己的人。这不是能力和水平问题，而是在眼界、胸怀、格局等方面仍然未能摆脱人性弱点的束缚，在人格品行方面还没能完成应有的修炼，这样的人应该向任正非看齐，认真学习研究任正非的管理思想。

积极发扬民主，汲取群众智慧是华为的一个成功做法。在这方面，华为的内部网站“心声社区”发挥了重要作用。华为将很多领导讲话等内部文件都在此予以公开，所有员工都可以在这里对公司的各项政策举措、各部门的管理工作、管理干部的言行等评头论足。发帖者可以实名，也可以“穿马甲”，谁都不允许追查发帖者的真实身份，任何人想知道“马甲”是谁，必须经过任正非批准。

有一次，“心声社区”的负责人请示任正非，有一条信息批评了公司某位高管，这位高管要查出发信息员工的工号。任正非说：“好啊，把我的工号告诉他。”这位“心声社区”负责人把任正非的工号给了这位高管，他在网上输入后看到的是任正非的名字，立即明白了老板的意思，当然不会再查了。正是由于这一可靠的匿名制，大家有什么话都愿意在这个平台上讲。因此，华为的“心声社区”被称作“透明的玻璃社区”。所有员工通过广阔的虚拟空间，广泛参与监督公司的管理，形成了一股促进公司发展的强大力量。

这样的做法，不仅使公司各级高管被置身于民主监督的氛围中，公司管理层也能够从员工跟帖中吸收丰富的思想营养和许多有价值的意见和建议。“心声社区”成为华为内部体现民主精神的“罗马广场”。

除了“心声社区”之外，华为员工还有其他与管理层沟通的渠道。比如：在“务虚会”上进行的思维碰撞与自由讨论，管理者可从中听到大家有关企业经营的真实想法；各级管理层召开的“茶话会”能及时为大家消除疑惑，解决问题；“战略技术研讨会”是一个面向公司高层的建言渠道，在这里，可以看到对公司发展战略、策略提出的重要意见；在华为大学的培训中，有一个针对公司价值观展开大辩论的环节，在这一环节，正反两个方面的观点都可以发表，只要是通过积极思考后发表的看法都会受到鼓励。在一次活动中，甚至出现过有的员工在大会上当面批评任正非的情况，任正非对此坦然接受。有人问他生气了没有。他说：“我没生气啊，我生气的是那种唯唯诺诺、根本不动脑筋的人。”欲成大事者，必须有如此宽宏大量的气度。

小成功需要朋友，大成功需要对手。一个人小有成功之后就容易高估自己，甚至会成为唯我独尊之人。多少当领导的人，容不得一点不同意见，整天在为如何找死党、除异己伤脑筋，任正非却认为，“允许异见，就是战略储备”。企业家的决策过程，是一个需要不同思想相互交锋的过程。高质量的决策肯定不是思维趋同者做出的。同质化的人相处，虽然都会感到很舒服，但很不利于思维创新。在任何组织中，不同的思想相互碰撞，相互弥补，才可能燃起智慧的火焰，才可能实现新的突破。从这个意义上说，那些总喜欢

“唱反调”的人比那些只会随声附和的人更应受到重用。

六、企业决策应注重把握规律，顺势而为

决策是主观见之于客观的活动。企业决策层在研究解决任何问题时，都不能脱离与此相应的客观条件与客观规律，必须努力寻求主观与客观、微观与宏观的一致性。世间一切事物的发展都是有规律可循的，人们可以认识规律、运用规律，绝不能违背规律、改变规律。逆势而为、逆规律而为，没有不受惩罚的。在社会经济领域同样存在这样的情况。

被古人称为“一代商圣”的范蠡辅佐越王勾践，兴越灭吴，取胜之道如其所言：“古之善用兵者，因天地之常，与之俱行。”这句话说得很精辟，真正的用兵大家，都是善于从客观世界的基本规律中寻找机遇并顺势而为的。功成身退的范蠡，正是以此用兵之道，又在商战中赢得了胜利。他在海边开荒垦地，置产兴业，“十九年中三致千金”，达到“巨万”。他仗义疏财，又三次散尽千金，享誉千载。真正能够做到“因天地之常，与之俱行”者，无论驰骋疆场还是投身商场，都会创造非凡的功绩。

司马迁讲过一则李斯的故事。“李斯者，楚上蔡人也。年少时，为郡小吏，见吏舍厕中鼠食不絜，近人犬，数惊恐之。斯入仓，观仓中鼠，食积粟，居大庑之下，不见人犬之忧，于是李斯乃叹曰：‘人之贤不肖譬如鼠矣，在所自处耳！’”千百年来，李斯的这一观点影响了无数人的选择。人们当然愿意像“仓鼠”那样，住在仓库的大房子里，无忧无虑地饱食小米，而不愿意像“厕鼠”那样，吃着不洁的食物，过着惊恐不安的生活。正是基于这一启示，许多人都在寻求能够置身于提升个人处境的客观条件。

企业管理者也应搞清楚这个道理。任何决策的形成都应与其相关的客观环境、客观规律相契合，决不能“想当然”地得出最后结论。只有当企业的决策符合时势、趋势、市场等客观环境的要求时，才不易偏离预期的目标。如果企业对这些客观因素形成误判，就可能发生逆势而动的行为，就很难避免决策的失误。有鉴于此，企业应该随时掌握社会环境、行业环境、市场环境等方面的变化，努力为企业发展选择有利的外部条件，只有始终做到这一点，企业发展才不会出现方向性的错误。历史的经验告诉人们，一个优秀的

商人，必须具有在洞察客观环境与宏观趋势的基础上，准确预见行业前景、果断做出正确决策的能力。

发明了T型汽车的亨利·福特通过引进流水线作业，极大地提高了生产效率，快速扩大了生产规模，实现了公司的高速发展，这与当时的社会大环境是分不开的。20世纪初期，美国经济全面走向繁荣，美洲大陆逐步成为全球消费能力最为强劲的地区，人们对改善出行方式的需求十分强烈，由此创造出一个巨大的市场，正是这一原因成全了福特以及其他汽车企业。显而易见，只有踏着时代的节拍前行，企业才能步入充满希望的征途。

如果一个企业背离了时代的趋势和社会的需求，则往往难以取得什么成就，甚至会由盛而衰，落入失败的深渊。19世纪末期，美国爱迪生通用电器公司运用爱迪生发明的电灯技术实现了产品更新，仅用了几年时间，就彻底淘汰了煤气灯、电弧灯，一跃成为电力、电信方面的商业巨头。但由于晚年的爱迪生固执己见，未能看到交流电技术的巨大潜力和发展前景，没有及时采用交流电技术系统。这一决策失误，导致他晚年在交流电与直流电的交战中遭遇惨败。随后，美国爱迪生通用电气公司中的“爱迪生”三个字消失了，公司经合并后改名为美国通用电气公司。当一个企业有了核心竞争力之后，就会产生惯性，就容易执迷不悟，不停地顺着老路往前走。如此下去，落后、掉队肯定是不可避免的。

14世纪至16世纪，欧洲经历了人类历史上一次伟大的变革——文艺复兴运动。它是欧洲从中世纪封建社会向近代资本主义社会转变的一场思想解放运动。恩格斯在《自然辩证法·导言》中指出：……是一个需要巨人而且产生了巨人——在思维能力、热情和性格方面，在多才多艺和学识渊博方面的巨人的时代。在这里，恩格斯讲清了杰出人物与时代的关系。时势造就英雄，只有适应了时代需要的人，才会创造出辉煌的成就。这个道理也适用于今天。

伟大的企业家需要伟大的时代，伟大的时代成就伟大的企业家。每一个时代的企业家，都会被清晰地打上时代的印记，都担负着自己的历史使命。今天的商界人士应该满怀信心，不懈奋斗，绝不能辜负这个时代提供的大好机遇。人们有理由相信，只要企业家们能够把握当今的时代趋势和机遇，未来的中国一定能够诞生更多伟大的企业和伟大的企业家。

为了增强决策的预见性，企业决策层不仅要认真研判当下的企业环境，还要深入研判企业将来可能处于什么样的经济环境，因此，就有许多学者致力于经济周期的研究。

所谓经济周期，实际上是通过一定时期社会经济发展的一些规律和现象的分析，揭示经济变化的基本趋势。经济学界提出的经济周期理论比较多，其中有三个著名的周期理论值得从商者认真加以把握。

第一个是基钦周期。它是1923年英国经济学家基钦提出的一种为期3—4年的经济周期，属于短周期。基钦周期也叫库存周期，基钦根据美国和英国1890年到1922年的利率、物价、生产和就业等统计资料，从厂商生产过多时就会形成存货从而减少生产的现象出发，把这种3—4年的短期调整称为“存货”周期，它在40个月中出现有规则的上下波动。

第二个是朱格拉周期。它是1860年法国经济学家朱格拉提出的一种为期10年左右的经济周期，属于中周期。该周期是以国民收入、失业率和大多数经济部门的生产、利润和价格的波动为标志进行划分的。一般认为三个基钦周期组成一个朱格拉周期。朱格拉认为，存在着危机或恐慌并不是孤立的现象，而是社会经济运动繁荣、危机与萧条三个阶段中的一个，三个阶段的反复出现就形成了周期现象。

第三个是康德拉季耶夫周期（康波周期）。这是被许多投资者津津乐道的长周期分析理论。这一理论是1926年苏联经济学家康德拉季耶夫提出的一种为期50—60年的经济周期。这一理论是根据科技发展的内在动力理论提出来的。康德拉季耶夫认为，每经过50—60年时间，体现科技进步状况的曲线就会达到极限。在每个周期的前20年时间里，新的科技进步会带动几种相关产业出现较高的成长，但这几个产业所产生的高额利润，只不过是回笼了那些已出现停滞的产业无法吸纳的资本而已，由此创造的高额利润从未持续20年以上时间，随后便会引发经济危机，继而出现长达20年的经济停滞和萧条。在此期间，新兴的科技产业无法带来较多的工作岗位，也难以促使经济出现新的增长。康德拉季耶夫将一次大的周期波动划分为4个小的波动：繁荣、衰退、萧条、回升。让人无法相信的是，康德拉季耶夫的这一理论竟然惹怒了当权者，他因准确预测了20世纪30年代苏联农业集体化将会导致农场生产量大幅下降而惨遭处决。这不能不令人扼腕长叹！

熟悉康波周期的人不可能不了解周金涛，正是因为这位英年早逝的中信建投前首席经济学家的研究，才使较多的人开始关注康波周期。周金涛认为，经济周期就像自然规律一样不可逆转。企业家能够做的就是把握周期运动的趋势和拐点，坚持顺势而为，逆潮流而动往往不会有好的结果。虽然逆势操作并非全都失败，但会十分艰难，成功的概率会很低。他在 2016 年的一次演讲中，运用康波周期理论提出了一个商界人士都不敢轻视的充满诱惑的预测，人的一生可能只有三次发大财的机会，这种机会可遇不可求，不是个人通过努力就能创造出来的，而是康波周期使然（见图 5）。

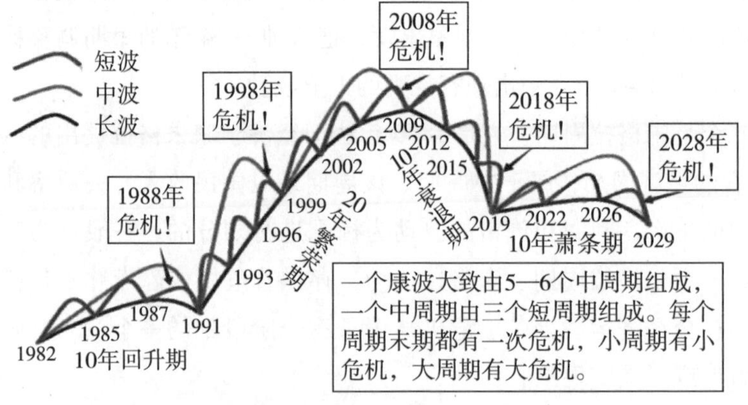

图 5　中国经济第五次康波周期图解（1982—2029 年）

图 5 体现了周金涛当时对中国未来经济整体走势的判断。这里指出的是经济发展的宏观环境的变化趋势，在此基础上，还应结合行业、地区经济的景气度，以及企业的微观情况做出综合判断，从而最大限度地保证企业经营决策的可靠性。企业管理者可以通过研究经济周期理论来为企业决策提供必要的参照，特别是对于那些从事企业战略研究决策的人，学习研究经济周期相关问题是很有益处的。

经济周期综合反映了一个国家和世界经济运动的总体趋势，也是企业经营和人生财富规划基础性的指导理论。从商者有了这一理论的指导，就会大致踩准时代的节奏，就会有较为开阔的心胸和眼界，就不会脱离社会经济环境去搞那些异想天开的事情，不会犯方向性的错误，不会去做与趋势对着干的傻事。

第八章　战略篇

艾·里斯和杰克·特劳特的《定位》一书汉语版中有一篇题为“致中国读者”的前言。其中讲道：“孙子云：先胜而后求战。商界如战场，而这就是战略的角色。事实上，无论承认与否，今天很多商业界的领先者都忽视战略，而重视战术。对于企业而言，这是极其危险的错误。你要在开战之前认真思考和确定战略，才能赢得战役的胜利。”这些话是专门说给中国读者听的，中国企业界已经到了应该更加重视战略的时候了。

任正非曾在《人民日报》发表过一段话：在大数据时代，敢于有像当年挖掘巴拿马运河、苏伊士运河那样的大视野、大战略、大决心，寻找大数据时代的“巴拿马”“苏伊士”。正是因为及时抢占了战略制高点，华为才能追上昔日的行业领跑者，并将其甩在后面。

一、战略是决定战争胜败的根本之策

许多人会觉得，战略是一个“大词”，是一个离普通人比较远的概念，它与人们的实际生活没有多大关系，但其实不是这样。实际上，人们常常在考虑着与战略有关的问题，做着与战略有关的事情，只是不习惯主动地将其与战略概念相联系罢了。实践告诉我们，每个人、每个组织都离不开战略，于是就有了人生战略、企业战略、经济战略、军事战略、国家战略等。由于当今的社会生活变得过于复杂，人们已经到了必须学会进行战略思考的年代了。

战略起源于军事，发端于战争，呈现出异常复杂的状态。古往今来，有识之士对此做过广泛而深入的研究与实践，取得了十分丰富的成果。如今的战略研究犹如一座百花盛开的花园，已经成为一门学派林立、成果丰硕的学科。

战略一词发源于希腊语 Stategos，原意是“将军的命令或其所在的地点”。它所描述的是一位头上戴着白色头盔的荷马史诗中描述的英雄人物，及其在敌军重装部队越过山头时指挥军队作战时的形象。这样的解释不仅很有感染力，而且符合战略一词的原始语境，再次显现了古希腊人丰富的想象力。古希腊人不仅善于进行“形而上”的思考，而且善于征战。因此，对战略问题的探讨源自古希腊是顺理成章的事情。

现代西方人所说的“战略”，是从“谋略”“统帅”和“统帅的艺术”衍生而来的，与统兵打仗有着直接的关系。但“战略”这一概念在西方产生后，由于多种原因，一直没有形成较系统的理论，直到 19 世纪初拿破仑战争以后，西方战略理论才得以初步形成。当时西方人所建立的是以“作战战略”为主要内容的“直接路线”战略理论，其标志是 1832 年德国著名军事理论家克劳塞维茨《战争论》的出版。

在《战争论》这部著作中，作者给战略下了一个比较完整的定义：“战略是为了达到战争目的而对战斗的运用。因此，战略必须为整个军事行动规定一个适应战争目的的目标，也就是拟制战争计划，并且必须把达到这一目标的一系列行动同这个目标联系起来，也就是拟制各个战局的方案和部署其中的战斗。"① 在这个战略定义中，作者阐明了军事行动与战争目的的关系，强调的是战斗行动必须为实现战争的目的服务。在此基础上，克劳塞维茨指出了"战略"具有三个基本特点，即目标性、计划性和盖然性。克劳塞维茨认为："在战略上，一切主要的东西都产生于双方的最终意图，即产生于一切思考活动的最高出发点。"② 可见，战略有着极高的地位，它是一种由"最终意图""最高出发点"产生的思考。因此，对于其他问题的思考都无法达到战略的高度。

时至今日，人们对战略问题有了更加深刻的认识，战略这一概念需要新的定义。《中国大百科全书》是这样说的："战略是指导战争全局的方略。"《简明不列颠百科全书》的定义却与此不同。它认为，战略是"在战争中利用军事手段达到战争目的的科学和艺术"。从这些新的定义中，仍可看出克劳塞维茨的影子。

值得在战略学上大书一笔的是毛泽东，这位伟大战略家在战略问题上进行了深入研究和实践。他认为："战略问题是研究战争全局的规律的东西。"他强调："指挥全局的人，最要紧的，是把自己的注意力摆在照顾战争的全局上面。""懂得了全局性的东西，就更会使用局部性的东西，因为局部性的东西是隶属于全局性的东西的。"③ 应当"拿战略方针去指导战役战术方针，把今天联结到明天，把小的联结到大的，把局部联结到全体，反对走一步看一步"④。毛泽东不仅在战略理论方面有重大建树，而且是指挥军队战胜国内外强大敌人的三军统帅，这是众多战略学者望尘莫及的。毛泽东被称为"公认的战略创新者""具有革新思想的战略家"是当之无愧的。

英国著名战略学家劳伦斯·弗里德曼，在他的名著《战略：一部历史》

---

① 克劳塞维茨．战争论［M］．北京：商务印书馆，1978：175.

② 同①720.

③ 毛泽东选集：第一卷［M］．北京：人民出版社，1991：175.

④ 同③381.

中写道："在单凭力量对比注定要失败的情况下，真正考验创造力的是弱者战略。擅用弱者战略的人会运用超常智慧，随时留意成功的机会。"毛泽东就是这样一位善于运用"弱者战略"夺取胜利的人。终其一生，毛泽东都是在革命力量明显处于劣势的情况下，运用其非凡的战略思维，创造了一系列人类战争史上以劣胜优、以小博大的奇迹。

毛泽东在《中国革命战争的战略问题》《论反对日本帝国主义的策略》《实践论》《矛盾论》《论持久战》《改造我们的学习》《整顿党的作风》《反对党八股》等著名论文和演说中，论述了他在领导中国革命过程中形成的战略思想。毛泽东在民族民主革命时期的战略思想，包含着中国革命战略和中国军事战略两大范畴。在毛泽东军事战略思想体系中，人民战争战略思想、持久战战略思想和游击战争战略思想是三大支柱。在这三大支柱中，人民战争战略思想，又处于基础和核心地位，规定和影响着其他战略思想。持久战是人民战争基础上的持久战，游击战争是人民战争基础上的游击战争。

1947 年 3 月，胡宗南率军从南、西、北三个方向向陕北根据地发动猖狂进攻，企图一举消灭党中央。解放区军民同仇敌忾，誓将胡宗南军队消灭在延安城外。面对敌军的强大攻势，我军陕北作战战略如何确定？是保卫延安，不失寸土；还是放弃延安，以运动战歼敌有生力量；或是既守土又御敌？毛泽东认为，既不失寸土又能歼敌当然是最好的，但这种想法不切实际。我军面对的是装备坦克、飞机、大炮的国民党军队 34 个旅 25 万人，而我军兵力不足 3 万人，且装备很差，弹药不足。在敌强我弱的形势下，如果坚持寸土必争、与敌硬拼，显然是十分不利的。毛泽东果断决定撤出延安。他说："我军打仗不在一城一地的得失，而在消灭敌人的有生力量。存人失地，人地皆存；存地失人，人地皆失……我们要以一个延安换取全中国。"毛泽东命令彭德怀率军与敌周旋，寻机歼敌。

胡宗南轻而易举占领了延安城，蒋介石十分得意，大举庆祝"陕西大捷"。胡宗南因狂妄至极，屡屡发生战略误判。彭德怀乘机引诱胡宗南部 31 旅进入青化砭我军伏击圈，采取先拦头断尾、再西翼出击的战术，仅用一个多小时就全歼敌第 31 旅，俘虏敌军旅长李纪云。随后，毛泽东致电彭德怀：

“135 旅可能向青化砭方向寻找 31 旅，望准备打第二仗。”① 4 月中，彭德怀以小部队与敌 135 旅交手，将敌诱入我军预设在羊马河附近的伏击圈，我军以 4 个旅的兵力围攻敌 135 旅，经数小时激战，全歼敌 135 旅 4700 余人。此战的胜利大大打击了敌军的嚣张气焰。

敌军无法找到我军主力进行决战，又经青化砭、羊马河两战大败，疲劳不堪，士气低迷，开小差成风。彭德怀抓住战机，以 359 旅一部扮成我军主力，诱敌北上，同时指挥 4 个旅兵力秘密南下，向蒋军的陕北补给基地蟠龙发动攻击，经三天激战，攻占蟠龙，全歼守敌 6700 余人，缴获大批装备和给养。这一仗使敌军元气大伤。

毛泽东率部撤出延安仅 40 多天，就指挥我军取得三次作战的胜利。此时的敌军已是人困马乏，进退维谷。毛泽东自豪地说：“我之方针是继续过去办法。同敌在现地区再周旋一时期，目的在使敌达到十分疲劳和十分缺粮之程度，然后再寻机歼灭之。……我军此办法是最后战胜敌人必经之路。如不使敌十分疲劳和完全饿饭，是不能最后获胜的。这种办法叫‘蘑菇’战术，将敌人磨得精疲力竭，然后消灭之。”② 毛泽东运用他高超的战略与战术，粉碎了蒋介石三个月消灭西北我军的狂妄计划。③

装备精良的敌军，为什么会被明显处于劣势的我军打败？其中的奥秘首先应该到双方统帅部里去寻找。历史已经证明，从战略运筹能力上来说，蒋介石确实不是毛泽东的对手。“将帅无能，累死三军”，无论敌军的装备优势有多大，其失败的命运是无法避免的。

值得注意的是，战略虽然具有比战术更加重要的地位，但却不能将其与战术割裂开来。实行战略决策的同时应注重把握其与战术的关系。克劳塞维茨曾经这样论述战略战术之间的关系。他认为，“战术是在战斗中使用军队的学问，战略是为了战争目的运用战斗的学问”“前者研究战斗的方式，后者研

---

① 毛泽东军事文集：第四卷［M］. 北京：军事科学出版社，中央文献出版社，1993：11.

② 同①.

③ 任海泉，肖裕声. 跟毛泽东学兵法［M］. 北京：中共中央党校出版社，2021：15－16.

究战斗的运用”“战术和战略是在空间上和时间上相互交错、但在性质上又不相同的两种活动”。① 可见，战略家常常是在与战术的联系中论述战略的。认清这种联系，有助于形成和贯彻正确的战略。

那么，对于战略家来说，战术是不是就可有可无了呢？不是的。克劳塞维茨说：“只有从战术出发，才能真正理解战略。”② 战略家怎么会如此重视战术问题？这与其反复强调战略地位的论述不是相互矛盾吗？不是的。应该辩证地来看待二者的关系。就像生产力与生产关系、物质与精神的相互关系一样，前者对后者起着决定性的作用。但在一定条件下，后者也会对前者产生反作用。战略家们在高度重视战略问题的同时，同样不会对战术问题视而不见。不同的是，他们不是普遍性地关注战术，而是只关注那些可能会对战略带来影响的战术问题。正如管理大师德鲁克所说的那样，“战略是由战术组成的。如果战略不是以战术为依据并体现在其中，那么再详尽的战略也只不过是面向未来的‘纸上谈兵’。另一方面，如果战术没有整合于统一的战略计划之中，那么它们只不过是权宜之计，是一种猜测，并且会指引错误的方向。”可见，军事家与管理学家都在以辩证的观点来看待战略与战术的相互关系的。因此，无论是战场上的军人还是商战中的商人，都应在正确把握战略与战术的相互关系中作出决策。只有这样，才能更好地实现各自的战略目的。

二、企业高层管理者都应成为战略专家

人类管理活动中的决策是多种多样的，未必都与战略相关，战略是最高层次的决策。一般来说，人们通过学习和实践，大都能够具有一般的决策能力，但战略决策能力就不那么容易获得了。只有那些具有战略眼光与战略头脑的人才会具有这一重要能力。

艾·里斯和杰克·特劳特的《定位》一书汉语版中有一篇题为“致中国读者”的前言。其中讲道：“孙子云：先胜而后求战。商界如战场，而这就是战略的角色。事实上，无论承认与否，今天很多商业界的领先者都忽视战略，

---

① 克劳塞维茨. 战争论［M］. 北京：商务印书馆，1978：102－110.

② 同①114.

而重视战术。对于企业而言，这是极其危险的错误。你要在开战之前认真思考和确定战略，才能赢得战役的胜利。”① 这些话是作者杰克·特劳特专门说给中国读者听的，中国企业界已经到了应该更加重视战略的时候了。

企业战略是关系企业生死存亡的重大课题。美国著名未来学家阿尔文·托夫勒曾说：“对没有战略的企业来说，就像在险恶的气候中飞行的飞机，始终在气流中颠簸，在暴雨中穿行，最后很可能迷失方向。”谁都不会愿意乘坐这样的飞机，踏上如此充满痛苦和风险的旅程。企业家的责任在于能够使自己的企业成为一架好飞机。经营西尔斯公司的伍德将军也有这样的体会：“做生意的某些方面就像战争。如果企业在主要战略上是正确的，即使它在实施战略计划时可能会犯一些小错误，但它最终仍会成功”。在企业经营中，发生一些战术性的错误，也许是在所难免的事情。即使出现了这样的情况，一般也无伤大体。如果出现战略误判、战略失误，则是“从还没有开始就已经失败了”。②

竞争与战争有着共同的特点，假如一位决策者没有战略，他就可能被对方的战略所控制；假如一位决策者没有规划，他就可能成为对方规划的内容。因此，成熟的领导者，总会将获胜的重心放在战略布局上，注重布好整体之局，布好未来之局。这样的领导者善于通过战略运筹赢得胜利，而并不看重一城一地的得失。一个企业的成功与否，与其决策者能否为企业制定并实施正确的发展战略有着决定性的关系。美国兰德公司专家的研究结果表明：世界上每100家破产倒闭的大企业，其中85%都是因为企业管理者战略决策不慎造成的。

最早把战略思想引入经济管理领域的是美国制度经济学家康芒斯。他将“战略因素”一词用于企业制度研究之中，管理与之相应的经济活动和金融交易等事项，解析在不同情况下决定经济运行的关键变量。后来，美国管理学家切斯特·巴纳德将“战略因素”概念引入企业管理，用以说明企业的决策机制。20世纪50年代之前，企业战略理论还处于起始阶段。20世纪五六十年代以后，企业战略理论取得了较大发展。20世纪60年代期间，有钱得勒

---

① 里斯，特劳特．定位［M］．北京：机械工业出版社，2011：前言．

② 周朝生．战略思维的误区［J］．企业管理，2004（11）：30－31.

提出的“结构跟随战略”假设和安东尼－安索夫－安德鲁斯范式。到了20世纪70年代，战略理论研究更加关注实际操作问题，这方面产生的主要成果有经营组合管理理论和迈克尔·波特的竞争定位理论。20世纪80年代以后，国际经济格局发生了较为深刻的变化，企业经营环境也随之发生了明显变化。战略研究的重点转向企业中人的因素、文化因素、知识因素以及研究方法的有效性。在这一时期，彼得·圣吉、唐·佩珀斯、詹姆斯·柯林斯等学者先后提出了企业愿景驱动性管理。另外一些研究人员积极发展波特的竞争理论，提出了关于竞争优势、核心竞争力等新的理论和模型。20世纪90年代以后，创新、创造未来成为企业战略研究的重点方向，超越竞争问题引起战略研究者的较大关注，产生较大影响的如爱德华·德博诺提出的超越竞争理论、理查德·达韦尼提出的超级竞争模型、詹姆斯·穆尔提出的企业生态系统使用演化理论等。另有不少学者强调了知识在价值创造中的作用，着手开展这方面的研究，如瑞克·沃兹曼认为，在知识经济条件下，企业越来越把知识当作自己最具价值的战略性资源 ，并构建了以知识为本的战略。

之后，加拿大管理学家明茨伯格对企业战略研究做出了新的独特贡献。明茨伯格借鉴市场营销学中的四要素（4P）的提法，提出了企业战略的“5P”模型，即战略是计划、计策、模式、定位和观念。在明茨伯格看来，人们在使用战略这一概念时都会涉及“5P”中的某一个或几个方面的含义。在探讨战略的含义时，既应准确掌握每一种含义，又应将多种含义结合起来，以形成较为全面的战略观念。

在战略研究方面，德鲁克从一系列假设出发，建立了一个新的分析架构。他认为，有关战略的假设包括：（1）有关组织环境的假设，即有关社会和社会结构市场、顾客及技术的假设；（2）有关组织特殊使命的假设；（3）有关完成组织使命所需的核心能力的假设。用德鲁克的话来说，“有关环境的假设，是用来定义一个组织的收入来源。有关使命的假设，是用来定义一个组织所做的有意义的结果。至于有关核心能力的假设，则用来定义若一组织想要保持领先地位，需要哪方面的卓越表现”。这些论述和分析是极富价值的，深入理解这些思想，非常有助于扩展人们对企业战略相关问题的认识，也能有效地提高企业管理者的战略思维水平。

在有关企业战略的众多定义中，英国学者达维德·索拉和法国学者杰罗姆·库蒂里耶所下的定义，更加贴近战略管理的实际，并具有更强的应用性。他们认为：企业战略“是一系列协调的有创造性的和持续的行动（计划），目的是克服一个或多个核心挑战，从而为个人或公司创造价值”。在该章下面的内容中，主要基于这一战略定义展开分析。

这两位学者对企业战略做了进一步阐述，他们认为，企业战略形成的两大支柱是知识和不确定性。一方面，战略包括现状分析，主要是我们对现实的观察与评估，因此是确定性的。这是我们的起点，即 A 点。另一方面，我们还需要一个目的地，以及到达目的地的计划。与 A 点不同，这部分内容是假设的，因为我们可依据的知识有限，且对未来不能百分之百确定。只有实施战略才能肯定和否定假设，从而验证战略是否有效。这就是战略的本质。[①]上述看法加深了人们对企业战略及其本质的认识，明晰了有关问题的逻辑边界，为人们如何制定实施企业战略厘清了思路。

一般来说，企业战略可分为三个层次，即公司战略、经营战略和职能战略。公司战略又称总体战略，是企业最高层次的战略，是企业高层管理者指导和控制企业各项行为的最高行动纲领。

公司战略管理的对象是企业的整体，公司战略所包含的通常都是有远见、有创造性和全局性的内容。也就是说，公司战略体现的是企业在增长、多种业务和产品种类的管理等方面的根本态度。公司战略需要根据企业的发展目标优化配置企业的各种资源，从而使企业的各项业务能够相互支持、相互协调。对于企业来说，公司战略与企业的命运息息相关，它犹如汽车的方向盘，决定着企业运营的方向和路径，企业最高管理层就是这个方向盘的直接把控者。在把控过程中，绝不允许他们出现重大失误，否则企业必然会步入歧途，甚至会坠入深渊。

经营战略又称事业部战略。具体来说，经营战略是公司总体战略的子战略，这一战略是在公司总体战略指导下产生的，是与公司总体战略相匹配的。它是由公司下属的某一个经营单位制订的战略计划，直接为实现企业的总体目标服务。经营战略将公司战略规定的方向和意图具体化，成为更加具体的

---

① 索拉，库蒂里耶．战略思维与决策［M］．北京：中国人民大学出版社，2016：6－7.

针对各项经营事业的目标和方略。它重点明确企业产品或服务在某个产业或事业部所处的特定细分市场中的竞争地位。再好的公司战略也离不开经营战略的贯彻和支撑。否则，公司战略就会变成空中楼阁，难以完成实际操作。在这方面，尤其需要团队人员同心协力的行动。只有各个业务单位的高管都能围绕公司战略，去搞好本级经营战略的谋划和实施，积极开展创造性的工作，公司的战略目标才可能得以实现。

职能战略是公司执行层的行动战略。它需要公司内部各职能部门更好地与公司战略和经营战略相衔接，并为此定出具体方略，积极加以实施，从而确保总体战略能够真正落到实处。职能战略主要是以公司战略和经营战略为根据，确定各职能领域中的近期经营目标和计划，一般包括生产战略、营销战略、研发战略、财务战略和人力资源战略。职能战略的主要作用，是使职能部门的管理者能够更好地把握在实施企业总体战略与经营战略中的责任和要求，实现最大化资源产出率。具体来说，职能战略面临的决策课题通常包括：生产和营销系统的运营效能，用户服务的范围和质量，特定产品的市场占有率，生产设备的专业化水平，研发工作的重点问题，产品库存的高低，人力资源开发和管理等。与总体战略比较起来，职能战略必须更加具体，更接地气，更加便于执行。

企业通常需要同时运用上述三个层次的战略，来确保公司总体战略的最终落实。众多企业的发展历程已经表明，那些取得成功的企业，无一不是在企业战略的制定和实施方面做足了功课，下足了功夫。在企业战略方面，企业的高层管理者无论付出多大的努力都不过分。

德鲁克认为，战略家的任务不在于看清企业目前是什么样子，而在于看清企业将来会是什么样子。战略规划不是规划未来做什么，而是规划当前必须做什么才能准备好迎接不确定的未来。由此看来，企业战略不应空洞地去讲明天要做什么，而是必须从当下开始做起，去消除未来的风险。企业应该多做具有未来意义的事情，今天做的事情应该连接着将来，能够应对将来层出不穷的生死攸关的窘境。企业高层管理者要通过掌握科学的方法论来解决企业发展面临的战略性问题，避免成为一个事务主义者。高质量的战略决策靠“拍脑袋”是肯定拍不出来的。

有人问李嘉诚为什么有那么多企业家轻易断送了自己的企业，他却几乎从未碰到“天花板”。李嘉诚的回答是：他每天90%以上的时间，不是用来想今天的事情，而是想明年、五年、十年后的事情。可见，李嘉诚是一个十分注重企业战略思考的人。正是因为这样，他才能抢在别人的前面抓住机遇，提早着手应对企业可能出现的核心挑战。

比尔·盖茨曾说，人们总是高估未来两年的变化，而低估未来十年的变化。他不仅重视企业一两年内所面临的问题，更加重视研究企业十年后可能面临的局面，有预见性的采取应对之策。正是凭着这样的远见，盖茨始终注重搞好微软的战略筹划，努力防止公司发生方向性重大失误，从而缔造了一个充满光明前景的微软公司。

强大的战略优势是华为取得成功的首要因素。尽管遭遇许多困境，经历许多波折，但华为始终将有限的资源用于企业的主要战略方向，并且勇于排除干扰，坚持真抓实干。任正非在一次座谈会上提出，华为最大缺点是缺少思想家，缺少战略家，战略家应该要从架构上展开。因此，华为花了许多钱请西方公司来帮忙做战略展开。很多干部从基层打仗上来，眼睛容易盯着下面看，将流程越做越复杂，而且更多人是只盯着自己的“一亩三分地”，容易形成“部门墙”（流程隔墙），很少有人站在全局观点来看整体流程。任正非希望华为人在大数据时代，敢于有像当年挖掘巴拿马运河、苏伊士运河那样的大视野、大战略、大决心，寻找大数据时代的“巴拿马”“苏伊士”。正是因为及时抢占了战略制高点，华为才能追上昔日的行业领跑者，并将其甩在后面，也正因为这样，华为这艘巨轮才能经得起惊涛骇浪的袭击，不断驶向胜利的前方。

来看看柯达公司的商业帝国是如何因战略失误走向末路的。柯达公司曾是世界上最大的影像产品及相关服务的生产供应商，业务遍布150多个国家和地区。在最鼎盛的时期，柯达在全球的雇员超过14.5万人，牢牢占据美国90%的胶卷市场以及85%的相机市场份额。柯达公司在影像拍摄、分享、输出和显示领域长期处于世界领先地位，但是随着数码技术的崛起，柯达公司于2012年1月19日申请破产保护，拥有131年历史的“百年老店”，就这样轰然倒塌了。

许多人不知道的是，柯达早在1975年便率先生产了数码相机，并将其用于航天领域。虽然柯达1998年开始生产民用数码相机，但缺乏长远而明晰的战略。仅仅一年后，胶卷需求开始停滞，此时的柯达仍认为胶卷的没落是整体经济衰退的结果，未曾预见到未来数码时代产生的“创造性破坏力”。2002年年底，柯达终于意识到，影像行业已从“胶卷时代”进入“数字时代”，传统胶卷的辉煌已经一去不复返了。这时的柯达试图进行战略转型，但一切为时已晚。是市场选择了柯达，最后也是市场抛弃了柯达。凡是企业战略跟不上时代节奏的公司，终将面临被淘汰的命运。

柯达的教训太惨痛了！曾经目睹过柯达辉煌年代的人们，无论如何不会想到曾经强盛无比的商业帝国会瞬间崩塌。然而，天道无常，商道亦然。无论是多么成功的企业，辉煌只能代表过去，只要它在战略上发生颠覆性错误，就无法避免失败的结局。

三、战略管理取得成功的企业才能实现基业长青

伊戈尔·安索夫认为，战略管理是企业高层管理者为保证企业的持续生存和发展，通过对企业外部环境与内部条件的分析，对企业全部经营活动所进行的根本性和长远性的规划与指导。与以往经营管理不同，战略管理是面向未来，动态地、连续地完成战略从决策到实现的过程。企业战略管理着重通过对企业宏观层面的分析、预测、规划、控制等，充分运用企业的各种资源和能力，实现优化企业整体管理、提高经济效益的目的。企业战略管理涉及企业战略的形成和执行，直至实现企业战略目标的全过程。这一过程所要解决的是企业发展的全局性、长远性的重大问题。企业战略管理是现代企业高层管理者最主要的职能，处于现代企业管理的核心地位，是决定企业经营成败的关键所在。

每个战略管理者都不应仅仅满足于企业一时的兴旺和短期的利益，都应精心擘画企业发展的宏伟蓝图，必须不断加强企业的战略管理。企业在战略管理上的差距带有根本的性质，如果一家公司把基本的战略理念搞偏了、搞错了，就会在时间、机遇、资源等方面遭受无法弥补的损失，甚至会使一切付诸东流。对于一个规模企业来说，没有比战略管理更为重大的事情了。

牛津大学在一次工程检查中发现，有350年历史的大礼堂存在安全隐患：20根巨大的橡木横梁，因腐朽需要更换。到哪里去找如此巨大的橡木呢？幸

运的是，当年的建筑师已经预料到今天的困境，他们在那个时候就在学校的校园里种下了一片橡树林。现如今，每棵橡树都已超过了大礼堂横梁所需的尺寸。建筑师350年前的远见不仅拯救了一座建筑，而且让人见识了卓越的决策者是怎样以超越历史的眼光来把握未来的。

“不畏浮云遮望眼，自缘身在最高层”，有了能够看破云雾的眼光，才能有高瞻远瞩的战略头脑。一位优秀企业家的目光，绝不会仅仅停留在企业的“现在时”，定会更多注视着企业的“将来时”，他们的心中永远都会装着企业的明天。任何时候，他们都会根据企业经营环境的变化，思考企业久远发展的良策。因此，企业高层管理者的所作所为，不仅应该利好企业的当前，更重要的是能够利好企业的未来。

“孔子登东山而小鲁，登泰山而小天下”，人的视点越高，视野就越宽广。随着视野由低到高的转换，人们对外部世界及其变化就会有新的领悟。企业家应该是由战略家组成的队伍，鼠目寸光者无法成就宏图大业。在企业经营中，做任何只图近利、不顾长远的决定，都是饮鸩止渴的自残行为，必须努力加以避免，企业家就是要“吃着碗里的，看着锅里的，想着田里的”，始终让充满希望的未来牵引着现实生活。

2001年3月，任正非又一次来到日本。当他与同事来到松下公司的时候，到处都可看到一艘大船即将撞上冰山的宣传画。这幅画的下面有一行话：“能挽救这条船的，唯有你！”任正非当时非常感慨。他说：“企业能有这种心态，就不会有渡不过去的冬天。”

从20世纪90年代初起，日本经济连续十年低增长，像日本企业一样的发展有些什么经验与教训，华为应从中得到什么启示？回国后，任正非写出了那篇著名的文章《北国之春》。他认为，日本一些企业面临着严重的过剩问题，致使企业失去核心竞争力。如果华为的增长速度大幅减慢，像日本企业一样的过剩问题也会在华为出现。不能及早地认识这一点，就会陷于被动。……什么叫成功？像日本优秀企业那样，经历九死一生的境遇还能好好地活着，这才是真正的成功。华为没有成功，只是在成长。华为经过的太平时间太长了，在和平时期升的官太多了，这也许会造成华为的灾难。……创业难，守成难，知难不难。高科技企业以往的成功，往往是失败之母，在这瞬息万变的信息社会，唯有惶者才能生存。

此后，任正非要求华为人更加注意学习日本优秀企业的经验。任正非认为，供给侧改革的目的就是提升产品的品质。如果产品的品质不好，就会驱使老百姓到国外爆买。这几年，中国人到日本去抢购商品的总金额已经超过了 3 万亿元人民币！这是一个多么巨大的数字呀！如果这些购买力在国内释放，会救活多少中国企业，会有多少国人获得工作机会。任正非曾在日本见过一辆辆大巴士满载中国游客在日本狂买的情景。为什么中国的国内市场在萎缩，中国人在境外却具有如此巨大的购买力？中国企业界应该深刻反思！这从另一个侧面体现了日本企业的竞争力，也可以看出中国企业在满足消费者需求方面存在的差距。长期以来，一直有人认为，日本企业已经丧失竞争优势，实际上，许多日本企业并不落后，而是成功地完成了转型。

新中国成立初期，我国“中华老字号”企业达 1 万多家，现今已大幅减少。现有经中华人民共和国商务部（以下简称商务部）认定的“中华老字号”企业只有 1128 家，其中仅 10% 的企业发展势头较好，大部分都出现了经营危机。这些老字号企业的一个通病是其产品和服务长期低质高价，没能创造出新的附加值。这些企业有故事、有品牌，具有很好的竞争优势，却只会吃老本，不去积极适应市场的变化，损害了老字号的“金字招牌”，因而难以避免走下坡路的命运。

为了扶持老字号品牌，政府在政策、金融、财政等方面出台了很多扶持政策：2017 年，商务部等 16 部门联合印发《关于促进老字号改革创新发展的指导意见》（以下简称《指导意见》）。《指导意见》从技艺传承、供应链升级、经营管理模式创新、对接资本市场等方面，对老字号企业给予诸多帮助。2019 年，国家促进国货复兴，老字号企业又获得国家财政、金融方面的扶持。2020 年，新冠肺炎疫情暴发，老字号企业获得新的政府补贴。然而，这么多的政策扶持并未换来应有的成效，反而使一些老字号企业患上了“依赖症”，失去了主动进取的动力。可见，企业发展只靠优化外部条件是远远不够的，还必须依靠企业自身挖掘潜力，练好内功，不断增强核心竞争力。

公开资料显示，当今中国是全球创业企业最多的国家，同时也是企业倒闭最快的国家。横向对比不同国家企业的平均生存时间：日本是 23 个月；美国是 14 个月；中国只有 7 个月。“其兴也勃焉，其亡也忽焉”，几乎成为中国企业发展的常态。对此，可以进行多种解读，但不管怎样，企业寿命过短，说明企业缺少战略管理优势，缺少驾驭不良经营环境的能力。同时，企业寿命过短也给社会资源造成过多浪费。值得注意的是，即使是中国比较优秀的企业家也常常忧心忡忡，对企业的未来比较茫然，这种现象值得中国企业界进行深入分析和思考。日本那样一个资源十分贫乏的岛国，千百年间发生的灾难、战乱难以尽述，但众多企业的生命力却一直很强，其成功之道非常值得中国企业研究学习。

不少中国的经济学者和企业人常常给出一些趋同的泛泛而谈的理由，诸如时代变了、环境变了、技术变了，“灰犀牛”“黑天鹅”风险难防，各种“陷阱”太多，等等。而实际上，这些被他们当成理由的东西，众多日本企业不知经历过多少个轮回了。正是多灾多难的环境，加上动荡无常的时代，造就了日本企业抵御风险的意识和能力。这正是许多中国企业家所缺失的东西。

“他山之石，可以攻玉”，日本企业能够做到的，中国企业也应该能够做到，商界人士应该对此保持强烈的自信。2021 年《财富》世界 500 强排行榜中，中国企业数量已称冠全球。许多国人在为此感到骄傲的同时，更加关心的是这些企业有多少能够加入“百家老店”的行列。人们希望在不久的将来，中国企业界也会诞生日本“经营四圣”那样举世公认的商界领袖，也会诞生以天下为己任的商业哲学家。

什么是企业的长久经营之策？一个企业的长期运营，不可能随意行事，不能缺少战略理念的指导。日本学者后藤俊夫教授在《继承者：日本长寿企业基因》一书中，给出了一个令国人十分意外的看法。他认为日本之所以能够成为长寿企业大国，是因为日本人非常认真学习并践行了中国古代思想。日本企业的文化根基，普遍来源于中国儒家文化精髓，以人为本、崇德重礼、先义后利、立己达人等儒家思想的核心内容，早已成为日本企业家的战略管理理念。儒家文化有效地促进了现代日本企业的腾飞。

原来是中国智慧成就了日本企业，那么中国的许多企业家怎么反而做不到呢？问题究竟出在哪儿？看来中国企业界真的需要进行深入反思了。

日本大丸百货就是一家将儒家文化变成战略理念的企业。大丸发祥于日本中部偏西的近畿地区。1717 年，下村彦右卫门正启（实名为下村正启）在京都伏见开设“大文字屋”吴服店，兼做货币兑换，1726 年开设大阪心斋桥店，1728 年开设名古屋店。1736 年各个分店都挂上了老板下村正启亲笔写下的挂轴，写道“先义而后利者荣”，这是原汁原味的中国儒家思想，此言出自中国先秦的荀子，这一思想被演绎为大丸百货的创始理念。

早在18世纪30年代，老板下村正启就让员工在门店放置雨伞、扇子、火盆、灯笼等给顾客使用，明确童叟无欺，冬天给乞丐送饮食、旧衣服，必要时也会给钱。员工还给寺庙等地送去有大丸标签的灯笼、手帕。大丸的诸多义举为其带来良好口碑。1837年，大盐平八郎发动内乱时，大肆抢掠商贾，却下令：大丸是义商，不要侵犯。大丸早在18世纪就能做出这样的义举，让人难以置信，在21世纪的今天，还有许多企业远不能达此境界。

后藤俊夫的人生，也堪称励志楷模。他在57岁时转行投身教育，历经23年时间深入研究25000多家日本长寿企业，并走访了全球许多长寿公司，年近八旬依然在世界多地演讲。后藤俊夫说，中国有句古话叫“富不过三代”，日本却实现了“富可过三代”。

后藤俊夫认为，一家企业的兴亡不仅涉及公司本身，还会影响到消费者、纳税人和产业链，急功近利运营会给商业生态留下隐患。企业的长寿基因，主要来自利他之心。为此，必须努力祛除极端的自私自利之心。企业通过一件件小事积累信用，才是最大的财富。后藤俊夫提出，长寿企业可以长久生存，不是由于盈利能力强，而是因为企业认识到了时代要求的社会责任，并推行自身改革。……如果从长寿愿景出发，企业应以可持续发展与繁荣为目的，拒绝短期的急速增长。因为短期内飞速发展，缺乏韧性和持续力。比如，不过分扩大自己的经营规模，量力而行。这在日语中也有专门的说法，叫作“身高经营”。很明显，后藤俊夫这些观点表达的就是要将企业始终置于良性发展的轨道上，绝不做寅吃卯粮、竭泽而渔的事情。

企业经营是百年大计，无法做“短炒”，只能做“长线”。搞几年就收摊，还不如不搞。中国的不少商人实在是太“聪明”了，他们办企业总想着挣大钱、挣快钱，“一把一利索”，这样的做法是长久不了的。商业运营从一开始就应着眼天长地久，应该允许企业发展得慢一点，但要生存得久一点，努力避免企业出现半途而废、前功尽弃的情况。企业经营不是百米赛跑，而是一场马拉松比赛，最终比的是韧性和耐力，凡是中途倒下者，即使流了很多的汗水，都是没有成绩的。许多中国企业管理者看上去非常勤奋，没日没夜，加班加点，经常搞得焦头烂额，实际上是用战术上的勤奋掩盖战略上的懒惰。

企业必须积极搞好战略谋划。10 年是最短期的规划，这是从商者的创业期。中期是 30 年，是从商者正常履职、开疆辟土的时间。远期是 100 年，是从商者福泽后人的时间。不少中国企业都奉行“摸着石头过河”“走一步看一步”，连 5 年的发展规划都没有，即使有也是摆设，并没当真，根本没打算真正去实现它。许多中国从商者脑子太“活”了，缺少起码的韧性和耐力，不愿意为明天、为子孙承担更多的东西。

值得欣慰的是，中国优秀企业家已经开始思考企业的长久发展问题，在这方面，阿里巴巴已经走在前面。马云认为，做企业就要把目光放在明天，只靠兴趣，只讲利益，都走不长，企业做好，关键就在于它解决了多大的社会问题，解决的社会问题越大，企业也就越好。看得出来，马云不是那种锱铢必较的人，而是一个善于思考未来的人。他所着眼解决的是企业明天的问题，是社会的大问题，并且不是仅仅停留在口头上，而是切实将这一想法体现在企业管理的方方面面。如果一个企业家有了这样的指导思想，他的所作所为肯定是高起点的，任何只图眼前痛快的事情，他们是不会干的。

马云已经给自己的企业制定了 102 年的发展战略规划。阿里巴巴是 1999 年成立的，如果它能存活 102 年的话，时间跨度正好是 20 世纪里的 1999 年，整个 21 世纪的 100 年，以及进入 22 世纪的第一年。这样一来，阿里巴巴就会成为横跨三个世纪的公司。阿里巴巴制定了这样一个 102 年发展规划，但这一目标实现后就会关闭公司吗？应该不会的。这只是今天的阿里巴巴确立的一个算得上远大的规划，真的到了完成这一规划的那一天，那个时候的阿里巴巴可能会提出一个更加长远的发展目标。有着 5000 多年文明史的中国太需要有一批能够跨越百年岁月的长寿公司。

马云的这种决策理念，会使人想起詹姆斯·卡斯写的一本书——《有限与无限的游戏》。在这本书中，作者介绍了世界上的两种游戏：有限的游戏和无限的游戏。有限的游戏在边界内一次一次进行，无限的游戏却是以延续游戏为目的。许多人只会玩有限的游戏，因而就会经历没完没了的生生死死，无法实现生命的延续。只有跳出游戏的边界，注重从总体上掌控游戏，才能使游戏长久的玩下去。这就好像战略在企业管理中所发挥的作用。看来只有眼光长远的管理者，才可能像进行这种以无限为目的的游戏一样来管理企业。

希望中国企业界能够出现更多的会玩这种游戏的人。

四、保持竞争战略优势才能赢得商战的胜利

长期以来，许多人都注意到商场与战场的诸多相似之处。商战中对手之间的交锋与战场上的两军对垒确实颇为相像。正因为这样，军事理论早已被广泛用于商战，许多从商者运用前人的战争智慧打赢了商战。然而，商战与战场上两军交战的形式却有不同：商业之战不是像战场上的两军那样进行真刀真枪的拼杀，其进行的是一种没有硝烟的竞争之战。

在商业竞争中，企业战略管理者考虑的是如何利用自身有效的资源，通过优化竞争战略去满足顾客的需求，以此来创造新的价值。在这种情况下，资源、竞争和顾客三者就成为思考企业战略问题的出发点，因而形成了三种截然不同的战略思维，即以资源为本的战略思维、以竞争为本的战略思维和以顾客为本的战略思维。战略谋划者以此为基础，创造性地整合出适合不同企业实际的战略管理模式。

在长期的商业实践中，以竞争为本的战略思维始终占据主导地位。以竞争为本的战略管理者认为，在决定企业盈利性的各种因素中，市场结构起着基础性的作用，企业在“五种竞争力量”与“三大竞争战略”中的正确战略抉择是取得优良业绩的关键。

所谓“五种竞争力量”与“三大竞争战略”是当今全球战略管理学家迈克尔·波特在他《竞争战略》一书中提出的著名模型（见图6），这些模型理论已经成为广泛应用的竞争力分析基本坐标。即使在当今这个互联网经济盛行的时代，波特的有关管理思想依然对众多企业的战略选择产生着深远影响。

波特认为，企业的盈利能力主要由行业现有的竞争程度、供应商的议价能力、客户的议价能力、替代产品或服务的威胁、新进入者的威胁这五大竞争力量决定。各个企业因内外环境不同，其承受的竞争强度也不尽相同，潜在的获利能力也存在或大或小的差别。波特认为，企业战略设计的核心在于，选择正确的行业并在行业中占据有力的竞争位置。

企业在与五种竞争力量交战中，面临着三种不同的战略选择，这三种战略选择分别是成本领先战略、差异化战略与专一化战略。

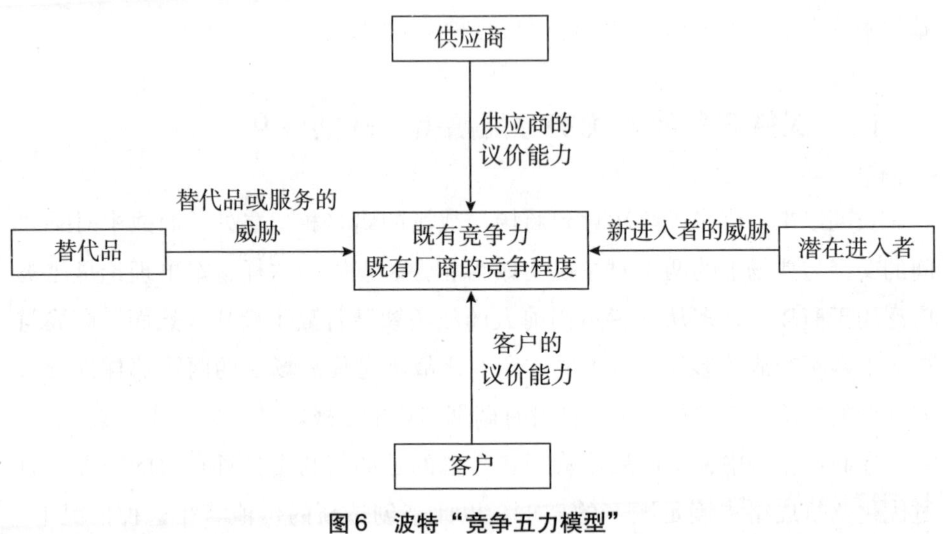

图6 波特"竞争五力模型"

成本领先战略主张建立高效能规模化的生产设施，全力以赴降低经营成本，严格控制成本和管理费用，最大限度地减小研发、服务、推销等方面的费用。为了实现这些目标，就需要管理者把成本控制摆在非常突出的位置，确保企业成本低于竞争对手。成本领先战略的实现，意味着当其他公司在竞争中已无利可图时，本公司依然可以获得利润。

许多企业都想赢得总成本最低的有利地位，但这一目的并非轻而易举就能实现。为此，企业通常需要具备远高于竞争对手的相对市场份额或其他有关优势，诸如与原材料供应商的良好联系，产品设计更便于形成较宽的相关产品线，以此来分摊固定成本。

总成本领先地位是许多管理者朝思暮想的事情。一旦某个公司赢得了这样的地位，就能获得较高的边际利润。在这种情况下，企业就可拿出部分利润对人才、研发、设备等进行新的投资，从而进一步维持企业在成本上的领先优势。这种良性循环必然推动企业不断迈上新台阶。

差别化战略是学界和企业家十分推崇的一种战略选择。波特认为，所谓差异化战略，"即企业提供被全行业认可的独特产品或服务"。[①] 波特说："战略并不是要涉及最佳的做法，战略是要选择什么样的做法可以使你与众不同，

① 马文星．试分析互联网金融背景下理财风险防范［J］．现代商业，2019（7）：103－104.

独一无二，通过不同的方式开展和你的竞争对手的竞争。”要实行差异化战略，前提和关键是找到自身定位。定位理论创始人杰克·特劳特提出：“定位就是要与众不同、独特的差异化，它是战略的全部”“定位就是如何在顾客的心智中实施差异化，使品牌进入心智并占据一席之地”“在大竞争时代，唯一的成功之道就是进入顾客心智。而进入顾客心智的唯一方式，就是做到与众不同”。他还提出了“定位四步法”，即分析外部环境、确立品牌的优势地位、为定位寻求可靠证明、将定位植入顾客心智。在杰克·特劳特最新出版的《与众不同：极度竞争时代的生存之道》一书中，他再次强调了“与众不同”的极端重要性，甚至认为：“不能实现差异化，就只有死路一条!”在竞争对手如云的情况下，企业必须找到一种方式令自己与众不同，这是成功的定位策略的基础。“你要告诉顾客为什么他应该购买你的而不是别人的产品”，只有顾客搞清楚了这个问题，才会愿意购买你的产品。①

实现差别化战略可以有许多方式，比如：设计新的品牌形象、新技术的应用、增加产品的新性能、改进顾客服务方式、商业网络的独特化等，都能够促进差别化战略的形成。当然，最理想的是一个公司能够在几个方面都具有差别化特征。

如果差别化战略得以成功实施，就会为企业构筑起应对五种竞争力量的防御阵地。波特认为，推行差别化战略有时会与争取更大市场份额的目的相矛盾，这一战略与提高市场份额的目标不可兼顾。推行公司差别化战略总是伴随着较高的成本代价，有时即便全产业的顾客都了解公司的独特优势，也并非所有顾客都愿意或有能力支付公司确定的较高价格。因此，在采取这一战略时，应该在可能的范围内，尽量降低产品和服务的定价。

专一化战略是企业主攻某一特定顾客群、某产品线的一个细分区段或某一区域市场所采取的战略。正如差别化战略一样，专一化战略也具有许多形式。虽然成本领先战略与差别化战略都是在全产业范围内来达成目标，专一化战略却是将某一特定目标群体作为服务对象的。公司业务的专一化能够以较高的服务质量获取某一狭窄的战略对象的认可，从而超越在较广阔范围内

---

① 杨琦，颜宇慧，杨秋慧，等. 浅议互联网金融背景下理财风险防范［J］. 商场现代化，2018（19）：118－119.

竞争的诸多对手。波特认为这样做的结果，或者是通过满足特定对象的需要而实现了差别化，或者在为这一对象服务的过程中实现了低成本，也许会二者兼得。实施这种战略的公司盈利潜力会高于产业的平均水平，并且能够抵御公司面临的各种竞争力量的威胁。但专一化战略也有弱点：一是它常常会限制整体市场份额的获取；二是它无法避免利润率与销售额之间此消彼长的关系。

波特认为，这三种战略是每个公司都应做出明确选择的，徘徊其间的公司会处于极为不利的战略地位，这样的公司几乎注定是低利润的，所以它必须做出一种根本性战略选择。波特认为相继采用这三种战略必然会失败，因为它们要求的条件是不一样的。

全球营销战略家艾·里斯与杰克·特劳特所写的《商战》一书，对于商业对手之间的营销战做了非常深入的研究。作者认为，传统的市场营销倡导“顾客导向”，而现今的企业没有不坚持顾客导向的。关键不在于是否能够满足顾客的需求，而在于能够赢得商业竞争，企业应把“顾客导向”转变为“竞争导向”。因此，商业就是战争，竞争者就是对手，目标就是要赢得胜利。

只要提到商战，人们的第一反应就是价格战，“降价促销”已经成了许多商家常用的“技法”，已经成为约定俗成的商业行为。这一观念是极为片面的，商业竞争绝不等于“价格战”。特劳特在《定位》一书汉语版的前言中提醒中国商家：“继续‘制造更廉价的产品’只会死路一条，因为其他国家会想办法把价格压得更低。”只知“杀价”、只会“血拼”的营销无法增加利润，也无法长久提升市场占有率，更无法赢得商机，最终只会给企业造成十分被动的局面。

商战是一种看不见战火的智谋战，商业竞争将人们的心智变成战场。战争每天都在从商者以及消费者的心智中进行着。由于当今的商战十分复杂和激烈，使得赢得商战成为许多商界人士很难完成的任务。正因为这样，身处商业竞争环境中的人们就应认真钻研商战制胜之道。

企业为了夺取商战的胜利，首先，要精心绘制商战相关方的“心智地图”。准确评估其他竞争对手在顾客心智中占据了什么位置，要找出占据客户心智制高点的是哪个公司。其次，找准自己企业占领的“山头”，然后再去细分市场，瓦解敌方阵地。

在《商战》一书中，作者重点分析了商战中四种常用战略形式，即防御战、进攻战、侧翼战和游击战，并针对每一种战略形式提出了十分有效的指导原则，分别明确了怎样实施这些战略。具体而言：防御战并不适合所有的企业，只有市场领导者才能打防御战，最佳的防御是勇于发动攻击，及时封杀对手。开展进攻战时，市场领导者的强势地位是主要的考虑因素，要找到领导者强势中的弱势，并聚而攻之，尽可能在狭长地带发起攻击。开展侧翼战时，要在无争地带展开，应该把战术奇袭作为侧翼作战最重要的一环，追击和进攻同等重要。开展游击战时，要找到一块小得足以守得住的地方，不要盲目地去效仿成功者，一旦有变，随时撤退。在上述分析中，作者为商战中的操作提供了实用性很强的选择。恰当地运用这些内容，会十分有助于提高商战的获胜概率。作者就像一位身经百战的军事指挥员，精心研判千变万化的战场形势，努力探究商战的规律和奥秘。

专业人士研究的结果表明，在实际商战中，100 家企业中会有 1 家打防御战，2 家打进攻战，3 家打侧翼战，剩下的 94 家都在打游击战。从这一比值中可以看出，具有竞争优势的大企业与中小企业会采取截然不同的经营战略。每个企业都要慎重进行自己的战略抉择，如果竞争战略搞错了，将很难战胜对手的攻击。

自从 20 世纪中期计算机行业崛起后，这一领域的竞争之战一直十分激烈。IBM 长期处于计算机行业的领导地位，始终执行非常严密的防御战战略，大力遏制对自己形成威胁的对手，长期保持着领先优势。在 20 世纪六七十年代，市场格局如同“白雪公主和七个小矮人”，竞争对手无法对 IBM 造成实际威胁。就在这时，一个真正的挑战者出现了——DEC（美国数字设备公司），该公司运用侧翼战战略发起进攻，并取得了优异的战果。

IBM 生产大型计算机，DEC 专攻小型计算机的生产；IBM 面向终端客户，DEC 避开这一领域，专门为设备制造商服务。DEC 推出的小型计算机价格低廉，销量大增。到了 1980 年，DEC 已成为世界最大的小型计算机生产商。

1981 年，IBM 推出个人计算机，对 DEC 发起了侧翼攻击。DEC 的小型计算机服务于制造商，而家庭和个人这块市场呈现空白，IBM 适时进入，取得了成功。经过一番角逐，DEC 终于无法招架竞争对手的强大攻势。1998 年 1 月，DEC 被康柏公司以 96 亿美元的价格收购，2001 年惠普与康柏公司宣布合并。

此后，苹果与 IBM 的商战开打。在个人计算机市场上，苹果与 IBM 展开了激烈较量。苹果不断推行产品迭代，抢夺家用计算机市场份额。但当苹果试图进入商用计算机市场时却遭遇了失败。《商战》一书出版时，苹果已经陷入困境。作者也许不会想到，几十年后的苹果又会在商战中重新崛起，成为计算机行业的巨头。

从中可以看出，与战场上两军交战相比，商战虽然不见血流成河，但同样是“你死我活”的苦战。因此，学习一点军事理论，掌握一些军事战略与战术方面的知识，对于从商者是非常有益的。

五、搞好企业战略谋划是企业管理的首要任务

对于企业管理者来说，掌握战略的概念及其有关理论知识是非常重要的，但仅仅掌握这些是不够的，还应该从企业管理的实际需要出发，积极探索企业战略方面的诸多应用性和操作性问题，特别是应该深入研究怎样搞好企业战略谋划这一重要课题。为此，下面的内容在参考了国内外一些战略研究学者、著名企业家的观点和做法的基础上，提出了一个基本思路。

那么，战略到底是如何形成的？在这方面，并不存在统一的看法，但一些著名学者的分析和论述会给予我们有益的启示。迈克尔·波特在 1987 年《经济学家》杂志上撰文指出：“我倾向于使用一系列的分析技术去制定战略”。在战略制定的“规划模型”中，其核心的原则是：战略的制定是一个完全有意识的、受约束的思想过程；可以通过清楚的步骤和技术来完成；CEO 是战略的构筑师，但具体制定由战略规划人员来履行；这是一种将战略制定与战略实施完全分开的做法，循着这一思路，人们可以事先为企业制定出明确的战略，然后分步实施。

著名管理学家明茨伯格做出了与此不同的分析，他提出了制定战略的三种方式：

草根式战略：战略就像花园里长的野草，在各种地方扎下根来。只要人们掌握到学习能力以及与学习能力相配合的资源，总能发现合适的战略。当这些战略转为集体性质，也就是说，当它们发展到有能力影响组织行为的时

候，就变成了组织战略。看到野草长起来了，不应急于全部拔除，而应认真地进行观察和辨别，从中找出有益的野草，并应创造条件助其茁壮成长。

伞式战略：由企业高级管理层制定战略的主要指导方针，有关细节问题则留给组织中的基层员工加以完善。这一战略不仅是预先规划的，也是逐步形成的。由此形成的战略既能较好地体现高层决策者的意图，又能使基层管理者的经验和能力得到发挥，有利于提高战略规划的质量。

过程式战略，也称流程型战略：由于企业经营经常面临不可预测或不可控制的复杂环境，处于决策层之外的其他管理者必须拥有相当大的决断权。否则，很容易造成不利的行动后果。为了应对这一情况，领导层不是试图通过设置界限或目标来普遍控制战略内容，而是通过施加间接影响来推进战略进程。在此过程中，领导层会控制战略制定的流程，而让其他管理者决定战略的内容。这种战略形成方式能够更加有效地调动中下层管理者的积极性和创造性。①②

显然，上述不同的战略产生方式，在实际管理工作中都是存在的。管理者在实践中应该紧密结合企业的实际状况和竞争环境来做出正确的选择。

总体来说，企业的战略谋划可重点把握以下几个环节：

一是精心搞好战略预测。战略预测是在科学把握战略所涉及的事物、对象的现实状况和未来发展趋势的基础上，对战略目标、战略任务、战略手段的可行性及实施效果的预测。战略预测是提出战略目标、战略任务、战略手段的基础和前提。如果战略预测发生严重错误，就可能将整个战略谋划的大厦构建在沙漠之上。

毛泽东认为，预见能力是领导干部的必备素质。他在中共七大的讲话中指出："预见就是预先看到前途趋向。如果没有预见，叫不叫领导？我说不叫领导。""坐在指挥台上，如果什么也看不见，就不能叫领导。坐在指挥台上，只看见地平线上已经出现的大量的普遍的东西，那是平平常常的，也不能算领导。只有当着还没有出现大量的明显的东西的时候，当桅杆顶刚刚露出的时候，就能看出这是要发展成为大量的普遍的东西，并能掌握住它，这才叫

① 明茨伯格．战略手艺化［J］．IT 经理世界，2004（4）：80.

② 明茨伯格．战略类型和战略选择［J］．IT 经理世界，2006（4）：104－106.

领导。”① 毛泽东就是这样一位高瞻远瞩的战略家。正是由于他的英明预见，才能制定出中国革命的正确战略，才迎来了新中国的成立和发展。

企业战略管理者同样需要远见卓识。“凡事预则立，不预则废”，就像下象棋，至少要看三步棋，不然肯定会输，高手看得更多了。具有雄才大略的管理者，必然比一般人看得更远一些，更深一些。他们善于用望远镜登高望远，用显微镜见微知著；不会囿于一隅，故步自封。我们的世界始终是被那些胸怀全局、腹有良谋的人主宰着。他们的那些有预见性的决策与行为，成为推动社会进步的力量。

人类的行为是否能够预测？长期以来，人们对此的回答难以达成一致。《爆发》一书的作者巴拉巴西从一个新的角度，给予这一问题非常肯定的回答。作者提到，虽然每个人的具体行为各不相同，但将这些行为进行了数学化、公式化和模型化后，得出的结果全都极为相似。这是因为人们在做出选择的时候，都会遵循优先级原则。人们在做一件事之前，都会思考其意义，思考其是否最有利于自己。一旦遵循了这个优先级原则，人类行为的本质在底层都是一样的。当所获取的信息足够多的时候，就可以通过大数据进行预测分析。在数据科学家的眼里，人类行为的可预测性相当高，其准确程度竟然高达93%。可见，大部分人的行为都是可以预测的。这是一个意义十分重大的结论。如果依靠大数据的支持，能够对人们的行为实现较高程度的预测，企业战略谋划的“盖然性”将会大大提高，其可行性必将明显提高。②

1964年，戈登·摩尔（后来成为英特尔联合创始人）做出预测，用于集成电路上的晶体管数量，每经18—24个月后就会翻倍，这一推论被称为摩尔定律。此后20多年的时间，行业的发展完全符合这一预测。英特尔前CEO格鲁夫在20世纪80年代据此阐明了自己对于计算机行业未来的愿景。与一些人认为摩尔定律只是工程学进步的一个案例不同，格鲁夫将其解读为能够改变电脑产业格局的战略。基于这一愿景，格鲁夫把英特尔的战略与组织完全聚焦于在微处理器细分市场上取得的领导地位。基于格鲁夫的准确预测，英

---

① 毛泽东文集：第三卷［M］. 北京：人民出版社，1996：394－395.

② 巴拉巴西. 爆发——大数据时代预见未来的新思维［M］. 马慧，译. 北京：北京联合出版公司，2017.

特尔制定了具有前瞻性的公司战略，并取得了巨大的成功。战略基于预测，预测支撑战略。准确的预测是搞好企业战略管理不可或缺的重要条件。尽管达到像摩尔、格鲁夫那样的预测水平会很难，但管理者必须尽其所能地为此做出努力。

二是全面搞好企业现状评估。孙子有句很著名的话："知己知彼，百战不殆。"这句话不仅适用于军事，也适用于企业管理的战略思考。企业进行战略谋划时，应该充分认识公司处于什么阶段，以及目前的战略是如何创造或者如何抑制了企业的竞争优势。管理者的战略思维应该聚焦企业的竞争优势。公司管理层需要考虑的首要问题不是"我们的竞争优势是什么"，而是"我们具有竞争优势吗？"

美国科恩集团创始人威廉·科恩认为，在任何场合，企业的资源都不足以利用它面对的所有机会，回避它所受到的所有威胁。因此，战略基本上就是一个资源配置的问题。成功的战略必须将主要的资源用于最有决定性的机会。战略决策必须围绕公司目前能够获取的资源和能力，以及怎样充分利用这些资源和能力实现优势最大化。为此，必须优先识别企业的核心资源和能力。

如何识别核心资源和能力？哪些资源和能力能够成为企业长盛不衰的竞争优势，并成为战胜竞争对手的"独门绝技"。与此相关的一切就是企业必须占有和培养的核心资源和能力。企业要基于自己的核心资源和能力来构建竞争优势。只有这样，企业才能取得高于行业平均水平的投资收益率，这样的企业才能获得长久发展的机会。

一讲到企业的核心资源，许多人就想到了高科技，其实不然。比如，沃尔玛不就是一家超市吗？有多少科技含量？人们都知道沃尔玛公司是折扣连锁的标杆，但这种商业模式却是"一直被模仿，很难被超越"，原因在于其"低价"的背后，有一套完整的、极难复制的信息资源和采购配送流程。这样的例子并不少见。可口可乐不就是一瓶饮料吗？星巴克不就是一杯咖啡吗？老干妈不就是一瓶辣椒酱吗？海底捞不就是一个火锅吗？宜家不就是一套家具吗？……这些长盛不衰的公司，哪里有什么高科技？创造了这些商业神话的企业家的战略头脑才是最宝贵的资源。这些企业坚持不懈地制定并实施正确的发展战略，努力将体现这一战略的产品和服务做到极致，由此形成的商业模式最终成为企业的核心优势。

三是精准识别核心竞争力。企业应该注重“聚焦”，不管规模大小，企业的战略都应该围绕自身的核心竞争力来完成。核心竞争力是企业可持续竞争优势与新事业发展的源泉，核心竞争力应成为企业战略的焦点，企业只有把自己看作核心能力、核心产品和市场导向的事业时 ，才能在竞争中取得持久的竞争地位。

企业可以运用 SWOT 分析法来提高核心竞争力的识别能力（见图 7）。这一分析法已经成为商业战略中普遍使用的一种分析法。它将形势分析的结果分为优势和缺陷（来自内部商业模型分析），以及机会和威胁（来自外部分析）。

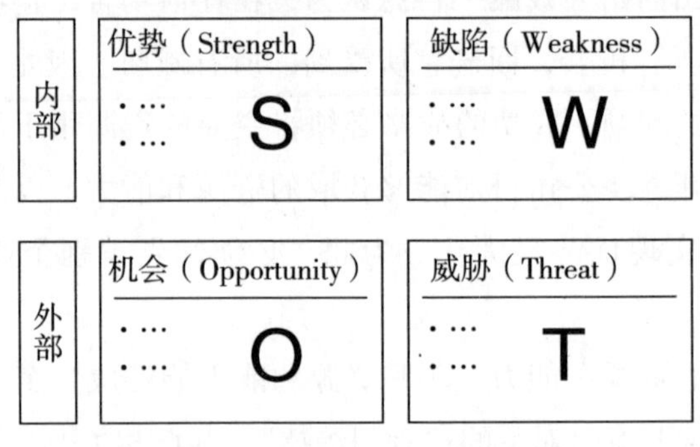

图 7　SWOT 分析法示意图

SWOT 分析是一种全面、具体、系统、精确的分析法。它包括优势、缺陷、机会和威胁四个要素。SWOT 分析，可以把看似独立的单个因素匹配起来，帮助企业把资源聚集在强项和机会较多的方面，规避和克服企业的缺陷及其面临的威胁。在运用 SWOT 分析法的过程中，管理者可以通过交叉配对、综合评估等操作，找出推动企业战略成功的关键因素，以期更好地完善绩效管理体系，科学地制定企业发展战略。

下面，来见识一下一家制造卫生纸的厂家是怎样形成核心竞争力的。多年来，家庭消费的卫生纸一直是白色的；在人们的印象中，纸张越白越干净；许多厂家为了能使卫生纸增白，投入了不少资源。然而，几年前，一家湖南的企业却反其道而行之，该厂以竹子为原料，生产出一种竹黄色的卫生纸，称为“竹炭纸”，主打“天然”“抑菌”牌。虽然“竹炭纸”的价格反而高于白色纸，但销量极佳。这家企业能够在充分竞争的市场环境中获胜的原因：一是靠差异化竞争这一战略，及时识别出企业的核心竞争力，二是将核心竞争力转化成受顾客欢迎的产品。

四是积极应对核心挑战。战略谋划的根本任务就是识别和克服企业面临的核心挑战，进而采取恰如其分的行动，实现既定的战略目标。所谓核心挑战就是阻碍企业成长的根本问题，或者是阻碍企业抢抓战略机遇的瓶颈因素。只有赢得了这一核心挑战，企业才能在实现战略目标的道路上不断向前迈进。战略思维最本质的特征未必是它能够解决最复杂的核心挑战，而是它能够在诸多挑战中识别出“能够克服”的核心挑战。

有一天，麦肯锡公司的一个紧急行动小组突然受邀，协助解决一家航空公司面临的核心挑战。经行动小组确认，这家航空公司的财务状况已经非常糟糕，账面资金仅够维持公司15—20天的运营。主咨询师召集会议，讨论如何扭转这一严峻局面。在场的都是行业专家和经验丰富的咨询师。在讨论中，大家提出了一个又一个的方案，包括关闭航线、特殊优惠和降价出售等。然而，经过进一步推敲后人们发现，这些方案都需要较长时间才能生效，这家航空公司根本等不及。突破口终于出现了，主咨询师打断了大家的讨论并宣布，正确的行动应该是从今晚起，将机票票价提高20%。会场顿时陷入一片沉静，打破沉默的是同事的质疑：“这绝对是错误的行为。”质疑者认为，此前从未这样做过，这一做法会招致顾客的反对。这一方案最终在争论中通过。涨价的结果是航空公司收入突增，这使公司有了足够的喘息时间去思考更长远的战略。就这样，一个关系到企业生死存亡的核心挑战快速得到解决。

美国学者大卫·B. 尤费、迈克尔·A. 库苏马罗在《战略思维》一书中，介绍了盖茨、格鲁夫、乔布斯三位著名企业家是如何克服企业核心挑战的。其中谈到一个企业战略法则，叫作“向前看，向回推理”。

这一战略法则分为4个主要部分：（1）向前看，形成对于未来的愿景；向回推理，设定边界和首要任务。（2）向前看，预测客户需求；向回推理，努力匹配这些需求。（3）向前看，预测竞争对手的行动；向回推理，设置障碍，阻止对手并且锁定顾客。（4）向前看，预测行业拐点；向回推理，应对改变并且坚持到底。认真理解其中的含义，非常有助于企业管理层提高克服核心挑战的认识和能力。这一法则的要义不是通过总结经验的做法，向成功的过去寻求答案，而是以未来为着眼点，一步一步地倒着走，以“倒推法”的方式将每一步在服务客户、战胜对手等方面所需要的资源提前予以合理配置，并制定出相应的可行的对策。这样的做法会制定出一个具有一定前瞻性的战略，进而使企业能够走在时间的前面。

六、企业战略必须转化为战略执行力

战略的制定和实施都离不开行动，都需要切合实际的执行。战略执行力的强弱，最终决定企业战略的成败。从管理实践来看，战略管理中的最大“瓶颈”是战略与执行的脱节。美国《财富》杂志披露：有效的战略策划并得到有效执行的战略还不到10%，而大约70%的战略失败在于执行不到位。

明茨伯格认为，思维与行动的紧密联系是制定战略的关键，“行动激发思维，战略得以形成”。在明茨伯格看来，战略不可能是在企业家完美设计出来之后按部就班执行的，而是在实行过程中通过主体与环境的互动逐步形成的。行动胜于意图，行动常常改变了意图。战略决策是一种“手艺活儿”。手艺人的特点是身体力行，不断尝试，从练习中积累经验，从实践中寻求解决之道。在《明茨伯格论管理》一书的第一部分第二章“塑造战争”中，明茨伯格指出：“在实践中，所有制定战略的过程，都包含两个方面，既需要事先深思熟虑，也需要在摸索中逐步形成。只靠事前规划而做出的战略，妨碍了学习和修正；只靠自然形成的战略，则会阻碍有意识的控制。走极端的话，哪种方法都不行。学习必须与控制结合起来。”明茨伯格还说，“同样，没有什么绝对事前安排好的战略，也没有什么绝对是自然形成的战略。……真实世界里的各种战略构成了一条线段，预先规划式战略与自然形成式战略为该线段的两个端点。一部分战略靠近这两个端点，但更多战略分布在线段当中。”这些看法是十分精辟的。深入理解这些观点，能够有效提高人们的战略思维水平。“纸上得来终觉浅，绝知此事要躬行”，战略依赖实践，战略离不开行动，真正的战略绝不会仅存于纸墨之间。

战略执行有赖于企业的战略组织力。战略谋划与战略执行相伴相生、相辅相成。战略执行是在组织成员一致认同企业战略的情况下实现的。如何使大家完成这种认同并齐心协力为之奋斗，是战略管理的关键所在。只要做到了这一点，组织的战略执行力就会明显增强。

一个企业只有构建起与战略相匹配的组织，战略执行才会真正落到实处。企业战略最终都是要靠组织起来的员工将其转化为现实的。企业应该按照战略的需要进行组织变革，明确有关事项谁来干、相关责任谁来负，实施组织赋能。提高组织的战略执行力不能仅仅依靠个别人或少数人，而是要发挥组织的整体效能，积极构建稳定的业务架构，制定高效的业务规则，形成严密的业务流程。

在20世纪90年代初期，施乐公司前CEO保罗·阿莱尔任命了由6名年轻中层经理人组成的一个小组，他们的主要任务是按照实施企业战略的需要，检查施乐公司目前的组织结构及其存在的问题并提出改进建议，设计一个新的组织结构方案使公司在将来取得成功，并且共同制订该方案的实施细节。这一切为施乐公司未来的发展奠定了坚实的基础。只有具备战略家头脑的管理者才会产生这样的先知先觉，只有优秀企业家才会在过着好日子的时候，舍得拿出资源去为组织的未来采取行动。

战略执行离不开创造力。战略执行绝不是一种“对号入座”的简单行动，而是一个需要创造性执行的过程。离开了创造力，任何战略都不会成为现实。企业战略并非CEO带领几个“高人”在会议室里“吹”出来的。它需要一个从实践到认识、再从认识到实践不断往复的过程。企业战略的实现有赖于整个管理团队以及全体员工共同的创造性行动。

20世纪80年代中期，日本松下公司决定实施新的技术创新战略。研制家用面包烘焙机是当时的一个重点项目。然而，研制初期遇到了难题，技术人员无法解决揉面团过程的机械化问题。他们尝试着复制专业烘焙师的技法，却接连遭遇失败。最后，研发团队中的一个名叫田中裕子的成员主动到大阪国际饭店做首席烘焙师的学徒。经过反复观察和模仿，她注意到烘焙师拉面团和拧面团的方式非常独到。于是，松下公司将产品策划、设计、软件开发和控制系统的精英组织起来，开始尝试复制烘焙师的拧拉面团的动作。经过一年的多次实验，公司最终成功研制出面包烘焙机。从中可以看出，员工的创造力是战略执行的可靠保证。

采用战略执行工具是非常有益的。搞好战略管理光有思想不行，战略执行只有一般要求也是远远不够的，还必须有与之相匹配的管理工具。目前在国际商界得到普遍认可的战略执行工具就是平衡计分卡。

平衡计分卡产生于20世纪90年代初期，是国外学者戴维·诺顿和罗伯特·卡普兰通过对12家在业绩评价方面处于领先地位的企业进行为期一年的研究后提出来的。采用平衡计分卡这一考评体系，有利于转变企业常用的以财务指标为核心的绩效评价和战略管理体系，将非财务方面的重要因素引入企业管理体系。平衡计分卡是从财务、客户、内部运营、学习与成长四个角度来评价企业绩效水平，并将企业当期绩效和未来发展联系起来，通过能够反映企业整体状态的具体绩效指标来确保企业战略的实施。

实行平衡计分卡有以下优势：有利于促使企业各个组织的行为保持一致，共同服务于企业的战略目标；有效地将企业的战略目标转化为企业各组织各层级的绩效行动；有利于企业员工培养能力，帮助员工理解企业的战略目标；有利于实现企业长远发展，提高企业整体管理水平。

企业文化就像一只“看不见的手”，无时无刻不在影响着企业的运行，“看不见的手”能够有效推动战略执行。它是企业的DNA，深深根植于企业员工共同的心智模式中，也是企业员工与同事、合作伙伴和客户相互沟通的“共同语言”。企业文化成为员工的心智模式后，能够使其自觉地围绕企业战略去进行思考和行动。

公司执行战略活动的能力最终在很大程度上取决于公司内部的组织文化。不管公司的资源品质如何，也不管公司价值定位对目标消费者有多大的吸引力，组织文化这只“看不见的手”既可以使系统内所有不同的组成部分协调运作，也可以使它们陷入混乱。同时，这只“看不见的手”对公司实现相对成本和相对价格也会产生重要的影响。比如，成本领先战略会要求公司全体员工都要杜绝浪费，努力在各个工作环节减少消耗，提高效率，实现产出最大化。

第九章　利益篇

马克思说："人们奋斗所争取的一切都同他们的利益有关。"拿破仑说："世界上有两根杠杆可以驱使人们的行动：利益和恐惧。"拿破仑运用这两根杠杆，改变了欧洲和世界的历史。

这些年，许多中国企业通过"股权激励"的办法，大大激发了员工的积极性和创造性。华为就是这样做的。在这方面，任正非的理念是"财散则人聚"。这真是微言大义。如果哪位企业家正因企业管理不善而陷入困境的话，不妨将这个理念拿过去试试。数据显示，截至2020年6月29日，任正非个人的持股比例从0.94%降至0.88%，华为公司工会的持股比例则从99.06%增至99.12%。任正非认为，这种情况很正常，乔布斯曾在苹果公司的持股比例是0.58%，所以任正非的股权数量继续下降是合理的。这是一种体现了我军优良传统的财富观。

一、军队，为国家利益而战

人类社会的发展史已经证明，人们的一切思想和行为都与其利益有关，但军队倡导的利益观与企业有着很大的不同。搞清楚军人怎样对待利益问题，对企业管理具有很大的启示作用。

自古以来，军人都是一个有着特殊利益观的群体。有人认为，军人是不讲利益的。其实不是这样。军人也是人，必然会有利益观念，但军人有着与平民不同的利益观。黄埔军校大门口最初赫然写着一副对联："升官发财请往他处；贪生怕死勿入斯门"，横批："革命者来"。这充分体现了当时的国民革命军崇高的利益观。

军队作为国家机器的重要组成部分，必然以实现国家利益为宗旨。对于军人来说，虽然也有个人的利益追求，但必须把国家利益摆在首位，当国家利益需要维护时必须挺身而出。在这样的时候，军人就会牺牲个人利益，直至献出鲜血和生命。

《孙子兵法》云："合于利而动，不合于利而止。"在战场上与敌交战，胜与败是最大的利益之争，胜是最大之利，败是最大之失。一切作战行动都要以有利于己方、不利于敌方为目的。能够在战场上始终处于有利地位的军队，就容易形成作战优势，并最终打败对手。

战争的发生、战局的发展都与敌对双方的国家利益紧密相连，战争的实质是国家利益之争。敌对双方都想通过打败对手来维护各自的国家利益。

中国共产党及其领导的人民军队始终以实现中国人民根本利益为奋斗目标。我军始终保持人民子弟兵的本色，坚持全心全意为人民服务的宗旨，并且在任何情况下始终坚持国家和人民利益至上。在严酷的战争环境中，我军是老百姓的守护神，即使赴汤蹈火也要解民之危；和平时期，我军仍然继承了这一优良传统，始终以强大的战斗力与威慑力，遏止敌人的侵略野心，捍卫人民群众的福祉与安全。

利益观是价值观的核心内容之一。确立正确的利益观就是端正价值取向的过程。有了正确的利益观，才能成为一名合格的军人。极端利己主义在我军内部没有土壤。爱国主义、集体主义、革命英雄主义，一直是我军意识形态的主旋律。

今天，如果有人认为，加强军队建设是为了实现军人的利益那就大错特错了。我军是执行革命政治任务的武装集团。我军指战员追求的不是一己之私，而是始终把祖国和人民的利益摆在第一位。军队管理始终注重引导官兵做到个人利益服从国家利益，祖国和人民的利益高于一切。为此，军人可以牺牲个人利益，必要时可以献出自己的一切。如果军人的鲜血换来的不是国家的安全和人民的幸福，那不是成了无谓的牺牲了吗？军人的牺牲在祖国和人民的利益上得到体现，才使其有了价值、有了意义。

我军如何使官兵确立正确的利益观？主要靠的就是强有力的思想政治工作。经过部队党组织长期的培养教育，步入军营的社会青年的觉悟就会逐步得到提高，他们会逐步形成革命军人应有的利益观、价值观。军队在这方面的做法是非常值得企业学习的。如果企业员工都能着眼国家发展大局，自觉维护企业整体利益，企业管理还会有什么难度吗？

应该看到，企业与军队的性质不同。一方面，企业员工应该向我军学习，正确对待企业管理中的利益问题，不能过分计较个人得失。为什么军人可以“冒着敌人的炮火前进”，而企业却常常因为很小的利益之争，引起很大的矛盾？这是一个值得思考的问题。另一方面，也不应将员工混同于军人，把员工当成军人来看待，毕竟企业员工很难树立军人的利益观。可见，在社会生活中，人的利益追求是存在差异的，对实现个人、集体、国家等方面利益的态度，体现了人们各自行为的不同追求。

当然，军人也是血肉之躯，不能“不食人间烟火”，军人及其家庭也需要利益保障，军人应该取得应有的合法利益。国家通过立法，保护军人的合法利益不受侵害。军队内部管理也注意解决与官兵切身利益相关的各种实际问题，严禁军官侵犯士兵利益。近年来，国家出台了一些维护军人及其家属合法权益的规定，其目的正如习总书记指出的，“让军人成为全社会尊崇的职业”。出台相关规定的着眼点是形成尊重为国家和人民奉献牺牲者的良好风气，强化社会的正能量，坚决避免“英雄流血又流泪”现象的发生。只有不断完善军事法律与军规，才能提升军人维护国家和人民根本利益的力量。

二、利益是行为的目的

司马迁在《史记》中写道：“人各任其能，竭其力，以得所欲。……天下熙熙，皆为利来；天下攘攘，皆为利往。”可见，从古时候开始，人们就清楚地认识到了人的逐利性。

拿破仑说：“世界上有两根杠杆可以驱使人们的行动：利益和恐惧。”拿破仑运用这两根杠杆，改变了欧洲和世界的历史。一般来说，在社会生活中，人人都会有利益诉求，都会注重争取、维护自身的利益。西方经济学理论中有一个“理性人假设”。意思是说，每一个从事经济活动的人都是由利己心驱使的，都是利己主义者，都是力图以最小的代价去获得最大的经济利益。这一理论从亚当·斯密开始，一直影响世人至今。

美国的行为学家马斯洛在他的代表作《动机与人格》中对这一理论做了深入分析。他将个人在利益方面的需求，由低到高分别划分为五个层次，即生理需要、安全需要、归属与爱的需要、尊重需要、自我实现需要。马斯洛后来又补充了求知需要和审美需要（见图 8）。这些利益需求成为人们各种行为的动因。马斯洛认为，人类的需要主要有两个方面，一类是沿生物谱系上升方向逐渐弱化的本能或冲动，称为低级需要。一类是随生物进化而逐渐显现出来的潜能或需要，称为高级需要。

人都潜藏着这七种不同层次的需要，但在不同条件下，对各种需要的迫切程度是有差异的。人们最为迫切的需要才是激励人的行为的主要原因和动力。生理、安全等方面的需要属于人的基本需要，常常是那些生存条件较恶劣的人们所追求的目标。在这方面得到的满足，只能使人获得一般动物性的体验，只能产生较低层次的满足感，无法获得较深层次的心理体验，无法使人得到较大的内心享受和精神愉悦。只有当人们高层次的需要得到满足时，才能产生较深层次的心理感受。

低层次的需要得以满足后，它的激励作用就会逐步降低。这时，高层次的需要会产生出来并成为促进行为的主要原因。有的需要一经满足，便不再

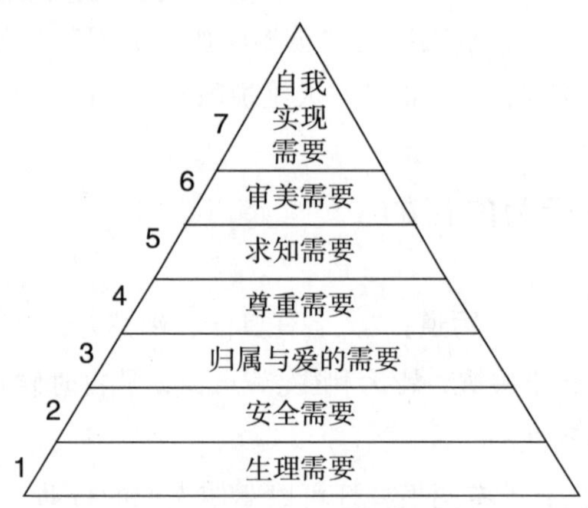

图 8　马斯洛需求模型

对人的行为起支配作用，于是，该需要就会被其他方面的需要取代。高层次的需要比低层次的需要具有更大的价值，高层次的需要能够激发人的巨大热情。“自我实现”这种人的最高需要，就是以最有效、最完美的方式来表现自己的潜力，只有达到这一境界的人们，才会产生被称为“高峰体验”的心理感受。这个时候的人们会心旷神怡、会欣喜若狂；在这样的时刻，人们会产生一种心潮澎湃、如醉如痴的心理享受。这是一种最完美、最和谐的人生状态。为什么会有那么多人甘愿冒着巨大的生命危险去攀登珠穆朗玛峰？这座雪峰顶部并没有放着钞票，但这些人却毅然决然地踏上这条极为艰险的攀登之路。即使在攀登的征途上遭遇不测，他们也会认为值得。这些人需要的是一种地球人登上地球海拔最高点的精神上的极大满足。这就是人生极其难得的真正的“高峰体验”。这也是成功企业家经常能够得到的一种感受。

上述分析，对于我们认识经济现象是有帮助的，但也不能绝对化。将每个人的行为动机都归结为利己心是失之偏颇的。实际上，人类的行为是具有双重动机的：一方面人们在追求个人财富的最大化；另一方面人们又在追求个人非财富最大化。人们往往在二者之间进行反复权衡，积极寻找均衡点。应当注意的是，实现非财富价值不能总以牺牲个人财富为代价。追求非财富最大化的行为具有利他主义、意识形态、自觉自愿等色彩。追求非财富最大化的人，往往具有集体主义行为偏好。在企业管理中，管理者尤其要掌握好这两个方面的均衡点，不能只讲其一，不讲其二。如果企业管理者只注意满足员工追求财富最大化要求，而忽视了他们的非财富最大化要求，就容易形成拜金主义倾向，给他们个人的全面发展造成不利影响。如果只是重视员工的非财富最大化要求，轻视了员工追求财富最大化的要求，又会使他们的物质利益受损，挫伤他们工作的积极性。在现阶段，应该采取满足员工追求财富最大化要求为主，追求非财富最大化为辅的做法，努力寻求二者的均衡，不断促进员工的全面发展。

在当今这样的社会历史条件下，利己心是不应完全否定的。如果大家都毫无利己之心，人类社会的麻烦可就大了。个人的事情、家庭的事情应由谁来管理？人们应该反对的是那种违反公德与法律的损人利己、损公肥私的行为。正常的合法的个人利益必须得到法律的保护。

在调整企业内部利益关系时，管理者有必要搞清楚意大利经济学家帕累托提出的“帕累托最优”这个概念。在此之前，有必要先解释一下什么叫作“帕累托改进”：假设一个企业现在为一批员工分配一些定量的资源，所拟定的分配方案有许多种。如果对其中某一种方案的调整，能让至少一个人获利的同时无人遭受损失，那么，这一调整策略就称为“帕累托改进”。简言之，“帕累托改进”就是在无人变得不好的前提下让有些人更好。如果某一分配方案，再也没有任何“帕累托改进”的余地，就可以认为这一方案达到了“帕累托最优”。这意味着“帕累托最优”的结果是所有人都会感到满意的方案。在这种情形下，如果有人还想获取更多的利益，就只能损害别人的利益——这样的做法当然是不可取的。所以，企业管理者在利益分配时就要积极实行“帕累托改进”，努力实现“帕累托最优”。达此目的的难度在于这是一个动态平衡的过程，不能一劳永逸，无法一次性永久解决。

在社会关系中，最难管理协调的就是利益之争。凡人的世界是这样，神的世界会不会是另一番景象？古希腊的神话中记载了一个“金苹果事件”。人间英雄佩琉斯与海中女神忒提斯举行盛大婚宴。管辖纠纷的女神厄里斯未被邀请。觉得受到冒犯的厄里斯不请自来，在宴席上留下一个很大的金苹果，上面刻着一行字：“献给最美丽的女神”。赫拉、雅典娜及阿佛洛狄忒三个女神都认为自己是最美的，争得不可开交。她们请天神宙斯裁决遭到拒绝，宙斯让三人去找英俊的特洛伊王子帕里斯作裁决。来到帕里斯面前，三女神开始各显神通。赫拉答应给王子至高无上的权力，雅典娜要给王子最聪明的头脑，而阿佛洛狄忒要给王子世上最美的女人斯巴达王后海伦。最终，帕里斯把金苹果交了阿佛洛狄忒。另外两个女神十分愤怒，决定毁掉特洛伊城。她们施展魔法，让帕里斯拐走了斯巴达王后海伦，从而引发一场打了10年的特洛伊战争。最后，希腊人使用木马计得逞后开始屠城，彻底毁掉了特洛伊城，并抢回了海伦。希腊的长老们商议着如何处置海伦，是把她送回她丈夫身边，还是把她作为战犯处死。正在争议不决的时候，海伦被带了进来。刹那间，海伦的美貌使长老们全惊呆了，他们立即达成一致：为了如此美丽的女人打10年仗是值得的。可见，即使在众神统治的世界也是在为争取各自的利益明争暗斗，何况我们凡人世界。古希腊神话中描述的利益之争，反映的是远古时代人们的利益观念。虽然其中的情节复杂离奇，而趋利避害始终是隐含在每个人物身后的一条线索，时刻牵动着他们的一言一行。

正如马克思所说："人们奋斗所争取的一切都同他们的利益有关。"① "'思想'一旦离开'利益'，就一定会使自己出丑。"② 这就告诉人们，利益就像一面镜子，它能照出隐藏于人们内心深处的秘密。"几何公理要是触犯了人们的利益，也一定会遭到反驳的"，这句格言道出一种普遍的社会现象。人们之间经常发生的争论，争的不是谁有没有道理，而是得出的结论对谁有利，会给争论有关人们的利益造成什么影响。因此，人们在解决企业管理中遇到的矛盾时，不要被争议表面的是非所迷惑，而应更多地关注其中的利益指向，只有这样，才会抓住问题的本质，才有助于矛盾的解决。从某种意义上说，企业管理者就是调节客户、员工、股东等利益相关者关系的人。无论遇到多么复杂的矛盾，只要善于从利益关系的角度来认识解决问题，管理者就会比较容易将众人的意志协调起来。利益调节就像一把"万能钥匙"，可以打开许多难以开启的锈锁。

三、需求决定供给

毛泽东指出："马克思列宁主义的基本原则，就是要使群众认识自己的利

---

① 马克思恩格斯全集：第1卷［M］. 北京：人民出版社，1956：82.

② 马克思恩格斯文集：第1卷［M］. 北京：人民出版社，2009：286.

益，并且团结起来，为自己的利益而奋斗。”① 实现这样的目标，也是企业管理者的职能。企业是一个经济组织，是真正的由众人组成的利益共同体。企业管理遇到的各种矛盾几乎都与人们的利益有关。客户、员工与股东是企业管理者必须面对的利益主体，只有将三者在企业发展的利益格局中恰当定位，正确处理其相互关系，企业才会始终保持足够的动力和活力。

马克思曾经说过：“商品到货币是一次惊险的跳跃。如果掉下去，那么，摔碎的不仅是商品，而是商品的所有者。”这话说得十分形象。企业不是为了生产而生产，而是为了满足客户需求而进行生产。产品只有通过交换变成货币，才能产生经济效益，才能实现资本的增值。为此，企业生产的产品必须符合客户的需求，必须使客户产生购买的欲望，使客户在消费其产品时能够得到满足。客户的需求、客户的认可、客户的购买才是企业经营链条的首要环节，没有了这第一个环节，一切都无从谈起，一切都等于零。这一环节的实现不仅关键，而且极不容易做到，因此，马克思才将此比喻成“惊险的跳跃”。每个企业天天都在进行这样的跳跃，必须跳得好、跳得远。多少企业没能完成这惊险的一跳而掉了下去，不仅商品摔坏了，企业摔坏了，甚至老板也摔得醒不过来了。避免此类悲剧的最好办法，就是真心实意地为客户着想，为客户服务。

企业应该清楚，只有能够满足客户有效需求的产品才能叫商品，这样的商品才会在市场上流通起来。无法使消费者产生购买欲望的产品与垃圾无异。当今许多大城市大量废弃的共享单车，非常直观地说明了这个道理。

人们只要一翻开西方经济学，首先看到的就是“资源稀缺论”这个概念。然而，今天的世界还有什么是稀缺的？黄金？白银？石油？煤炭？……中国改革开放40多年来，粮票、油票、肉票、煤票等早就不见了。很长一段时间以来，任何国家的钢铁年产量都没有超过两亿吨。创造过钢产量最高世界纪录的是苏联，其年产量曾经达到1.8亿吨。我国1958年推行“大跃进”，全民大炼钢铁，“家家点火，户户冒烟”，全年钢产量也才1108万吨，其中合格的钢只有800万吨。据统计，我国2015年的钢铁产量已达惊人的8.3亿吨。这些钢铁企业的许多产品，无法找到客户需求，这些过剩的钢铁无法实现其

---

① 毛泽东选集：第四卷［M］. 北京：人民出版社，1991：1318.

价值，由此产生了一个天大的难题：如此巨额的产能如何转移、如何消化？各个行业都应极力避免出现这种情况。许多人在学习政治经济学时，都会学到《资本论》里一个著名观点：所谓经济危机就是生产过剩的危机。今天的人们才真正体会到了这一点。为什么要进行供给侧结构性改革？不改革真的会发生经济危机。

之所以众多成功的企业家都主张把客户摆在第一位，并不是因为他们多么喜欢客户，或是天生就对客户有感情，而是他们真正搞懂了经济学中关于供给与需求的关系问题。市场供求是决定市场价格的基本力量，对供给与需求的分析是经济学的逻辑起点，也应是管理者必须搞清楚的基本问题。西方经济学理论中有两派对立的观点。一个是以法国经济学家萨伊为代表的供给学派，他们主张“供给创造它自身的需求”，这一论点就是著名的萨伊定律；另一个是美国的凯恩斯学派的“需求决定供给”观点，这一论点被称为凯恩斯定律。虽然二者的前提条件及其对相关概念的界定似有不同，相关争论也从未停止，但显然是后者更加适应改革开放后的中国经济环境。中国的企业家大多信奉凯恩斯的理论，特别是当买方市场形成后，“需求决定供给”显现出更多的合理性。对于企业来说，股东、员工都是供给方，用户则是需求方。只有使企业的产品和服务能够最大限度地满足客户的需求，使用户产生了购买的愿望和行为时，才能使企业的产品和服务转化成货币，进而获取经济效益。这才是成功企业奉行客户至上的内在逻辑。

当然，这方面的问题并不那么简单。这里的需求是一个经济学的概念，指的是消费者在一定时期内，在各种可能的价格下，愿意买而且能够买的所需要商品的数量。这种需求不是自然和主观的愿望，而是一种有效的需要，其包括两个条件：消费者的购买欲望及其具有的支付能力。

“需求决定供给”，并不意味着企业可以消极地等待着客户表达需求的愿望，采取购买商品的行为，而是要主动作为。在当今这样一个竞争激烈的市场，经营者应该主动地去研究和发掘消费者的潜在需求，并引导他们将其尽量转变为实际的购买行为，从而开发出新的市场。

客户的需求发自内心的欲望，他们购买物品进行消费，正是为了满足这样的欲望。发掘潜在需求，就是创造消费者新的欲望，或者唤起那些尚处于潜意识状态的欲望，等客户具备了实现新欲望的购买能力时，这种欲望就可以变成现实购买行为。成功的企业不会满足于被动地适应客户的需求，而是会积极发掘消费者的潜在需求。

人的欲望具有无限性，这就是企业发掘用户潜在需求的根据。消费者的欲望需要用物品和服务去满足，但许多消费者常常是只知道自己的欲望，未必知道如何加以满足，这种欲望只是处于潜在状态，消费者还未能将其表达出来。如果生产者能开发出一种产品，满足消费者不知如何满足的需求，或者唤醒消费者某种潜在状态的需求，就会获得意外的收益。很多经营者甚至认为，世界上没有卖不出去的产品。只要生产者积极搞好市场营销，善于发掘消费者的潜在需求，就不会有无法销售的物品。这也是许多企业取得成功的“奥秘”所在。

还应指出的是，一旦消费者的潜在需求被发掘出来，就不容易再消失，由此已经得到提高的消费水平也不容易再降下来。这就是棘轮效应揭示的道理。所谓棘轮效应，指的是人的消费习惯形成之后有不可逆性，即易于向上提升，而较难向下调整。尤其是短期内的消费是不可逆的，其习惯效应较大。这种习惯效应，使消费取决于相对收入，即相对于自己过去的高峰收入。消费者易于随收入的提高增加消费，但不易于随收入降低而减少消费。

棘轮效应最初来自一些学者对苏联时期计划经济的研究。英国经济学家凯恩斯对棘轮效应持否定的看法。他认为，消费是可逆的，即随着人们绝对收入水平的高低变化，必然会立即引起人们消费水平的变化。美国经济学家杜森贝里对这一观点提出了异议。他认为，对于消费者来说，增加消费容易，减少消费则比较难。就像棘轮一样，只能往前走，不能向后退。因此，企业开发的能够满足消费者潜在需求的产品，更容易使消费者产生依赖，也更加容易产生棘轮效应。

从总体上看，棘轮效应是应该加以肯定的。人的消费跨上了一个新的台阶后，一般不容易再回去。过上好日子的人肯定不再想过苦日子，就像农民进城后，很难再过从前的生活。即使人们收入水平有了一定程度的降低，这种消费水准大体仍会保持。但一旦收入水平发生大幅下降，情况就不一样了。这个时候，人们可能会因购买力下降太多，无法支付远远超过个人收入水平的开支，不得不减少消费。因此，企业应该及时了解目标消费群体实际收入等情况的变化，科学地评估棘轮效应所发生的作用。

四、客户是企业的衣食父母

德鲁克在《德鲁克管理思想精要》中说："企业的宗旨是创造顾客，企业是由顾客决定的。顾客所购买的，并认为有价值的东西，绝不是一件实实在在的产品，而始终是'效用'，即一件产品或服务可以为顾客做些什么、带来什么影响。顾客是企业的基础，是使其持续存在、发展的动力源泉。只有顾客才能提供就业机会，正是为了满足顾客的要求和需要，社会才把创造财富的资源交给企业，创造所需的产品或服务，以此在社会上创造了就业机会""企业存在的唯一目的就是创造顾客"。德鲁克的这一思想在西方的商界产生了巨大影响。这是西方商人普遍坚持的"用户就是上帝"理念的直接体现，用户已经达到主宰一切的地步了。如果没有这种理念上的转变，市场经济不可能在西方得到蓬勃发展。

马云对阿里巴巴的客户、员工、股东三者利益关系的回答是"客户第一，员工第二，股东第三"，这种摆位是符合商业规律的。不管这三者的利益关系处理起来多么复杂，有一个基本理念必须坚持，那就是必须把客户的利益摆在第一位。这样的排序，容易使人对排位靠后者的利益保障产生担忧情绪。实际上正好相反，客户、员工、股东是一个有着密切联系的利益链条。正是由于坚持了"客户第一"的导向，阿里巴巴获得了足够的市场需求，从而使企业获得强势发展的巨大助力，有了这样的基础，自然使排后者得到更多的利益保障。马云说："不要盯着客户兜里的那5块钱，一定要想办法帮他把那5块钱变成50块钱，但我们只挣他5块钱。"市场竞争直接体现在争取客户的较量中。只有赢得了客户的企业，才可能在市场竞争中独占鳌头。

华为企业文化的首要内容就是"以客户为中心"。华为一直十分关注客户需求的满足和客户价值的创造。1997年，任正非访问了美国的休斯、IBM、惠普以及贝尔实验室4家跨国公司。这次访问，让任正非看到了外面世界的精彩，看到了华为与世界一流公司存在着巨大差距。为了能够尽快缩小这种差距，华为先后与IBM、合益等知名企业开展合作，并实施了一系列改革措施。改革要达到的主要目的就是依靠客户需求拉动企业的成长，为消费者提供真正的"端到端"服务，打造更加高效便捷的产品和服务，进一步推动华为的国际化进程。

为了科学地发掘和掌握客户需求，华为在企业的组织机构中建立了战略与市场体系，集中力量了解分析客户需求，并注意基于客户需求确定产品投资计划和开发计划，通过满足客户需求来驱动企业发展战略的制定与实施。华为在每一条产品线以及每一个区域中都建立了市场组织，目的是能够高质量地满足客户需求，保证客户信息快速反馈到企业管理中枢，并及时投入产品的开发系统之中。

多年来，华为已经形成了一条规矩：公司的设备用到哪里就将服务机构建到哪里。华为在国内30多个省、自治区、直辖市和300多个地级行政区相继建立了服务机构。这样做的目的是全面掌握不同客户群的各种需求，直接听取客户对设备使用和质量等方面的意见，及时做出快速反应。同时，华为还在世界100多个国家建立了这样的服务机构，相关工作人员能够直接与客户打交道，及时搜集客户的需求信息以及对设备运行情况的反映，并对这些第一手信息进行快速整合，让客户及时得到企业相关部门的反馈，在企业和客户之间形成一条密切的互动纽带。这些做法在用户中产生了积极的反响。华为的经营实践证明，当企业的各个部门都能自觉做到以客户需求为导向时，就会比较容易地创造出更有价值的产品和服务，就能不断增强企业的品牌效应，形成极富远见的客户服务战略。

华为人始终坚持一切围着客户转。对此，他们的态度是极为真诚的，执行这一理念的彻底性是一般企业无法相比的。任正非说得很明白，天底下唯一给华为钱的只有客户。客户是企业生存的唯一理由。既然决定企业生死存亡的是客户，企业就必须尽心尽力为客户服务。任正非表示：华为赚钱了，不是给股东和员工，而是给用户。如何把钱用到用户身上呢？任正非提出了两个实现途径：一是继续加大对未来科学研究的投入，为客户不断提供更好的产品；二是不断提高服务质量，将为客户服务的精神落实到底。

无论什么事情，只要坚持从干部抓起，就能事半功倍。各级管理者带头了，就会蔚然成风。华为著名的“干部作风八条”的第一条就是“绝不搞迎来送往，不给上级送礼，不当面赞扬上级，把精力放在为客户服务上”。任正非在2010年的一次大会讲话中指出：“在华为，坚决提拔那些眼睛盯着客户，屁股对着老板的员工，坚决淘汰那些眼睛盯着老板，屁股对着客户的干部。

前者是公司价值的创造者，后者是牟取个人私利的利己主义者。各级干部要有境界，下属屁股对着你，自己可能不舒服，但必须善待他们。”任正非从来都是说到做到，言出法随。他最看不惯的就是那些出于个人利益溜须拍马的人。

有一次，任正非去华为新疆办事处检查工作，当时华为新疆办主任，是一位刚从一线提拔起来的新官，对任正非不够了解。为了表达对任正非的恭敬，他特地租了一辆加长林肯去机场迎接。任正非走下飞机，一看轿车，就大为光火：“浪费，浪费，纯属浪费!”他对这位主任提出严肃的批评：“为什么你还要亲自来迎接？你应该待的地方是客户办公室，而不是陪我坐在车里。客户才是你的衣食父母，你应该把时间放在客户身上。”任正非“一语点醒梦中人”。文艺工作者将观众视为“衣食父母”，我军官兵视人民如父母，企业人也应有这样的观念，客户难道不是股东和员工的“衣食父母”吗？这位办事处主任算是“热脸贴了冷屁股”。有了这样的老板，必然会有关心客户的员工。

后来，华为作出明文规定，为了保证公司派驻各地的机构能够集中精力为客户服务，上级领导去各地指导工作时，当地负责人不得去机场迎接，违反者一律免职。但有人依然没当回事。有一次，任正非去墨西哥检查工作，华为驻墨西哥地区事务部经理觉得老板难得来一趟，不去机场迎接有些失礼，结果他同样受到任正非的严肃批评，并被就地免职。尽管这位经理很能干，但违反规定的行为不能原谅。因讨好领导丢了“乌纱帽”好像有点冤，但不这样做，华为客户至上的经营理念就无法真正落实。可以看出，华为坚持“以客户为中心”这一企业文化是毫不含糊的。

任正非在回答记者提问时说：华为所有的哲学就是以客户为中心，就是为客户创造价值。在任正非的强力推动下，“以客户为中心”的理念在华为一直深入人心，它既是一条很高的工作标准，人人都要以此作为行为准则。同时，它也是一条“高压线”，与此相悖的行为都被严加制止。华为如此真诚的努力也得到客户的回报。

在当今的中国商界，像阿里巴巴和华为这样，坚持“客户第一”“以客户为中心”的企业文化已较为普遍，明确反对这一理念的企业已很难见到。然而，仅仅将此停留在思想、观念、意识的层面是远远不够的。企业管理是一种实践活动，绝不能成为空谈。企业管理者决不能当“空空道人”，一切有关企业管理的理念最终都应见诸行动。再好的理念，如果无法转化为实际行为都等于零。只有将“客户第一”的理念变成经营策略、管理模式、操作方案，才能确保这一理念能够转化为管理者的经营行为，才能使其成为促进企业发展的力量。

从中外企业的经营实践来看，能够达到这一目的的做法应该首推六西格玛管理策略。六西格玛也是一种技术，它能够促使企业质量流程管理发生明显改善，能够带动产品质量大幅提高、经营成本大幅降低，最终实现管理效率的提升。六西格玛坚持以顾客为中心，始终以顾客的需求为标尺来确定产品和服务。

六西格玛是由摩托罗拉公司的工程师比尔·史密斯于1986年首先提出来的。其背后的原理是，如果检测到某一个项目中存在多少缺陷，就能够找出如何系统地减少这些缺陷的方法。这一管理策略是通过通用电气公司的成功实践后才真正得以推行和发展的。摩托罗拉、通用电气、西门子、惠普、戴尔、索尼、东芝等众多跨国企业相继采用了这一管理模式，都取得了卓越的成效。比如：在实施六西格玛管理的1987—1997年的10年间，摩托罗拉公司节省下来的成本累计已达140亿美元；六西格玛管理的实施，使霍尼韦尔公司1999年仅一年就节约成本6亿美元。

六西格玛管理与一般的以顾客为导向的经营策略相比，具有更强的可操作性和可靠性。它以更加广泛的视角，关注影响顾客满意度各个方面情况的变化。实施六西格玛管理，能够促使企业从了解并满足顾客需求到实现最大利润之间的各个环节实现良性循环。

正如韦尔奇在通用电气公司2000年年报中所指出的：“六西格玛管理所创造的高品质，已经奇迹般地降低了通用电气公司在过去复杂管理流程中的浪费，简化了管理流程，降低了材料成本。六西格玛管理的实施已经成为介绍和承诺高品质创新产品的必要战略和标志之一。”

凡是有条件的企业，都应认真研究学习六西格玛管理策略。这一做法不仅在企业界广受好评，而且已在众多企业经营的实践中取得显著成效。只有采取这样的科学严谨的管理方式，才可能把“以客户为中心”的企业文化真正落到实处。

五、企业是员工利益的载体

企业经营者需要认清员工与企业的关系，认清员工的地位和作用。企业有了员工的创造性劳动，才能给客户提供满意的产品和服务，才能使企业产生经济效益。企业在处理涉及与员工利益相关问题时，需要兼顾两个基本点。第一，企业应努力满足员工的利益需求。企业是员工利益的载体，员工通过企业获得个人利益，并实现个人的全面发展，任何企业都要通过满足员工利益来调动大家的积极性、创造性。对员工实行“利益最大化激励”，是促进企业各种资源高效运行的最有效方式。因此，企业必须时刻想着员工的物质利益和精神需求，使他们从中不断产生更多的获得感。绝不能要求员工都要像雷锋、白求恩那样毫不利己、专门利人。如果那样的话，企业非黄不可。只讲奉献不讲索取，对少数人行，对多数人不行；短时间内行得通，长时间则行不通。第二，积极引导员工将个人利益与企业整体利益联系起来，反对极端利己主义。特别是要反对通过损害企业利益获取个人利益的行为。企业是一个经济组织，企业是真正的利益共同体，一损俱损，一荣俱荣。

许多社会科学家认为，一个有着共同利益的群体，就会有为实现这个共同利益采取的集体行为。美国经济学家曼瑟尔·奥尔森通过对集体行为的一系列研究发现，这一看上去好像能够成立的理论，并不能正确解释和预测各种集体行为的结果，许多合乎集体利益的集体行动并没有发生。与此相反的是，个人自发的自私自利行为却非常普遍，从而造成对集体的不利甚至十分有害的结果。

从经济学角度来分析，在人数众多的较大集体中，企图通过协商一致的原则，来解决如何分担集体行动的成本会成为一个很大的难题。人数越多，人均收益就会越少，人们“搭便车”的动机便会愈加强烈，这种“搭便车”的行为也愈加难以被发现，这似乎与人们的经验是一致的。于是，奥尔森得出一个争议性较大的结论：理性、自利的个人，一般不会为争取集体利益做出贡献，集体行动的实现是非常不容易做到的事情。这是一个人们不愿意看到的结果。

针对这一现象，奥尔森提出了“选择性激励”。他主张，集体行为的实现，要通过选择性地面对集体的个体进行激励，而不是像集体物品那样对整个集体的所有成员不加区别。他认为集体成员的行为，是与其所得到的利益直接相关的。一般说来，某个成员从集体行为中得到的利益，比其他成员所得到的利益越多，他对集体行为做贡献的积极性也会越高。因此，可以通过附加其他利益的方法，激发集体成员为负担集体成本做贡献。这一理论给予人们很大的启发。

实际上，许多企业在经营管理中，自觉不自觉地运用了这一理论。它们通过给予对企业发展做出较大贡献者的这种“选择性激励”，引导广大员工自觉实现集体利益。这一做法越普遍、越高效，对集体的正向激励作用就会越大。

成就是奋斗出来的，幸福是奋斗出来的。必须依靠奋斗者的群体努力才能实现企业发展的宏伟目标。只有把更多的奋斗者凝聚起来，才会形成势不可当的蓬勃力量。

在这方面，华为的做法是非常成功的。华为通过倡导“以奋斗者为本”的企业文化，有效地激发了华为人锐意进取的精神。华为把员工分成三类：一类是普通劳动者；一类是一般的奋斗者；最后一类是有成效的奋斗者。按照这种划分，员工分享不同的利益：对于普通劳动者，公司按照法律相关的报酬条款，保护他们的利益，给予他们稍好一点的报酬，以体现对普通劳动者的关怀；对于一般的奋斗者，允许其中一部分人不是积极的奋斗者，只要输出的贡献大于公司支付给他们的成本，这些人就可以在公司存在，他们得到的报酬或许会比社会普遍水平稍高一点；对于华为最看重的有成效的奋斗者，华为要让他们分享公司的剩余价值，而分享的方式就是奖金与股票。

对于那些做出突出贡献的奋斗者，华为从未吝啬过，从未让“活雷锋”吃亏，从而避免了在不少企业存在的“吃大锅饭”的现象。在华为，不论学历，不讲资历，只看贡献。在分配制度上，华为“按贡献定回报”，付出越多，回报越大。这样的做法，体现了对优秀员工的尊重，使奋斗者的利益得到了保障。

企业管理者要代表包括股东在内的全体人员的利益。形象地说，企业的基本职能有两个：一个是“做蛋糕”，一个是“分蛋糕”。管理层首先带领员工努力把蛋糕做大，在此基础上，再去把蛋糕分好。分蛋糕就是利益分配。

分蛋糕的原则就是“效率优先，兼顾公平”。效率和公平的先后关系绝不可颠倒。如果信奉“不患寡而患不均”，搞平均主义，企业发展就会失去动力。

这些年，许多中国企业通过“股权激励”的办法，有效激发了员工的积极性和创造性。华为就是这样做的。在这方面，任正非的理念是“财散则人聚”。这一理念是华为处理人与利益的关系的指导原则，是任正非管理理念的精华，一直被众多企业所推崇。如果哪位企业家正因企业管理不善而陷入困境的话，不妨将这个理念拿过去试试，好好在这方面找找差距。

20 世纪 90 年代，当许多中国企业还在斤斤计较员工薪酬的时候，“分享华为”股权激励机制便开始在华为实施。1987 年，任正非与另外 5 位合伙人一起，共同投资创立了深圳市华为技术有限公司（即华为公司前身），注册资本仅有 2 万元。当时，6 位股东平均分享公司股份。3 年后，华为公司开始实行广泛的“员工持股制度”。在电信、IT 等高科技行业，每个公司的核心资源不是固定资产，而是掌握核心技术的人员，行业内员工的流动性一直较大。因此，这些掌握核心技术的人员成为华为、中兴等公司激烈争夺的对象。用配发公司股票和期权的办法留住这些员工，是这些高科技公司普遍采取的方式。

自 1990 年起，华为员工开始以每股 1 元的价格购入公司股票。这样的股价远低于实际的股权价值，因而备受青睐。华为公司 1993 年每股净资产为 5. 83 元，1994 年每股净资产为 4. 59 元，1995 年每股净资产为 3. 91 元，每股 1 元的认购价格延续至 2001 年。1997 年，华为的注册资本增至 7005 万元，增加的部分全部来自员工股份。1998 年至 2000 年，华为的内部股激励机制一度使公司的业绩快速增长。华为员工持股从“全员持股”到内部发行虚拟股，实质上是一种对分红激励制度和融资体系的新的尝试。员工用银行贷款买股票，融资成本很低。7 年时间，华为内部融资额高达 270 亿元。对此，银行乐观其成，华为还贷信用长期保持良好，这样的优质客户求之不得。这个股权激励办法使华为员工分享了企业发展的红利，极大地提高了员工的归属感和积极性。可以说，没有这一股权激励机制，就不会有华为今天的成功。

在众多企业普遍追求资产证券化的今天，任正非却表示，华为永不上市。任正非说过，如果华为上市，就会被资本左右，公司就没办法去不发达国家搞网络建设，就不能去落后地区建基站，因为那样不符合资本市场利益至上的逻辑。如果华为是上市公司，被美国打压的后果可能难以想象。正是因为公司没有上市，华为才可以守住自己的防线，无惧各种围堵，继续朝着既定目标前进。任正非并未把企业作为个人牟利的工具，而是总在关注着推动企业发展的奋斗者的利益，关注着当今社会更多人的利益，尽心尽力地为人们诠释着一个企业家所应担当的责任。

任正非认为，钱分好了，管理的一大半问题就解决了。让华为不少老员工记忆深刻的是，薪水涨得很快，有的人一年涨了 7 次、11 次工资。截至 2017 年，华为年薪百万元的人超过 1 万人，年薪在 500 万元以上的超过 1000 人。2018 年，18 万员工人均年收入达到 110 万元。

2019 年 11 月 11 日，华为下发人力资源部文件《2019 年“奋斗特别奖”实施细则》，决定向为应对美国打压做出贡献的员工颁发“奋斗特别奖”。这次发放奖金总额高达 20 亿元，人均受奖 10 万元。这次奖励在公司内部引起强烈反响。本来广大员工就憋足了劲，一心一意要战胜对手对公司的疯狂围剿，在这样的时候，又受到如此极具力度的奖励，其士气必然会更加高昂。如此高超的领导艺术确实值得赞赏。

任正非在公司初创时期曾经很有激情地对大家说：“你们以后会很有钱，你们在深圳买房一定要买大房子，尤其阳台要大。深圳天气潮湿，钞票太多会发霉，要经常在阳台上晒一晒。”这个“糨糊”曾经把多少人浇蒙了。今天，任正非的承诺全都成为现实。搞企业就是这样：承诺兑现了，叫远见，是英雄；承诺未能兑现就叫谎言，是骗子。看上去英雄、骗子相差只在毫厘间，而实际上二者相差十万八千里，其中隐含着截然不同的商旅之道。

任正非说：做老板的人一定要把最基本的东西想明白。第一，财富这个东西越散越多。第二，权力、名声都是你的追随者赋予你的。假使哪一天，你的追随者抛弃你，你的权利（力），你的所谓成就感，你的所谓聚光灯下的那些形象，乃至于财富都会灰飞烟灭。如果企业家们了解了任正非的这些看法，头脑定会清醒起来。正是因为任正非把人生的真义想明白了，才会挣脱名缰利锁的束缚，才会形成杰出企业家的胸襟和情怀。那些使许多人困惑的东西已无法给任正非造成干扰了。

从 2010 年起，任正非只持有华为 1.4% 的股份，98.6% 的股份都由员工持有。2020 年 6 月 29 日华为公司工商变更的数据显示，任正非个人的持股比例从 0.94% 降至 0.88%，华为公司工会的持股比例则从 99.06% 增至 99.12%。就是说，任正非的个人持股比例在继续下降，而公司员工的持股比例在继续上升。任正非并不觉得自己持股比例变少有什么不好，却认为这种情况很正常。

任正非这样的财富观念，能够大大扩展企业家的内心世界，大大强化其在追随者心目中的地位和感召力。“千金散尽还复来”，社会经济的发展需要金钱、财富的流动和循环，金钱与财富并非目的所在，而是企业家实现远大志向的工具。

企业家应该树立怎样的财富观、利益观？这是每个企业家都无法回避的问题，其答案会支配着企业家的全部行为。企业家奋斗的直接目标是管好企业，搞好经营，以此来创造财富，拥有财富。然而，这不应是他们的终极目标，财富只应是他们实现人生理想的载体和手段。无论企业家创造了多少财富，能够用于个人消费的部分十分有限，财富最终都将回馈社会。企业家通过实现财富梦想，可以体现个人的价值，享受成功的快乐，可以造福他人和社会，为国家的进步贡献自己的力量。在这方面，任正非已经成为企业家的榜样。

因此，企业家绝不是金钱的奴隶。财富能够带入坟墓？即使能，最终逃不过腐坏或被盗的结局。将财富留给子女？同样不见得有多大好处。林则徐看得极为透彻：“子孙若如我，留钱做什么？贤而多财，则损其志；子孙不如我，留钱做什么？愚而多财，则增其过。”今人若能细品这番话的意义，定会受益匪浅。中国古代社会的罪恶之一就是将巨大的社会财富变成了随葬品，由此造成了巨大的浪费，并致使这些宝贵的社会资源无法成为生产要素，阻断了货币与财富继续增值的过程。货币与财富只有在不断的流通和交换中才能创造新的价值，进而带来经济的发展与社会的繁荣。几千年来，如果人们不是把无数的货币和财富埋入地下，而是使其继续流通起来，产生的价值定是无法估量的。

卡耐基在《财富的福音》中说过，一个人在巨富中死去是最大的耻辱。当今的企业家应尽力不要让这种耻辱发生在自己身上。令人十分难以理解的是，一些人利用各种手段已经攫取了几辈子都花不完的钱，不仅不去回报社会，却还在为捞取更多的钱财作奸犯科，甚至冒死而为之。这是何苦呢？在正常人的眼中，这些人已经病入膏肓。

企业家应该为消除过大的贫富差距做出积极努力。如果一个社会贫富过于悬殊，就必然会给社会带来风险。什么叫阶级？什么叫阶级斗争？阶级是一个经济范畴，阶级斗争就包含着穷人对富人的斗争。如果一个社会两极分化十分严重，难免会出现动荡，最后遭殃的肯定是富人。

据国家统计局发布的数据，截至2018年，中国社会净财富437万亿元，其中73%为居民所有。粗略地计算一下，每个中国人的财产平均在23万元左右。看上去这个数字还不算太少，但许多人是处于“被平均”状态。当今中国应该更加积极地致力于扩大中产阶层，尽快建立起一个橄榄型结构的社会。今天的贫困者不必郁闷，更不必仇富，富人只是财富暂时的掌管者。贫穷者完全可以通过创业兴业，让更多的财富流进自己的衣袋。富人更应开明一些，不要做《儒林外史》中死前不忘熄灭一根灯芯的严贡生，那样的守财奴对个人、对社会都毫无益处。当今社会的富裕阶层应该为扶贫、为教育、为创新产业的发展多做贡献。这不仅是国家利益的需要，也符合富人的长远利益。

六、让员工获得“高峰体验”的机会

正如马斯洛的需求层次论所揭示的那样，当人们低层次的物质需要得到满足后，其内在的需要就会向上提升，这种趋势会更多地被注入精神的内容。因此，仅仅满足了员工的物质利益需求，只是完成了最基本的管理行为。只有在此基础上，去积极创造满足员工高层次需求，才能达到企业人力资源管理的至高境界。而要做到这一点，就不是那么容易的事情了。它不仅需要“知其然”，还要“知其所以然”，并且还要有深刻的思考、系统的设计和精密的实施。这也是许多企业无法做好这方面工作的主要原因。

当今中国绝大部分企业采取的仍然是“温饱型”的管理模式，企业管理层对于满足员工物质待遇很重视，也采取了诸多有效的方案，这是值得肯定的。但仅仅做到这一步还远远不够。优秀的企业管理者应该在此基础上，去积极满足员工高层次的需要。而要做到这一点是比较难的。许多企业高管缺少这方面的能力，他们既不信、也不会开展这方面的工作。这是一个需要许多企业管理者认真解决的紧迫课题，也是许多企业风气不够好、员工队伍缺少动力的一个重要原因。

了解了华为对员工实行的高薪酬政策，人们会觉得这些做法体现的也是“物质刺激”“金钱万能”，不过是“重赏之下、必有勇夫”的翻版，所满足的也是员工的低层次需要。事情并非这么简单。如果是那样，华为不会活到今天，更不会成为一家伟大的公司。对于一流的企业来说，给予员工较高薪酬已经是不难做到的事情。但人的物质欲望是永无止境的，高薪所产生的激励作用会呈现边际效应递减的趋势。人是高级动物，具有丰富的精神世界和精神追求。不能认为，企业只要帮助员工追求财富最大化就行了，实现员工非财富最大化追求不是企业的事。如果这样的话，企业内部就会出现物质与精神的失衡。仅仅依靠提高物质待遇不能解决所有问题，甚至会出现精神危机。任正非看清了这一点，华为采取的是物质与精神相融合的激励机制，在积极满足员工物质利益需求的同时，也极力发挥精神激励的作用。

任正非认为，古今中外所有取得重要成就者的人生，都是由责任和使命驱动的。物质满足在过了某个节点后效用会逐渐递减，只有责任和使命牵引的动力才会持久的强化。组织的持续发展需要“激发人性中积极进取的力量”。任正非在回答欧洲记者提问时明确表示，不要夸大员工持股的重要性。他认为，员工持有股份和员工努力奋斗本身没有多大关系，员工的奋斗是基于使命感，而不是完全受经济利益驱动。任正非的这一回答，纠正了那些认为华为是因多“分钱”才得以高速发展的片面看法。

华为在 30 多年的发展历程中，以“获取分享制”为基础的物质文明，使绝大多数骨干脱离了贫困的生活。可以说，物质激励是华为迅速崛起的基础。但正如任正非所说的那样：“我们不可能以不断增加物质满足的方式来牵引，因为做不到，钱从哪儿来？我们一方面仍坚持过去的分享制不动摇，另一方面要加强精神文明建设。”任正非提出：“现在是用精神文明来牵引物质文明进一步发展的机会，建设一支有使命感、负责任、有能力、愿奉献的生力军，去为人类社会做出更大的贡献。”能够将企业赋予如此崇高使命的企业家，一定不是那种整天只会围着钱打转、只会与钱较劲的人。这样的人必定会有“精神领袖”的非凡胸襟与抱负。华为十分重视精神因素在企业发展中的作用，高薪酬制度并未使华为人都“钻到钱眼里”。

很少见到哪个企业在员工奖励方面，会像华为动这么多脑筋、花费这么大的气力。经过多年的实践，华为形成了一整套与物质奖励相结合的精神奖励体系和机制。公司针对不同层次、不同类型人员、完成不同工作任务的情况，实施不同形式的奖励。华为设立了荣誉部，在公司“心声社区”设有荣誉殿堂，每个人都可以从中检索自己和所在部门获取的荣誉。

任正非道出了华为高度重视员工奖励的整体构想。他说：“花点钱做一些典礼（很有必要），发奖典礼上的精神激励，一定会有人记住的，这就是对他的长期激励。”“公司这几年的盈利都很好，表彰要舍得花钱，别抠门。要使奖励形式多样化，奖牌要高级，让人一辈子得到鼓舞。各部门需举行正式的颁奖仪式。对‘明日之星’获得者颁奖表彰，获奖信息记入员工荣誉档案。”任正非很重视这个“明日之星”奖，这个奖的奖章是由法国造币公司设计和制作的。

华为设立了金牌个人奖和金牌团队奖。金牌奖旨在奖励为公司创造突出业绩的个人和团队。2018 年公司共评选出 1815 名金牌个人，456 个金牌团队，合计 6470 人次获得表彰。同时，金牌员工代表享有与任正非合影的机会。这一奖励成了华为人心中莫大的荣誉。2018 年与任正非合影的公司金牌个人及团队奖的获奖代表包括：5G 手机 Mate X 折叠屏工业设计的工程师；带动欧洲最大火车站巴黎北站、法国戴高乐机场等项目落地的地铁场景交付专家；优化场景化竞争力、成功在非洲落地平安城市解决方案的行业拓展专家；从无到有建设太原、上海、杭州三家智能生活馆，令品牌形象提升一个台阶的中国区智能生活馆设计负责人……华为员工普遍认为，能够得到这一荣誉如同攀上了人生巅峰。“好羡慕，如果能跟老板合个影，值得骄傲一辈子。”这是一种无上的荣耀，也是一种极大的激励。这种精神激励甚至比物质奖励更加激动人心，它使员工在心理上得到更高层次的满足，这样的感觉无论多少钱都无法买到。这种感受就是马斯洛所说的“高峰体验”。仅有物质满足，无法得到这样的心理体验。

2013 年 1 月 14 日，华为进行了一项特殊的表彰——“从零起飞奖”。奖品为我军航母舰载机歼 -15 模型。获奖人员是徐文伟、张平安、余承东、陈军、万飚等公司的领导干部。这些获奖者 2012 年年终奖金为“零”。这几个人在年度工作中都做出了重大贡献，他们是自愿放弃年终奖金的。任正非出席了这次表彰会并发表了讲话，他高度评价了这几名获奖者主动放弃年终奖金的行为，称赞他们是英雄。在当今的企业界，也许只有华为会发生这样的事情。贡献大的人不是应该获得重奖吗？怎么会奖金为零呢？实际上，也可以认为这几个人得到了重奖，只不过他们所得到的不是金钱，而是更加宝贵的荣誉。这种精神奖励往往会产生物质奖励无法产生的作用，应该更多地为这一做法点赞。

华为还给员工家属颁奖，以激励家属能够积极支持员工的工作。任正非曾给他的夫人颁过一次奖。奖品是一个马蹄铁的模型。这一奖励出自任正非在一次讲话中对马蹄铁的赞扬：成吉思汗南征北战离不开好战马，而只有当战马的马蹄嵌上了优质的马蹄铁，才会使其耐力和速度得到保证。家人的支持就像成吉思汗的马蹄铁那样重要。这一颁奖场面难得一见，令在场的人们十分感动。

为了奖励优秀管理人员，华为设立了“蓝血十杰”奖这个与美军管理精英相关的奖励。2013 年 11 月 29 日，董事会常务委员会作出在管理体系中评选“蓝血十杰”的决议，以表彰“对管理体系建设和完善做出突出贡献、创造出重大价值的优秀管理人才”。获奖者不仅有在职员工，也有离职员工。华为顾问公司的专家也可以获得这个奖。这是华为管理类奖项中的最高荣誉。

华为还设有“重大及时激励奖”。这个奖体现了任正非的一种理念：“发奖一定要及时，我们搞激励，第一是物质和精神并重，第二是激励一定要及时。”时过境迁的奖励效果往往会大打折扣。

在华为，也有会让人感到很不舒服的“奖励”。2000 年 9 月 1 日，华为研发体系组织了由几千人参加的“自我批判”大会。在这次大会上，将研发中由于测试不严格、工作不认真、盲目创新等产生的呆死料单板器件，以及因处理这些问题产生的机票，用镜框装裱起来，作为“奖品”发给研发系统的几百名骨干。如此新奇的“奖励”，必然会产生异乎寻常的反响，也必然会营造严格管理、高效工作的风气。

据华为内部人士透露，华为的精神奖励已经有了“升级版”。从 2019 年开始，“明日之星”将获颁新款奖牌“贝尔勋章”。这一奖牌的设计体现了华为人的使命和价值观：奖牌图案中央是“电话之父”贝尔像，以此向这位杰出的科学家表示敬意；奖章上还有麦穗和星星，其寓意是全体华为人和衷共济，共同实现“为全人类提供服务，努力攀登科学高峰”这一崇高的理想。

可以看出，华为不仅着力培养员工创造物质财富的能力，还在努力加强员工精神文明建设。物质可以变精神，精神也可以变物质，二者是相互促进、相辅相成的。形成了这种良性循环的公司，必将进入企业管理的佳境，定会不断创造新的辉煌。

不少企业常年不搞什么活动，更不知道什么仪式感。一些管理者认为，企业只要能够给员工发工资就行了；他们忽视了对员工的精神激励，因而无法使员工保持昂扬的精神状态，也无法在企业内部形成积极向上的良好风气。

虽然满足员工的物质利益是企业的法定责任，但不应因此而忽视企业的精神文明建设。“金钱的奴婢”不可能创造伟大的企业。一个谋求长久发展的企业，绝不会让员工成为唯利是图的人，绝不会使员工成为仅仅为钱而工作的人，而应引导大家成为具有崇高精神追求的人，特别是应该把一部分骨干员工培养成有理想、有抱负的人。坚持这样做，就会在企业内部形成崇尚美好精神追求的风气，就不会使“一切向钱看”形成气候。这种做法有助于全面提高员工素质，能够为企业发展提供精神动力，也有利于全社会的精神文明建设。

华为上下能够充满人间正气，其根本原因是它的掌门人是一个“不戚戚于贫贱，不汲汲于富贵”的人。任正非是一个有着极高精神追求的人。正因为这样，华为公司才能迎来今天这样的高光时刻。十分可贵的是，已经誉满全球的任正非依然保持着冷静的头脑。他说：“不要把我想得多么高尚……我为什么要把股权分给大家？华为是科技企业，需要更多的聪明人、有理想的人一起做事，所以就只能一起抱团，同甘共苦，越是老一代的创业者和高层领导干部，越要想到自觉奉献，只有不断地主动稀释自己的股票，才能激励更多的人加入华为的事业中一起奋斗……”任正非不图利，是不是图名？了解他的人都知道，他为人历来十分低调，不图虚名。他长期不接受媒体采访，曾经只是出于公司危机处理的需要，任正非才多次出现在媒体面前，这是不得已而为之。某电视台要给他颁奖，他谢绝了。国家表彰“100 名改革开放杰出贡献对象”，任正非完全具备这个资格，但他还是婉拒了这一殊荣。

现如今，为成功者补发毕业文凭似乎已是寻常之事。比尔．盖茨和扎克伯格都是哈佛大学的肄业生，他们都分别接受了母校补发的文凭。任正非却与他们不同。他是 1963 届重庆建筑工程学院（后合并于重庆大学）的本科生，临近毕业时，“史无前例”的文化大革命开始了，乱局之下的大学已经无人能够正常毕业，任正非只能作为肄业生遗憾地离开了心爱的大学。据说，有一年，任正非母校的领导到华为访问，想为任正非弥补曾经的遗憾，特意要为任正非举办一个追授毕业证书的仪式。出人意料的是，任正非没有接受这样的安排。任正非认为：应该实事求是，没毕业就不应该拿毕业证。任正非的态度使校方甚感意外。对于一直看淡虚名的任正非来说，不接受这一迟来的文凭是合乎他的行为逻辑的。实际上，任正非早已毕业了，他已经不需要那张纸来作证明了。在军队的“大学校”里，他是一名优秀的军人；在创业的历程中，他交出了极为优异的成绩单。他以自己的杰出表现为母校增添了光彩。

一段时间以来，一些中国著名企业家纷纷淡出一线。柳传志退休了，马云退休了，王石退休了，李彦宏、马化腾均已卸任。论年龄，除了柳传志以外，其他人的年龄都比任正非小得多，而这位华为掌门人仍在一线奋斗。这位老转业军人大有鞠躬尽瘁、死而后已的劲头。他曾经深情地说：“我一生无愧于祖国，无愧于人民，无愧于事业和员工。”这样的话不是谁都敢说的，只有像任正非这样的人才与此相称。

现如今，长期低调的任正非已是誉满全球的人。他两次被美国《时代》杂志评选为全球一百位最具影响力人物，在 2013 年获美国《财富》杂志评选的最具影响力商界领袖榜单第一。法国《观点》杂志将任正非评为“改变历史的人”。美国财经杂志《福布斯》评价“任正非是一个很少出现在公众视野中的人物，却是国际上最受人尊敬的中国企业家”。在国外，任正非还被称为“现代成吉思汗”“电信皇帝”等。任正非的荣誉远不止这些。任正非通过 30 多年的奋斗，创造了一个感天动地的商业神话。他不仅为国家和社会创造了巨大的物质财富，而且谱写出一曲气势恢宏的奋斗者之歌，这些是留给世人的一笔巨大的精神财富。他的创业经历及蕴含其中的奋斗精神和高尚情怀，将会给无数人以极大的启示和激励。

第十章　人才篇

《韩非子·八经》这样写道："下君尽己之能，中君尽人之力，上君尽人之智。"在当今社会要干大事、创大业更加离不开人才。人才已经成为社会第一资源。市场经济的竞争归根结底是人才的竞争。

松下的最核心业务就是培养人。松下幸之助曾对员工说："如果人家再问松下电器是生产什么的时候，你们就回答他们说，松下电器是培养人才的公司，顺便也生产电器。"这真是企业管理的金石之言！

任正非算过一笔账："我们自己在编的15000多（名）基础研究的科学家和专家是把金钱变成知识，我们还有60000多（名）应用型人才是开发产品，把知识变成金钱。我们对外面科学家的探索，就是给予适当的支持。"这种知识与金钱相互转化的过程就是创造新知识、创造新价值的过程。

一、在战场上，将士拼的不仅是勇猛，还有才干

军队历来十分重视军事人才的培养和使用。各类人才构成军队战斗力最重要的因素。具有一流才干的指战员是驾驭战争、战胜敌人最重要的条件。实行军事化管理的企业，应该注重学习研究军队是如何通过培养重用军事人才来促进部队建设、夺取战争胜利的。

古往今来，每一场战争都是直接显现敌我双方将士实战本领的过程，都是敌我双方各个层次人才的殊死对决。只要战争一方将帅的才智低于另一方、士兵的技能低于另一方，就必然被对方打败。特别是指挥员军事才能的高低，直接决定着战争的结局。《孙子兵法》对为将之道做了精要的阐发："将者，智、信、仁、勇、严也。"可见，在孙子的眼中，为将者必须是能力全面的人，必须是复合型人才。只有这样的军人，才可能成为威震敌胆的战将。

我军辉煌的战斗历程证明了军事人才在军队建设中的不可替代性。我军之所以能够在残酷的战争中不断走向胜利，最重要的原因之一就是在我军鲜红的战旗下，始终聚集着各个时代最优秀的人才。从南昌起义开始，这支以农民为主要成分的军队，不断涌现出大批能征善战的优秀军事将领，真可谓战将如云。回溯战史，不难看出，无论是蒋介石，还是日军和美军，都过分低估了自己的对手。如果他们能够聪明一点，好好看一看我军的将帅阵容就应该知道，他们的败局是早已注定了的。

就拿抗美援朝战争来说，著名军事家彭德怀麾下聚集着一大批威震八方的名将，杨得志、杨成武、杨勇、王近山、梁兴初、秦基伟、吴信泉等，这些人不仅身经百战，而且具有雄才大略。这些将领所率领的都是从战争的硝烟中杀出来的英勇之师，我军指战员的作战本领都是在同敌军的实战中打出来的。这些部队的许多基层战斗骨干一身绝技、能攻能守，神枪手、神炮手、爆破手等使敌人吃尽苦头。在战场上，虽然我军的武器装备远不如美军，但

我军指战员的战斗精神及其战略、战术素质，让美军自愧不如。在这样的军队面前，敌人的失败是不可避免的。这一切是美国大兵绝对没有想到的。

入朝作战初期的美军是多么狂妄！麦克阿瑟一踏上朝鲜的土地就开始大肆叫嚣，要在1950年圣诞节前结束朝鲜战争。1950年11月1日晚，中美两国军队在云山迎头相撞，开启了在朝鲜战场上的第一次交手。第二天，志愿军就拿下了云山，歼敌2000余人，其中美军1800余人。1950年11月7日至12月24日，我军发起抗美援朝第二次战役，对“联合国军”展开反击作战。这次战役取得了共毙伤俘敌3.6万余人（其中美军2.4万余人）的重大胜利，一举收复了“三八线”以北除襄阳以外的全部失地，终于将美军从鸭绿江边打回了“三八线”，从而扭转了朝鲜战局，这是抗美援朝战争中最具战略意义的一次重大胜利。

在第二次战役中，曾经发生过这样一幕。1950年11月21日，美军第7步兵师第17团的一个连，进犯到鸭绿江边的白头山附近的惠山镇。这些美国大兵全都来到鸭绿江边，开始以“美国方式”庆贺“胜利”。他们一个个站在江边，朝着中国的方向往鸭绿江里撒尿！“二战”时期，美军打过德国境内时，曾对着被德国人视作“母亲河”的莱茵河施以美国式的羞辱：全军上下包括巴顿和艾森豪威尔，都兴致勃勃地来到河边，朝莱茵河撒尿。美国报纸的记者纷纷报道这一“花絮”，美国人将此事传为佳话。这一幕又出现了，他们以同样的方式羞辱中国。然而，中国不是德国，中国人会忍受这等侮辱吗？真是冤家路窄，仅仅不到一个月后的12月15日晚，我志愿军第281团1连在东兴里与美军17团的这个连突然遭遇。在我志愿军的猛烈打击下，这支美军唯一“饮马鸭绿江”的精锐部队，顿时灰飞烟灭，一个连被击毙17人，被俘17人。他们为此前的狂傲行径付出了惨重代价！

当我军取得“第二次战役”胜利后，麦克阿瑟于1950年12月3日在向美国总统的报告中承认：美国是“在完全新的情况下，和一个具有强大军事力量的、完全新的强国进行一次完全新的战争”。麦克阿瑟警告美国人：谁想跟中国陆军作战，一定是有病！麦克阿瑟不可一世的气焰已消失殆尽。通过战场上的交手美军明白了，中国军队比他们想象得要强大得多。战争的败局是美军未曾想过的，也是他们不愿接受的。时任“联合国军”总司令的克拉克在回忆录中写道：“在执行我政府的训令中，我获得了一项不值得羡慕的荣誉，那就是我成了美国历史上第一位在没有取得胜利的停战协定上签字的司令官。我感到一种失望和痛苦。”① 这是敌军最高指挥官发自内心的感慨。可以看出，经过血与火的较量，曾经狂妄至极的美国军人的头脑终于清醒了。看样子，他们输得很服气。

胜利了，中国人民胜利了！

胜利了，世界接受了一个事实，伟大的中国军队是不可战胜的。

胜利了，无数人却在痛哭，中华民族永远失去了 197653 名最优秀的儿女。必须永远纪念他们！必须建设强大的祖国，才能对得起他们！

胜利了，战争并没有被消灭，我们应时刻准备夺取新的更大的胜利！

我军不仅有世界一流的将帅，而且还有许许多多本领过硬的士兵，他们同样是我军强大阵容的重要组成部分。红军长征途中腊子口战斗的胜利通道就是由一名年轻士兵打开的。

腊子口是中央红军长征途中由川入甘的必经门户，也是红军长征越过雪山、走过草地后需要突破的最后一道天险。腊子口两边峭壁高耸，中间河流湍急，最窄处只有 8 米。国民党新编第 14 师在腊子口修建了坚固的防御工事，布置了密集的火力网，囤积了大批粮食和弹药，企图长期固守。

由杨成武任政委的红四团先期到达腊子口，其一营率先从正面的木桥向腊子口守敌发动进攻。连续冲锋了四五次，全都失败了，红军不得不改变战术，制订了采用正面攻击和侧翼袭击相结合的作战方案。而要进行侧翼袭击必须能够攀上绝壁。这几乎是不可能完成的任务。

正在大家一筹莫展时，一名攀岩天才站了出来，他就是来自贵州的 17 岁苗族战士“云贵川”。后来的人们已记不起他的名字，只记得他的这个“外号”。“云贵川”毛遂自荐，承担起带领突击队登上腊子口的任务。“云贵川”赤着双脚，腰上缠着一条用战士们的绑腿布接成的长绳，带着一个系着铁钩的长竿子。他用竿头的铁钩子钩住石缝里长出的歪脖子树根或者岩缝，身手敏捷地沿着绝壁向上攀登。“云贵川”终于爬上山顶，放下长绳。突击队员们拽着长绳，一个接一个攀到崖顶，迂回到敌人阵地的后方。

半夜时分，杨成武组织敢死队再次向腊子口敌人阵地发起猛攻。正当进

---

① 杨欢．他们赢得对手的尊敬和叹服［J］．解放军报，2020－10－26（6）．

攻受阻时，腊子口上空突然升起一颗白色信号弹，迂回到山顶的红军战士如神兵天降，向敌人没有顶盖的碉堡和阵地投掷手榴弹，敌人死伤大半。正面进攻的敢死队同时发起冲锋。红军上下夹击，打得敌人仓皇而逃，腊子口最终被红军攻克。红军继续北上的通道就这样打开了。此后，“云贵川”这位士兵的卓越才能和贡献，也被写入我军的战史。

历史告诉人们，军人一定要将勇猛顽强、不怕牺牲的战斗精神与一流的军事才干结合起来，才能战胜强大的敌人，二者缺一不可。合格的军人必须有很高的专业素质和过硬的军事技能。我军一直有开展大练兵、大比武的传统。战争年代，我军手中的武器装备比较落后，每支部队都十分重视培养爆破手、神枪手、神炮手、投弹手。步兵要做到一枪毙敌，炮兵要做到首发命中。没有实战本领的部队必然付出血的代价。

当今的我军已经是一支具有较高现代化水平的军队了，我军已列装诸多具有较高科技含量的武器装备。只有具备所必需的专业知识和专业技能的人，才能使用和操作这些武器装备。一些特殊行业的军人还需要掌握“降龙十八掌”那样的绝技。只有这样，才会无惧任何强敌的威胁和挑衅。我们不打第一枪，也绝不允许敌人打第二枪。“首战用我，用我必胜”，有了这样的战略自信，就能从容应对未来战争的考验。

现代战争已经不是冷兵器时代和“一战”“二战”那样的机械化作战方式了，而是以信息化为主导的高科技战争，这就要求军人必须经过专业的培养和训练。驾驶歼－20 战机、操纵新型核潜艇、控制洲际弹道导弹，不能没有所必需的专业知识和高超技能。在这样的岗位上奋战的军人，必须是专业技能方面的佼佼者。为了培养军人的专业能力，我军创办了许多军事院校，各部队还有大量的训练基地和教导队，专门用于培训军人的技能。

应该强调的是，战场才是最好的练兵场。只有通过实战，部队的作战能力才能得到真正的检验和提高。为什么当今的美军具有强大战斗力？就是因为美军几乎一直没有停止作战。

在第二次世界大战太平洋战争中，疯狂的日军飞行员驾驶神风战机去撞击美国军舰，并不是因为什么“武士道精神”，实属无奈之举。因为当时的日军已经来不及培养合格的飞行员了。失去了具有专业能力的飞行员，先进战机只能充当一枚炸弹来使用。培养专业军人比制造飞机大炮难多了。失去了具有专业技能军人的军队，将会丧失战斗力，也必然陷入失败的深渊。

二、人才是第一资源

在古代，朝代兴替不断，天下风云变幻，经常出现“一人兴邦、一人丧邦”的情景。那是一个人才决定国运的年代。燕昭王筑起“黄金台”诚招天下贤士，才使名将乐毅、剧辛等各路英豪纷纷前来投靠燕国，才会有打败齐国夺回被占土地的胜利。秦始皇之所以能够实现“六王毕，四海一”，首要的是因其深知人才的价值，并将大批人才拢于旗下。李斯、尉缭、蒙恬、王翦等人以其超凡的智慧和能力，辅佐秦始皇横扫天下，才使他成为“千古一帝”。有了麒麟阁十一功臣、云台二十八将、凌烟阁二十四功臣这些盖世英才，才成就了汉唐伟业。“以史为鉴，可以知兴替”“得人才者得天下”的道理是普遍适用的。凡是胸怀大志者都应有爱才之心。只有这样，才可能将宏图化为现实。

刘邦在有的史书上被说成是一个“无赖”。按常理说，楚汉相争，无论从才干还是实力上看，刘邦根本不是项羽的对手，但历史的结局却是刘邦得了天下，项羽兵败自刎。《史记·高祖本纪》中有这样的记载：西汉初年，天下已定，刘邦在洛阳南宫举行盛大宴会，酒过三巡，刘邦来了兴致，提出了一个惊世之问：“为什么我会取胜？而项羽会失败？”大臣们一看，拍马屁的机会来了，纷纷赞扬刘邦能够重用人才、重赏功臣，而项羽却不能。刘邦对此做出十分得意的阐释：“夫运筹策帷帐之中，决胜于千里之外，吾不如子房。镇国家，抚百姓，给馈饷，不绝粮道，吾不如萧何。连百万之军，战必胜，攻必取，吾不如韩信。……吾能用之，此吾所以取天下也。”刘邦的话说得很明白，他们再厉害也是因为“吾能用之”。他们只是将才，而我是他们的统帅，只有我是帅才。正如韩信所言：刘邦“不能将兵，而善将将”。正是刘邦的这一特质，成就了他的帝王之梦。

那么，这位当年的“无赖”何德何能，使天下将才都愿意为他效力呢？刘邦手下的名臣郦食其对此给出了回答：刘邦“降城即以侯其将，得赂即以分其士，与天下同其利，豪英贤才皆乐为之用”。这些话说到了要害处。“与天下同其利”，是刘邦深得将领信赖的关键之举，从而使人们心甘情愿为他所用，这就是刘邦的过人之处。

刘邦在一次大战得胜后回到故乡沛县。与昔日的尊长友人开怀饮酒，不亦乐乎，即兴创作了传诵两千多年的《大风歌》：“大风起兮云飞扬，威加海内兮归故乡，安得猛士兮守四方！”即使在寻欢作乐的时候，刘邦仍不忘求才。这时的刘邦已显现帝王之相，已经不是当年的“无赖”了。还是那个刘邦，当他一个人单打独斗时，就被一些人称为“无赖”，而当他将大批天下壮士聚于身边的时候，就变成了皇帝。被史学家们说得云山雾罩的历史其实就是这么简单。

法国著名思想家圣西门曾这样说过，假如法国突然失去了自己的50名优秀物理学家，50名优秀化学家，50名优秀诗人，50名优秀军事家和民用工程师……法国马上就会变成一具没有灵魂的僵尸。这个“假如”说得太深刻了！一个先进国家是靠一流人才支撑的，有了他们才有了国家的强盛。这样的人才是“国宝”，必须倍加珍惜。

再来看看拿破仑是怎样珍惜人才的。他爱惜人才的程度甚至胜过了自己的皇位和生命。

1804年12月3日，是拿破仑加冕为法兰西皇帝的第二天。这一天，巴黎理工学校的学生奉命参加三军检阅队。拿破仑亲手将一面写着“为了祖国的科学和荣誉”的锦旗，授予1804年第一名毕业生阿拉戈（后来成为著名天文学家），并命令该校队列紧跟在禁卫军之后通过检阅台。莫大的荣耀使这些热血青年激动不已，发誓要为祖国的荣誉而战。1814年，俄普奥联军兵临巴黎城下，理工学校的学生纷纷请缨参战，并选派代表觐见拿破仑，学生代表慷慨激昂道：“我们没有忘记那面大旗上‘为了祖国的科学和荣誉’的赠语。巴黎此刻危在旦夕，是我们该抛洒热血的时候了！”望着眼前这些激动的学生，拿破仑的眼睛湿润了，他深情地说道：“你们是法兰西的未来，我没有权力将你们送到前线。”学生代表只好悻悻离去。几个参谋对拿破仑说：“我们守城的兵力不足，现在正是让青年们拿起枪的时候。您为什么要拒绝他们？”拿破仑一字一顿地说：“我不愿为取金蛋杀掉我的老母鸡！”后来这句名言被镌刻在巴黎理工学校荣誉大厅的天花板上，一直作为该校最大的骄傲。拿破仑宁肯自己陷入灭顶之灾，也绝不让青年才俊上前线。拿破仑确实被打败了，并被放逐荒岛后遭毒杀。但这些青年人才的性命保住了。就像拿破仑说的那样，由于保住了“下金蛋的老母鸡”，鸡生蛋、蛋生鸡的过程延续至今。在后来的岁月里，巴黎理工学校为法国培养出了上百名科学院院士，以及无数的工程师、实业家、将军和政治家。其中许多人成为法国的中流砥柱。

自古以来的君王都把人才视为打江山、坐天下最重要的资源。他们知道，如果人才不能为我所用，而为敌人所用，就会反过来伤害自己。所以，对于人才，他们能用则用，能控制则控制，始终防止人才加入敌方阵营。甚至在必要时还会除掉人才。在秦国的统一大业中，秦国就对东方六国的人才采取了排挤、暗杀、收买等多种对策。

在这方面，做得最绝的当属明末清初时的农民起义领袖张献忠了。此人占领四川建立大西政权，登基称帝。由于清军节节取胜，大西政权已经摇摇欲坠。这时，他突然生出一个恶念。张献忠发诏举办“特科”，征集四川各地有才学的人（举人、贡士、监生、民间才俊、医卜僧道、隐士）应试。“军法严催上路，不至者杀”，十多万考生到了成都后都集中在青羊宫。张献忠一声令下，遂将这些人全部活埋，自谓“无为后人有也”。不能把人才留给敌人，其用心何其毒也！

《韩非子·八经》这样写道：“下君尽己之能，中君尽人之力，上君尽人之智。”在当今社会要干大事、创大业更加离不开人才。人才已经成为社会第一资源。市场经济的竞争归根结底是人才的竞争。只有当企业能够培养、吸引、保留和重用人才的时候，它才可能做到基业长青。成大事者必须要有容才之量、识才之眼、用才之法和留才之举。“千里马常有，而伯乐不常有”，企业家千万不能因选人用人方面的失策而埋没人才、错失人才，或使人才投奔到竞争对手的旗下。

人才政策的成功与否常常会决定一个企业的命运。阿里巴巴的人才战略颇具前瞻性和竞争力。该公司的人才招聘机构就像一部永不关机的雷达，一直四处搜寻杰出人才，一旦发现目标，就会立即予以“锁定”。

吴翰清的聘用就是这样的实例。这位才子 15 岁时考入西安交通大学少年班，他 20 岁时就来到阿里巴巴面试，他当着面试官的面，直接远程关掉了阿里巴巴的一台路由设备，导致阿里巴巴内部网络中断。于是他顺利地入职阿里巴巴。吴翰清加入阿里巴巴后得以大显身手。2015 年，阿里巴巴遭受史上最为严重的一次 DDoS（分布式拒绝服务）攻击，网站处于瘫痪状态，但经吴翰清一番“神操作”后，网站便恢复了正常运作。正是因为有了这样的人才，马云才敢说出如果用户支付宝账户被盗将予以全额赔付的大话。也正是由于他的存在，黑客组织才不敢招惹阿里巴巴。这些人都知道吴翰清有多么厉害，知道他想端掉谁的“老巢”如探囊取物一般。从表面上看，马云为了招揽吴翰清花了大价钱，而实际上阿里巴巴因获此人受益巨大。出类拔萃的人才所发挥的效用，是难以用金钱来衡量的。

企业家不应以能够得到人才为满足，还应努力做到善用人才。不同的人才应该得到不同的任用。“用人如器，各取所长”，《西游记》中的故事就形象地说明了这一点。作为团队领导者的唐僧信仰坚定，任何阻碍和困难都无法动摇他去西天取经的信念；孙悟空武艺高强，降妖除魔全靠它，但桀骜不驯不服管，必须用紧箍咒加以控制；猪八戒厚道，有些武功，对付小妖小魔没问题，但缺点较多，贪吃、贪睡、好色，容易误事儿；沙和尚没啥理想，也没啥本领，只能给师父牵个马、报个信，但善良、忠诚、任劳任怨，同样不可替代。这样四个才干各异的角色相得益彰，形成极大的整体效力，最终历经九九八十一难，完成了西天取经的壮举。

这，就是古人倡导的用人观念：“使智使勇，使贪使愚”“善用人者无废人，善用物者无弃物”。企业的人才政策应该坚持两个基本点：一个是对于企业关键性的岗位，必须坚持“优中选优”的原则，尽可能地将最优秀的人才揽入自己的麾下；另一个是，对于普通员工应坚持人尽其才、才尽其用的原则，尽力用科学有效的考核和选拔办法，使每个人发挥所长，各得其所。

真正的全才是少有的，应该善用人的专业之长去成就专业之事。阿里巴巴 CEO 张勇在一次授课中谈道：“我们永远在市场上找不到完美的人才，我们怎么样能够把现有团队的生命力、生产力、能动性发挥出来，取决于我们怎么放他的位置。我们能够基于他的性格、特长，能够放好他的位置，就能带来巨大的乘数效应。”人才要出成果，出业绩，离不开合适的岗位和相应的客观条件。“巧妇难为无米之炊”，再有本事的人用错了地方也难以发挥作用。

清代诗人顾嗣协写过一首《杂兴》诗，极富哲理：

骏马能历险，力田不如牛。
坚车能载重，渡河不如舟。
舍长以就短，智者难为谋。
生才贵适用，慎勿多苛求。

“天生我才必有用”，商界人才的这种自信需要企业家成全。因此，企业家不仅要重视人才，还要了解人才，善用人才，真正使各类人才都有用武之地。

三、人才战略是企业管理的重中之重

经典经济学理论告诉人们，劳动创造价值。劳动是个人能力的外化。劳动是人的体力与脑力共同对劳动对象发生作用的过程，劳动通过这一过程不断创造出新的价值。劳动可分为简单劳动和复杂劳动。复杂劳动创造的价值高于简单劳动，而较为复杂的劳动是具有较高能力的人才能完成的。这些人就是所谓的人才。现代社会普遍认同的一个常识是，人才的数量和水平不仅是一个社会现实生产力的表征，而且也是其未来发展潜力的体现。如果一个企业缺少精兵良将，即使一时取得了成功，获取了大量财富，也很难守得住，很可能会怎么得来的就怎么还回去。

在知识经济和信息社会条件下，企业管理的含金量越来越高，商业竞争日益呈现很强的专业性，外行已经无法领导内行了。想要成为高素质的企业管理者，必须积极掌握真才实学，努力使自己成为企业管理方面的专家。事实已经反复证明，哪个企业在人才市场上具有较强的号召力，能够吸引更多的顶级人才，哪个企业就会在群雄逐鹿的商业竞争中拔得头筹，就会始终立于不败之地，就会发展后劲十足。明白这个道理的人很多，但在实践中能够真正贯彻落实的人就不那么多了。究其原因，这些人或是对人才兴业重要性的认识不够到位，或是求才用才的思路与对策存在误区，因而无法实现企业人才管理的目标。成功的企业家都会有广纳天下英才的胸怀和能力。一般说来，人才的流动是有序的，“水往低处流，人往高处走”。

对于企业家来说，曹操“唯才是举”的用人观念有值得参考之处。曹操秉持“治平尚德行，有事赏功能”的选人用人之策，广揽天下英才。他三次下“求贤令”，即使是不仁不孝的人才也不放弃。曹操当然喜欢那些德才兼备的人，他将符合这一标准的毛玠、崔琰委以掌管人事的重任。曹操同时也敢用少德之才，甚至对于来自敌营的降将，也敢加以重用。官渡之战收编的张郃，让曹操损失惨重的张绣和贾诩都得到了重用。曹操能够成就一代霸业，与其如此高明的重才之举有着直接的关系。

一般来说，企业同样应该坚持德才兼备的用人原则。但是，不可对此做出机械的理解。谁都喜欢兼具大德大才之人，但实际上这样的人是极少的。如果将“德”的标准搞偏了、搞过了，很容易埋没或丢弃人才。固然有才无德的人容易干坏事，但有德无才的人也干不了大事，二者需要认真权衡。由于对“德”的标准并不是那么容易掌握的，很可能未必是因为什么“德”方面的原因而埋没了人才。何况人之德是可以教化的，是可以随着客观环境的变化而改变的。如果使少德之才失去干坏事的条件，便可以使其才干得以施展，而那些有德无才的人是无法委以重任的。如果管理者具有较强的驾驭人才的能力，完全可以多学学曹操“唯才是举”的做法。特别是一些专业性、技术性较强的工作，应该更加看重才能的因素。当然，如果一个人在德行方面有硬伤或存在严重问题就另当别论。

比尔·盖茨曾表示，人才是微软获得成功至关重要的因素。他曾坦言：“如果把我们公司顶尖的20个人才挖走，那么我告诉你，微软会变成一家无足轻重的公司。”微软最重要的财富不是代码，也不是固定资产，而是那些开发了许多重要产品的团队和程序员。而为了建立和巩固这个超级研发团队，比尔·盖茨还专门创立了一整套吸引并能留住顶尖专家的人才管理机制。

微软公司之所以能够成就自己的商业帝国，其人才战略发挥了关键性的作用。比尔·盖茨有一个核心理念：不让一个最优秀的人才“漏网”。只要是比尔·盖茨满意的人才，不论其身居世界哪个角落，他都会不惜一切代价将其招入麾下。招聘微软公司产品研发大师吉姆·阿尔钦的过程就体现了这一点。当年，比尔·盖茨曾通过朋友多次与他联系，请他加盟微软，但他一直不予理睬，比尔·盖茨却依然穷追不舍。后经多次邀请，吉姆·阿尔钦终于同意面谈。可是，他一见面就给了比尔·盖茨一个下马威，吉姆·阿尔钦直言，微软的软件是世界上最烂的，实在不懂请他来做什么。对于这种羞辱，比尔·盖茨不但不介意，反而谦虚地对他说："正是因为微软的软件存在各种缺陷，才需要你这样的人才加入。"吉姆·阿尔钦被比尔·盖茨的诚意所感动，终于同意到微软工作。正是由于比尔·盖茨对人才怀有至诚之心，因而使全球顶级IT精英纷纷投奔微软。这是微软能够经常抢占行业发展先机的重要原因。

华为与微软一样，也是着眼全球选拔人才，积极招揽顶级精英为公司服务，从而使企业发展具备强大的智力支持。日本丰田公司董事退休后带着一个高级团队在华为工作了10年，德国工程研究院团队也在华为干了十几年，这些外国专家的卓越工作，促使华为的生产过程走向科学化、规范化。可以看出，华为的成功是集天下英才的智慧实现的。

有一次，一名爱尔兰官员无意中在一个很偏僻的地方发现了一家华为研究所，觉得挺蹊跷，就去问华为当地的领导：为什么你们不把研究所建在爱尔兰的大城市，而是跑到这个穷乡僻壤来建呢？这位华为的领导回答说，这是因为你们爱尔兰有个科学家不想离开自己的家乡，我们只好将研究所建在这里。因不愿离乡而要求企业在其家门口建研究所，这样的要求太过分了吧？但华为不这样认为。只要人才具有足够大的价值，华为可以满足他们的"过分"要求。

华为一直着眼全球实行科研力量的布局，其具体策略是"在有凤的地方筑巢，而不是筑巢引凤"。也就是说，在全球寻找人才，找到理想的人才后就以他为中心建立一个团队，而未必把他招到中国来。在任正非看来，离开了自身生长的环境，"凤凰"就会变成"土鸡"。人才在哪里，资源在哪里，华为就把科研平台设在哪里。华为尽可能为人才提供较优越的条件来激发其创新热情。截至目前，华为在全球已经建立了20多个人才中心。

企业决策层对各类人才需有包容之心。企业家不仅用人才之长，亦能容人才之短。人才虽有才干，但不都是"道德模范"，不会完美无缺，应"不以一眚掩大德"。常见的现象是一个人的才干很突出，缺点往往也会比较突出。《墨子·亲士》中说："良弓难张，然可以及高入深；良马难乘，然可以任重致远；良才难令，然可以致君见尊。是故江河不恶小谷之满己也，故能大。"韩愈曾指出"千里马"的缺点，"一食或尽粟一石"，一般人养不起，"鸣之"又很难"通其意"，还不易"策之"。但没有了这些所谓的缺点就不是"千里马”了。

企业在人才管理上应有容错机制，千万不能急于求成，求全责备。任何创造发明都不可能百分之百成功，出现偏差和失误在所难免。为人才的失误埋单是企业应该付出的成本。华为俄罗斯数学研究所是在任正非支持下建立起来的，主攻数学算法。据透露，华为有一个年轻的俄罗斯科学家才华出众，但其性格有些怪异，公司在管理上给予他较大的宽容。事实上，在较长时间里，华为的管理者也不知道他在干什么。有一天，他突然宣布打通了不同网络制式之间的算法，让华为一下子拉开了与竞争对手的距离。在很长的时间里，不同的网络制式，有不同的算法，这个瓶颈一直困扰着所有电信设备商，也让运营商苦不堪言。移动网络算法打通后，可给运营商节省30%以上的成本，节省站址空间，并且更加节能环保。正是由于华为给予人才很大的自由发展空间，才会使这样的“偏才”“怪才”得以超常发挥，这样的人往往比那些看上去很正常的人更有爆发力。

同时，企业也不必过于看重人才的所有权。现代社会的人才具有流动性，人才可以同时为多个单位服务。“不求所有，但求所用”已经成为不少企业的有效做法。只要能够使人才发挥更大的效用，各种方法均可大胆尝试。

关键在于企业的选才用才机制，对于人才的吸引力必须是持久的。成功的企业不仅会使人才络绎不绝，还能使人才将企业视为归宿，不会翅膀一旦硬了就想飞走。华为采取的办法十分有效。这个办法就是“利益最大化激励”，这一激励机制就是华为吸引人才、留住人才、用好人才最管用的招数。

1996年，华为曾以10万美元的年薪，聘请了一批“海归”人才从事技术研发。为了能够挖到一位芯片研发工程师，华为同意给他年薪40万美元。这位工程师到岗后，管理层发现其创造的价值远高于预期，立即将他的年薪提高到50万美元。不少企业决策层的操作是与此相反的，他们整天想的是如何降低人员薪酬，来减少人力资源成本，却未想到此举会扼杀人才的创造力，进而削弱企业的发展动能。

在市场经济条件下，人才的商品化趋势是十分明显的。有人对给人才“标价”很反感，认为这样做，是把人当成了商品，是对其人格的不敬。而实际上，在市场经济条件下，肯为人才出高价，恰恰体现了对人的肯定和尊重。

任正非曾经这样说："什么是人才，我看最典型的华为人都不是人才。钱给多了，不是人才也变成了人才。"许多人的超常潜质是无人知晓的，有效的外部激励可以将其潜质迅速释放和扩展，进而创造出非凡的业绩。这是华为在经营实践中取得的可贵经验。

美国心理学家威廉·詹姆斯断定，普通人只用了他们全部潜力的极小部分，"与我们应该成为的人相比，我们只苏醒了一半。我们的热情受到打击，我们的蓝图没有展开，我们只运用了头脑和身体资源中的极小部分。"美国人类学家玛格丽特·米德的研究成果证明，一个人一生只使用了其潜能的6%。美国心理学家赫伯特·奥托的研究成果表明，普通人一生只使用了其潜能的4%。看来人的一生，大量潜在的能力未能外化为真正的能力，这种极为宝贵的生命资源最终被白白浪费掉了。每个人潜力的发挥与其主观调动和来自外部的激发有着直接的关系。因此，企业经营者不应仅仅停留在被动式的管理上，而应积极采取有效举措，切实将员工的潜能不断激发出来。①

根据行为科学理论，对于人们现实需要的满足，不会产生激励作用。已经得到满足的需要，只能提供给人们满意感，这种需要本身并不能产生激励作用。对尚未得到满足的需要产生的渴求和希望，才会真正具有激励作用。这也是华为十分注重的方面。

2017 年，任正非签发了荣耀团队改革激励制度，以此来激发员工的斗志，鼓励他们放开手脚，多打"粮食"。这一方案称："只要在内、外合规的边界内达到目标，抢的'粮食'越多，分的奖金越多，13 级就可以拿 23 级的奖金。"按照该激励制度，即便新入职的应届毕业生，只要完成团队的销售业绩，也能拿到百万元奖金。

华为瑞典公司的一位年轻科研人员在半导体研究方面取得一项重大突破，任正非提议给予加薪 7 倍的奖励。通过这样超常的激励措施，企业内部形成了笨鸟先飞、以勤补拙的浓厚氛围，使得尚未成才者的潜力及早被激发出来，许多人才就是这样被"逼"出来的。

在华为，水平高、贡献大的一流科研人员可评为公司的内部"院士"。华为的内部"院士"可以配备分别负责技术和事务的两个助理，出差可以和公

① 俞果．人的潜力与特殊人才［J］．中国人才，1989（5）：11－12.

司高层领导一样坐公务舱，每年有50万美元的研发费用，每年还有10万美元的会议费。对于科研人员来说，“院士”不仅是一种待遇，也是一种荣誉，他们从中获得的不仅是一种高层次的满足感，还感受到一种强烈而持久的精神激励。这显然是激发科研人才积极性和创造力的有效举措。人才管理也是一项系统工程，只有各个方面的配套措施都到位了，各类人才的潜力才会充分发挥出来。

来看看华为的人才方阵。据统计，截至2019年，华为18万员工中45%是研究人员，公司共有基础研究科学家6000余人，数学专家700余人，物理专家800余人，化学专家120余人，工程师6万余人。这是多么让人吃惊的一组数字，如此人才济济的企业，何愁大业不成。

2019年6月20日，华为在内网“心声社区”发布任正非在公司EMT（经营管理团队）的内部讲话。任正非表示：“华为公司未来要拖着这个世界往前走，自己创造标准，只要能做成世界最先进，那我们就是标准，别人都会向我们靠拢。”任正非又拿出新举措：“今年我们将从全世界招进20—30名天才少年，明年我们还想从世界范围招进200—300名。这些天才少年就像‘泥鳅’一样，钻活我们的组织，激活我们的队伍。”这样的做法不仅非常必要，而且是十分可行的。

任正非所讲的是管理学上所说的“鲶鱼效应”：挪威人很喜欢吃活的沙丁鱼。市场上活鱼的价格要比死鱼高很多。所以，渔民总是想尽办法延长沙丁鱼存活的时间。虽然做出种种努力，但绝大部分沙丁鱼还是在运输途中因窒息死亡。有一艘渔船不知什么原因总能让大部分沙丁鱼活着回到渔港。直到船长离世后，谜底才得以揭开。原来是船长在装满沙丁鱼的鱼槽里放进了一条鲶鱼。鲶鱼被放进鱼槽后，由于环境陌生，便会快速游动。沙丁鱼因怕被鲶鱼吃掉而十分惊恐，四处躲避，加速游动。这样一来，鱼槽水中缺氧的问题就迎刃而解了，因而死鱼大量减少，很多沙丁鱼就能够活着回到渔港。这就是著名的“鲶鱼效应”。在企业管理中，管理者要实现管理的目标，同样需要引入“鲶鱼型”人才，以此来改变企业死水一潭、“氧气不足”的状况。

华为要招聘的这些天才少年都是在国际大赛上获奖的顶级精英，比如世界计算机竞赛金牌得主等。这样的人才加盟华为，薪资水平会比普通科研人员高出5倍、6倍甚至会高于谷歌。谷歌是世界企业界员工薪资待遇极高的公司之一，谷歌也因此经常荣获“最佳雇主”的桂冠。华为的人才新政发出了一个强烈信号：华为正在采用国际优秀高科技公司的人才管理标准，以期形成一支世界一流的人才方阵。

华为大力在全球范围内招募顶尖人才，就是要以新的人才政策为动力，进一步强化研发优势，全面突破公司在国际业务上受到的阻碍。华为公布了首批天才少年的薪资方案。据了解，华为首批招募 8 名天才少年，这 8 位顶尖人才都是 2019 年的应届博士毕业生，薪资采用年薪制。其中，4 名博士的年薪为 89. 6 万元到 100. 8 万元，2 名博士的年薪为 140. 5 万元和 156. 5 万元，另外 2 名博士的年薪为 182 万和 201 万元。这个薪资水平与《财富》500 强企业中的许多 CEO 相当。

这些年轻天才进入华为后，公司会给予他们足够的自由度和较大的发展空间，不会在短期内去考评他们的业绩，让他们放开手脚去攻克最前沿的科研目标。过去，华为是一个相对封闭的人才金字塔。现如今，这座金字塔的塔尖已被炸开，开始全方位吸收“宇宙能量”。可以看出，任正非有着极大的“野心”，他正在带领华为人谱写新时代的“大风歌”，搭建新的世界级的“黄金台”，张开双臂将人类最强大脑揽入怀中，继而在国际信息产业形成无可比拟的领先优势。这样的华为，必将创造出更加辉煌的未来，必将为全人类提供更加优质的服务。

四、管理人才是企业家应有的能力

学界普遍认为，人才管理是指对影响人才发挥作用的内在因素和外在因素进行计划、组织、协调和控制的一系列活动。实行人才管理的目的是保障适合的人在适合的时间从事适合的创造性工作，即满足公司战略实施过程中的人才需求。

人才是需要管理的，人才的作用不是自发生成的，而是通过科学的管理产生的。企业家不可或缺的素质就是管理人才的能力。这是一种不容易掌握的高级能力。从某种意义上说，只有具有这种能力的企业家，才可能“聚天下英才而用之”。只有具有这种能力的企业才能人尽其才，兴旺发达。

三国时期魏国人刘劭在他的《人物志》一书中，将人才分为两种：一种是非常之才，主要指的是帝王；另一种是普通人才，主要指的是臣子。他认为帝王应该是通才，臣子则是偏才。他将偏才比作酸甜苦辣咸五味，而将帝王之才比作一瓢水，能够“以无味和五味”。帝王领导各类人才治理国家就像炒菜，只有适量添加酸甜苦辣咸等佐料，才能炒出好味道的菜品。哪样佐料多了都要通过加水来淡化。以此来实现“材与质合，能与任宜”。“力拔山兮气盖世”的项羽不过是一个辣椒而已，其武功再高也只能当佐料，不能当大厨；而常把“为之奈何”挂在嘴边的刘邦，才是可以调节菜品味道的那一瓢清水，这才能当大厨。管理人才的过程，就是辨别“五味”浓淡来决定加多少水的过程。刘劭的看法至今仍有启示作用。

作为一名企业家，仅有某种专业技能是远远不够的。一名优秀企业家，不仅应该具备必需的专业素养，还应具有包括管理能力在内的多种才干。企业家应该成为学识广博、一专多能的人。只有这样，才能具有较强的管理人才的能力。

任正非说过：“人才不是华为的核心竞争力，对人才进行管理的能力才是核心竞争力。”的确如此，现今的企业对人才的重要价值都已无异议，对企业来说，更加关键的是如何管好人才，能否在吸引人才、留住人才、培养人才、重用人才方面胜人一筹。只有具有这种能力，才会不断增强企业发展的核心竞争力。

任正非是当今商界少有的通才，是能够“以无味和五味”的“大厨”。正因为这样，华为这个“商业帝国”才会人才济济，快速崛起。任正非之所以能够这样，是与他的技术背景有着直接的关系。任正非在我军基建工程兵某部服役时，就是一名创新型年轻人才。1977 年，部队承建辽阳化纤厂，需要一种检验仪器，当时的中国还制造不出来。一名曾在国外见过这种仪器的技术员，给任正非描绘了其大概的样子。没想到，任正非竟然用数学推导的方式，完成了这种仪器的设计并制作成功了。仪器的名字叫“空气压力天平”。这种仪器体积小，重量轻，操作简便。这在今天看来，只是一项小发明，但在“文革”刚结束的那个百废待兴的年代，一点小成果也可以搞出大动静。任正非的技术发明被当时的媒体广泛报道，《文汇报》以“我国第一台空气压力天平”为题做出如下报道：“解放军基建工程兵某部青年技术员任正非在仪表班战士的配合下，研制成功我国第一台高精度计量标准仪器——空气压力天平，为我国仪表工业填补了一项空白……这种仪表是最近几年刚出现的，目前世界上只有几个工业发达的国家能制造。”可以看出，当时的媒体对任正非技术贡献的评价还是比较高的。这一年年底召开的基建工程兵工作会议上，任正非与其他贡献突出的技术人员一起受到表彰，并受到当时国家最高领导层的接见。第二年，34 岁的他又作为解放军科技人员代表，参加了 1978 年 3 月召开的全国科学大会。之后，他又被选为军队代表，参加了 1982 年党的十二大。可见，年轻时的任正非作为技术人才已经崭露头角了。应该说，当时的知识和技术积累以及相关经历，对后来的任正非投身人才密集型的高科技行业起到了十分重要的作用。

华为曾有两位员工写过“万言书”，这两份“万言书”分别出自北大和清华两位毕业生之手，引发的结果大为不同。《任正非正传》这本书中对此做了较详细的叙述。有一年，华为公司招聘了一名北大毕业生，公司领导都很看好他，并把他作为重点对象加以培养。这名毕业生也是踌躇满志，很想在华为干出一番事业。他入职华为仅一个月，就发现了很多问题。于是，就挥笔给任正非写了一份“万言书”，对公司的经营战略问题提出看法和建议。任正非看完“万言书”的反应却出人意料。任正非做出如下批复：“此人如果有精神病，建议送医院治疗；如果没病，建议辞退。”结果这名自视甚高的北大毕业生就这样被公司辞退了。

也许有人会觉得任正非做出的这个决定太不近人情了。即使“万言书”写得不好，也不至于受到如此严厉的对待，应该给予他克服缺点、发挥专长的机会。但是，也有人认为，这名北大毕业生入职仅一个月就指出华为公司的战略问题，依据何来？除了想出风头，哗众取宠，博取赏识，还会有什么？作为一名新员工，应该着力提升自己，而不是去考虑企业经营的战略问题。这样的人被辞退不算冤枉。

还有一位名叫延俊华的清华博士，入职华为后被安排到公司中试部工作。他结合自身经历给任正非写下了题为《千里奔华为》“万言书”，得到任正非的高度赞赏，直接将其提为部门副部长，任正非称赞其为“一个会思考并热爱华为的人”。

两份“万言书”，得到截然不同的批复。在任正非的《致新员工书》中有这样的内容：“要有系统、有分析地提出您的建议，您是一个有文化者，草率的提议，对您是不负责任，也浪费了别人的时间。……特别是新来者，不要下车伊始，动不动就哇啦哇啦。要深入、透彻地分析，找出一个环节的问题，找到解决的办法，踏踏实实地一点一点地去做，不要哗众取宠。”公司对清华博士延俊华的《千里奔华为》评价道：“这份报告从不同的侧面反映了公司存在的问题，也反映了新员工从他们所处的角度对公司的了解，并提出善意的批评和建议。这是从新员工身上表现出来的主人翁意识，难能可贵。”

华为就像一座大考场，每个员工每天都在接受着不同题目的考试。两份“万言书”就是两位新人做出的两份答卷，任正非扮演了一次考官，给出了完全不同的评判。对两份“万言书”的处理反差如此巨大，超出了一般人的想象。这样的做法体现了任正非泾渭分明的用人原则，也体现了华为公司人才管理的基本逻辑。华为是世界一流企业，对人才的取舍不会看重牌子，而只能注重能力和实绩。二人都是一流大学的毕业生，都具有较高的知识素养。但牌子再硬也不算数，最终还是要接受工作实践的检验。既然是人才，就要有真知灼见，就要有回答和解决实际问题的真本事。

不少企业选人，过分看重学历，忽视其实际工作能力，导致人才管理效益不高。一些企业对人才不大敢管，怕管多了、管严了，把人才管跑了。于是产生了一些“管不了”“惹不起”的所谓人才。华为显然不会这样。华为一直坚持从严管理，对人才当然也不例外。即使你有天大的本事，也不会无原则地捧着哄着。人才不是完人，都会有缺点和弱项，同样需要筛选。企业应该根据不同阶段的发展需要，对人才结构做出必要的调整。人才机构没有“保险箱”，应该优胜劣汰，有进有出，这应成为人才管理的一种常态。

在人才管理方面，华为曾有过十分惨痛的教训，公司险些瓦解。导致这一严重结果的主角名叫李一男，这个 15 岁考入当时华中理工大学少年班的天才少年，研究生毕业后加入华为人的行列。两天后升任华为工程师，半个月后升任主任工程师，半年后升任中央研究部副总经理，两年后被提拔为华为公司总工程师兼中央研究部总裁，27 岁坐上了华为公司的副总裁宝座。就是这样一个深得任正非信任、得到“火箭发射”般提拔的幸运儿，却出人意料地背叛了华为。2000 年，李一男带着大批华为的骨干和华为价值千万元的设备创建港湾网络有限公司（以下简称港湾公司）。2001 年，港湾公司推出比华为更具竞争力的路由器和交换机等产品。当时的华为正在 IBM 的指导下进行研发流程改造，内部动荡不安，再加上李一男极强的号召力，他的旧部纷纷随他出走。李一男深知华为的底细，港湾公司几乎全盘复制了华为的商业模式。谁都看得出来，撑起港湾公司的是华为的人，华为的技术，华为的市场战法和企业文化。几乎所有人都认为港湾公司会成为另一个华为。2003 年，港湾公司准备上市，当年年底收购了华为光传输元老黄耀旭创立的钧天公司。这一下彻底激怒了任正非。程控交换机与传输是华为公司当时现金流的主要来源，这块阵地绝不能丢失。任正非立即调拨 4 亿元经费成立了“打港办”。他给各地办事处的人下达死命令，谁让港湾公司的产品进去（市场）了谁下课。在此期间采购华为产品的客户占了大便宜，华为宁可白送也不让港湾公司拿到订单，这种“杀敌一千、自伤八百”的凌厉攻势很快让港湾公司的现金流断了。2006 年，华为以 17 亿元的价格收购了走投无路的港湾公司。李一男回到华为任首席电信科学家、副总裁，但一切都无法回到原点，合同到期后李一男再次出走。2017 年，李一男犯内幕交易罪，被判处有期徒刑两年六个月。李一男的“叛变”，使任正非痛心不已。最终华为虽然收购了港湾公司，但“惨胜如败”，付出的代价十分高昂。

这在当时引起很大震动的事件，看上去有悖常理。李一男这样一个聪明人怎能忘恩负义呢？而实际情况并非这么简单。由于任正非的“溺爱”，李一男得到了使他难以承受的重用，也使他失去了青年才俊成长的必要过程，他已无法适应快速变动的新的领导岗位。实际上，任正非这样的做法也害了李一男，过快的提拔只能是揠苗助长。“超常重用”形成的光环过于耀眼，使得李一男“头脑发昏”，失去了正确估价自己的能力。他把一时的辉煌过多的归于个人名下，却没有看到平台的作用与众多合作者的支持。正在商界打拼的人们都应记取这一教训。学习华为不仅要研究其如何“过五关、斩六将”，也应弄清其为何会“败走麦城”。

实际上，对人才的激励，可以更多地采用物质的、精神的手段来进行，而把“乌纱帽”当奖品是会冒风险的。因为，当领导仅仅有技术、懂专业远远不够，还应经历必要的实际历练，必须具有技术专长之外的诸多素养，包括道德操守、心理素质、领导能力等，而这些都不会是天生的，只能从实践历练中获得。否则，再有天分的人也难以成为优秀的领导者。因此，对拟提任重要职位的领导者，一定要经过实践的锻炼与检验。没有人天生就有组织领导才能。只有当一个人被证明其在现任职位称职、又显现出能够胜任上一级岗位的能力后才能予以提拔。否则，很容易造成获得提拔者的不称职，也会给相关工作带来损失。绝不能简单地把提升职务作为奖励手段来使用。有的人当员工可以成为“劳动模范”“技术能手”，但让他当领导却难有作为。因此，企业决策者应该自觉遵守人才成长的规律。

“痛定思痛，痛何如哉!”事后，任正非对此进行了深刻反思。他认为李一男和郑宝用闹矛盾，自己作为主要领导是负有责任的，并在公司《管理优化报》上公开发文做了检讨。他在当年公司的年终管理考评中，给自己打了个最低分 C，决策层不认同，最后定为 B，年终奖也是按照这个等级拿的。“吃一堑，长一智”，华为决策层积极采取措施，完善人才政策，健全更加科学的人才管理机制，努力把坏事变成好事，使人才队伍建设水平得到新的提高。

五、着眼培养人才的企业才能兴旺发达

现代企业不应仅仅是一个生产产品的机构，而是应该将其办成一个大学校，应该成为一个能够使员工不断增长才干的地方。每个企业都应慎重回答这样一个问题，如果一名员工打算为企业工作十年，企业会让十年后的他成为什么样的人？难道仅仅使之成为一个会生产某一产品的人吗？显然不该是这样一个答案。好企业给出的答案应该是，会让这位工作了十年的员工成为更有本事、更有作为的人。只有这样的企业，才能满足员工成长成才的愿望，才能赢得员工更多的信赖。

企业在解决人才问题时，不能总是眼睛朝外，只想着如何招人挖人，还应着眼企业内部员工，努力使他们成为企业人才的来源。企业要不断为人才成长提供机会，创造条件，努力形成人才辈出的良好环境。

丰田公司认为，一切商品都需要人来生产，如果不首先培养人，就什么工作都无法正常开展。人才是企业的核心要素，也决定着企业的本质。先有合格的人，后有合格的产品，这应该是一个不言而喻的常识。丰田的创始人丰田喜一郎认为，员工是资源，不是成本。他认为，人是企业最大的“财”，

要把人当成“财”，有“人”才有“财”。一定要相信员工的智慧，而对员工智慧的浪费是企业最大的损失。

松下电器的创始人松下幸之助曾对员工说：“松下的最核心业务就是培养人。如果人家再问松下电器是生产什么的时候，你们就回答他们说，松下电器是培养人才的公司，顺便也生产电器。”这真是企业管理的金石之言！一个企业竟然将培养人才作为主业，将产品生产作为副业，这是多么独到而深刻的见解啊！坚持这一理念的企业，员工队伍中必然会人才辈出。随着人才的成长，必然促使企业生产出竞争力更强的产品。不少企业为什么生产不出好产品，应该从这方面好好找找原因。不少企业管理者采取的是本末倒置的做法，把劲使反了。他们只知道盯着产品，却忽视了人才培养。只有人人都把自身的专长发挥出来，才会有充满生机与活力的企业。

阿里巴巴在人才培养方面也有与此相似的理念。马云多次强调，阿里最大的“产品”是干部。他说：“公司的产品是人，人不提升、员工不提升、干部不提升，产品哪怕提升了，将来也会掉下去。”无论什么时候，企业都应像阿里巴巴这样来处理人和产品的关系。管理者应该在培养人、提升人方面多下功夫。只要做到了这一点，企业就一定能够生产出好产品。

可以看出，这些世界一流企业的成功之路，实际上是一条人才培养之路。企业经营的成败在很大程度上取决于人才培养的成效。在这方面，许多中国企业需要花更大的气力。“十年树木，百年树人”，人才培养是百年大计，不能急功近利。只要企业的各类人才能够不断成长起来，企业的发展就一定会大有希望。

在员工培训与人才培养方面，华为一直走在世界企业界的前列。华为不仅是人们工作的场所，而且是人才成长的摇篮。许多刚出校门的大学生，经过华为的培养和锻炼，各方面都取得了明显的进步，不少人成为公司管理和技术研发的骨干。如今的华为已经成为一座中国年轻人向往的“梦工厂”。如果哪个企业想成为华为第二，就请从这方面入手吧。

令企业界敬佩不已的是，华为早在2005年就兴办了“华为大学”。这所学校与传统意义上的大学有着明显的不同。它的主要任务是为华为员工及客户提供众多课程培训，包括新员工文化培训、上岗培训和针对客户的培训等。华为大学是公司产学研庞大体系的重要组成部分，它不仅承担着企业内部人才培养的重任，还超越这一职能成为企业变革的推手以及外部（包括顾客、供应商、合作伙伴等）培训和咨询服务的重要支柱。

有了这所大学，华为各类人才的培养工作就步入制度化的轨道。以此为依托，公司可从实际需要出发，借助国内外的智力资源，有计划地对企业不同层次的人员进行专业培训，有针对性地解决企业发展中遇到的管理、技术等方面的突出问题。这些做法对公司发展起到的实际作用是难以估量的。

每一个致力于长期发展的企业，都应积极借鉴华为培养人才的经验。虽然每个企业的实际情况差别较大，但企业无才不兴的道理是不可违背的。因此，每个企业都应建立符合其实际需要的培训机构。企业决策层应该将其列入企业战略发展规划，深入搞好研究和落实。特别是要注重发挥培训机构的实际效用，切实在提高各类人员素质、攻克专业技术难关、解决企业管理中存在的重点问题方面发挥突出作用。

第十一章　创新篇

美国著名经济学家约瑟夫·熊彼特是创新理论的开创者。他所定义的创新与通常意义上的创新有着较大的不同。他认为，所谓创新就是要“建立一种新的生产函数”，就是要把一种从来没有的关于生产要素和生产条件的“新组合”引进生产体系中去。企业家的职能就是实现“创新”，不断引进这种“新组合”。

在市场经济环境中，处于价值链不同位置的企业，盈利空间差别很大。比如，2010年时，苹果公司每卖一部手机，赚取58%的利润。而中国完成全部生产组装，却只有1.8%的利润。苹果公司没有工厂，不生产任何元器件。这种巨大的反差是苹果公司通过占据研发和品牌这两个价值链的最高端形成的。

一、具有强大创造力的军队才可能成为胜利之师

人类社会发展的步伐是通过不断创新向前迈进的，人们世代接续进行的创新活动推动人类文明不断进步。唯有创新，社会才会有不竭的动力和活力，人类的文明之火才会越烧越旺。在经济领域，创新的意义更加重大，失去了创新的动力，社会的经济活动必然陷入停滞或倒退。

军队是为了打仗而存在的。凡是能够打得赢的军队必然是勇于创新的军队。军队的战略战术不会一成不变，每一次战役、战斗的“套路”也不会完全一样。因此，只有极具创造力的指战员才能赢得战争的最后胜利。战争是人类斗争史上最残酷的较量，是血与火的激烈交锋。战场是军人创造力充分爆发的空间。没有这种能力的军人在战场上会寸步难行。

我国春秋战国时期的孙武凭借其超越时代的军事才能，开创了古代军事理论的先河。他的《孙子兵法》内涵丰富，博大精深，而其中的精髓就是无所不在的创新思维。正因为这样，才使孙武的军事思想充满过人的智慧，才使得其要领的人们能够在沙场上纵横驰骋，屡建奇功。

“兵者，诡道也”“水因地而制流，兵因敌而制胜。故兵无常势，水无常形。能因敌变化而取胜者，谓之神”。这些论述告诉人们，用兵作战不是寻常之道，随时需要应变之策，每次作战都是创新的开始。没有无处不灵的战略战术，能够做到敌变我变才能用兵如神。如此深刻的谋略竟然产生在两千余年前，不能不令世人折服。两千多年来，孙子充满创新思维的论述不知成就了多少军事家。

以毛泽东为代表的党的老一辈军事家继承了孙武等中国古典军事理论家的优秀遗产，并且结合新的社会历史条件创造出新的军事理论和实践成果。毛泽东的《论持久战》《中国革命战争的战略问题》等军事著作，正确阐释了中国革命战争的战略方针和战术原则，这些重大的军事理论创新成果武装

了人民军队的指战员，使之焕发出极大的创造力，从而赢得了中国革命战争的伟大胜利。

只有具备极强创造力的军人，才能在两军交战时稳操胜券。可以说，每一场战役、战斗都是创造力更强的一方取胜。毛泽东作为伟大的军事家，在长期指导战争的实践中，创造出一整套适合中国革命战争实际的战略战术，从而使我军始终掌握战场上的主动权。毛泽东一直坚持“灵活机动的战略战术”，以达成出奇制胜的作战目的。毛泽东在《论持久战》中指出：“古人所谓‘运用之妙，存乎一心’，这个‘妙’，我们叫做灵活性，这是聪明的指挥员的出产品”。两军交战如赛场竞技，总用老套路，对手当然容易应对。只有每战必变，每战必有创新，才能致使敌人在战略战术上发生错误，最终战胜敌人。

红军长征途中，几十万国民党大军围追堵截，沿途还有无数道天然屏障阻隔，各路红军将士时刻处于险象环生的境地。在这样的战场环境中，“灵活机动的战略战术”成为我军化险为夷、绝处逢生的法宝。正因为这样，英勇的红军将士创造出四渡赤水、巧渡金沙江、强渡大渡河、飞夺泸定桥等一个又一个经典战例，一次次突破重围，击溃敌军。我军指战员大都是农民出身，又没有多少文化，但他们在战争中学会了打仗，新战略、新战术被不断创造出来。辽沈战役是“关门打狗”，平津战役是“先打两头，后取中间”，淮海战役则是“吃一个，夹一个，看一个”。正是靠着全军将士在战场上焕发出来的无穷创造力，我军扬长避短，以弱胜强，逐步战胜了强大的敌人。

粟裕是我军善于进行战略战术创新的著名将领。他从不唯书唯上，而是一切从实际出发，创造性地贯彻执行上级的指示。在他的指挥下，我军的作战行动常常取得超预期的战果。在土地革命战争时期，红军以弱胜强的主要战法是“诱敌深入”，以此挫败了敌人一次又一次围剿。解放战争初期，粟裕没有机械搬用这一战法，而是在苏中解放区前沿地区迎击来犯之敌；在绝对劣势的情况下，粟裕指挥仅 3 万余人的华中野战军七战全胜，共歼敌 5.3 万多人。解放战争初期，在敌军兵力占据优势的情况下，粟裕不计一城一地的得失，着力歼灭敌人的有生力量。他认为，在作战目标的选择上，优先选弱敌进攻是我军常用的一条原则，但有时为了迅速扭转战局，在有把握或既有一定把握又有一定风险的情况下可以先打强敌。比如 1940 年 10 月的黄桥战役，歼灭国民党顽固派最强的独立第6旅，1947年1月，鲁南战役歼灭敌整编第26、51师和第一快速纵队，1947年5月孟良崮战役歼灭敌整编第74师等，都是反常用兵、先打强敌的成功范例。

正是因为我军涌现出许许多多勇于创新的指战员，才能把战场上诸多“不可能”变成现实，才能不断创造出以少胜多、以劣胜优的战争奇观。在两军交战中，只有对军事理论、军事原则的创造性运用，才能打败强大的对手。虽然战争的烽烟早已散去，但我军将士卓越的军事智慧与他们的功绩一起，永远铭刻在中国革命战争的史册上。

二、创新是企业家的职能

企业领导者应该像我军坚持“灵活机动的战略战术”那样，始终将创新思维置于企业管理的战略地位，大力破除陈规陋习，主动求新求变。积极研究新情况、解决新问题，不断寻求新突破，努力为企业发展开辟新的天地。

美国著名经济学家约瑟夫·熊彼特是创新理论的开创者。他的创新理论在经济领域影响很大。他所定义的创新与通常意义上的创新有着较大的不同，他认为，所谓创新就是要“建立一种新的生产函数”，就是要把一种从来没有的关于生产要素和生产条件的“新组合”引进生产体系中去。企业家的职能就是实现“创新”，不断引进这种“新组合”。所谓“经济发展”就是指不断地利用这种“新组合”去进行创新的结果；而实现这种“新组合”的目的是获得潜在的利润，即最大限度地获取超额利润。熊彼特进一步明确指出“创新”的五种情况，即被后来的人们归纳成的五个创新：产品创新、技术创新、市场创新、资源配置创新、组织创新，而这里的“组织创新”也可以看作部分的制度创新。

熊彼特创新理论的一些基本观点是企业家应该予以重视的。他认为，创新是生产过程中内生的，发展并非从外部强加于经济生活的，而是从内部自行发生的变化。创新是一种“革命性”变化。熊彼特曾做过这样一个形象的比喻：你不管把多大数量的驿路马车或邮车连续相加，也决不能得到一条铁路。他认为，创新同时意味着毁灭。在竞争性的经济生活中，“新组合”的产生将致使旧组织的消亡。创新必须能够创造出新的价值。熊彼特认为，先有发明，后有创新；发明是新工具或新方法的发现，而创新是新工具或新方法的应用。新工具或新方法的使用在经济发展中起到的作用，最重要的意义就是能够创造出新的价值。他认为，可以把经济区分为“增长”与“发展”两种情况。所谓经济增长是由人口和资本的增长所导致的，并不能称作经济发展。经济发展可以定义为执行“新组合”带来的。就是说，发展是原有的经济循环流转过程的中断，也就是实现了创新之后产生的结果。熊彼特认为，创新的主体是“企业家”。他把“新组合”的实现称为“企业”，以实现这种“新组合”为职业的人们才是“企业家”。因此，企业家的核心职能不是经营或管理，而是能否引进这种“新组合”。这种核心职能又把真正的企业家活动与其他活动区别开来。根据熊彼特的观点，一个国家或地区的经济发展水平，在很大程度上取决于这一国家或地区有多少具有创新精神的企业家及其在创新方面付出了多大的努力。正是由于个别或少数企业家的带头创新、众多企业家的快速跟进，才推动了某一国家或地区的经济发展。

熊彼特的创新理论至今仍能给人带来诸多启示。全面掌握这些思想，能够进一步理解企业创新的丰富内涵，进一步加深人们对创新本质的认识，进一步拓宽实现企业创新发展的思路。企业家应该十分重视对熊彼特创新理论的学习和研究，并注意以此为指导，深入探究企业创新方面的规律性。企业应该从他所说的五个方面入手，不断将关于生产要素和生产条件的“新组合”引入生产体系，逐一破解创新过程中出现的矛盾和问题，积极寻求切实可行的对策，不断增强创新欲望，努力争取更多的创新成果。只有这样，企业的生命力和竞争力才能大大增强。

创新与发明并不是两个相同的概念。实际上，创新概念的外延要比发明大许多。技术发明是一种创新，但创新绝不局限于技术发明。如果说发明是在新知识基础上的一种全新技术的首创行为，创新则既可能是这样的技术创造，也可能是原有技术的改善，甚至可能仅是几种原有技术的重新组合。因此，创新活动及其成果要远远多于技术发明，前者对经济和企业发展的促进作用也更加广泛而巨大。在企业经营中，不仅要鼓励技术发明，也要鼓励全面创新。包括高科技企业在内的所有企业，都要注重引导各行各业不断进行各种创新。企业既要重视技术的发明与创造，也要重视制度、管理等各个方面的改革与创新。只有这样，企业发展的动力源泉才会充分涌流。

熊彼特的创新说可以在心理学上获得支持。从心理学上来看，创新是源自人们内心的一种本能的冲动。虽然每个人的角度与尺度不同，但获取新知识、认识新事物、创造新生活已经成为人们不懈的追求。心理学发现了人的三大精神能源：创造的驱力；爱情的驱力；压迫与歧视的反作用驱力。这三大驱力就像三台马力十足的发动机，成为人类每个生命体的强大内生动力，而创造的驱力是第一位的。创造力就是创新能力。它是人的能力的超常发挥，是人的智慧的集中迸发。这一能力是有理想的奋斗者不可缺少的。创新能力越强的人，越有可能创造更大的价值，越有可能取得新的发现和发明，甚至可以创造人间奇迹。因而，有很强创造力的人是企业最宝贵的资源，企业的新观念、新创意、新技术等都有赖于他们的智慧与能力，企业的新增价值离不开他们的创造性劳动。

《资本论》指出，商品的价值是由社会必要劳动时间决定的。就是说，从本质上看，商品的价值不过是时间的凝结。只有缩短生产商品的社会必要劳动时间才能获取超额利润，而企业的创新活动是缩短社会必要劳动时间最有效的方式。马克思说："一切节省，归根到底都归结为时间的节省。"对于企业来说，节省了产品生产的时间就等于提高了"单位亩产量"，就等于提高了工作效率。

为什么在企业管理中无法倡导"上善若水""水滴石穿"的理论原则，原因也在这里。这些理论虽然具有极强的穿透力，但忽视了重要的时间维度，或者说其着眼的时间尺度太大，个体生命无法把握。三峡的确是由滔滔长江水冲刷出来的，但它的代价是需要亿万年的时间成本。人类个体只有区区几十年的寿命，现代人最宝贵的东西就是时间，最为损失不起的就是时间，因此"效率"一词成为管理学的核心词汇。"齿坚于舌而先蔽，舌柔于齿而常存"，柔弱最终能够胜刚强，但企业追求的是效率，无法付出如此巨大的时间成本。因此，企业必须通过创新这个最快捷、最有效的方式来更快地创造财富。这也正是当今社会和企业十分珍视创新的主要原因。"一万年太久，只争朝夕"，这才是现代企业人应取的态度。

意大利经济学家帕累托发现了"帕累托法则"。他发现了财富分配的一个重要规律。不管什么社会，大部分人将在底层生存，只有少部分人能离开贫穷环境迈入小康，再从小康变为富人。他对此做出这样的解释：一个有一元钱的人赚两元钱与一个有一亿元的人赚两亿元的“条件概率”是相同的。他证明，用钱滚钱，小钱能够滚小钱，大钱能够滚大钱。也许有人会说，那大钱也能赔大钱啊！确实有这样的可能。但从概率上来说，肯定是后者具有更大的优势。

人们应该更加关注的是：大钱是怎样滚出大钱的？在什么条件下，小钱也能滚出比较大的钱？从整体上来说，这个答案只能是创新。只有具备强大创造力的人才能达成这样的目的，舍此别无他法。帕累托的这一发现曾引起很大的社会震动。这是当今社会贫富差别越来越大的一个理论原因，也是经济领域产生所谓“马太效应”的一个根源。令人焦虑的是，这种趋势在一定历史时期很难改变。因此，国家必须通过行政、经济、法律等手段进行必要的调节。

企业家的职能就是要用较少的钱滚出较多的钱。要想做到这一点，最有效的办法就是在创新方面投入更大的力量。事实上，在关于企业家的各种定义上，主流经济管理学家更加强调的是企业家应具备资源整合以及通过创新实现价值增值的能力。1800 年左右，法国经济学家萨伊首次创造出“企业家”这个名词。他给出的定义是这样的：企业家是将经济资源从生产力较低的领域转移到较高的领域。在萨伊看来，企业家是把土地、劳动、资本这三个生产要素结合在一起进行商业活动的第四个生产要素。近代英国经济学家阿尔弗雷德·马歇尔指出，企业家是以自己的创新力、洞察力和统帅力，发现和消除市场的不平衡性，创造交易机会和效用，给生产过程提出方向，使生产要素组织化的人。可见，一些著名学者从一开始，就把促进社会财富较快增长的任务赋予了企业家。

任何企业的资源都是有限的，需要顾及日常运作所需的消耗，维持企业的生产和再生产过程。然而，在这一过程中，企业家的头脑中必须不断思考：企业的创新点在哪里？可以用于创新的资源和力量在哪里？企业管理的创新逻辑是什么？完成这一切需要克服的困难和障碍是什么？用什么样的对策才能踏出一条创新之路？志向远大的企业家，每天都会思考这些问题。他们在这些问题上取得的每一点进展都会转化成现实生产力，都会有效提高企业的管理效率和经济效益。千万不能轻视在这些问题上取得的任何进步，也许其中某一个智慧的火花就会点燃成功的燎原之火。每一天，企业家都应心怀这样的愿景，辛勤地去为理想的大厦添砖加瓦。创新就像一根魔棒：它可以无中生有、点石成金、化腐朽为神奇，使丑小鸭变成白天鹅；也可以使深陷困境的企业快速冲出黑暗，迎来曙光；还能够让无路可走的弱小企业很快踏上坦途。“山重水复疑无路，柳暗花明又一村”，创新带来的成就常常会产生如此梦幻的景象。

从根本上来说，一个企业的兴衰与其创新能力的强弱有着直接的关系。但企业也要防止在创新中步入歧途，不要去搞那些违法的为富不仁的所谓创新。近年来，好多企业家参加了 MBA、EMBA 培训后眼界大开，不少人都不愿意干实业了，觉得实业赚钱太慢，并且很累很难搞，开始热衷于“金融运作”“金融创新”。由于一心想着赚大钱、赚快钱，许多企业未能实现快速发展，倒是快速倒退，甚至垮掉了。

还应看到，在市场经济环境中，处于价值链不同位置的企业，盈利空间差别很大。比如，2010 年时，苹果公司每卖一部手机，赚取 58% 的利润。而中国完成全部生产组装，却只有 1.8% 的利润。苹果公司没有工厂，不生产任何元器件。这种巨大的反差是苹果公司通过占据研发和品牌这两个价值链的最高端形成的。所以，有条件的企业应该通过技术与管理创新，尽量往价值链的中高端走，而不能往下滑。一些企业喜欢拼价格，搞薄利多销，这只能是权宜之计。如果一个企业长期这样走下去，很难发展起来，只会搞得人筋疲力尽。

在这方面，华为决策层做过深入的思考和探索。任正非认为，走“低价格、低成本、低质量”的路线，可能摧毁中国企业 20 年之后的战略竞争力。“这个时代的特征就是高质量……谁能打败华为？只有我们自己。如果搞个低质量，一下子就让我们栽了。”任正非强调，企业必须坚持高质量生产，敢于投资，大胆创新，不能以省钱为目的。应该勇于占领电信行业价值链的最高端。现在看来，华为的这一战略决策已经达成了预期的战略目标。

阿里巴巴也坚持了这样的经营方针，从而使公司一直处于行业价值链的高端。阿里巴巴通过一系列的创新，积极为客户创造价值，为客户提供优质的产品和服务，使客户获得具有极大心理满足感的消费体验。马云说：“不管你卖什么，都会有顾客觉得贵。奔驰很贵，开的人越来越多，夏利很便宜，已经停产了。”如果一个企业产出的仅仅是便宜的商品，却未能满足顾客日益增长的消费品质上的需求，是难以获得较大发展的。

三、企业创新，永远在路上

一般来说，人们可以从经验中得出结论：创新能够提高劳动生产率，能够战胜竞争对手，从而避免企业失去发展优势。实际上，西方经济学关于边际分析的理论早就告诉人们这个道理。所谓边际指的是“最后的”或“新增的”。在研究边际问题时，只考虑最后的一个或新增的一个所引起的相应的变化。经济学认为，某种要素的贡献，是由其边际的一个单位的贡献决定的。由此引出了边际收益递减规律。这一规律的意思是，企业不断增加相同增量的一种投入品（其他投入品保持不变）所产生的产品增量，在超过某一节点后将会开始下降，这种增加的产量就会变得越来越少，甚至会导致总产量绝对减少。这种现象在经济生活中是普遍存在的。这一规律的作用在较短期间内是无法避免的，人们只能遵守它，无法改变它。但从较长期间来看，人们可以通过技术创新和制度创新，突破边际收益递减规律的制约。令人困窘的是，这不是一个一劳永逸的过程，一次创新完成后，只是暂时打破了边际收益递减规律的限制，时间一长，这一规律的作用又会发生。因此，创新需要阶段性地不断进行，这也是所有企业不得不进行持续创新的一个理论原因。在这一过程中，企业最需要搞清楚的是，企业的创新达到何种状态时，能够取得利润最大化？这必须有一个客观标准。实际上，经济学家早已给出了标准，即“边际收益等于边际成本”。就是说，只有在边际收益等于边际成本时，企业的总利润才能达到最大值。边际收益递减规律为企业持续创新的必要性提供了理论支持。

创新之难在于其会遇到来自诸多方面的阻力，而“内卷化效应”所揭示的就是一种被传统扼杀的失去创新可能的生活。这一效应是由美国人类文化学家利福德·盖尔茨在20世纪60年代末提出的。他曾在爪哇岛长期生活，对当地的农村生活进行了深入研究。他看到当地人都在日复一日地以犁耙收割等极为落后的方式从事农业生产。原生态农业在维持着田园风光的同时，长期停留在一种简单重复、无法进步的轮回状态。于是，他将这一现象称为“内卷化”。

“内卷化效应”作为一个学术概念，指的是一种社会或文化模式，在达到某一种发展阶段，形成一种确定的形态后，便出现停滞不前或无法转化为另一种高级模式的现象。环顾我们的现实生活，这种现象比比皆是。

“内卷化”的结果是可怕的。无论是一个社会，还是一个企业或一个人，一旦陷入这种状态，就会原地踏步，裹足不前，只能无谓地耗费有限的资源，重复着简单的节奏，浪费着宝贵的时间。对于个人来说，它会让人在落后的境地，无休止的内缠、内耗、内旋，既没有渐进式的积累，更不会有突破式的增长，让人陷入一种恶性循环之中。这是一切团体或个人都应极力避免出现的状态。

每个从商者都应努力避免陷入“内卷化”的生活状态。即使是成功人士也应不断激励自己，永不停下攀登的脚步。否则，“内卷化效应”会将人们拖入落后的深渊，吞噬掉以往的奋斗成果。有人发出一种无奈的感慨：“不创新是等死，创新是找死。”应该再加上一句，“有效创新就不会死”。

在现代市场经济中，每个企业都承受着很大的竞争压力，都会经常面临许多难题和困扰。在这种情况下，企业领导者很容易陷入事务性工作不可自拔，很难分出足够的心思来思考企业的创新问题。常常有这种情况，企业经营上的许多问题是由一些传统性因素导致的，把管理者搞得左右为难，一筹莫展。但管理者若能主动破除因循守旧、墨守成规的思维定式，从创新的角度来思考这些问题，很快就会形成化解难题的崭新思路，许多问题就会迎刃而解，从而使企业走出困境。

企业必须形成高效能的创新机制。企业创新需要的是真功夫、慢功夫、细功夫，任何花拳绣腿都无济于事。各项创新工作都必须紧紧围绕企业的战略目标，循序渐进地予以推进。在这方面，不少企业是有教训的。一些企业领导者的头脑中是有创新意识的，在会议上、在口头上也经常强调，但由于未能建立或落实相应的工作机制，因而搞成了“两张皮”，说的是一套，实际做的是另一套，最终不得不接受“时间过去了，机会错过了”的被动局面。

企业的创新应该是可持续的。一次重要创新的成功只能促进企业一个阶段、一个方面的发展。只有使企业的“创新细胞”不断“裂变”，各项事业才能不断取得进步，企业才会始终保持生机勃勃的良好势头。“苟日新，日日新，又日新”才是优秀企业应该追求的状态。

阿里巴巴在20多年的时间里，不断在创新的道路上迅跑。阿里巴巴从一个只有18人的小公司，演变成一个拥有员工超10万人、市值一度达到4600亿美元的“巨无霸”，永远地改变了中国乃至世界的商业生态。从马云的“履带战略”到“五新理论”，阿里巴巴由最初的B2B业务，不断孵化出天猫、支付宝、聚划算、菜鸟物流、阿里云、飞猪、盒马等平台，又通过一系列并购、整合等运作，形成了阿里健康、阿里文娱等版图。2019年，阿里巴巴还把网易考拉收入自家的“动物园”。阿里巴巴就像一支万花筒，不停地发生着奇妙的变幻。如此高效的创新必然成为企业发展的强大引擎，不断拉动企业奔向更高更远的目标。

在企业管理中，任何时候都不能抱残守缺、不思进取。每个企业都应像华为那样勇于“破坏”旧的市场平衡，努力破除过时的观念、过时的制度、过时的技术等，以新的形态确立企业发展新的格局和新的优势，实现“凤凰涅槃”。有实力、有抱负的企业管理者都应认真研究华为，努力将自己的企业引上创新发展的道路。

创业初期的华为，没有资源，困难重重，挫折不断。华为人始终将创新能力作为公司发展的重要支柱，以极大的气力在企业发展的各个领域有创造性地开展工作。他们在企业的管理、分配、科研、销售、融资等方面“不按常理出牌”，大胆闯出一条别人不曾走过的企业发展之路。正因为这样，在华为的天地里会经常出现一些见所未见、闻所未闻的事情。以前，人们只听说过《香港基本法》(《中华人民共和国香港特别行政区基本法》)，知道华为公司的《华为基本法》后才明白过来，企业也可以有基本法。

《华为基本法》中十分重要的内容，就是对企业创新战略的执行做出了各方面的规定。《华为基本法》规定：“敢于打破常规，走别人没有走过的路。我们要善于利用有节制的混沌状态，寻求对未知领域研究的突破；要完善竞争性的理性选择程序，确保开发过程的成功。”《华为基本法》按照这样的原则和要求，对如何确保管理、人才、科研等方面的创新做出了实打实的具体规定。

科研创新是华为发展史上的一大亮点。华为的发展史可以简要概括为企业不断创新的历史。任正非说：“没有创新，要在高科技行业中生存下去几乎是不可能的。在这个领域，没有喘息的机会，哪怕只落后一点点，就意味着逐渐死亡。”华为在科技创新方面始终后劲十足，创造出了许多电信行业“独门绝技”，成为世界电信行业的领跑者。面对美国的疯狂打压，华为人仍充满自信，底气十足。

华为通过创新研究计划（HIRP），与全球逾百所高校及研究机构建立协作关系，与两位诺贝尔奖获得者、100 多位院士、数千名学者开展合作。HIRP 旨在广泛吸收高校与科研机构的优秀思想与成果，共同实现重大技术创新的突破。自 2010 年在欧洲启动以来，该计划已覆盖全球 30 多个国家和 100 多所知名高校。

多年来，华为一直在全球对接科技资源。任正非对此有一个很形象的说法：先开一枪，再打一炮，然后投放范弗里特弹药量，扑上去、撕开这个口子，纵向发展，横向扩张，产品就领先世界了。

“先开一枪，再打一炮”，都是军队进行火力侦察的招法，以此来引起敌方的反应，从中探明敌情。华为采用这一方法在当今世界探寻前沿科技资源，取得了良好的成效。

“范弗里特弹药量”，在军事上代指唯火力制胜论。指的是投入巨大弹药量进行密集火力轰击，对敌实施强力压制和毁灭性打击，意在迅速歼灭敌有生力量，使其难以组织有效防御。这是美军第 8 集团军司令范弗里特在朝鲜战场上采取的疯狂战术。他在反击作战中所使用的弹药量，达到美军作战规定允许限额的 5 倍以上。实际上，范弗里特的这一做法有公报私仇之嫌。1952 年 4 月 4 日凌晨，美军第 3 轰炸机联队第 13 中队的 B－26 轰炸机扑向志愿军守卫的沙里院火车站。3 时左右，一架 B－26 轰炸机的飞行高度竟然从 1000 米下降到 800 米空域，我志愿军 119 师炮团排长王兴民立即下令开火。几门高射炮齐射，这架 B－26 猝不及防，被打得凌空爆炸。7 个小时后，范弗里特接到噩耗，顿时如五雷轰顶，驾驶那架 B－26 的飞行员是他的儿子小范弗里特。随后，范弗里特为报失子之仇，展开了疯狂的报复。43 天的上甘岭战役，范弗里特下令美军将炮火从炮击几十轮猛增到 200 多轮。美军向志愿军阵地狂泻 190 万发炮弹，远远超过“二战”时的炮击密度，这就是所谓“范弗里特弹药量”的由来。

华为借鉴这一战法指导科技创新，取得明显成效。企业必须为创新提供足够的资源。企业创新不仅需要软环境，物质条件的支撑也是必不可少的。

在创新方面，企业不能小气，必须舍得投入，为企业的未来投资必须慷慨一些。特别是对于那些能够牵动企业发展全局的人才培养、关键技术、重点项目等应该给予足够的资金倾斜。对此，企业决策层应挂在心上、抓住不放。只有在创新方面不断取得较大突破，企业发展才会后劲十足。

早在 1994 年年底，华为就筹建了北京研究所。1995—1997 年，北京研究所一直处于漫长的积累期，并没有取得什么重大研究成果。但是，任正非对北京研究所一直给予大力支持，每年投入 8000 万元乃至上亿元用于技术开发。1996 年，华为公司的技术研发预算达到 1 亿多元，年终结算后发现还剩下几千万。任正非知道后下令：不许留下，全部用完。于是，研发部将所有科研设备更新了一遍，将现有的仪器设备全部换成当时最先进的型号。

华为在科研上投入一直很大。2019 年，华为继续加大对技术研发与创新的投入，研发费用达 1317 亿元，占全年销售收入的 15. 3%，近十年华为投入的研发费用总计超过 6000 亿元。这真是一个天文数字！据有人计算，这一数目已经达到北大、清华等数十所名牌高校研发经费的总和。社会领域与自然界一样，企业运营中生成的能量也要遵循能量守恒定律。能量不会消失，只能转移转化。华为这样大手笔的投入带来的必然是大突破、大发展。华为既饱尝了创业的艰辛，也享受了创新的红利。截至 2018 年年底，华为在全球累积获得授权专利高达 87805 项，其中美国授权专利 11152 项。仅 2018 年，华为就提交了 5405 项国际专利申请，在全球企业排名第一。华为已经多年蝉联这项第一了。世界知识产权组织总干事弗朗西斯·高锐说：这是有史以来第一家中国公司创下的最高纪录。

正如某电信制造商的一名高管所言：过去 20 多年全球通信行业的最大事件是华为的意外崛起，华为以技术与管理的“破坏性创新”，彻底颠覆了全球电信产业的传统格局，从而使世界上绝大多数普通人都能享受到优质的电信服务成果。华为的创新之举汇成强大的企业竞争力，势不可当地冲破了来自各方面的阻力，超越了国内外一个个强大的对手，最终闯入本行业的国际一流阵容。

对于企业界来说，华为的榜样作用是多方面的，最值得学习研究的就是其在企业创新方面的建树和经验，华为是企业创新的典范。华为的创业史昭示企业界：任何企业只有不停地在创新之路上奔跑，才可能拿到梦寐以求的冠军奖杯。华为的创新理念和做法在企业管理上具有十分重大的示范意义。

创新不仅仅局限于高科技行业。科技创新的确是企业创新最重要的环节，但企业的创新绝不仅仅局限于此。归根结底，企业的创新也是一种商业活动，这种创新体现在企业管理的各个方面，其形式是十分多样的。

德鲁克在《创新和企业家精神》一书中，纠正了人们关于只有高科技才能创新的看法。德鲁克在这本书中讲了集装箱是如何通过创新而诞生的故事。这一创新没有多少科技含量，却彻底改变了世界海运业的发展格局。1950 年起，战后西方经济进入恢复期，国际贸易的迅猛增长导致世界各大港口货满为患，海洋货运的时间越来越长，岸上堆积的货物越来越多。这种状况令有关商家十分头疼。怎样才能克服这一难题?

刚开始时，人们想到的是建造速度更快、装载量更大的轮船来节省燃料、人力以及路途上的时间。这样做的结果导致了港口拥挤状况更加恶化，因为使用了更多更大体积的货船，导致需要装卸的货物比以前更多。

既然搞错了就换一种办法。人们发现解决方案是设法把装货、装船在时间和空间上予以分离，于是产生了集装箱。集装箱在装船之前已完成装货，到了港口可以吊装上船，不仅解决了港口的拥堵问题，还使运输成本下降了 60%，轮船停靠港口的时间也减少了四分之三。可见，低科技也能创新，传统行业也能创新，而且传统行业中的创新机会要多于高科技行业。

德鲁克还以麦当劳为例，进一步说明没有高科技同样可以进行创新。麦当劳的创始人原本是冰激凌机推销员克罗克，他无意间发现加州一家汉堡店向他订购的机器数量长期超过其他零售商。这一现象引起了他的重视。他经过调查后才知道，这家汉堡店一直生意兴隆的原因是店主搞了一项革新，他把原来在一个工位上完成的汉堡包制作分解成流水线作业，因而制作速度快，客户等待时间短，赢得顾客的好评，购买的冰激凌机自然增多。

克罗克觉得这是一个了不起的发现，于是买下了这家汉堡店，并按照这个店的模式进行复制、扩张，由此诞生了麦当劳连锁店。虽然直到今天麦当劳都没用上高科技，但它的创新不仅创造了一个十分红火的快餐业，而且对人类的就餐方式产生了重大影响。

创新的机会在各行各业都会始终存在，问题是当机会出现时，你有没有能力抓住他。克罗克的直觉显然高出那个快餐生产线的发明者。他有一双慧眼，能够看出这项没有新技术的创新所蕴含的巨大商业潜力。

德鲁克认为：创新不需要伟大，需要简单、小规模、专注和专业化。德鲁克的忠告提醒人们，无论你的创新与科技有无关系，最重要的是不要忘记基本的商业常识。归根结底，创新也是一项商业活动，不过形式有点特殊罢了。

因此，不能说只有高科技企业才应重视创新，各个行业都需要认真做好创新性工作。要集中专业力量研究市场、研究对手、研究风控、研究管理、研究战略战术，努力激发企业创新潜力。永远比竞争者棋高一着，才可能超越对手，才可能笑到最后。

四、创新战略是企业制胜良策

在当今这个快速变化的世界，似乎人人都是创新的拥护者，很难找到否定创新意义的企业管理者。然而，只会一般性地肯定创新是远远不够的，必须将其置于企业管理的战略位置。只有成功实施了创新战略的企业，才能在市场竞争中实现长盛不衰的发展目标。

经济学认为，对于企业来说，现存的市场有两大海洋：一个是红海，一个是蓝海。红海指的是现有的所有产业，也就是已知的全部市场空间；蓝海指的是尚不存在的产业，即未知的市场空间。所谓蓝海战略，就是企业超越红海的残酷竞争，不把主要资源放在打败竞争对手上，而是着力在企业自身创造价值上寻求突破，并由此开辟新的市场空间，开创自己独享的一片蓝海。红海是一个竞争极为激烈的市场，但蓝海并非没有竞争，而是一个需要通过差异化策略取得的新的市场领域。在这里，企业凭借其独有的创新能力，获得更快的增长和更高的利润。蓝海战略要求企业超越传统的过度竞争所形成的红海，努力拓展新的非竞争性市场空间。与已有的通常呈收缩趋势的竞争市场不同，蓝海战略考虑的是如何创造新的需求，打破原有的竞争格局。蓝海的目标是在已知市场空间的红海竞争之外，构筑系统高效的蓝海战略，进而实现机会的最大化和风险的最小化。蓝海战略其实就是企业超越传统产业竞争、开拓全新市场的发展战略。

多年来，华为采取的就是这种蓝海战略。华为在努力求生存的同时，也十分注重运用创新思维谋划企业发展战略。华为自创建以来，实施了三次重大创新战略，最终完成了企业的“裂变”，从而使一只“丑小鸭”变成了一只展翅翱翔的“白天鹅”。

第一次创新战略是在公司的起步期实施的。这个时期的创新主要集中在技术和营销方面。尽管华为在成立初期经营过交换机代理等很多业务，但企业决策层很快作出了开展技术研发的决定。华为的研发人员从技术门槛不高的小型交换机入手，逐步实现技术突破，开始进入技术复杂的中型、大型交换机领域。华为一直坚持以市场为导向、以客户需求为中心，以此来牵引公司的研发方向，并积极设计满足客户需求的产品和解决方案。每一种通信产品从研发到占领市场都会经历较长时间，诸如产品的稳定性等指标必须经过很多实验，包括线网实验、产品实验等才能得以验证。华为的研发人员一一闯过了这些难关。这一技术创新战略的成功实施，奠定了华为腾飞的决定性的一步。正是因为有了原创技术的支撑，华为获得了核心竞争力。

在开展技术创新的同时，华为开始了营销战略的创新，所采取的战法就是“农村包围城市”。在华为进入通信市场的时候，诺基亚、摩托罗拉、爱立信、西门子等国际巨头几乎完全垄断了国际通信市场。在这样的大背景下，初出茅庐的华为将未被占领的农村市场作为突破口，开始营销自己研发的产品。华为非常重视服务质量和客户体验。每一款新产品推向市场后，便会立即搜集客户反馈，并据此不断完善产品性能。正因为这样，华为从农村市场转入城市市场的势头极为迅猛。经过短短几年的打拼，华为在城市电讯市场占有的份额就有了很大的提高。

在1998年前后，华为开始启动第二次创新战略，即开发国外市场的全球竞争战略。这次创新战略的实施，将企业的全面发展战略推向了新的高度。当时，华为的产品，尤其是交换机设备在国内市场已经占据主导地位，整个行业的国内市场日趋饱和。因此，依托这一产品推动企业发展的“天花板”已经形成，必须寻求新的突破才能使公司获得新的发展空间。在这种情况下，开拓海外市场就成为势在必行的选择。华为的交换机产品由于经过国内用户多年的检验，已经形成比较成熟的产品体系，因而直接推向海外市场，技术性能完全可以得到保证。通过国内市场长期的实战锻炼，华为的一大批技术、服务、营销等优秀人才已经成长起来。当时，华为创造了“铁三角”模式

(见图9)，包括客户关系、解决方案、交付服务方面的人才，他们完全能够承担起到海外市场拓展业务的任务。这一创新战略的实施，使华为在国际市场上崭露头角，并很快取得十分突出的业绩。华为从此迈出了迅速崛起的跨越性的一步。

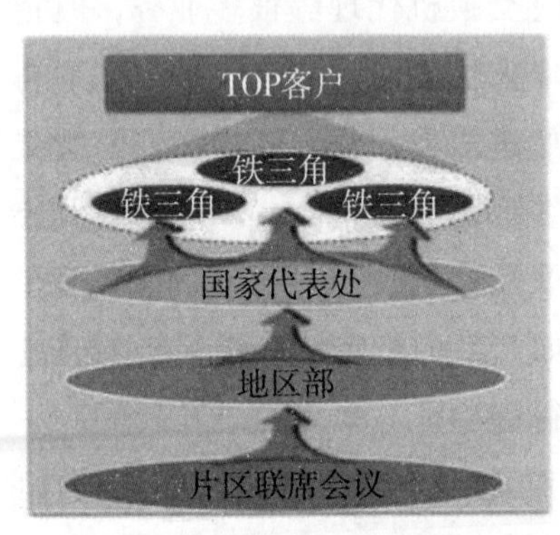

图9　华为“铁三角”示意图

通过几年的努力，华为在拓展海外市场方面取得重大进展，很快打开了东南亚、中东以及非洲等市场，特别是在华人较多的泰国市场，华为连续拿下了几个较大的移动智能网订单。此外，在沙特和南非等国家，华为也取得了较好的销售业绩。在发展中国家的频频告捷，使华为上下信心倍增。此后，华为开始在关注已久的发达国家市场上展开行动。从2001年开始，以10GSDH（一种传输设备）光网络产品进入德国为起点，继而通过与当地知名代理商开展合作，华为的产品成功进入英国、德国、法国、西班牙等发达国家市场。随后，华为又开始进军北美市场。这是一块十分难啃的“骨头”，北美地区既是世界上最大的电信设备市场，也是思科等跨国通信巨头的大本营。尽管进军过程遭遇了美国等国家的极力阻挠，但华为仍在积极耕耘加拿大等国的市场。从总体上说，华为第二次创新战略的实施是成功的。

华为第三次创新战略的实施，是从单纯面向运营商，转向三个不同的BG领域（BG是英文单词business group的缩写，一般译为“业务组”“业务单元”或“事业群”“事业部”）。对于华为来说，这一创新战略具有更重的分量。以前，华为的客户只局限在运营商层面，包括中国电信、中国移动等。经过这次转型之后，华为不仅面向运营商（运营商BG），还为很多企业客户

（企业BG）服务，同时也面向众多终端消费者（消费者BG）。同时向这三个BG转型，在国际电讯行业还很少见到。因为这三种BG的客户属性差异特别大，彼此的关注点以及整个供应链流程，包括研发流程、需求管理流程、营销等流程的差异都很大。因此，直至华为第三次战略创新前，全球没有任何一家公司能够同时做好这三个业务板块，同时面向三类不同类型的客户群。虽然华为这一次创新战略的实施十分不易，但最终也大获成功。

现如今，华为人回顾创新战略的实施历程都会不胜感慨。这是一个充满艰辛、充满挑战的过程，同时也是一个赢得胜利、创造辉煌的过程。“痛并快乐着”成为这一过程的真实写照。如果没有任正非的先见之明，没有全体华为人的埋头苦干，完成如此艰巨的战略任务是很难想象的。

创新没有尽头，华为从未止步。任正非说：华为已经进入无人区了。以前我们是跟着别人跑，现在是别人跟着我们跑。该往哪里跑？华为这艘巨轮已经进入自己开辟的蓝海，这里的水域极为广阔，但没有灯塔，没有航线。华为只有依靠自己的预见与探索，才能掌握正确的航向，才能绕开暗礁、冰山，抵达胜利的彼岸。

华为人早已看清了这一点。2019年，华为专门成立了旨在进行技术突破的战略研究院。该院将关注基础理论的突破和革命性技术的发明，比如NDA（不公开协议）存储、光计算、原子制造等新技术的研发。华为过去的创新主要是产品、技术和解决方案的创新；而随着战略研究院的成立，华为要更加注重基础理论研究、基础技术发明的突破。他们将围绕信息的产生、计算、存储、传送、处理、显示，通过与国际一流大学和科研机构合作，来寻求更多的重量级研发成果。华为的创新历程告诉人们，实行跨越式创新是华为超越对手、领先对手的关键之举，也是华为能够抵御风险、做大做强的制胜之道。

五、占领科技制高点才能赢得大国竞争

纵观世界上不同国家以及各国规模企业的发展水平，相互之间存在着十分巨大的差异。那么，如此巨大的差异是什么原因造成的呢？假如不考虑自然、战乱、文化等背景因素的影响，可以将所有的原因归结为一个，那就是

由生产率的高低差异造成的。生产率是整体经济运行的基础，直接决定着经济发展的水平。生产率很高的国家就会拥有很高的社会生产力。其实，一个国家的人们生活水平的高低，都是由生产率的不同引起的。也就是说，每个国家或企业在某个历史时期所生产的物品和提供的劳务，它们的数量和质量均有不同，这些因素造成了人们生活水平的巨大差异。在生产率高的国家或企业，员工生产的物品和提供的劳务就会高质高量，人们的生活水平就会比较高。反之，在生产率低的国家或企业，员工生产的物品和提供的劳务就会数量少、质量低，人们的生活质量也会比较低。

那么，怎样才能提高生产率呢？这取决于多方面的因素，但最主要的是一个国家或企业的科学技术水平。谁能长期拥有最先进并且能够用于社会生产的科学技术，谁就能创造出最高的生产率，进而推动社会生产力的不断提高。因此，当今世界各国之间、各个大企业之间的科技竞争已经达到白热化的程度。这是一场抢占科技制高点的残酷斗争。

如今的华为，已经成为能与列强叫板的国之利器。在华为之前，中国还没有能够与苹果、三星、高通、爱立信等这些国际高科技巨头形成棋逢对手之势的企业。通信产业与别的行业不同，这一产业是电磁空间的掌控者。在即将到来的“万物互联”的时代，最先进的通信技术几乎可以控制一切。正是因为看到了这一点，美国总统才会亲自上阵打压华为。这虽然给华为造成了一些困难，但也是华为的骄傲。能被美国总统视为威胁，肯定是世界上最优秀的企业，这是从反面给予华为的高度肯定。

华为正在运用其先进技术助力我国基础产业的升级。2020 年 12 月，任正非四处奔波，开始“挖煤”“种地”“炼钢”。这一消息多次登上“热搜”，引起人们的广泛关注。任正非与山西省领导举行工作会谈，研究了双方如何搞好战略合作的有关问题，其中重点谈到了“智慧矿山”的建设。任正非走访了华阳集团，他穿上工装进入矿井，考察华为、中国移动与华阳集团联合打造的全国首座 5G 煤矿的运行情况。华为还与农业农村部达成战略协议，双方将围绕 5G、大数据、云计算、物联网、人工智能等现代信息技术开展合作，帮助我国传统农业进行“智慧转型”，打造全新“智慧农场”。随后，任正非又来到湖南华菱湘潭钢铁集团（以下简称湘钢），考察了五米板厂智慧中心、智慧天车、自动加渣机器人、AR（增强现实）远程装配现场等。早在 2018

年，湘钢就开始与华为合作，进行“5G + 智能制造”的探索。2019 年 9 月 12 日，湘钢“5G + 智慧天车”正式投入使用，这是 5G 实景应用在全国钢铁行业首次落地。完全可以预期，随着华为技术应用领域的不断扩大，我国相关传统产业的技术进步会不断加快，这些行业的生产率也必然会得到明显提高。

一个现代国家的经济离不开骨干企业的支撑，这些企业的实力直接影响着所在国家的经济发展水平。在西方发达国家，少数技术领先的大企业在经济发展中起到了举足轻重的作用。那些一流的跨国公司甚至会对多国经济产生重大影响。当今的中国需要更多像华为这样的高技术企业成为拉动经济发展的火车头，这是中国知名企业责无旁贷的重大使命。只有更多企业做到这一点，国民经济才能建立在更加可靠的基础上，才有能力遏止美国的打压和封锁。

更加引人注目的是，美国政府已把 5G 的控制权视为“新的军备竞赛”，认为谁掌握了 5G 技术，谁就能在经济、军事、情报等方面掌握主动权。美国人最怕的是将 5G 技术用到军事上。2019 年，美国国防部 5G 研究报告声称，5G 的真正潜力是对未来战争网络的影响，该网络会越来越多地产生大量更便宜、连接更多、更具弹性的系统，以便在不断变化、快速发展的战争中发挥重要作用。运用成熟的 5G 技术，可以控制成千上万枚导弹、成千上万架无人机、成千上万艘无人舰艇发动攻击。美国总统前顾问班农说得更加露骨：“干掉华为，比中美达成协议重要十倍。”2019 年春，特朗普曾经头戴电信工程师的头盔，鼓励美国通信界赢得 5G 竞争。他说：“我们不能允许任何国家在这一重要的未来工业领域跑赢美国。我们在如此之多的工业领域占有领先地位，我们不能让这种事发生。美国必须赢得 5G 之战。我们有了不起的公司已经着手了。”这样的论调十分荒唐。5G 技术领域不是美国人的“自留地”，别国同样具有开发这一技术的权利。

美国人的反应，证明了华为的贡献具有划时代意义。5G 是自近代历史以来，中国第一次在重大技术领域取得的一项领先，华为破天荒地在西方一直把守的高科技城墙上撕开了一个口子。

正如有识之士指出的那样，中美竞争的焦点是科技战。如果中国一直安于现状，始终从事劳动密集型生产，一直是“7 亿件衬衫换一架波音飞机”，那么中美之间会永远相安无事。然而，美国人发现中国人正在快速向全球价值链高端迈进。根据硅谷的数据统计结果，2017 全球人工智能创业融资 152 亿，中国企业占 48%，美国企业占 38%，人工智能知识产权方面中国为 1239 件，美国为 231 件；1980 年首次召开人工智能年会时，美国占绝对优势，欧洲参与不多，中国一篇论文都没有；2018 年 2 月的年会，中国投稿 1242 篇，美国 934 篇，被大会采用的论文数量中国仅比美国少 3 篇。

这是中国人极强的学习能力、创新能力、奋斗精神带来的变化。看到这些，美国人不淡定了。美国最权威的智库，美国战略与国际问题研究中心提出，在人工智能领域，欧洲、日本已经被甩掉了，只有中国与美国并驾齐驱地进行竞争。他们认为这是十分可怕的事情。因此，中美竞争已经超出了经济领域，其焦点是科技之争，是无法调和的国运之争。

在 19 世纪时，一些西方的经济学家已经对国际贸易问题进行了深入研究，取得了令人信服的成果。在国际贸易领域，最先阐述国际贸易理论的是英国的经济学家，如亚当·斯密提出了“绝对优势理论”、大卫·李嘉图提出了“比较优势理论”，他们将相关问题解释得很清楚。特别是大卫·李嘉图的理论贡献得到了普遍认同。

大卫·李嘉图认为，每个经济体、每个国家都有其特殊的比较优势。如果每个国家或经济体放弃自身的比较优势，去生产全部所需要商品的话，那么，其最后取得的收益不会太多。相反，如果每个国家或经济体都积极发挥自身的比较优势，以其具有这种比较优势的产业生产出来的产品，与具有不同比较优势的国家或经济体进行商品交易的话，其最后获得的产出就会大于本国或本经济体生产全部产品的产出。

可见，各国通过国际贸易取得了“1 + 1 > 2”的效果。当时，大卫·李嘉图还以英国和西班牙这样的国家作为例证，对此做出了分析。每个国家的比较优势具有天然的不同，比如：英国的气候条件，导致其阳光不够充沛，因此某些农产品的产量无法与西班牙相比；而西班牙的气候土壤条件适合农业种植，却不适合建牧场，因此羊毛的价格远远高于英国。在这种情况下，如果西班牙只生产农产品不养羊，英国多养羊少种粮，英国拿羊毛出口来交换西班牙优质农产品的话，最后的结果是两国都受益。所以，“比较优势理论”奠定了国际贸易理论的基础。这就是当今世人推进经济全球化的主要理由之一。

在国际贸易理论中，大卫·李嘉图还特意阐述了国际贸易的最大受益方是进口国，而不是出口国。因为进口国可以获得更多自己不能生产的产品。这些进口产品如果自己生产价格会高出许多。美国从中国进口商品就得到了这种好处，美国人因此享受了物美价廉的中国商品和相关服务。

诚然，如果一个出口国存在大幅贸易逆差的话，会出现货币问题。就是说，逆差过大的国家可能会因外汇不足，而缺少进口商品的支付手段。因此，只有两国贸易大体保持平衡，才是可持续的状态。但这个道理唯独不适用于美国。因为美国与其他所有国家不同，它在当今世界具有货币霸权地位。美元是世界上最大的储备货币，这就使得美国在国际贸易市场、国际货币体系中具有一种巨大优势。美国可以用印出来的钞票购买所需要的商品，正是因为这样一个天大的优势，才使美国长期成为贸易逆差国。这是一种无法避免的现象。

美国的贸易逆差不是仅存在于中美两国之间，而是存在于大多数与美国存在贸易关系的国家之间。美国的贸易逆差是常年发生的，而不是只存在一年两年的。这种情况完全是因为美国利用货币霸权地位，长期享有通过输出货币、输入各国廉价优质产品的特权造成的。

从中可以看出，美国的贸易逆差是美国通过美元霸权，从他国获取了重大利益后必然出现的现象。美国人不应该因此埋怨全世界，而是应该刀口向内，努力解决自身存在的问题。不可思议的是，美国人既想用他们印出来的美元，来换取别国的优质产品，同时还不能出现逆差。这岂不是要在一条牛身上剥下两张或多张皮来吗?

经济全球化已经将各国企业紧密联系在一起。面对当前复杂多变的国际局势，企业不应仅仅把目光停留在企业的技术和管理上，还应注重全面观察评估地缘政治、军事形势演进的趋势，及其可能给地区及世界经济造成的影响。这个时候就应像本书前言中说的那样，必须将军事斗争对经济环境、对企业发展可能带来的冲击做出预判和必要的应对。特别是一些规模企业必须未雨绸缪，积极学习华为具有军事化特点的管理方式，有预见性地采取相应的对策。

第十二章　作风篇

毛泽东在《论联合政府》中指出："这个军队具有一往无前的精神，它要压倒一切敌人，而决不被敌人所屈服。不论在任何艰难困苦的场合，只要还有一个人，这个人就要继续战斗下去。"这里所说的就是我军优良的战斗作风。

华为的企业作风也在一定程度上体现了军队的特点。任正非在接受记者采访的时候说："其实我个人已把生死置之度外，并不觉得我的生命有那么重要。"他对员工们说："我承诺，只要我还飞得动，就会到艰苦地区来看你们，到战乱、瘟疫地区来陪你们。我若贪生怕死，何来让你们去英勇奋斗。"任正非是这样说的，也是这样做的。

一、优良的作风是胜利的旗帜

作风是指一个团体中的人们在思想、工作和生活等方面，表现出来的比较稳定的态度和行为风格，是团体或个人内在素质的外在表现。任何团体的作风都是由人的内在素养决定的，并且是可以让人直接感知的。政党有政党的作风，军队有军队的作风，企业也有企业的作风。一个团体的作风可具体化为思想作风、工作作风和生活作风。

在战场上，优良的作风是构成军队战斗力的重要因素。作风过硬的部队会像下山的猛虎那样，一往无前，势如破竹。而作风不过硬的部队是无法打胜仗的。习近平主席提出的强军目标是“听党指挥、能打胜仗、作风优良”。可见，军队的作风有多么重要，优良的作风是我军强军目标之一。

对于军队的作风建设来说，首要的是过硬的战斗作风。毛泽指出：“这个军队具有一往无前的精神，它要压倒一切敌人，而决不被敌人所屈服。不论在任何艰难困苦的场合，只要还有一个人，这个人就要继续战斗下去。”“一不怕苦，二不怕死”就是我军的战斗作风。抗美援朝战争中的上甘岭战役充分体现了我军的这一作风。美国人至今搞不明白上甘岭为什么打不下来。整场战役，美军出动飞机 3000 余架次，志愿军一架没有。美军出动坦克 170 余辆，志愿军一辆没有。美军发射炮弹 190 余万发，志愿军只发射 40 余万发。上甘岭主峰的高度被美军炮火削低了 2 米。最终拥有绝对火力优势的美军在这次战役中遭到惨败。中美两军实力对比如此悬殊，美军怎么会败呢？战后不少人将矛头指向美军指挥官范弗里特，认为他在战役指挥上犯了错误，范弗里特对此予以坚决否认。他声称自己的指挥没有任何问题，上甘岭战役之所以失败，是因为“中国人太厉害了！”。这个解释为一切失败者提供了一个皆可适用的理由。美国人想不通的问题中国人却十分清楚，我军的胜利靠的就是勇于牺牲的战斗精神和优良的战斗作风。在这场惨烈的战役中，志愿军光是各级战斗英雄就诞生了 12383 人，其中不惜生命拉响手榴弹、手雷、爆破筒与敌人同归于尽的留下姓名的英雄共有 38 人。正如毛泽东所概括的那样，在抗美援朝战场上，我军是“钢少气多”，敌人是“钢多气少”。最终还是“气多”的军队战胜了“钢多”的军队。

在管理科学史上，最成功的范例就是中国的“两弹一星”工程。虽然由于保密原因，无法收集到更多的这方面的公开资料，但仅从可以了解到的情况可以看出，这项国家工程采取的是军事化管理的模式和机制，军事化管理是这一划时代伟大工程取得成功的关键性因素之一。这一工程在聂荣臻元帅的直接指挥下，形成了强有力的组织管理体系和科研体系。有许多军事单位直接参与了有关科研和实验，整个工程的组织管理体系、管理制度都是高度军事化的，由此产生了极高的管理效能，也形成了优良的作风。戈壁滩上的艰苦环境，苏联专家撤走后科研面临的严峻挑战、科学实验面临的极大风险……一切都未能阻止这项国家工程的推进。钱学森、邓稼先、钱三强等主要科研人员均像战场上的军人那样去冲锋陷阵。

在 1979 年的一次投弹实验中，由于降落伞质量太差，导致试验失败，核弹头落入茫茫戈壁滩上。邓稼先等多组人员分别驱车四处搜寻核弹头，邓稼先这一组人员首先找到了弹头的落点，当下最紧急的是必须立刻确认这枚核弹有无爆炸的风险。在这万分危险的时刻，他看着身边年轻的同事说：你们还年轻，让我来。邓稼先当然知道，直接接触核弹头的巨大危害和风险。邓稼先急切地走过去，直接用手拿起已被摔碎的核弹头碎片，细心检查起来。这一碰，造成了十分严重的后果。作为医生的妻子得知这一情况后立即带他去医院做检查，结果显示邓稼先遭受了核辐射的严重伤害，他的肝脏细胞已经破裂，尿液也有放射性。邓稼先回到驻地后，却告诉大家一切平安，便继续投入工作。邓稼先心里知道，他的生命开始了倒计时。1985 年，61 岁的邓稼先因为直肠癌住院治疗。1986 年 7 月 29 日，忍受病痛折磨的邓稼先，走到了生命的尽头。临终前，他还在关心着国家核工业的发展。在生命的最后时刻，邓稼先叮咛身边的同事：“不要让人家把我们落得太远……”此刻的他，仍然想的是如何增强国家的科技实力。弥留之际，邓稼先用微弱的声音对爱人说：“要是有来世，我还是选择中国，选择核武器事业，选择你。”这就是这位伟大科学家至死不渝的信念。世世代代的中国人应该永远铭记邓稼先等“两弹一星”元勋们的名字和功绩。他们有科学家的才干，也有军人的作风，当今中国是因为有了他们创造的强大核盾牌，才使侵略者的野心得以遏止，才使鸦片战争、甲午海战、九一八事变、卢沟桥事变那样的悲剧无法重演，中华民族才能自立于世界民族之林。他们的名字和功勋将永载史册。

在中华人民共和国成立50周年庆典的前夕，党中央、国务院、中央军委做出决定，对参加“两弹一星”研制并做出重大贡献的23位科学家和工程师予以表彰，并授予于敏、王大珩、王希季、朱光亚、任新民、孙家栋、吴自良、陈芳允、陈能宽、杨嘉墀、周光召、钱学森、屠守锷、黄纬禄、程开甲、彭桓武“两弹一星功勋奖章”，追授王淦昌、邓稼先、赵九章、姚桐斌、钱骥、钱三强、郭永怀“两弹一星功勋奖章”。这23位卓越的科技工作者是中华人民共和国的功臣，历史将会永远铭记他们。（详见《人民日报》1999年9月19日第1版）

二、优良的作风能够转化为企业的生产力

企业作风是一个企业全体员工在实际工作中表现出来的一贯态度和行为风格。企业作风是在长期的生产经营等实践活动中形成的，是企业人员内在品质的外在表现，是全体员工精神风貌的集中反映。企业作风似乎看不见，摸不着，人们却能感受到，它直接影响着一个企业的经营行为和发展前景。

华为的企业作风堪称商界典范。华为人凭借过硬的作风，将一切艰难险阻踩在脚下。华为的作风在一定程度上体现了军队的特点。任正非作为一名老转业军人，他的基本思维结构和语言风格，主要是年轻时在部队的学习和工作中构建的。即使脱下军装，他仍然孜孜不倦地钻研军事理论。创建华为公司后，他注重运用军事理论指导经营实践。他不仅自己积极学习军事方面的知识，同时，也把军事书籍推荐给公司管理层阅读。他曾给高管推荐过3本关于“二战”时德国军事将领的书。他说：“德国虽然在‘二战’失败了，但有3位德军著名将领留下的3本书，对德国‘二战’战略有非常深入的思考。第一本，古德里安的《闪击英雄》，对如何用新技术改变战争模式以及德国进攻苏联的战略，有细致的思考和讨论。第二本，《隆美尔战时文件》，看

这些内容能琢磨出如何在运动中集中兵力，在点上突破进而取得全局胜利以及领会当将军的真谛。第三本，曼施泰因的《失去的胜利》，要领悟他决战欧洲大陆的战略是怎么构想出来的，马其诺防线是怎么被废掉的，他构想这个战略所依据的战略原则是什么。”可以看出，任正非对军事理论的学习和研究是下了真功夫的，并已经有了很深的造诣。难怪他的所言所为会有那么浓的军事色彩。喜欢看这种既专业又冷门的军事著作的企业家肯定是极少的。这也许是许多商界人士觉得任正非管理思想很难学的一个原因。

由于这一内在因素，任正非在企业管理中常常是从军事的角度来分析解决问题，并且习惯于运用军事性的语言加以表述。这样做的好处是直达本质、直击要害，展现出很强的魄力和战斗性。时间久了，华为管理层不仅习惯了这样颇具军事色彩的工作作风，而且也都自觉不自觉地学习和发扬这样的作风。企业管理追求的最重要的结果之一不就是效率吗？世界上还有什么做法能够比发扬军队作风带来更高的效率吗？企业人同样需要这样的作风。

任正非所倡导的是一种由军人的战斗精神转化而来的企业作风。华为〔2015〕001 号文件发布了《华为改进作风的八条要求》（以下简称华为干部作风八条）。2017 年，华为又对华为干部作风八条做了修订。以下是修订后的华为干部作风八条：

1. 绝不搞迎来送往，不给上级送礼，不当面赞扬上级，把精力放在为客户服务上。

2. 绝不动用公司资源，也不能占用工作时间为上级或其家属办私事。遇非办不可的特殊情况，应申报并由受益人支付相关费用。

3. 绝不说假话，不捂盖子，不评价不了解的情况，不传播不实之词，有意见直接与当事人沟通或报告上级，更不能侵犯他人隐私。

4. 认真阅读文件、理解指令。主管的责任是胜利，不是简单的服从。主管尽职尽责的标准是通过激发部属的积极性、主动性、创造性去获得胜利。

5. 反对官僚主义，反对不作为，反对发牢骚讲怪话。对矛盾不回避，对困难不躲闪，积极探索，努力作为，勇于担当。

6. 反对文山会海，反对繁文缛节。学会将复杂问题简单化，六百字以内能说清一个重大问题。

7. 绝不偷窃，绝不私费公报，绝不贪污受贿，绝不造假，也绝不允许任何人这样做，要爱护自身人格。

8. 绝不允许跟人、站队的不良行为在华为形成风气。个人应通过努力工作、创造价值去争取机会。

看了这八条，管过企业的人都会觉得，这些内容都是企业实际管理经验的凝结，都是非常管用的东西。企业管理层应该结合本企业的情况，将上述的每一条内容都反复掂量，并切实在干部作风建设上做出足够的改进。更加可贵的是，华为不仅仅将这八条写在纸面上，而是以很大的力度将其落到实处。2017 年 1 月 11 日，公司举行了一个华为干部作风八条宣誓仪式。任正非在仪式上发表讲话，他对华为管理层的作风给予了肯定，并要求大家带头贯彻华为干部作风八条，大力发扬优良作风。

员工的作风素养是企业极为重要的软实力。有了良好的作风，企业员工就能像英勇的军人那样，攻坚克难，勇往直前。华为新入职的员工都要经过军训，并达到合格标准后才可以上岗。军训时，设置员工培训大队，每个大队由一名华为的高层领导亲自带队。任正非认为，员工有了军人那样的令行禁止的概念，才能在短时间内改变悠闲、散漫、自我的习性。华为通过军训，使员工做到三条：第一，养成良好的组织性和纪律性，强化集体主义意识；第二，增强工作责任心，养成严谨的工作作风；第三，养成不怕吃苦，迎难而上的精神。经过这样的军训，员工一入职就在工作作风上有了较高的起点，就比较容易接受公司的严格管理。

任正非表示：“我们会不断改善物质条件，但是艰苦奋斗的工作作风不可忘记，忘记过去意味着背叛。我们永远强调在思想上艰苦奋斗。思想上艰苦奋斗与身体上艰苦奋斗的不同点在于：前者是勤于动脑，后者只是手脚勤快。”“不奋斗，不付出，不拼搏，华为就会衰落！”任正非认为艰苦奋斗精神是华为文化的重要组成部分，是任何时候都不可抛弃的文化之根。华为在人力资源管理上，构建了一套针对知识分子进行有效管理的方法，让知识分子变成了勇猛的战士。既然以知识分子为主体的华为能够成功实行具有军事化特点的管理，那么，其他企业就更有理由运用这一管理模式，把企业管理推向新的高度。

据报道，任正非在 2019 年 8 月 19 日给员工发了一封充满战斗豪情的电子邮件，要求全体人员努力工作实现销售目标，因为现在华为公司已经进入

“战争模式”。“公司现在仍然处于危机之中”，任正非在邮件中说，“如果你认为自己不适合这个岗位，可以下岗让道，让我们的‘坦克’开上战场；如果你想上战场，可以拿根绳子绑在‘坦克’上拖着走。每个人都要有这样的决心！”可见，为了战胜来自美国的打压，华为人已吹响冲锋号，他们就像踏上战场的军人，心中充满了对胜利的渴望。“一切为了作战”“一切为了胜利”已经成为华为人共同的口号。尽管炮声隆隆，硝烟弥漫，他们却毫无畏惧。华为以顽强的作风进行防守反击，并取得了丰硕的战果。

走进华为大学的人，处处可感受到强烈的军事色彩。2019 年华为大学的周开班一览表上，人们看到的都是“解决方案重装旅”“软件转型战略预备队”“财务战略预备队”等课程。显示屏上翻动的宣传海报写的是“攻必克，守必坚”“看未来战争，培养华为少将连长”。如此强烈的战斗气氛，让人产生一种即将走向战场的感觉。

任正非多次提到“少将连长”。是少将降级做连长，还是连长晋升当少将？任正非是这样解释的：将来成熟项目的作战指挥权下放给代表处和系统部，形成两层作战组织：一层作战组织是代表处的系统部，另外一层作战组织是 BG 的野战部队。如果一个连能够拥有一个师的作战能力，连长就获得了相当于师长的指挥权，“少将连长”自然就产生了。

“将军”在前线，不在办公室，“将军”也得冲锋。这意味着决策者奔赴前线，目的是快速响应作战。现代战争，远程火力配置强大，通过卫星、宽带、大数据，与导弹群组、飞机群、航母集群等组合而成。任正非鼓励具有“少将”能力的人去当“连长”，解决传统组织金字塔最底层配置低的问题。任正非对“少将连长”要求很高，“少将连长”不光要有攻山头的勇气，还要有全局观念，有战略头脑。可见，任正非管理企业的过程多么像一位资深将军正在指挥军队的作战行动。

美国记者阿尔琼·卡帕尔在采访任正非时问道：“你在面向内部员工进行演讲时，经常会使用一些军用语，包括战斗性语言。这对您来说是一场战役吗？”“你这种军事化风格的演讲方式，让华为员工充满了干劲呢，还是有时候被军事化的演讲风格所吓到了呢？”

任正非从容作答：“我认为，被吓到的人应该也很多。因为我们离职的员工应该有 16 万人，现在公司总员工数是 18 万多人。经过华为公司这个门的总人数有三四十万人。”

西方人总是喜欢拿华为管理的军事化特点做文章，以此来质疑其有军方背景。西方记者在采访时，总想用这方面的问题给任正非挖坑。比如，2019年11月26日美国CNN记者提问任正非：“我们接下来聊一聊您的领导风格。您是华为的创始人，也曾是解放军军官。在对华为员工的讲话中，您经常使用军事语言。您是否有时感觉您就是一位将军，在领着华为打一场保卫未来的战争?”

任正非微笑着回答：“首先，我不是将军，从来也没有人给我授过军衔。当年我在中国军队只是一个下级军官。当然有可能比小布什在军队的位置高一点，因为他是中尉，是连级干部，我是营团级干部，但在中国真真实实是一个下级军官。”

这样的回答让这些西方记者挑不出任何毛病。出现员工被军事化管理“吓走”的现象是正常的。企业的人员流动是不可避免的，这是一个双向选择的过程。只有当员工认可一个公司的企业文化时才可能长期留下来。

一个团队的作风是领导层带出来的。我军一直倡导领导干部要以身作则、率先垂范，企业管理者也应重视这一点。领导者在下属的心中一定要有威信，至少是一个正面形象。在这种情况下，他们说的话下面才愿意听，安排的事下面才愿意做，否则就会产生负效应。企业管理者最应避免的是落入“塔西佗陷阱”。这一概念最初是由古罗马历史学家塔西佗提出来的，他在《塔西佗历史》中评价道，一旦皇帝成了人们憎恨的对象，他做的好事和坏事就同样会引起人们对他的厌恶。中国学者将此引申成为一种现代社会现象，指当政府或某一组织失去公信力时，无论说真话还是假话，做好事还是坏事，都会被认为是在说假话、做坏事。这一理论也是对企业家发出的一个提醒。企业家的形象、威望是其权威性与影响力的重要来源。只有始终坚持言行一致、率先垂范，才能获得员工的拥戴。企业管理者同样需要避免落入“塔西佗陷阱”。

华为应该是中外企业界少有的倡导“一不怕苦、二不怕死”精神的企业。难能可贵的是，任正非是带头践行这种精神的企业家。在任正非的身上，人们始终能够感受到军人的英勇无畏和牺牲精神。任正非在接受记者采访的时候说：“其实我个人已把生死置之度外，并不觉得我的生命有那么重要。”他对员工们说："我承诺，只要我还飞得动，就会到艰苦地区来看你们，到战乱、瘟疫地区来陪你们。我若贪生怕死，何来让你们去英勇奋斗。"他在看望员工时说："……胜则举杯相庆，败则拼死相救。狭路相逢勇者胜，烧不死的鸟就是凤凰！……"这些话充满了豪情壮志，产生了极大的感召力。任正非是这样说的，也是这样做的。

为了鼓舞士气，任正非亲自到非洲那些受到战乱、传染病威胁的地区指导工作。利比亚开战前两天，他还在这个危险的国度奔忙着。阿富汗战乱时，任正非不惧风险前去看望员工。2008 年 9 月 20 日夜，巴基斯坦首都伊斯兰堡发生大爆炸，任正非担心华为代表处员工的安危，准备动身赶过去探望，当时的片区总裁认为那里太危险了，多次给任正非发邮件，强烈反对他去。任正非勃然大怒，立即给他发去这样一份邮件："兄弟们能去的地方，我为什么不能去，谁再阻挡我去，谁下课！"任正非的震怒，所体现的是他的事业心和生死观。他当然知道下属的阻拦是出于对他的关心，是一番好意。但在他的心中，对崇高事业的追求永远是至高无上的，与此相冲突的一切他都会毫不犹豫地予以拒绝。在必要的时候，即使面临死亡威胁，他也决不会退缩。这就是军人的本色！

任正非的人格、形象、威望也能转化为生产力。他既说到了，也做到了，员工们必然会发自内心地钦佩和追随。许多人都会盛赞任正非的专业、能力、水平、文笔等。没错，这些都是任正非的过人之处。然而，更加可贵的是，任正非不仅懂专业、有水平，而且还有着一流的德行和风范。他不仅说得好、写得好，还能做得到、做得好，他是一位始终不忘初心、率先垂范的优秀领导者。这是企业管理所能达到的最高境界。

2000 年，华为公司召开第一次海外出征誓师大会，"青山处处埋忠骨，何须马革裹尸还"成为与会者高喊的口号，大家的心被古代戍边军人的高尚情怀深深地打动了。即将踏上海外市场的华为将士们满怀必胜的信念，担当起打开海外市场、实现公司国际化发展目标的重任。会场上群情激昂，充满了勇士出征的悲壮气氛。会后，他们各自奔向非洲、欧洲、美洲、亚洲的广袤土地。从这一天开始，华为人从零起步，奋力打拼，用汗水、泪水、血水冲出一条条前进的道路，靠着锲而不舍的努力使华为的产品和服务覆盖了我们这个星球的大部分地区。

壮士出战就会伴随常人难以想象的付出。有一名员工被派往位于印度洋上的科摩罗这个“世界最不发达”的岛国，负责当地的一个海底光缆项目，开启了华为“一人、一狗、一厨师”的新组合。这里几乎与世隔绝，条件异常艰苦。宿舍“房屋年久失修，设施破旧，没有水也没有电”，而且疟疾和登革热肆虐。由于这里的火山岩地质，蔬菜和水果极度缺乏，这是一个连吃饭都让人发愁的地方。但华为人以顽强的作风战胜了各种困难，圆满完成了工作任务。

当时奔赴海外的员工有一些人再也没有回来。其中，有的人患上了疟疾，有的人遇到战乱，有的人遭遇匪徒抢劫，有的人发生交通意外，有的人在野外作业时命丧毒蛇、野狼之口。有的人连遗体都没能找到，只留下被野兽撕咬后的尸骨。据说那时候的华为人力资源管理部门最怕去非洲处理遇难员工的后事。每当他们看到遭遇不幸的同事，内心的悲痛实在难以承受。

有一次，任正非谈起了多年来华为人遭遇的不幸。2002 年，埃及航空飞机在突尼斯撞山坠毁，机上一名华为员工死里逃生；2005 年，尼日利亚一架航班发生空难，3 名华为员工遇难；2007 年，肯尼亚航空一架航班发生空难，一名华为员工遇难；2009 年，法航一架航班发生空难，一名华为员工殉职。谈到这里，任正非已是老泪纵横，“全球每掉一架飞机我都很着急”。

华为员工们曾编写了一本名为《枪林弹雨中成长》的书。不知情的人会以为这本书记录的是军人的战斗生活。而实际上这是一本书讲述华为人亲身经历的书，详细描述了华为人“激情燃烧的岁月”。其中讲述的华为人的故事令人感动，令人钦佩。书中的内容告诉人们：人生不能没有光荣与梦想。人世间，只有奋斗者的人生是值得骄傲的。从华为的发展史中只能得出一个结论：一切辉煌都源自人们的不懈奋斗。华为的崇高事业是华为人用拼搏、奉献和牺牲换来的。

2016 年 10 月 28 日，华为举行了第二次海外出征誓师大会。会场上，群英荟萃，虎啸龙吟。2000 多名专家及管理干部英姿勃发，即将奔赴远方的战场。这一次出征已不再悲壮，而是展现出一种人们少见的雄壮，一种必胜的勇气。此时的华为人已经成为胜利之师！雄师出征，必将无敌于天下。

任正非“政委”再一次发出动员令：不破楼兰誓不还！

"今天，我们的勇士又要出征了，我们已经拥有170个国家武装到牙齿的铁的队伍，我们的流程IT已经能支持到单兵作战。每年我们仍会继续投入上百亿美元，改善产品与作战条件。我们要从使用'汉阳造'到驾驶'航母'的现代作战方式转变。"经过多年的奋斗，华为已今非昔比，华为的队伍已兵强马壮，华为的前景更加广阔。华为人终于能够为实现"为全人类提供服务，努力攀登科学高峰"这一崇高理想做出更大的贡献了。

三、企业同样需要严明的纪律

纪律是作风的集中体现，作风过硬的组织都会有严明的纪律。纪律是组织为了维护其整体利益并保证组织有序运行而制定的每个成员都必须遵守的行为规范。它是一个组织得以存在和发展的必要条件，一个组织只有形成有效的纪律执行机制，才会有统一的意志和行动，进而实现这个组织的目标。纪律维护的是组织的共同利益，因而，任何人都不能以个人得失作为违反纪律的理由。那种纪律观念薄弱的人将会失去加入任何组织的资格。

刑起于兵，师出以律。纪律是中国古代兵学着墨最多的内容之一。《荀子·议兵》中有这样的话，"将死鼓，御死辔，百吏死职，士大夫死行列"，在古人看来，战场上的军人都是不怕死的。将军就应死在指挥岗位上，车夫就应死在驾车的位置上，各级军官和士大夫都应该为尽职而死，这是纪律的体现。《孙子兵法》把"严"作为将帅必须具备的品德，三军将士必须做到有令则行、有禁则止，闻金鼓之声，望旌旗之示，则"勇者不得独进，怯者不得独退""齐勇若一""犯三军之众，若使一人"。要坚持从严管理，力戒"将弱不严，教道不明，吏卒无常，陈兵纵横"。《孙子兵法》对于纪律的诸多要求影响极为深远，至今仍被世界上许多国家的军队奉为圭臬。

司马迁在《史记·孙子吴起列传》中，记载了一个体现孙武上述治军思想的故事。孙武赶赴吴国，将兵法献给吴王阖闾，阖闾看后，甚为欣赏，要求他以宫女为士，在宫中演示练兵之道，孙武应允。吴王将180名宫女交给孙武进行操练。孙武将宫女们分为左右两队，指定吴王的两位宠妃担任两支队伍的队长，两队宫女皆持戟而立，孙武随即开始指挥操练。但宫女们不听指挥，笑成一片。孙武再三讲解，仍然无效。于是，他下令斩杀两队队长。

在台上观看的吴王大惊失色，急忙派遣使者下令，不许斩杀两位宠妃。孙武以“将在军中，君命有所不受”为由，拒绝了吴王的命令，当场斩杀两位队长示众。宫女们见此情景，大为惊惧。此后，孙武又任命另外两人为队长。重新击鼓操练时，宫女们操练行为皆合乎指令，无人再敢嬉笑。至此，吴王已知晓孙武的厉害，即任命他为将军率兵出战，西破强楚，攻入其国都，北威齐国、晋国，显名于诸侯。这个故事形象地反映了《孙子兵法》从严执纪的治军主张。

任何国家的军队都会注重加强纪律建设，不讲纪律的军队是无法打败敌人的。军人的纪律素养直接决定着军队战斗力的强弱。“军令如山”“军纪如铁”，是具有强大战斗力的军队必须具有的特征。我军管理最突出的特点就是纪律严明。“加强纪律性，革命无不胜”，是我军在长期革命斗争实践中得出的结论。早在我军创立初期，毛泽东同志针对当时部队出现的纪律涣散的现象，提出了“三大纪律六项注意”，后来又加以完善，成为著名的“三大纪律八项注意”。从此，严格的纪律管理就成为我军代代相传的优良传统。严明的纪律使我军有效克服了旧军队遗留下来的军阀作风和江湖习气，建立了官兵平等的内部关系，极大改善了军民外部关系，使我军队伍日益壮大，战斗力不断增强。纪律严明是我军能够由小到大、由弱到强，成为克敌制胜威武之师的一个极其重要的因素。

我军是以铁的纪律著称的人民军队。无论什么时候，我军绝不允许违反纪律的现象存在。战场上的军人宁可牺牲自己，也不能违反战场纪律。在抗美援朝长津湖战役中，有这样一个严守军纪的群体。战斗期间，当地出现了历史上少有的奇寒天气，中美双方的许多军人都被冻伤、冻死。志愿军 20 军 59 师 177 团 6 连、60 师 180 团 2 连、27 军 80 师 242 团 5 连的指战员奉命在前沿阵地埋伏。当时的气温突然降至零下 40 多摄氏度。第二天战斗打响后，潜伏阵地上没有任何动静。提前埋伏的队伍去哪儿了？前去现场查看的人被眼前的情景震撼了：这些战士为了不暴露，在雪地里趴守了一天一夜，全都成了手握武器的一座座“冰雕”。

在 177 团 6 连的上海籍战士宋阿毛的身上，人们发现了他留下的一份遗书。宋阿毛写道：“我爱亲人和祖国，更爱我的荣誉。我是一名光荣的志愿军战士。冰雪啊！我决不屈服于你，哪怕是冻死，我也要高傲的耸立在我的阵地上。”见者无不落泪。维护纪律胜过生命，宁可牺牲自己也不能违反军纪。这就是我军指战员不可动摇的信念！这就是我军优良的战斗作风！

企业的纪律是以人为对象的约束机制，它也是一种强制性的力量。在企业管理过程中，纪律是最具刚性的行为规范。企业的纪律划出了各类员工的行为边界，任何人只能在这个边界内行事。一旦逾越了这个边界，就会受到相应的处罚。执行纪律的目的是通过对员工行为的约束，不断强化企业正能量，避免出现“坏人”增多、“坏人”更坏和好人学坏的现象，以阻止违纪行为的蔓延，进而促进良好风气的形成。

管理学上有个火炉法则。这一法则说的是燃烧的火炉放在屋子里，红红的炉火仿佛在不时地发出警告：“不要碰我！”火炉不会主动烫人，但只要有人敢于碰它就必然被烫，不管触碰者是什么身份，谁碰烫谁，而且立即生效，没有下不为例。企业管理者都应接受火炉法则的启示，都要努力形成严密而有效的纪律管理机制。每个企业都要有严明的纪律，企业的纪律都应像一个火焰熊熊的火炉，随时准备去烫那些敢碰火炉的人。只有这样，才能在企业内部形成遵章守纪的良好风气。

许多人很不喜欢纪律这个概念，每当听到这个词就很反感。他们认为纪律妨碍了人们的自由。在他们的心目中，自由不能与纪律并存，自由是排斥纪律的。这种看法显然是站不住脚的。黑格尔说：“人们往往把任性也叫做自由，但任性只是非理性的自由。”“纪律是自由的第一条件。”可见，那种排斥纪律的自由是一种任性，是一种非理性的行为，不是真正的自由。只有以纪律为条件的自由才是值得肯定的。在企业管理中，应该坚持自由与纪律的统一，切实加强员工队伍的纪律建设。

华为在企业纪律管理方面就做到了这一点。华为自创立之日起，就注重学习我军严格执行纪律的优良作风，逐步形成了有效的纪律约束机制，从而使十几万以知识分子为主的员工队伍一直保持很强的组织性、纪律性。

任正非说：“一个组织要有铁的纪律，没有铁的纪律就没有持续发展的力量。”华为专门制定了纪律处分制度。其中，对纪律处分的目的、适用范围、处分审批权限等都做了明确规定。纪律处分的种类共规定了 8 种：通报批评、警告、严重警告、罚款、降薪、降级、下岗和辞退。凡是违反纪律的人，一律依规予以处分。即使是领导干部犯了错误也不能例外。

2018年1月，华为公司接到消费者反映，一个产品出现明显的品控问题。这无疑触碰了华为“以客户为中心”这条高压线。于是，董事会决定严查此事。在查明原因后，董事会不仅对所涉及的员工给予处分，同时也对公司领导做出处罚。

2018年1月17日，任正非签发《对经营管理不善领导责任人的问责通报》，该文件载明：部分经营单位发生了经营质量事故和业务造假行为，公司管理层对此负有领导不力的管理责任，经董事会常务委员会讨论决定，对公司主要责任领导做出以下问责，并通报全体员工。任正非罚款100万元，郭平（公司副董事长）罚款50万元，徐直军（公司副董事长）罚款50万元，胡厚崑（公司副董事长）罚款50万元，李杰（人力资源部总裁）罚款50万元。”对公司决策层做出如此严厉的处分，大大出乎员工的预料。这一做法在公司上下引起强烈反响。这一处理决定不仅提高了公司领导的威信，也大大增强了企业纪律的刚性。

这已经不是任正非第一次自己签发文件处分自己了。2006年，华为公司进行新厂区建设，因方案设计不完善，致使工程开工后不得不推翻原定计划重新施工，造成了一些损失。于是，华为公司董事会启动追责程序，发现是相关决策出现了问题。最后，公司给予这项计划的主要决策人任正非罚款4万元的处分。认错、交钱，任正非坦然接受了处分。能够处分老板的公司，证明其纪律执行机制是公平的、有效的。如果认为“老板例外”，说明其还不是一家现代企业。“一视同仁”就像一块“试金石”，能够检验出一个公司是否成熟，是否能够走得很远。

任正非在2013年的一次赴日出差中，因一时疏忽，将自己100多元洗衣费计入旅差费报销，被公司财务审查时发现。针对这件事，任正非认错“自罚”，他全额退还了已经报销的100多元费用，并写出悔过书发到内网上。在一次公司年会上，他还对此公开做了检讨。这是一种最好的现身说法。看上去，任正非是在检讨自己，其实达到的效果却远远不止于此。这一做法是对员工进行的最为有效的纪律教育。

人们都听惯了某某员工被处分了，谁听说过老板也会受处分？不是说“自己的刀削不了自己的把”吗？华为不仅能削，而且削得挺狠。企业管理者应该从中受到触动。

四、优良作风应该体现在细节中

人的作风是一种由内而外的行为展现，内化于心，才能外化于行。这里所说的“化”，就是通过日常的培训、锻炼、实践，来提高人的内在素养，继而促进其行为的转变和优化。就是说，必须先“内化”，后“外化”，才能形成良好的作风。

军人的优良作风是在日常的工作和生活中培养训练出来的，也是在实战中锤炼出来的。我军新兵入伍后必须接受三个月集训，主要目的就是进行作风培训。新兵通过教学演示和训练场上的摔打，初步完成由老百姓到军人的转变。平时多流汗，战时才能少流血。只有训练有素的军人，关键时刻才能不辱使命。

“天下难事，必作于易；天下大事，必作于细。”秦代宰相李斯在《谏逐客书》一文中说：“太山不让土壤，故能成其大；河海不择细流，故能就其深。”他描述的是一种自然现象，揭示的却是人间正道。人的日常行为是由无数细小动作组合而成的连贯动作，每个动作都会是人的作风的反映。好的作风定是由无数个好的细节体现出来的。当然，并不是说日常的琐碎的任何细节都那么重要，而是更应重视那些能够牵动全局的细节对于事物发展的决定性作用。在关键时刻，人的某一个行为可能带来无法估量的影响。

公元前607年，楚国胁迫郑国攻打宋国。宋国大将华元率领重兵开赴战场，就地扎营。两军约定翌日开战。华元为了鼓舞士气，决定改善士兵伙食，让大家吃一顿羊肉。于是，宋军每个士兵，一人分得一大碗羊肉，个个吃得满嘴流油。只有一个人没吃上羊肉，这人就是华元的车夫羊斟。华元有令，一个车夫又不会杀敌，羊肉就免了。尽管羊斟一再恳求，还是没有吃上。第二天战斗开始，宋、郑两军摆开阵势，宋军的战鼓已经擂响，华元坐在马车上威风凛凛。但还没等他下令，自己的马车却跑起来了，一直奔向郑军阵营。华元大喊停下，车夫羊斟就是不从，只管扬鞭催马前行。宋军士兵没接到作战命令，只能原地不动。郑军不知宋军玩的什么把戏。直到羊斟驾着战车停在郑军阵前，郑军才醒悟过来，这是专程送个俘虏过来。郑军士兵一拥而上，将华元拿下，捆了起来。这时，羊斟笑着对华元说，昨天分羊肉你做主，今天驾车我做主。华元这才明白，仅仅因一碗羊肉，自己做了俘虏。宋军士兵远远一见也明白过来了，战争输赢已定。大家刀枪一扔，如鸟兽散。

一碗羊肉本是一个再小不过的细节，却决定了一场战争的胜败。这个故事看似不可思议，实际上其中的情理也不难理解。一碗羊肉吃与不吃确实是一件小事，但它却导致了名叫华元的将军与其车夫反目成仇。这位宋国将军是造成这一悲剧的主要责任者。大战之前，每个士兵更应得到平等的体恤和犒赏，他却给予一个士兵无法容忍的歧视，从而造成上下级之间的矛盾激化。这个名叫羊斟的车夫也是个浑蛋，仅因一碗羊肉，就出卖了主帅，背叛了国家，造成战争失败，应受千夫所指。对上司有再大的不满也不应如此意气用事。绝不应将个人荣辱置于国家利益之上。

在企业管理中，人们时常能够碰上与这位宋国将军相似的管理者。按理说，企业内部各岗位人员都有着共同的利益和目标，相互之间根本不存在不可调和的矛盾，但有的企业却搞得乌烟瘴气、鸡飞狗跳。同事间反目、合伙人闹翻、钩心斗角、诬告陷害等，并非都是因为发生了什么大不了的事情，而常常都是因一些细节上的问题。这样的事情搞多了、搞久了，就会形成不良的企业作风，量变就会引起质变。如果一个企业有华元这样的“将军”，就很难避免出现羊斟这样的“车夫”。从根本上说，一个企业只有形成了优良的作风，建立了和谐的内部关系，才能避免恶性事件的发生。

再来看看关键性的细节是如何决定普京命运的。普京当了16年克格勃军官后，受到他的老师圣彼得堡市市长索布恰克的器重，出任圣彼得堡第一副市长。有一天，索布恰克邀请当时的俄罗斯总统叶利钦，到圣彼得堡郊外的猎场打猎。打猎之前，索布恰克陪着总统一行围坐在猎场草地上的餐桌旁吃烤肉。叶利钦总统看到餐桌旁有一个空座，就问这个位置是给谁留的，一个官员说，是给副市长普京留的，并介绍说这家伙总是迟到，总统心里似乎有些不爽。此时的普京正在开着一辆破“伏尔加”赶来，因为这辆车在半路上抛锚了，所以就迟到了一个小时。普京赶到了，大家的饭也快吃完了，普京有点尴尬，只是默默地低头吃饭。这时，不远处的森林里，突然有一头大棕熊发了疯似的朝着餐桌冲过来。大家都吓坏了！此刻，唯有普京镇定地操起一旁的猎枪冲了上去，连发两枪，棕熊应声倒地。叶利钦总统抬起头，看着这个淡定果敢的迟到者，突然感觉从他身上看到了自己的影子。叶利钦临走时对身边的工作人员说，一定要让这个叫普京的家伙到莫斯科工作。不久后，普京被调到总统办公厅工作。5 年后，普京被叶利钦指定出任总理。同年，叶利钦又指定普京为总统接班人。只用了 6 年时间，被叶利钦相中的普京，从一名副市长成为俄罗斯总统。有人说：是一头熊成就了普京。实际上，是一个操枪的动作成就了普京。或许在场的人都有做出这个动作的能力，但他们却做不出来。一个人关键时刻的反应是由长期训练和养成所决定的。对于普通人来说，当危险突降时，本能的反应肯定是躲避。所以，那些人看到棕熊冲过来钻桌子是正常反应。但训练有素的军人在面对危险时，第一反应肯定是操枪。作为一名老克格勃军人，普京的做法非常符合逻辑。

看来“细节决定成败”这句话是很有道理的。这句话出自西点军校“22 条军规”。有人质疑这一军规的存在，但其理由并不充分。曾多次访问过美军和西点军校的国防大学金一南将军在讲课中，肯定了 22 条军规在美军是存在的。只不过它不是由官方制定，而是由一线参战官兵总结出来的，其内容也不止 22 条，但这些内容被美国军人普遍接受。

任正非在接受美国记者采访时说：“作为一个企业，需要有组织、有纪律，不能是一盘散沙，这点我们是向美国西点军校学习的。西点军校的老校长我见过，我对他说：‘我年轻时候对美国西点军校就非常崇拜，崇拜西点军校的管理方法、教育方法，崇拜西点人的努力奋斗’。我们在公司早期建设中大量引用西点精神和方法。”1998 年，任正非向华为培训中心推荐的第一本书，就是美国西点军校退役上校所写的《西点军校领导魂》，书中主要介绍西点军校如何培养军队的领导者。可以看出，美国西点军校的治校方略对华为管理产生了很大的影响。对此，也许许多人会觉得不好理解，一个企业有必要如此执着地向军校学管理吗？这一做法取得的丰硕成果已经证明了一切。

按照企业管理的需要，华为制定了“21 条军规”。这“21 条军规”是在原“华为军规十六条”基础上修订补充而成的，但在华为内部仍沿用“十六条军规”的提法。具体内容如下：

1. 商业模式永远在变，唯一不变的是以真心换真金。
2. 如果你的声音没人重视，那是因为你离客户不够近。
3. 只要作战需要，造炮弹的也可以成为一个好炮手。
4. 永远不要低估比你努力的人，因为你很快就需要去追赶他（她）了。

5. 胶片（PPT）文化让你浮在半空，深入现场才是脚踏实地。

6. 那个反对你的声音可能说出了成败的关键。

7. 如果你觉得主管错了，请告诉他（她）。

8. 讨好领导的最好方式，就是把工作做好。

9. 逢迎上级 1 小时，不如服务客户 1 分钟。

10. 如果你想跟人站队，请站在客户那队。

11. 忙着站队的结果只能是掉队。

12. 不要因为小圈子而失去了大家庭。

13. 简单粗暴就像一堵无形的墙把你和他人隔开，你永远看不到墙那边的真实情况。

14. 大喊大叫的人只适合当拉拉队，真正有本事的人都在场上呢。

15. 最简单的是讲真话，最难的也是。

16. 你越试图掩盖问题，就越暴露你是问题。

17. 造假比诚实更辛苦，你永远需要用新的造假来掩盖上一个造假。

18. 公司机密跟你的灵魂永远是打包出卖的。

19. 从事第二职业的，请加倍努力，因为它将很快成为你唯一的职业。

20. 在大数据时代，任何以权谋私、贪污腐败都会留下痕迹。

21. 所有想要一夜暴富的人，最终都一贫如洗。

可以看出，这 21 条内容抓住了实际工作中的关键性细节，有针对性地提出具体的叮嘱和提醒，操作性极强。能够把这些内容体现在行动上的员工，肯定会受益无穷。这些内容只有深入一线的人员才能总结出来，这也是华为“21 条军规”生命力的来源。不少企业一方面不重视作风建设，另一方面却责怪员工工作不力，显然是怪错人了。这些企业应该向华为学习，舍得在改进企业作风方面多下功夫。

在企业经营中，应该努力避免那些灾难性的细节错误。这是墨菲定律给予人们的启示。墨菲定律与前面讲过的帕金森定律和彼德原理被并称为 20 世纪西方文化三大发现。这一定律是一位名叫爱德华 · 墨菲的美国空军上尉发现的。墨菲是美国空军某基地的工程师。在一次军事实验中，不可思议的事情发生了：有人竟然将实验中所有 16 个装置全部装在了错误的位置上。于是，墨菲做出了这一著名的论断：如果有两种或两种以上的方式去做某件事情，而其中一种选择方式将导致灾难，则必定有人会做出这样的选择。这一定律告诉人们：如果事情有变坏的可能，不管这种可能性有多小，它总会发生。在实际生活中，墨菲定律就像一个魔咒，牢牢地约束着人们的行为，让人们任何时候都不敢得意忘形。对于那些企业运营中可能出现的严重问题，人们只能努力推迟其发生的时间，减少其发生的概率，却不可能予以根除。"怕什么来什么"是许多人在现实生活中的真切感受，那些看上去不大可能发生的事情，却能够出人意料地成为事实。

体现墨菲定律最极端的事例就是美国"9·11"袭击事件。据美国媒体报道，"9·11"事件发生前好多年，美国安全部门的专家曾经推演过发生恐怖袭击的可能性，但当时的他们都认为这样的恐怖袭击太疯狂，不可能发生。看来墨菲定律是无情的，它并未因为是被美国军人发现的就放美国人一马。

五、执行力是作风的直接体现

德鲁克曾精辟地指出了管理的本质："管理是一种实践，其本质不在于'知'而在于'行'；其验证不在于逻辑，而在于成果；其唯一权威就是成就。"① 学习的目的在于运用，管理的目的在于执行。无论我们想得、说得、计划得多好，最终一定要落实到行动上。只有采取行动，才能完成由主观到客观的转化，才能取得成就。

美国著名管理大师肯·布兰佳发现，每次到企业去讲课、搞培训，都产生很大反响，但为什么绝大多数人事后一切照旧，不行动、不执行呢？针对这种情况，他与保罗·梅耶、迪克·卢赫两位著名专业人士一起进行专门研究，并写了一本产生巨大影响的书——《知道做到》。这本书着重回答两个方面问题：一个是人们为什么知道了却做不到？另一个是怎样从知道到做到。作者认为，阻碍人们从知道到做到有三大原因：原因一，信息超载，人们习惯于不断获取新知识、新事物，却不愿意将其付诸实践，从而造成信息超载；原因二，消极过滤，人的大脑中有个消极过滤系统，在学习知识时会用消极心态建立防御机制，在无形中降低了学习新知识的热情，削弱了积极态度；

---

① 德鲁克．管理实践［M］．毛忠明，译．上海：译文出版社，1999：1.

原因三，缺少跟进，很多人在遇到新事物后，不知道去制订跟进计划，结果无法摆脱旧习惯的束缚，无法在行动上做出任何改变。

作者认为，从知道到做到需要完成三个步骤：第一个步骤是改变认知，通过精要的学习，完成知识层面的转化；第二个步骤是改变态度，通过训练“绿灯思维”，完成积极思维的转化；第三个步骤是改变行为，制订一套具体翔实的跟进计划，形成有效的跟进系统，每一个步骤都要花时间重复。作者认为，只要这样去做，就能避免“知行不一”，就能大大提高执行力。显然，作者的这些研究成果，对于促进企业的作风建设是很有帮助的。

执行属于人们改造客观世界的直接行为，在此之前进行的一切主观活动的成效，最终都取决于这种最后的执行力。只有企业的管理者及全体员工都具有很强的执行力，企业各种资源的运营才会产生预期的积极成果，各项投入才可能转化为实际效益。如果这个环节打折扣了，此前所做的一切努力很可能全都落空。

大家都认为，军队是执行力最强的组织。军人历来以执行命令为天职，任何时候都绝不违抗军令。军人对于上级的命令，不允许叫苦叫难，不允许讲客观、谈条件，更不能讨价还价，即使流血牺牲也在所不惜。在许多情况下，上级只明确目标、下达任务，至于怎么完成任务是下级的事情，“令行禁止，如臂使指”是军队的行为特点。许多企业推行具有军事化特点的管理，最为看重的也是这种能力。企业领导都希望下属和员工能像军队的士兵那样，绝对服从，雷厉风行，克服自由散漫的习气。

曾经流行过一本书《把信送给加西亚》，书中描述的是一个在美西战争期间，美国总统麦金莱把一封信送给古巴起义军首领加西亚将军的故事。故事中的英雄是那个送信的人——美国陆军中尉安德鲁·罗文。当时，没人知道加西亚在哪里，这几乎是一个不可能完成的任务。罗文接受了总统当面向他下达的任务后立即出发。他孤身一人秘密登陆古巴岛，以传奇式的经历把信送到了。事后，美国陆军司令为他颁了奖。这本书已经成为许多企业培训员工的必用教材，罗文的形象成为许多管理者心中的标杆。

多年来，《把信送给加西亚》这本书也被列为华为员工培训的教材，罗文已经成为华为员工学习的榜样。任正非很推崇这位罗文中尉的作风，但他对此有更高的要求。他认为，用厚厚一本书搞“填鸭式”培训是填不出“将军”来的，简单地做个与此有关的游戏也难以让员工成为罗文。任正非建议组织员工开展讨论活动。比如，可以对照罗文的行为，“每个人去找自己身边的罗文，再一起讨论各自的案例，共同归纳，通过讨论和归纳，让他自己学会找到加西亚的办法，找罗文的过程就是自我向罗文学习的过程”。任正非提倡的这种做法，在员工培训中取得显著效果，增强执行力已经成为华为人的自觉行为。

罗文上尉的执行力确实很强，但与中国军人相比却逊色多了。让我们来回看一下我军“进藏先遣英雄连”的壮举吧。

新中国成立初期，西藏局势十分复杂。为了尽早促成西藏和平解放，必须不惜一切代价，尽快派出先遣部队进藏。彭德怀司令员在一张好不容易从香港买来的由英国东印度公司绘制的粗糙地图上，用红铅笔把一个叫作“阿里”的黑点圈了起来。这就是部队进军西藏的目的地。这是一次有起点、有终点，却不知路在何方的军事行动。新疆军区独立骑兵师抽调 130 多名官兵组成进藏先遣连。骑兵 1 团保卫股长李狄三被任命为总指挥。1950 年 8 月 1 日，在李狄三的率领下，先遣连从新疆于田出发，先后翻越了终年积雪海拔 6420 米的昆仑山和海拔 7615 米的冈底斯山，这样的高度早已超出了人类生存的极限。在挺进和驻守藏北的一年时间里，全连共有 63 名官兵因患高原病壮烈牺牲。其中，没有一个人是痛痛快快离世的，都是受尽高原病的折磨而死的。有一天竟然召开了 11 次追悼会。总指挥李狄三是最先患病的人之一。为了不让官兵们知道，他用绑腿带将浮肿的双腿紧紧扎住。他鼓励战士们说：“什么是英雄主义？就是即便死，也要笑着走。”李狄三在生命垂危的时候，连队党支部准备开会研究，要用最后一支盘尼西林来挽救他的生命。他却用微弱的声音恳求支委们，不要作出这个决议，请把药省下来留给其他战友使用，不能让他死前背上违反组织决议的名声。他就这样在病痛的折磨中献出了 37 岁的生命。他的遗体是用一张马皮包着下葬的。

进驻藏北地区后，先遣连与噶本政府进行谈判，签订了和平解放阿里的《五项协议》，早于中央人民政府与西藏地方政府订立的西藏和平解放《十七条协议》，有力促进了西藏全境的和平解放。

为表彰先遣连的功绩，西北军区于 1951 年 1 月 30 日发电，授予该连“进藏先遣英雄连”荣誉称号，并给全连每个官兵分别记大功一次。这是我军历史上第一次给整编制连队每人记大功一次。毛泽东主席得知先遣连的英雄事迹后，动情地连续说了三遍“盖世英雄!”，并指示王震司令员想办法保证进藏指战员的生命安全。

这种超强的执行力从哪里来？它来自革命军人崇高的信仰和绝对的忠诚。在他们的心中，祖国和人民的利益高于一切，任何情况下都要义无反顾地去履行使命。在此基础上，才会表现出如此顽强的优良作风。

对于企业来说，管理效能的高低也在很大程度上取决于各级执行力的强弱。企业在培养员工执行力时应讲两句话。一句是努力执行，另一句是创造性执行。企业必须形成下级服从上级的机制和氛围，不能各行其是，随意行事。更不能有组织、无纪律，不听从指挥。同时，在执行上级决定、指令时还要有创造性，不能只会当传声筒，不能搞“上下一般粗”。特别是在遇到困难的时候，更要积极发挥主观能动性。

有一次开会，李嘉诚问：“谁能说说公司目前存在什么问题?”在老板面前表现的机会来了，100 多个人上来抢话筒。李嘉诚又问：“谁能说说出现这些问题的主要原因?”一半的人即刻退下。李嘉诚再问：“谁能说出解决这些问题的方案?”只剩十几个人举手。李嘉诚继续问：“谁能把自己说的动手做一下?”结果只剩下 4 个人。指手画脚者众，善于思考的人少，有谋略者也少，有执行力者更少，这已成为当今社会普遍存在的现象。哪种行为的含金量更高？能够创造性解决问题的执行力，才是企业管理者最应具备的能力。想得再好、说得再多，最终都要见诸行动、落到实处。一切商业奇迹最终都是靠卓越的行动创造出来的。

后记

当笔者为本书圈上最后一个句号的时候，内心涌起无尽的感激之情。

首先，感恩这个伟大的时代。凡是享受着今日时光的人们都是幸运的，我们赶上了一个波澜壮阔的时代，看到了、听到了、感受到了我们的前人无法想象的一切。因而，每个人都有了具有时代印记、内涵丰富的人生。也许每个人所处的情境差别很大，但最重要的是我们都拥有了这个伟大时代给予的时光和故事，我们都经历了这个时代给予我们的一切。这就够了！幼稚的、成熟的，顺利的、曲折的，痛苦的、幸福的……一切都是生命交响乐中的那个不可缺少的音符。有的学者认为，中国改革开放40年，经历了西方400年的发展历程。这岂不是说，从这一岁月走过来的人们，是享受了数倍于前人生命旅程的人吗？古往今来，拥有极大生命容量的人，当然就有了非同寻常的人生意义。

其次，感恩我们伟大的军队。笔者还是一个懵懂少年的时候，就有幸加入了人民军队的行列。从此，人生每个部分就完全被染成了军绿色。火热的军营、热情的战友、艰苦的生活、庄严的使命伴随着我成长的脚步。十分庆幸的是，笔者的军人生涯与许多人不同。笔者不仅涉足多个军种、经历了军队众多岗位的实践，还两次奔赴前线，捍卫共和国的安宁。特别是笔者曾先后7次入学，得到了获取较多知识的机会。如果说今天的笔者能够写出一些像样的文字，应该归功于曾经的学习与实践不断交融的生活。正是因为享有了这样的阅历，才会有那么多想写的并能够写出来的东西。

再次，感恩曾经在笔者所在的单位开展的与经济管理有关的各项工作。在这些工作中，笔者对经济和管理方面的内容产生了兴趣，并有机会在这方面进行具有较强应用性的学习和研究，从而在军事化管理方面取得了许多收获。特别是在当今这个时代，对于这方面诸多问题的研究，具有更加重要的意义。搞好军事化管理，会有效地促进商业的繁荣和企业的发展，从而有效地促进经济与社会的进步。

最后，感恩众多的师长、战友和朋友。“铁打的营盘流水的兵”，几十年的军旅生活，笔者曾与许许多多的人共同战斗、工作和生活。他们以不同的方式温暖笔者、教导笔者、帮助笔者、激励笔者，使笔者一步一步成长起来。每个人的所为都不同程度地化作滋养笔者生命的力量。庄子说“相濡以沫，不如相忘于江湖”，只有圣人才能如此，凡人无法做到。虽然这些曾经朝夕相处的人们不能经常相见，彼此却永远不会忘记。只要打开回忆的画卷，眼前即刻出现一张张亲切的面容，脑海中立刻会闪现出许多温馨的画面。在此，笔者要向每一个人表达内心深情的谢意！

“文章千古事，得失寸心知”，因受个人学识的限制，本书中的内容或许会有疏漏之处，恳请亲爱的读者予以批评指正。

在此，真诚地向华为说一声谢谢！向任正非先生说一声谢谢！华为不仅为中国的科技产业做出重大贡献，而且开辟了中国管理科学的新境界。此书中引用了贵公司大量素材，增加了本书内容的实证性。

向中国管理科学学会副会长李凯城先生致谢！李先生是享誉军内外的著名管理学专家。他曾长期在我军高级领导机关工作，学识渊博，著述甚丰，在管理学研究领域具有诸多建树，并经常应邀为党政军机关、大专院校、企事业单位授课，深受好评。李先生能够拨冗为本书作序，笔者深感荣幸。

还要向著名军队管理学专家、博士生导师王安将军表示衷心的感谢！本书的写作得到了王老热情的指教。

本书中的一些内容参照了《任正非传》（孙力科著）和《任正非正传》（赵凡禹、燕君著），部分图片转自华为公司原高管 Grit 发表的文章。在此，一并向作者表达诚挚的谢意！

同时，也向本书中引用过其思想和论述的所有学者和企业家表示无上的敬意！正是因为有了这些内容，才使本书有了智慧的光彩。本书撰写中也参考了一些网络资料，在此一并向其作者表示谢意！还要感谢为本书写作提供帮助的公司和朋友们！感谢中国安能建设集团公司、国测集团、宏运集团等给予的支持。感谢晋壁东、占有明、张学武、杨志刚、魏振宇、郝晓文、虞文军、李小萍、王惠萍等给予的热情帮助。

衷心祝愿各位读者和从商者在创业之路上不断创造新的辉煌！

2021 年 12 月于北京